第二次全国残疾人抽样调查资料

黑龙江卷

黑龙江省第二次全国残疾人抽样调查办公室 编

中国统计出版社
China Statistics Press

(京)新登字 041 号

图书在版编目（CIP）数据

第二次全国残疾人抽样调查资料. 黑龙江卷 / 黑龙江省第二次全国残疾人抽样调查办公室编.
—北京：中国统计出版社，2007.12

ISBN 978-7-5037-5287-2

Ⅰ. 第…
Ⅱ. 黑…
Ⅲ. 残疾人 - 抽样调查 - 统计资料 - 黑龙江省
Ⅳ. D669.69

中国版本图书馆 CIP 数据核字（2007）第 157943 号

第二次全国残疾人抽样调查资料—黑龙江卷

作　　者 / 黑龙江省第二次全国残疾人抽样调查办公室
责任编辑 / 姚　立
封面设计 / 杨燕超
出版发行 / 中国统计出版社
通信地址 / 北京市西城区月坛南街 57 号
邮政编码 / 100826
办公地址 / 北京市丰台区西三环南路甲 6 号
网　　址 / www.stats.gov.cn/tjshujia
电　　话 / 邮购（010）63376907　书店（010）68783172
印　　刷 / 河北天普润印刷厂
经　　销 / 新华书店
开　　本 / 880 × 1230 毫米　1/16
字　　数 / 1600 千字
印　　张 / 49　3 插页
版　　别 / 2007 年 12 月第 1 版
版　　次 / 2007 年 12 月第 1 次印刷
书　　号 / ISBN 978-7-5037-5287-2/D・168
定　　价 / 350.00 元

本书附同版本 CD-ROM 一张, 光盘内容以书面文字为准。

《第二次全国残疾人抽样调查资料》
（黑龙江卷）

编 辑 人 员

总 编 辑：段有山

副总编辑：何玉华

责任编辑：齐彦光　王洪江

编　　辑：毕秀兰　杨雁妮　张晓旭　潘宇东　孙伟宣

黑龙江省第二次全国残疾人抽样调查被抽中县（市、区）分布示意图

编辑说明

我国以2006年4月1日零时为标准时间进行了第二次全国残疾人抽样调查，这是1987年第一次全国残疾人抽样调查19年后进行的又一次全国范围内大规模的残疾人专项调查。在省委、省政府的领导下，在有关部门、社会各方面的大力支持配合下，按照第二次全国残疾人抽样调查领导小组的统一部署，历时两个月的时间，对抽中的22县、市、市辖区，86个乡、镇、街道的176个调查小区进行了入户调查和残疾评定。调查获得了丰富翔实的资料。为了满足政府部门、科研单位和社会各方面的需要，现将经计算机汇总处理的数据资料编辑出版。

为方便读者准确地使用本资料，现将有关情况说明如下:

一、调查的对象是具有中华人民共和国国籍，并在被抽中调查小区内常住的人（指自然人，下同）。调查采用按常住人口登记的原则，以户为单位填报，只调查家庭户，不调查集体户。此次不调查中国人民解放军现役军人和武装警察（包括军队管理的离退休干部）。

应当在本调查小区进行登记的人包括:

1. 居住本调查小区，户口在本乡、镇、街道;
2. 居住本调查小区半年以上，户口在外乡、镇、街道;
3. 居住本调查小区不满半年，离开户口所在地半年以上;
4. 居住本调查小区，户口待定。

二、第二次全国残疾人抽样调查使用三种调查表，一是《住户调查表》,二是《残疾人调查表》，三是《社区调查表》。调查项目共有52个，包括调查样本人群的家庭及其个人的状况，重点调查残疾人的致残原因、生活状况及其主要需求。

三、本资料是按照现场调查登记直接汇总的数据，未作任何调整。请读者在使用本资料时，特别是推算总体时，对以下因素予以充分注意:

1. 本资料不含调查漏登的人口数;
2. 本资料数据抽样比为1.84‰;
3. 作为一次多指标的抽样调查，有些分组较细的指标，代表性相对较低。

四、本次调查的城乡划分口径为: 城镇包括街道和镇的居委会，农村包括乡和镇的村委会。

五、本资料中空项表示无该项数据。

六、由于计算机运算中采取四舍五入的处理，个别汇总表分栏数据之和与合计数存在微小的差别，不影响对数据的使用。

七、为帮助读者准确使用本资料，附录中编印了《黑龙江省第二次全国残疾人抽样调查主要数据公报》、《第二次全国残疾人抽样调查方案》、《第二次全国残疾人抽样调查残疾标准》、《第二次全国残疾人抽样调查住户调查表》和填写说明、《第二次全国残疾人抽样调查残疾人调查表》和填写说明、《第二次全国残疾人抽样调查社区（村、居委会）调查表》和填写说明、《黑龙江省第二次全国残疾人抽样调查工作实施方案》、黑龙江省第二次全国残疾人抽样调查领导小组及办公室人员名单等。

编　者

2007年9月

目　录

第一部分　调查人口的基本状况

第二部分　残疾人口的基本状况

第三部分　残疾人的残疾类别、等级和主要致残原因

一、残疾类别与残疾等级

二、主要致残原因

第四部分　残疾人的活动和参与、义务教育、社会保障、接受服务及主要需求

一、活动和参与

1．视力残疾人

第一部分　调查人口的基本状况

1－1 各地区调查样本基本情况

地　　区	调查县(市、区)数(个)	调查乡(镇、街道)数(个)	调　查小区数(个)	调查户数(户)	调查人口（人）			调查残疾人（人）		
					小计	男	女	小计	男	女
总　　计	**22**	**86**	**176**	**22463**	**70405**	**35510**	**34895**	**4028**	**2279**	**1749**
哈尔滨市南岗区	1	4	8	1061	3200	1551	1649	195	121	74
哈尔滨市道外区	1	4	8	1176	3204	1595	1609	178	89	89
齐齐哈尔市龙沙区	1	4	8	1106	3209	1560	1649	224	116	108
牡丹江市东安区	1	4	8	1196	3196	1593	1603	126	68	58
七台河市新兴区	1	4	8	1028	3185	1630	1555	212	126	86
鹤岗市向阳区	1	4	8	1207	3199	1541	1658	115	64	51
伊春市翠峦区	1	2	8	1191	3201	1580	1621	204	113	91
北安市	1	4	8	1055	3202	1631	1571	196	114	82
集贤县	1	4	8	1027	3206	1654	1552	221	143	78
肇东市	1	4	8	892	3192	1616	1576	197	106	91
肇州县	1	4	8	889	3198	1622	1576	198	108	90
穆棱市	1	4	8	1026	3205	1640	1565	213	122	91
甘南县	1	4	8	1002	3195	1621	1574	151	96	55
绥滨县	1	4	8	918	3212	1660	1552	163	91	72
肇源县	1	4	8	953	3207	1630	1577	200	116	84
富裕县	1	4	8	986	3194	1635	1559	161	87	74
五常市	1	4	8	954	3203	1633	1570	193	112	81
海伦市	1	4	8	938	3201	1590	1611	186	97	89
讷河市	1	4	8	1007	3198	1638	1560	191	101	90
宾县	1	4	8	914	3199	1654	1545	176	105	71
克山县	1	4	8	1008	3198	1600	1598	206	119	87
富锦市	1	4	8	929	3201	1636	1565	122	65	57

1－2 分年龄、性别的人口

单位：人，%

年龄	调查人口				调查残疾人			
	合计	男	女	性别比	合计	男	女	性别比
总计	**70405**	**35510**	**34895**	**102**	**4028**	**2279**	**1749**	**130**
0-4	**3276**	**1637**	**1639**	**100**	**21**	**15**	**6**	**250**
0岁	703	352	351	100	1	1		
1岁	727	361	366	99	3	1	2	50
2岁	616	308	308	100	4	3	1	300
3岁	628	312	316	99	6	4	2	200
4岁	602	304	298	102	7	6	1	600
5-9	**3253**	**1676**	**1577**	**106**	**39**	**24**	**15**	**160**
5岁	583	289	294	98	11	9	2	450
6岁	483	266	217	123	6	2	4	50
7岁	813	438	375	117	9	3	6	50
8岁	680	343	337	102	8	7	1	700
9岁	694	340	354	96	5	3	2	150
10-14	**4119**	**2136**	**1983**	**108**	**46**	**22**	**24**	**92**
10岁	750	366	384	95	5	2	3	67
11岁	778	408	370	110	10	6	4	150
12岁	841	448	393	114	10	4	6	67
13岁	882	465	417	112	11	5	6	83
14岁	868	449	419	107	10	5	5	100
15-19	**5364**	**2728**	**2636**	**103**	**66**	**38**	**28**	**136**
15岁	1033	521	512	102	10	6	4	150
16岁	1201	587	614	96	14	7	7	100
17岁	1025	551	474	116	14	10	4	250
18岁	1152	579	573	101	14	8	6	133
19岁	953	490	463	106	14	7	7	100
20-24	**4779**	**2384**	**2395**	**100**	**100**	**61**	**39**	**156**
20岁	878	438	440	100	20	11	9	122
21岁	923	440	483	91	16	13	3	433
22岁	903	447	456	98	11	7	4	175
23岁	1063	549	514	107	32	19	13	146
24岁	1012	510	502	102	21	11	10	110
25-29	**5073**	**2569**	**2504**	**103**	**135**	**80**	**55**	**145**
25岁	944	465	479	97	29	16	13	123

1－2 续表 1

单位：人，%

年 龄	调查人口				调查残疾人			
	合计	男	女	性别比	合计	男	女	性别比
26岁	1122	570	552	103	24	16	8	200
27岁	1036	529	507	104	22	17	5	340
28岁	982	492	490	100	28	15	13	115
29岁	989	513	476	108	32	16	16	100
30-34	**6801**	**3422**	**3379**	**101**	**214**	**115**	**99**	**116**
30岁	1134	590	544	108	28	16	12	133
31岁	1271	644	627	103	30	19	11	173
32岁	1388	698	690	101	39	23	16	144
33岁	1496	737	759	97	48	25	23	109
34岁	1512	753	759	99	69	32	37	86
35-39	**7226**	**3752**	**3474**	**108**	**314**	**192**	**122**	**157**
35岁	1523	809	714	113	56	38	18	211
36岁	1479	746	733	102	57	35	22	159
37岁	1529	792	737	107	75	46	29	159
38岁	1367	727	640	114	66	37	29	128
39岁	1328	678	650	104	60	36	24	150
40-44	**6886**	**3426**	**3460**	**99**	**323**	**197**	**126**	**156**
40岁	1422	709	713	99	73	38	35	109
41岁	1408	701	707	99	70	43	27	159
42岁	1543	776	767	101	75	48	27	178
43岁	1470	717	753	95	63	41	22	186
44岁	1043	523	520	101	42	27	15	180
45-49	**5932**	**2993**	**2939**	**102**	**368**	**214**	**154**	**139**
45岁	1205	577	628	92	71	36	35	103
46岁	1110	570	540	106	81	49	32	153
47岁	1132	591	541	109	68	51	17	300
48岁	1278	634	644	98	87	48	39	123
49岁	1207	621	586	106	61	30	31	97
50-54	**5813**	**2879**	**2934**	**98**	**444**	**255**	**189**	**135**
50岁	1238	631	607	104	81	50	31	161
51岁	1219	596	623	96	90	51	39	131
52岁	1181	579	602	96	83	51	32	159
53岁	1151	575	576	100	103	60	43	140
54岁	1024	498	526	95	87	43	44	98

1-2 续表 2

单位：人，%

年 龄	调查人口				调查残疾人			
	合计	男	女	性别比	合计	男	女	性别比
55-59	**3857**	**1942**	**1915**	**101**	**363**	**205**	**158**	**130**
55岁	914	462	452	102	81	43	38	113
56岁	938	493	445	111	93	55	38	145
57岁	708	351	357	98	67	40	27	148
58岁	652	312	340	92	63	36	27	133
59岁	645	324	321	101	59	31	28	111
60-64	**2546**	**1262**	**1284**	**98**	**315**	**164**	**151**	**109**
60岁	576	291	285	102	56	32	24	133
61岁	547	261	286	91	69	37	32	116
62岁	477	221	256	86	63	31	32	97
63岁	462	238	224	106	64	33	31	106
64岁	484	251	233	108	63	31	32	97
65-69	**2242**	**1090**	**1152**	**95**	**371**	**201**	**170**	**118**
65岁	486	238	248	96	62	35	27	130
66岁	457	232	225	103	67	34	33	103
67岁	433	212	221	96	72	38	34	112
68岁	464	228	236	97	90	53	37	143
69岁	402	180	222	81	80	41	39	105
70-74	**1647**	**834**	**813**	**103**	**372**	**194**	**178**	**109**
70岁	390	209	181	115	68	36	32	113
71岁	367	175	192	91	94	49	45	109
72岁	360	175	185	95	79	41	38	108
73岁	278	145	133	109	60	35	25	140
74岁	252	130	122	107	71	33	38	87
75-79	**990**	**497**	**493**	**101**	**316**	**188**	**128**	**147**
75岁	248	109	139	78	78	43	35	123
76岁	216	107	109	98	70	43	27	159
77岁	209	106	103	103	68	40	28	143
78岁	171	90	81	111	50	27	23	117
79岁	146	85	61	139	50	35	15	233
80-84	**436**	**218**	**218**	**100**	**159**	**91**	**68**	**134**
80岁	116	58	58	100	36	19	17	112
81岁	96	52	44	118	36	23	13	177
82岁	83	42	41	102	30	15	15	100
83岁	83	40	43	93	32	19	13	146
84岁	58	26	32	81	25	15	10	150
85+	**165**	**65**	**100**	**65**	**62**	**23**	**39**	**59**

1－2a 城镇分年龄、性别的人口

单位：人，%

年 龄	调查人口				调查残疾人			
	合计	男	女	性别比	合计	男	女	性别比
总 计	**29186**	**14450**	**14736**	**98**	**1645**	**917**	**728**	**126**
0–4	**961**	**496**	**465**	**107**	**2**	**2**		
0岁	166	83	83	100				
1岁	216	112	104	108				
2岁	177	84	93	90	1	1		
3岁	192	110	82	134				
4岁	210	107	103	104	1	1		
5–9	**1205**	**618**	**587**	**105**	**14**	**11**	**3**	**367**
5岁	207	100	107	93	7	6	1	600
6岁	169	93	76	122				
7岁	330	176	154	114				
8岁	249	124	125	99	5	4	1	400
9岁	250	125	125	100	2	1	1	100
10–14	**1574**	**820**	**754**	**109**	**13**	**4**	**9**	**44**
10岁	285	142	143	99				
11岁	290	149	141	106	2	2		
12岁	340	191	149	128	6	2	4	50
13岁	326	159	167	95	3		3	
14岁	333	179	154	116	2		2	
15–19	**1948**	**981**	**967**	**101**	**27**	**14**	**13**	**108**
15岁	352	175	177	99	5	2	3	67
16岁	444	202	242	83	6	4	2	200
17岁	373	206	167	123	6	3	3	100
18岁	425	207	218	95	5	2	3	67
19岁	354	191	163	117	5	3	2	150
20–24	**1594**	**807**	**787**	**103**	**31**	**22**	**9**	**244**
20岁	295	156	139	112	8	4	4	100
21岁	298	143	155	92	7	7		
22岁	267	138	129	107	3	2	1	200
23岁	372	189	183	103	7	6	1	600
24岁	362	181	181	100	6	3	3	100
25–29	**1863**	**899**	**964**	**93**	**48**	**25**	**23**	**109**
25岁	325	152	173	88	8	3	5	60

1-2a 续表 1

单位：人，%

年 龄	调查人口				调查残疾人			
	合计	男	女	性别比	合计	男	女	性别比
26岁	390	177	213	83	6	3	3	100
27岁	400	206	194	106	8	6	2	300
28岁	389	184	205	90	12	6	6	100
29岁	359	180	179	101	14	7	7	100
30-34	**2734**	**1374**	**1360**	**101**	**62**	**34**	**28**	**121**
30岁	427	214	213	100	9	4	5	80
31岁	508	272	236	115	11	6	5	120
32岁	550	266	284	94	10	7	3	233
33岁	613	307	306	100	16	8	8	100
34岁	636	315	321	98	16	9	7	129
35-39	**3115**	**1557**	**1558**	**100**	**121**	**75**	**46**	**163**
35岁	640	312	328	95	17	12	5	240
36岁	643	318	325	98	27	19	8	238
37岁	670	336	334	101	30	17	13	131
38岁	594	308	286	108	26	15	11	136
39岁	568	283	285	99	21	12	9	133
40-44	**3216**	**1610**	**1606**	**100**	**139**	**91**	**48**	**190**
40岁	624	301	323	93	30	18	12	150
41岁	639	318	321	99	29	19	10	190
42岁	763	398	365	109	35	24	11	218
43岁	696	338	358	94	29	22	7	314
44岁	494	255	239	107	16	8	8	100
45-49	**2755**	**1389**	**1366**	**102**	**169**	**106**	**63**	**168**
45岁	561	273	288	95	31	15	16	94
46岁	534	275	259	106	38	22	16	138
47岁	524	265	259	102	30	26	4	650
48岁	586	294	292	101	44	26	18	144
49岁	550	282	268	105	26	17	9	189
50-54	**2499**	**1252**	**1247**	**100**	**168**	**102**	**66**	**155**
50岁	545	279	266	105	36	24	12	200
51岁	558	278	280	99	28	16	12	133
52岁	500	245	255	96	32	20	12	167
53岁	507	265	242	110	41	25	16	156
54岁	389	185	204	91	31	17	14	121

1－2a 续表 2

单位：人，%

年 龄	调查人口				调查残疾人			
	合计	男	女	性别比	合计	男	女	性别比
55-59	**1579**	**744**	**835**	**89**	**122**	**69**	**53**	**130**
55岁	377	189	188	101	28	15	13	115
56岁	378	182	196	93	32	21	11	191
57岁	290	143	147	97	16	12	4	300
58岁	270	114	156	73	28	17	11	155
59岁	264	116	148	78	18	4	14	29
60-64	**1199**	**537**	**662**	**81**	**122**	**59**	**63**	**94**
60岁	244	112	132	85	17	9	8	113
61岁	231	95	136	70	24	12	12	100
62岁	240	96	144	67	29	13	16	81
63岁	256	123	133	92	29	13	16	81
64岁	228	111	117	95	23	12	11	109
65-69	**1244**	**559**	**685**	**82**	**185**	**89**	**96**	**93**
65岁	249	111	138	80	20	9	11	82
66岁	262	125	137	91	36	14	22	64
67岁	244	108	136	79	36	15	21	71
68岁	260	117	143	82	47	26	21	124
69岁	229	98	131	75	46	25	21	119
70-74	**893**	**424**	**469**	**90**	**164**	**80**	**84**	**95**
70岁	214	104	110	95	30	15	15	100
71岁	201	89	112	79	42	18	24	75
72岁	194	86	108	80	32	18	14	129
73岁	152	74	78	95	25	12	13	92
74岁	132	71	61	116	35	17	18	94
75-79	**509**	**250**	**259**	**97**	**156**	**88**	**68**	**129**
75岁	131	50	81	62	44	22	22	100
76岁	109	54	55	98	35	21	14	150
77岁	104	49	55	89	32	17	15	113
78岁	94	53	41	129	24	14	10	140
79岁	71	44	27	163	21	14	7	200
80-84	**217**	**103**	**114**	**90**	**73**	**38**	**35**	**109**
80岁	51	28	23	122	11	6	5	120
81岁	50	22	28	79	17	9	8	113
82岁	42	21	21	100	15	8	7	114
83岁	39	19	20	95	16	8	8	100
84岁	35	13	22	59	14	7	7	100
85+	**81**	**30**	**51**	**59**	**29**	**8**	**21**	**38**

1－2b 农村分年龄、性别的人口

单位：人，%

年 龄	调查人口				调查残疾人			
	合计	男	女	性别比	合计	男	女	性别比
总 计	**41219**	**21060**	**20159**	**104**	**2383**	**1362**	**1021**	**133**
0-4	**2315**	**1141**	**1174**	**97**	**19**	**13**	**6**	**217**
0岁	537	269	268	100	1	1		
1岁	511	249	262	95	3	1	2	50
2岁	439	224	215	104	3	2	1	200
3岁	436	202	234	86	6	4	2	200
4岁	392	197	195	101	6	5	1	500
5-9	**2048**	**1058**	**990**	**107**	**25**	**13**	**12**	**108**
5岁	376	189	187	101	4	3	1	300
6岁	314	173	141	123	6	2	4	50
7岁	483	262	221	119	9	3	6	50
8岁	431	219	212	103	3	3		
9岁	444	215	229	94	3	2	1	200
10-14	**2545**	**1316**	**1229**	**107**	**33**	**18**	**15**	**120**
10岁	465	224	241	93	5	2	3	67
11岁	488	259	229	113	8	4	4	100
12岁	501	257	244	105	4	2	2	100
13岁	556	306	250	122	8	5	3	167
14岁	535	270	265	102	8	5	3	167
15-19	**3416**	**1747**	**1669**	**105**	**39**	**24**	**15**	**160**
15岁	681	346	335	103	5	4	1	400
16岁	757	385	372	103	8	3	5	60
17岁	652	345	307	112	8	7	1	700
18岁	727	372	355	105	9	6	3	200
19岁	599	299	300	100	9	4	5	80
20-24	**3185**	**1577**	**1608**	**98**	**69**	**39**	**30**	**130**
20岁	583	282	301	94	12	7	5	140
21岁	625	297	328	91	9	6	3	200
22岁	636	309	327	94	8	5	3	167
23岁	691	360	331	109	25	13	12	108
24岁	650	329	321	102	15	8	7	114
25-29	**3210**	**1670**	**1540**	**108**	**87**	**55**	**32**	**172**
25岁	619	313	306	102	21	13	8	163

1－2b 续表 1

单位：人，%

年龄	调查人口				调查残疾人			
	合计	男	女	性别比	合计	男	女	性别比
26岁	732	393	339	116	18	13	5	260
27岁	636	323	313	103	14	11	3	367
28岁	593	308	285	108	16	9	7	129
29岁	630	333	297	112	18	9	9	100
30-34	**4067**	**2048**	**2019**	**101**	**152**	**81**	**71**	**114**
30岁	707	376	331	114	19	12	7	171
31岁	763	372	391	95	19	13	6	217
32岁	838	432	406	106	29	16	13	123
33岁	883	430	453	95	32	17	15	113
34岁	876	438	438	100	53	23	30	77
35-39	**4111**	**2195**	**1916**	**115**	**193**	**117**	**76**	**154**
35岁	883	497	386	129	39	26	13	200
36岁	836	428	408	105	30	16	14	114
37岁	859	456	403	113	45	29	16	181
38岁	773	419	354	118	40	22	18	122
39岁	760	395	365	108	39	24	15	160
40-44	**3670**	**1816**	**1854**	**98**	**184**	**106**	**78**	**136**
40岁	798	408	390	105	43	20	23	87
41岁	769	383	386	99	41	24	17	141
42岁	780	378	402	94	40	24	16	150
43岁	774	379	395	96	34	19	15	127
44岁	549	268	281	95	26	19	7	271
45-49	**3177**	**1604**	**1573**	**102**	**199**	**108**	**91**	**119**
45岁	644	304	340	89	40	21	19	111
46岁	576	295	281	105	43	27	16	169
47岁	608	326	282	116	38	25	13	192
48岁	692	340	352	97	43	22	21	105
49岁	657	339	318	107	35	13	22	59
50-54	**3314**	**1627**	**1687**	**96**	**276**	**153**	**123**	**124**
50岁	693	352	341	103	45	26	19	137
51岁	661	318	343	93	62	35	27	130
52岁	681	334	347	96	51	31	20	155
53岁	644	310	334	93	62	35	27	130
54岁	635	313	322	97	56	26	30	87

1－2b 续表 2

单位：人，%

年 龄	调查人口				调查残疾人			
	合计	男	女	性别比	合计	男	女	性别比
55-59	**2278**	**1198**	**1080**	**111**	**241**	**136**	**105**	**130**
55岁	537	273	264	103	53	28	25	112
56岁	560	311	249	125	61	34	27	126
57岁	418	208	210	99	51	28	23	122
58岁	382	198	184	108	35	19	16	119
59岁	381	208	173	120	41	27	14	193
60-64	**1347**	**725**	**622**	**117**	**193**	**105**	**88**	**119**
60岁	332	179	153	117	39	23	16	144
61岁	316	166	150	111	45	25	20	125
62岁	237	125	112	112	34	18	16	113
63岁	206	115	91	126	35	20	15	133
64岁	256	140	116	121	40	19	21	90
65-69	**998**	**531**	**467**	**114**	**186**	**112**	**74**	**151**
65岁	237	127	110	115	42	26	16	163
66岁	195	107	88	122	31	20	11	182
67岁	189	104	85	122	36	23	13	177
68岁	204	111	93	119	43	27	16	169
69岁	173	82	91	90	34	16	18	89
70-74	**754**	**410**	**344**	**119**	**208**	**114**	**94**	**121**
70岁	176	105	71	148	38	21	17	124
71岁	166	86	80	108	52	31	21	148
72岁	166	89	77	116	47	23	24	96
73岁	126	71	55	129	35	23	12	192
74岁	120	59	61	97	36	16	20	80
75-79	**481**	**247**	**234**	**106**	**160**	**100**	**60**	**167**
75岁	117	59	58	102	34	21	13	162
76岁	107	53	54	98	35	22	13	169
77岁	105	57	48	119	36	23	13	177
78岁	77	37	40	93	26	13	13	100
79岁	75	41	34	121	29	21	8	263
80-84	**219**	**115**	**104**	**111**	**86**	**53**	**33**	**161**
80岁	65	30	35	86	25	13	12	108
81岁	46	30	16	188	19	14	5	280
82岁	41	21	20	105	15	7	8	88
83岁	44	21	23	91	16	11	5	220
84岁	23	13	10	130	11	8	3	267
85+	**84**	**35**	**49**	**71**	**33**	**15**	**18**	**83**

1-3　调查家庭户类别

单位：户

家庭户规模	合计	一代户	二代户	三代户	四代户及以上
总　计	**22463**	**6011**	**12451**	**3870**	**131**
一人户	1147	1147			
二人户	5624	4790	834		
三人户	8821	63	8644	114	
四人户	3819	7	2601	1210	1
五人户	2270	3	323	1929	15
六人户	609	1	42	493	73
七人户	120		4	87	29
八人户	50		3	35	12
九人户	3			2	1

1－4 各地区分性别、户口登记状况的人口

单位：人

地区	调查人口			住本调查小区，户口在本乡、镇、街道		
	合计	男	女	小计	男	女
总计	**70405**	**35510**	**34895**	**63027**	**31958**	**31069**
哈尔滨市南岗区	3200	1551	1649	2694	1318	1376
哈尔滨市道外区	3204	1595	1609	2147	1046	1101
齐齐哈尔市龙沙区	3209	1560	1649	2573	1263	1310
牡丹江市东安区	3196	1593	1603	2403	1198	1205
七台河市新兴区	3185	1630	1555	1995	1023	972
鹤岗市向阳区	3199	1541	1658	2755	1339	1416
伊春市翠峦区	3201	1580	1621	2656	1320	1336
北安市	3202	1631	1571	3131	1598	1533
集贤县	3206	1654	1552	3022	1572	1450
肇东市	3192	1616	1576	3119	1582	1537
肇州县	3198	1622	1576	3061	1568	1493
穆棱市	3205	1640	1565	2853	1477	1376
甘南县	3195	1621	1574	2919	1489	1430
绥滨县	3212	1660	1552	3166	1646	1520
肇源县	3207	1630	1577	3102	1576	1526
富裕县	3194	1635	1559	2969	1532	1437
五常市	3203	1633	1570	2977	1531	1446
海伦市	3201	1590	1611	3094	1549	1545
讷河市	3198	1638	1560	3174	1629	1545
宾县	3199	1654	1545	3055	1580	1475
克山县	3198	1600	1598	3058	1530	1528
富锦市	3201	1636	1565	3104	1592	1512

1-4 续表

单位：人

地　区	住本调查小区半年以上，户口在外乡、镇、街道			住本调查小区不满半年，离开户口所在地半年以上			住本调查小区，户口待定		
	小计	男	女	小计	男	女	小计	男	女
总　计	**7140**	**3438**	**3702**	**79**	**42**	**37**	**159**	**72**	**87**
哈尔滨市南岗区	503	231	272	1	1		2	1	1
哈尔滨市道外区	1021	528	493	36	21	15			
齐齐哈尔市龙沙区	634	296	338	1		1	1	1	
牡丹江市东安区	781	388	393	10	6	4	2	1	1
七台河市新兴区	1152	588	564	4	1	3	34	18	16
鹤岗市向阳区	442	200	242				2	2	
伊春市翠峦区	539	257	282	1	1		5	2	3
北安市	68	32	36				3	1	2
集贤县	170	77	93	7	4	3	7	1	6
肇东市	72	34	38				1		1
肇州县	117	48	69				20	6	14
穆棱市	351	162	189				1	1	
甘南县	276	132	144						
绥滨县	44	12	32	1	1		1	1	
肇源县	62	33	29				43	21	22
富裕县	225	103	122						
五常市	204	90	114	13	6	7	9	6	3
海伦市	96	37	59	2	1	1	9	3	6
讷河市	24	9	15						
宾县	132	70	62	1		1	11	4	7
克山县	133	67	66				7	3	4
富锦市	94	44	50	2		2	1		1

1－5 各地区分户口登记状况、户口性质的人口

单位：人

地区	调查人口			住本调查小区，户口在本乡、镇、街道		
	合计	农业	非农业	小计	农业	非农业
总计	**70246**	**44535**	**25711**	**63027**	**41120**	**21907**
哈尔滨市南岗区	3198	21	3177	2694	5	2689
哈尔滨市道外区	3204	692	2512	2147	6	2141
齐齐哈尔市龙沙区	3208	155	3053	2573	5	2568
牡丹江市东安区	3194	756	2438	2403	453	1950
七台河市新兴区	3151	812	2339	1995	74	1921
鹤岗市向阳区	3197	88	3109	2755	1	2754
伊春市翠峦区	3196	157	3039	2656	6	2650
北安市	3199	2382	817	3131	2350	781
集贤县	3199	2490	709	3022	2404	618
肇东市	3191	2338	853	3119	2291	828
肇州县	3178	3157	21	3061	3047	14
穆棱市	3204	2500	704	2853	2313	540
甘南县	3195	2313	882	2919	2114	805
绥滨县	3211	3187	24	3166	3145	21
肇源县	3164	3104	60	3102	3052	50
富裕县	3194	2847	347	2969	2780	189
五常市	3194	2467	727	2977	2372	605
海伦市	3192	2951	241	3094	2875	219
讷河市	3198	3139	59	3174	3118	56
宾县	3188	3114	74	3055	2998	57
克山县	3191	2713	478	3058	2643	415
富锦市	3200	3152	48	3104	3068	36

1-5 续表

单位：人

地　区	住本调查小区半年以上，户口在外乡、镇、街道			住本调查小区不满半年，离开户口所在地半年以上		
	小计	农业	非农业	小计	农业	非农业
总　计	**7140**	**3379**	**3761**	**79**	**36**	**43**
哈尔滨市南岗区	503	16	487	1		1
哈尔滨市道外区	1021	667	354	36	19	17
齐齐哈尔市龙沙区	634	150	484	1		1
牡丹江市东安区	781	301	480	10	2	8
七台河市新兴区	1152	734	418	4	4	
鹤岗市向阳区	442	87	355			
伊春市翠峦区	539	151	388	1		1
北安市	68	32	36			
集贤县	170	81	89	7	5	2
肇东市	72	47	25			
肇州县	117	110	7			
穆棱市	351	187	164			
甘南县	276	199	77			
绥滨县	44	41	3	1	1	
肇源县	62	52	10			
富裕县	225	67	158			
五常市	204	93	111	13	2	11
海伦市	96	76	20	2		2
讷河市	24	21	3			
宾县	132	115	17	1	1	
克山县	133	70	63			
富锦市	94	82	12	2	2	

1－6　6岁及以上人口分年龄、性别的受教育程度

单位：人

年　龄	调查人口			不识字			未上过学		
	合计	男	女	小计	男	女	小计	男	女
总　计	**66546**	**33584**	**32962**	**4918**	**1488**	**3430**	**222**	**89**	**133**
6-9	**2670**	**1387**	**1283**	**180**	**109**	**71**	**39**	**19**	**20**
6岁	483	266	217	147	92	55	31	15	16
7岁	813	438	375	26	13	13	6	3	3
8岁	680	343	337	5	3	2	1	1	
9岁	694	340	354	2	1	1	1		1
10-14	**4119**	**2136**	**1983**	**29**	**17**	**12**	**1**		**1**
10岁	750	366	384	4	3	1			
11岁	778	408	370	7	5	2			
12岁	841	448	393	5	3	2			
13岁	882	465	417	8	3	5			
14岁	868	449	419	5	3	2	1		1
15-19	**5364**	**2728**	**2636**	**41**	**27**	**14**	**3**		**3**
15岁	1033	521	512	2	2				
16岁	1201	587	614	8	6	2	1		1
17岁	1025	551	474	11	8	3			
18岁	1152	579	573	14	6	8	2		2
19岁	953	490	463	6	5	1			
20-24	**4779**	**2384**	**2395**	**41**	**18**	**23**	**2**	**1**	**1**
20岁	878	438	440	9	2	7	1		1
21岁	923	440	483	11	6	5			
22岁	903	447	456	1	1				
23岁	1063	549	514	14	6	8	1	1	
24岁	1012	510	502	6	3	3			
25-29	**5073**	**2569**	**2504**	**75**	**31**	**44**	**3**	**1**	**2**
25岁	944	465	479	18	6	12	1	1	
26岁	1122	570	552	18	12	6	1		1
27岁	1036	529	507	10	1	9	1		1
28岁	982	492	490	11	4	7			
29岁	989	513	476	18	8	10			

1－6 续表 1

单位：人

年 龄	调查人口			不识字			未上过学		
	合计	男	女	小计	男	女	小计	男	女
30-34	**6801**	**3422**	**3379**	**112**	**49**	**63**	**5**	**4**	**1**
30岁	1134	590	544	19	10	9			
31岁	1271	644	627	16	9	7	1	1	
32岁	1388	698	690	23	10	13	1	1	
33岁	1496	737	759	24	10	14	2	2	
34岁	1512	753	759	30	10	20	1		1
35-39	**7226**	**3752**	**3474**	**165**	**69**	**96**	**5**	**1**	**4**
35岁	1523	809	714	31	13	18			
36岁	1479	746	733	20	4	16	2	1	1
37岁	1529	792	737	36	13	23			
38岁	1367	727	640	36	19	17	1		1
39岁	1328	678	650	42	20	22	2		2
40-44	**6886**	**3426**	**3460**	**220**	**71**	**149**	**7**	**1**	**6**
40岁	1422	709	713	43	18	25	1	1	
41岁	1408	701	707	44	10	34	2		2
42岁	1543	776	767	48	15	33	2		2
43岁	1470	717	753	40	12	28	1		1
44岁	1043	523	520	45	16	29	1		1
45-49	**5932**	**2993**	**2939**	**414**	**99**	**315**	**8**		**8**
45岁	1205	577	628	69	18	51	2		2
46岁	1110	570	540	57	16	41	2		2
47岁	1132	591	541	78	18	60			
48岁	1278	634	644	105	19	86	3		3
49岁	1207	621	586	105	28	77	1		1
50-54	**5813**	**2879**	**2934**	**630**	**152**	**478**	**18**	**5**	**13**
50岁	1238	631	607	112	32	80	1		1
51岁	1219	596	623	119	31	88	6	2	4
52岁	1181	579	602	114	21	93	4		4
53岁	1151	575	576	147	36	111	4	1	3
54岁	1024	498	526	138	32	106	3	2	1

1－6 续表 2

单位：人

年 龄	调查人口			不识字			未上过学		
	合计	男	女	小计	男	女	小计	男	女
55-59	**3857**	**1942**	**1915**	**477**	**123**	**354**	**18**	**5**	**13**
55岁	914	462	452	106	29	77	4	1	3
56岁	938	493	445	117	35	82	6	3	3
57岁	708	351	357	81	19	62	3		3
58岁	652	312	340	92	19	73	3		3
59岁	645	324	321	81	21	60	2	1	1
60-64	**2546**	**1262**	**1284**	**434**	**109**	**325**	**20**	**7**	**13**
60岁	576	291	285	86	25	61	5	2	3
61岁	547	261	286	95	24	71	4	1	3
62岁	477	221	256	87	13	74	4		4
63岁	462	238	224	78	22	56	1	1	
64岁	484	251	233	88	25	63	6	3	3
65-69	**2242**	**1090**	**1152**	**549**	**131**	**418**	**25**	**8**	**17**
65岁	486	238	248	98	18	80	3		3
66岁	457	232	225	97	27	70	3	2	1
67岁	433	212	221	109	31	78	6	3	3
68岁	464	228	236	122	31	91	6		6
69岁	402	180	222	123	24	99	7	3	4
70-74	**1647**	**834**	**813**	**650**	**192**	**458**	**28**	**13**	**15**
70岁	390	209	181	116	40	76	6	4	2
71岁	367	175	192	149	41	108	5	2	3
72岁	360	175	185	151	41	110	5	2	3
73岁	278	145	133	115	36	79	7	3	4
74岁	252	130	122	119	34	85	5	2	3
75-79	**990**	**497**	**493**	**518**	**163**	**355**	**25**	**16**	**9**
75岁	248	109	139	109	25	84	5	1	4
76岁	216	107	109	126	37	89	5	3	2
77岁	209	106	103	108	32	76	5	5	
78岁	171	90	81	97	32	65	8	6	2
79岁	146	85	61	78	37	41	2	1	1
80+	**601**	**283**	**318**	**383**	**128**	**255**	**15**	**8**	**7**

1-6 续表 3

单位：人

年 龄	小 学			初 中			高 中		
	小计	男	女	小计	男	女	小计	男	女
总 计	**21407**	**10312**	**11095**	**28269**	**15290**	**12979**	**7165**	**3931**	**3234**
6-9	**2447**	**1256**	**1191**	**4**	**3**	**1**			
6岁	304	158	146	1	1				
7岁	780	421	359	1	1				
8岁	673	338	335	1	1				
9岁	690	339	351	1		1			
10-14	**2311**	**1193**	**1118**	**1773**	**921**	**852**	**5**	**5**	
10岁	742	361	381	4	2	2			
11岁	699	364	335	72	39	33			
12岁	500	272	228	336	173	163			
13岁	248	134	114	626	328	298			
14岁	122	62	60	735	379	356	5	5	
15-19	**682**	**331**	**351**	**3280**	**1707**	**1573**	**1238**	**610**	**628**
15岁	115	50	65	871	447	424	41	20	21
16岁	138	63	75	792	404	388	246	107	139
17岁	141	67	74	505	288	217	351	184	167
18岁	154	84	70	583	309	274	365	166	199
19岁	134	67	67	529	259	270	235	133	102
20-24	**690**	**326**	**364**	**3093**	**1558**	**1535**	**441**	**237**	**204**
20岁	120	58	62	559	278	281	114	64	50
21岁	135	63	72	609	293	316	82	44	38
22岁	129	59	70	608	293	315	72	40	32
23岁	148	66	82	678	362	316	95	51	44
24岁	158	80	78	639	332	307	78	38	40
25-29	**936**	**460**	**476**	**3010**	**1553**	**1457**	**433**	**229**	**204**
25岁	174	86	88	568	285	283	67	38	29
26岁	189	100	89	698	357	341	97	50	47
27岁	195	85	110	614	327	287	86	49	37
28岁	174	84	90	565	292	273	90	38	52
29岁	204	105	99	565	292	273	93	54	39

1-6 续表 4

单位：人

年龄	小学			初中			高中		
	小计	男	女	小计	男	女	小计	男	女
30-34	**1670**	**776**	**894**	**3676**	**1910**	**1766**	**680**	**339**	**341**
30岁	281	141	140	616	331	285	127	60	67
31岁	317	135	182	692	363	329	120	68	52
32岁	350	177	173	738	380	358	140	64	76
33岁	352	145	207	826	430	396	139	67	72
34岁	370	178	192	804	406	398	154	80	74
35-39	**2069**	**950**	**1119**	**3527**	**1945**	**1582**	**845**	**454**	**391**
35岁	401	191	210	794	446	348	156	90	66
36岁	431	189	242	715	391	324	181	92	89
37岁	426	197	229	725	402	323	202	105	97
38岁	416	206	210	656	359	297	159	89	70
39岁	395	167	228	637	347	290	147	78	69
40-44	**1788**	**737**	**1051**	**3168**	**1713**	**1455**	**1138**	**596**	**542**
40岁	397	178	219	690	368	322	189	89	100
41岁	375	155	220	678	377	301	191	92	99
42岁	396	160	236	704	366	338	262	157	105
43岁	364	137	227	659	357	302	278	146	132
44岁	256	107	149	437	245	192	218	112	106
45-49	**1765**	**758**	**1007**	**2219**	**1282**	**937**	**1193**	**661**	**532**
45岁	306	111	195	489	277	212	270	131	139
46岁	327	133	194	430	251	179	235	137	98
47岁	347	173	174	407	231	176	248	136	112
48岁	400	165	235	440	259	181	248	146	102
49岁	385	176	209	453	264	189	192	111	81
50-54	**2186**	**965**	**1221**	**2012**	**1159**	**853**	**598**	**378**	**220**
50岁	416	175	241	466	280	186	173	104	69
51岁	423	175	248	444	253	191	144	87	57
52岁	483	221	262	396	230	166	109	64	45
53岁	427	197	230	393	215	178	97	74	23
54岁	437	197	240	313	181	132	75	49	26

1－6　续表 5

单位：人

年龄	小学			初中			高中		
	小计	男	女	小计	男	女	小计	男	女
55-59	**1762**	**826**	**936**	**1123**	**678**	**445**	**212**	**149**	**63**
55岁	399	183	216	288	173	115	60	39	21
56岁	406	205	201	287	176	111	60	39	21
57岁	343	150	193	184	114	70	38	33	5
58岁	287	137	150	199	112	87	28	17	11
59岁	327	151	176	165	103	62	26	21	5
60-64	**1079**	**556**	**523**	**654**	**377**	**277**	**165**	**108**	**57**
60岁	254	124	130	145	92	53	38	24	14
61岁	230	114	116	158	84	74	27	19	8
62岁	191	100	91	125	70	55	36	22	14
63岁	187	105	82	115	62	53	33	20	13
64岁	217	113	104	111	69	42	31	23	8
65-69	**965**	**508**	**457**	**423**	**260**	**163**	**104**	**76**	**28**
65岁	218	120	98	98	54	44	28	20	8
66岁	183	100	83	106	63	43	30	19	11
67岁	182	90	92	80	48	32	17	14	3
68岁	207	110	97	81	55	26	15	10	5
69岁	175	88	87	58	40	18	14	13	1
70-74	**612**	**370**	**242**	**192**	**133**	**59**	**63**	**47**	**16**
70岁	166	96	70	49	31	18	19	13	6
71岁	131	77	54	50	31	19	12	10	2
72岁	130	79	51	35	25	10	17	11	6
73岁	98	59	39	37	28	9	9	8	1
74岁	87	59	28	21	18	3	6	5	1
75-79	**292**	**195**	**97**	**87**	**67**	**20**	**35**	**29**	**6**
75岁	89	53	36	23	14	9	8	5	3
76岁	49	37	12	23	19	4	9	8	1
77岁	72	47	25	15	14	1	3	3	
78岁	39	28	11	10	9	1	9	8	1
79岁	43	30	13	16	11	5	6	5	1
80+	**153**	**105**	**48**	**28**	**24**	**4**	**15**	**13**	**2**

1-6 续表 6

单位：人

年 龄	中 专			大学专科			大学本科			研究生		
	小计	男	女	小计	男	女	小计	男	女	小计	男	女
总 计	**1635**	**856**	**779**	**1875**	**1017**	**858**	**1008**	**575**	**433**	**47**	**26**	**21**
6-9												
6岁												
7岁												
8岁												
9岁												
10-14												
10岁												
11岁												
12岁												
13岁												
14岁												
15-19	**76**	**30**	**46**	**33**	**17**	**16**	**11**	**6**	**5**			
15岁	3	2	1	1		1						
16岁	11	5	6	5	2	3						
17岁	14	3	11	3	1	2						
18岁	23	8	15	10	5	5	1	1				
19岁	25	12	13	14	9	5	10	5	5			
20-24	**140**	**58**	**82**	**202**	**96**	**106**	**165**	**89**	**76**	**5**	**1**	**4**
20岁	18	10	8	35	15	20	22	11	11			
21岁	27	7	20	32	12	20	27	15	12			
22岁	19	12	7	41	21	20	33	21	12			
23岁	36	12	24	47	29	18	42	21	21	2	1	1
24岁	40	17	23	47	19	28	41	21	20	3		3
25-29	**223**	**119**	**104**	**243**	**114**	**129**	**140**	**55**	**85**	**10**	**7**	**3**
25岁	46	20	26	45	20	25	24	8	16	1	1	
26岁	46	23	23	47	19	28	24	8	16	2	1	1
27岁	40	19	21	51	30	21	35	14	21	4	4	
28岁	48	32	16	56	24	32	36	17	19	2	1	1
29岁	43	25	18	44	21	23	21	8	13	1		1

1－6 续表 7

单位：人

年 龄	中 专			大学专科			大学本科			研究生		
	小计	男	女	小计	男	女	小计	男	女	小计	男	女
30-34	**225**	**115**	**110**	**265**	**133**	**132**	**153**	**89**	**64**	**15**	**7**	**8**
30岁	35	19	16	34	18	16	22	11	11			
31岁	39	21	18	46	23	23	36	21	15	4	3	1
32岁	55	26	29	48	23	25	31	17	14	2		2
33岁	48	21	27	62	38	24	37	21	16	6	3	3
34岁	48	28	20	75	31	44	27	19	8	3	1	2
35-39	**180**	**100**	**80**	**275**	**139**	**136**	**150**	**88**	**62**	**10**	**6**	**4**
35岁	44	24	20	59	25	34	31	16	15	7	4	3
36岁	43	24	19	60	26	34	27	19	8			
37岁	42	20	22	64	35	29	33	19	14	1	1	
38岁	26	13	13	38	21	17	34	20	14	1		1
39岁	25	19	6	54	32	22	25	14	11	1	1	
40-44	**165**	**93**	**72**	**273**	**147**	**126**	**123**	**66**	**57**	**4**	**2**	**2**
40岁	32	19	13	50	27	23	19	9	10	1		1
41岁	37	21	16	52	27	25	28	18	10	1	1	
42岁	36	25	11	64	37	27	29	15	14	2	1	1
43岁	36	15	21	62	32	30	30	18	12			
44岁	24	13	11	45	24	21	17	6	11			
45-49	**113**	**56**	**57**	**159**	**99**	**60**	**59**	**36**	**23**	**2**	**2**	
45岁	18	8	10	33	21	12	17	10	7	1	1	
46岁	19	8	11	29	20	9	10	4	6	1	1	
47岁	21	13	8	20	12	8	11	8	3			
48岁	29	12	17	45	29	16	8	4	4			
49岁	26	15	11	32	17	15	13	10	3			
50-54	**162**	**91**	**71**	**162**	**101**	**61**	**45**	**28**	**17**			
50岁	30	15	15	33	21	12	7	4	3			
51岁	30	14	16	36	24	12	17	10	7			
52岁	38	21	17	28	15	13	9	7	2			
53岁	36	22	14	38	25	13	9	5	4			
54岁	28	19	9	27	16	11	3	2	1			

1-6 续表 8

单位：人

年龄	中专			大学专科			大学本科			研究生		
	小计	男	女	小计	男	女	小计	男	女	小计	男	女
55-59	**136**	**77**	**59**	**101**	**62**	**39**	**28**	**22**	**6**			
55岁	28	17	11	19	12	7	10	8	2			
56岁	29	12	17	27	19	8	6	4	2			
57岁	32	18	14	22	14	8	5	3	2			
58岁	24	17	7	18	9	9	1	1				
59岁	23	13	10	15	8	7	6	6				
60-64	**90**	**47**	**43**	**58**	**28**	**30**	**45**	**29**	**16**	**1**	**1**	
60岁	19	11	8	18	8	10	11	5	6			
61岁	14	5	9	12	7	5	7	7				
62岁	17	8	9	9	4	5	8	4	4			
63岁	24	12	12	12	5	7	11	10	1	1	1	
64岁	16	11	5	7	4	3	8	3	5			
65-69	**79**	**42**	**37**	**50**	**33**	**17**	**47**	**32**	**15**			
65岁	19	8	11	10	8	2	12	10	2			
66岁	17	11	6	11	3	8	10	7	3			
67岁	19	13	6	9	6	3	11	7	4			
68岁	12	5	7	13	11	2	8	6	2			
69岁	12	5	7	7	5	2	6	2	4			
70-74	**39**	**23**	**16**	**38**	**35**	**3**	**25**	**21**	**4**			
70岁	13	7	6	15	13	2	6	5	1			
71岁	7	3	4	9	8	1	4	3	1			
72岁	13	9	4	5	5		4	3	1			
73岁	3	2	1	4	4		5	5				
74岁	3	2	1	5	5		6	5	1			
75-79	**7**	**5**	**2**	**12**	**11**	**1**	**14**	**11**	**3**			
75岁	5	4	1	4	3	1	5	4	1			
76岁				1	1		3	2	1			
77岁				3	3		3	2	1			
78岁	2	1	1	3	3		3	3				
79岁				1	1							
80+				**4**	**2**	**2**	**3**	**3**				

1－7 15岁及以上分年龄、性别的文盲人口

单位：人，%

年龄	调查人口			文盲人口			文盲人口占调查人口的比例		
	合计	男	女	小计	男	女	总比例	男	女
总计	**59757**	**30061**	**29696**	**4709**	**1362**	**3347**	**7.88**	**4.53**	**11.27**
15-19	**5364**	**2728**	**2636**	**41**	**27**	**14**	**0.76**	**0.99**	**0.53**
15岁	1033	521	512	2	2		0.19	0.38	
16岁	1201	587	614	8	6	2	0.67	1.02	0.33
17岁	1025	551	474	11	8	3	1.07	1.45	0.63
18岁	1152	579	573	14	6	8	1.22	1.04	1.40
19岁	953	490	463	6	5	1	0.63	1.02	0.22
20-24	**4779**	**2384**	**2395**	**41**	**18**	**23**	**0.86**	**0.76**	**0.96**
20岁	878	438	440	9	2	7	1.03	0.46	1.59
21岁	923	440	483	11	6	5	1.19	1.36	1.04
22岁	903	447	456	1	1		0.11	0.22	
23岁	1063	549	514	14	6	8	1.32	1.09	1.56
24岁	1012	510	502	6	3	3	0.59	0.59	0.60
25-29	**5073**	**2569**	**2504**	**75**	**31**	**44**	**1.48**	**1.21**	**1.76**
25岁	944	465	479	18	6	12	1.91	1.29	2.51
26岁	1122	570	552	18	12	6	1.60	2.11	1.09
27岁	1036	529	507	10	1	9	0.97	0.19	1.78
28岁	982	492	490	11	4	7	1.12	0.81	1.43
29岁	989	513	476	18	8	10	1.82	1.56	2.10
30-34	**6801**	**3422**	**3379**	**112**	**49**	**63**	**1.65**	**1.43**	**1.86**
30岁	1134	590	544	19	10	9	1.68	1.69	1.65
31岁	1271	644	627	16	9	7	1.26	1.40	1.12
32岁	1388	698	690	23	10	13	1.66	1.43	1.88
33岁	1496	737	759	24	10	14	1.60	1.36	1.84
34岁	1512	753	759	30	10	20	1.98	1.33	2.64
35-39	**7226**	**3752**	**3474**	**165**	**69**	**96**	**2.28**	**1.84**	**2.76**
35岁	1523	809	714	31	13	18	2.04	1.61	2.52
36岁	1479	746	733	20	4	16	1.35	0.54	2.18
37岁	1529	792	737	36	13	23	2.35	1.64	3.12

1-7 续表 1

单位：人，%

年龄	调查人口			文盲人口			文盲人口占调查人口的比例		
	合计	男	女	小计	男	女	总比例	男	女
38岁	1367	727	640	36	19	17	2.63	2.61	2.66
39岁	1328	678	650	42	20	22	3.16	2.95	3.38
40-44	**6886**	**3426**	**3460**	**220**	**71**	**149**	**3.19**	**2.07**	**4.31**
40岁	1422	709	713	43	18	25	3.02	2.54	3.51
41岁	1408	701	707	44	10	34	3.13	1.43	4.81
42岁	1543	776	767	48	15	33	3.11	1.93	4.30
43岁	1470	717	753	40	12	28	2.72	1.67	3.72
44岁	1043	523	520	45	16	29	4.31	3.06	5.58
45-49	**5932**	**2993**	**2939**	**414**	**99**	**315**	**6.98**	**3.31**	**10.72**
45岁	1205	577	628	69	18	51	5.73	3.12	8.12
46岁	1110	570	540	57	16	41	5.14	2.81	7.59
47岁	1132	591	541	78	18	60	6.89	3.05	11.09
48岁	1278	634	644	105	19	86	8.22	3.00	13.35
49岁	1207	621	586	105	28	77	8.70	4.51	13.14
50-54	**5813**	**2879**	**2934**	**630**	**152**	**478**	**10.84**	**5.28**	**16.29**
50岁	1238	631	607	112	32	80	9.05	5.07	13.18
51岁	1219	596	623	119	31	88	9.76	5.20	14.13
52岁	1181	579	602	114	21	93	9.65	3.63	15.45
53岁	1151	575	576	147	36	111	12.77	6.26	19.27
54岁	1024	498	526	138	32	106	13.48	6.43	20.15
55-59	**3857**	**1942**	**1915**	**477**	**123**	**354**	**12.37**	**6.33**	**18.49**
55岁	914	462	452	106	29	77	11.60	6.28	17.04
56岁	938	493	445	117	35	82	12.47	7.10	18.43
57岁	708	351	357	81	19	62	11.44	5.41	17.37
58岁	652	312	340	92	19	73	14.11	6.09	21.47
59岁	645	324	321	81	21	60	12.56	6.48	18.69
60-64	**2546**	**1262**	**1284**	**434**	**109**	**325**	**17.05**	**8.64**	**25.31**
60岁	576	291	285	86	25	61	14.93	8.59	21.40
61岁	547	261	286	95	24	71	17.37	9.20	24.83

1－7 续表 2

单位：人，%

年 龄	调查人口			文盲人口			文盲人口占调查人口的比例		
	合计	男	女	小计	男	女	总比例	男	女
62岁	477	221	256	87	13	74	18.24	5.88	28.91
63岁	462	238	224	78	22	56	16.88	9.24	25.00
64岁	484	251	233	88	25	63	18.18	9.96	27.04
65-69	**2242**	**1090**	**1152**	**549**	**131**	**418**	**24.49**	**12.02**	**36.28**
65岁	486	238	248	98	18	80	20.16	7.56	32.26
66岁	457	232	225	97	27	70	21.23	11.64	31.11
67岁	433	212	221	109	31	78	25.17	14.62	35.29
68岁	464	228	236	122	31	91	26.29	13.60	38.56
69岁	402	180	222	123	24	99	30.60	13.33	44.59
70-74	**1647**	**834**	**813**	**650**	**192**	**458**	**39.47**	**23.02**	**56.33**
70岁	390	209	181	116	40	76	29.74	19.14	41.99
71岁	367	175	192	149	41	108	40.60	23.43	56.25
72岁	360	175	185	151	41	110	41.94	23.43	59.46
73岁	278	145	133	115	36	79	41.37	24.83	59.40
74岁	252	130	122	119	34	85	47.22	26.15	69.67
75-79	**990**	**497**	**493**	**518**	**163**	**355**	**52.32**	**32.80**	**72.01**
75岁	248	109	139	109	25	84	43.95	22.94	60.43
76岁	216	107	109	126	37	89	58.33	34.58	81.65
77岁	209	106	103	108	32	76	51.67	30.19	73.79
78岁	171	90	81	97	32	65	56.73	35.56	80.25
79岁	146	85	61	78	37	41	53.42	43.53	67.21
80-84	**436**	**218**	**218**	**267**	**96**	**171**	**61.24**	**44.04**	**78.44**
80岁	116	58	58	72	22	50	62.07	37.93	86.21
81岁	96	52	44	55	22	33	57.29	42.31	75.00
82岁	83	42	41	51	20	31	61.45	47.62	75.61
83岁	83	40	43	51	19	32	61.45	47.50	74.42
84岁	58	26	32	38	13	25	65.52	50.00	78.13
85+	**165**	**65**	**100**	**116**	**32**	**84**	**70.30**	**49.23**	**84.00**

1－7a 城镇15岁及以上分年龄、性别的文盲人口

单位：人，%

年龄	调查人口			文盲人口			文盲人口占调查人口的比例		
	合计	男	女	小计	男	女	总比例	男	女
总计	**25446**	**12516**	**12930**	**1397**	**332**	**1065**	**5.49**	**2.65**	**8.24**
15-19	**1948**	**981**	**967**	**15**	**10**	**5**	**0.77**	**1.02**	**0.52**
15岁	352	175	177						
16岁	444	202	242	5	4	1	1.13	1.98	0.41
17岁	373	206	167	6	4	2	1.61	1.94	1.20
18岁	425	207	218	3	1	2	0.71	0.48	0.92
19岁	354	191	163	1	1		0.28	0.52	
20-24	**1594**	**807**	**787**	**10**	**5**	**5**	**0.63**	**0.62**	**0.64**
20岁	295	156	139	4	1	3	1.36	0.64	2.16
21岁	298	143	155	1	1		0.34	0.70	
22岁	267	138	129						
23岁	372	189	183	5	3	2	1.34	1.59	1.09
24岁	362	181	181						
25-29	**1863**	**899**	**964**	**30**	**8**	**22**	**1.61**	**0.89**	**2.28**
25岁	325	152	173	6	3	3	1.85	1.97	1.73
26岁	390	177	213	5	1	4	1.28	0.56	1.88
27岁	400	206	194	3		3	0.75		1.55
28岁	389	184	205	6	1	5	1.54	0.54	2.44
29岁	359	180	179	10	3	7	2.79	1.67	3.91
30-34	**2734**	**1374**	**1360**	**31**	**17**	**14**	**1.13**	**1.24**	**1.03**
30岁	427	214	213	5	4	1	1.17	1.87	0.47
31岁	508	272	236	4	3	1	0.79	1.10	0.42
32岁	550	266	284	5	3	2	0.91	1.13	0.70
33岁	613	307	306	7	4	3	1.14	1.30	0.98
34岁	636	315	321	10	3	7	1.57	0.95	2.18
35-39	**3115**	**1557**	**1558**	**46**	**18**	**28**	**1.48**	**1.16**	**1.80**
35岁	640	312	328	11	2	9	1.72	0.64	2.74
36岁	643	318	325	7	1	6	1.09	0.31	1.85
37岁	670	336	334	6	2	4	0.90	0.60	1.20

1-7a 续表 1

单位：人，%

年 龄	调查人口			文盲人口			文盲人口占调查人口的比例		
	合计	男	女	小计	男	女	总比例	男	女
38岁	594	308	286	11	7	4	1.85	2.27	1.40
39岁	568	283	285	11	6	5	1.94	2.12	1.75
40-44	**3216**	**1610**	**1606**	**49**	**17**	**32**	**1.52**	**1.06**	**1.99**
40岁	624	301	323	8	5	3	1.28	1.66	0.93
41岁	639	318	321	10	2	8	1.56	0.63	2.49
42岁	763	398	365	14	5	9	1.83	1.26	2.47
43岁	696	338	358	8	2	6	1.15	0.59	1.68
44岁	494	255	239	9	3	6	1.82	1.18	2.51
45-49	**2755**	**1389**	**1366**	**79**	**17**	**62**	**2.87**	**1.22**	**4.54**
45岁	561	273	288	15	4	11	2.67	1.47	3.82
46岁	534	275	259	12	2	10	2.25	0.73	3.86
47岁	524	265	259	13	2	11	2.48	0.75	4.25
48岁	586	294	292	21	3	18	3.58	1.02	6.16
49岁	550	282	268	18	6	12	3.27	2.13	4.48
50-54	**2499**	**1252**	**1247**	**108**	**31**	**77**	**4.32**	**2.48**	**6.17**
50岁	545	279	266	27	9	18	4.95	3.23	6.77
51岁	558	278	280	19	6	13	3.41	2.16	4.64
52岁	500	245	255	17	3	14	3.40	1.22	5.49
53岁	507	265	242	23	5	18	4.54	1.89	7.44
54岁	389	185	204	22	8	14	5.66	4.32	6.86
55-59	**1579**	**744**	**835**	**90**	**16**	**74**	**5.70**	**2.15**	**8.86**
55岁	377	189	188	19	5	14	5.04	2.65	7.45
56岁	378	182	196	20	2	18	5.29	1.10	9.18
57岁	290	143	147	17	4	13	5.86	2.80	8.84
58岁	270	114	156	20	2	18	7.41	1.75	11.54
59岁	264	116	148	14	3	11	5.30	2.59	7.43
60-64	**1199**	**537**	**662**	**107**	**20**	**87**	**8.92**	**3.72**	**13.14**
60岁	244	112	132	19	4	15	7.79	3.57	11.36
61岁	231	95	136	17	3	14	7.36	3.16	10.29

1－7a 续表 2

单位：人，%

年 龄	调查人口			文盲人口			文盲人口占调查人口的比例		
	合计	男	女	小计	男	女	总比例	男	女
62岁	240	96	144	27	3	24	11.25	3.13	16.67
63岁	256	123	133	21	6	15	8.20	4.88	11.28
64岁	228	111	117	23	4	19	10.09	3.60	16.24
65-69	**1244**	**559**	**685**	**200**	**28**	**172**	**16.08**	**5.01**	**25.11**
65岁	249	111	138	36	3	33	14.46	2.70	23.91
66岁	262	125	137	36	7	29	13.74	5.60	21.17
67岁	244	108	136	41	9	32	16.80	8.33	23.53
68岁	260	117	143	41	4	37	15.77	3.42	25.87
69岁	229	98	131	46	5	41	20.09	5.10	31.30
70-74	**893**	**424**	**469**	**246**	**47**	**199**	**27.55**	**11.08**	**42.43**
70岁	214	104	110	43	13	30	20.09	12.50	27.27
71岁	201	89	112	55	7	48	27.36	7.87	42.86
72岁	194	86	108	61	9	52	31.44	10.47	48.15
73岁	152	74	78	41	5	36	26.97	6.76	46.15
74岁	132	71	61	46	13	33	34.85	18.31	54.10
75-79	**509**	**250**	**259**	**224**	**58**	**166**	**44.01**	**23.20**	**64.09**
75岁	131	50	81	46	5	41	35.11	10.00	50.62
76岁	109	54	55	51	11	40	46.79	20.37	72.73
77岁	104	49	55	51	12	39	49.04	24.49	70.91
78岁	94	53	41	46	14	32	48.94	26.42	78.05
79岁	71	44	27	30	16	14	42.25	36.36	51.85
80-84	**217**	**103**	**114**	**107**	**26**	**81**	**49.31**	**25.24**	**71.05**
80岁	51	28	23	24	6	18	47.06	21.43	78.26
81岁	50	22	28	26	7	19	52.00	31.82	67.86
82岁	42	21	21	20	6	14	47.62	28.57	66.67
83岁	39	19	20	17	4	13	43.59	21.05	65.00
84岁	35	13	22	20	3	17	57.14	23.08	77.27
85+	**81**	**30**	**51**	**55**	**14**	**41**	**67.90**	**46.67**	**80.39**

1－7b 农村15岁及以上分年龄、性别的文盲人口

单位：人，%

年龄	调查人口			文盲人口			文盲人口占调查人口的比例		
	合计	男	女	小计	男	女	总比例	男	女
总计	**34311**	**17545**	**16766**	**3312**	**1030**	**2282**	**9.65**	**5.87**	**13.61**
15-19	**3416**	**1747**	**1669**	**26**	**17**	**9**	**0.76**	**0.97**	**0.54**
15岁	681	346	335	2	2		0.29	0.58	
16岁	757	385	372	3	2	1	0.40	0.52	0.27
17岁	652	345	307	5	4	1	0.77	1.16	0.33
18岁	727	372	355	11	5	6	1.51	1.34	1.69
19岁	599	299	300	5	4	1	0.83	1.34	0.33
20-24	**3185**	**1577**	**1608**	**31**	**13**	**18**	**0.97**	**0.82**	**1.12**
20岁	583	282	301	5	1	4	0.86	0.35	1.33
21岁	625	297	328	10	5	5	1.60	1.68	1.52
22岁	636	309	327	1	1		0.16	0.32	
23岁	691	360	331	9	3	6	1.30	0.83	1.81
24岁	650	329	321	6	3	3	0.92	0.91	0.93
25-29	**3210**	**1670**	**1540**	**45**	**23**	**22**	**1.40**	**1.38**	**1.43**
25岁	619	313	306	12	3	9	1.94	0.96	2.94
26岁	732	393	339	13	11	2	1.78	2.80	0.59
27岁	636	323	313	7	1	6	1.10	0.31	1.92
28岁	593	308	285	5	3	2	0.84	0.97	0.70
29岁	630	333	297	8	5	3	1.27	1.50	1.01
30-34	**4067**	**2048**	**2019**	**81**	**32**	**49**	**1.99**	**1.56**	**2.43**
30岁	707	376	331	14	6	8	1.98	1.60	2.42
31岁	763	372	391	12	6	6	1.57	1.61	1.53
32岁	838	432	406	18	7	11	2.15	1.62	2.71
33岁	883	430	453	17	6	11	1.93	1.40	2.43
34岁	876	438	438	20	7	13	2.28	1.60	2.97
35-39	**4111**	**2195**	**1916**	**119**	**51**	**68**	**2.89**	**2.32**	**3.55**
35岁	883	497	386	20	11	9	2.27	2.21	2.33
36岁	836	428	408	13	3	10	1.56	0.70	2.45
37岁	859	456	403	30	11	19	3.49	2.41	4.71

1-7b 续表 1

单位：人，%

年 龄	调查人口			文盲人口			文盲人口占调查人口的比例		
	合计	男	女	小计	男	女	总比例	男	女
38岁	773	419	354	25	12	13	3.23	2.86	3.67
39岁	760	395	365	31	14	17	4.08	3.54	4.66
40-44	**3670**	**1816**	**1854**	**171**	**54**	**117**	**4.66**	**2.97**	**6.31**
40岁	798	408	390	35	13	22	4.39	3.19	5.64
41岁	769	383	386	34	8	26	4.42	2.09	6.74
42岁	780	378	402	34	10	24	4.36	2.65	5.97
43岁	774	379	395	32	10	22	4.13	2.64	5.57
44岁	549	268	281	36	13	23	6.56	4.85	8.19
45-49	**3177**	**1604**	**1573**	**335**	**82**	**253**	**10.54**	**5.11**	**16.08**
45岁	644	304	340	54	14	40	8.39	4.61	11.76
46岁	576	295	281	45	14	31	7.81	4.75	11.03
47岁	608	326	282	65	16	49	10.69	4.91	17.38
48岁	692	340	352	84	16	68	12.14	4.71	19.32
49岁	657	339	318	87	22	65	13.24	6.49	20.44
50-54	**3314**	**1627**	**1687**	**522**	**121**	**401**	**15.75**	**7.44**	**23.77**
50岁	693	352	341	85	23	62	12.27	6.53	18.18
51岁	661	318	343	100	25	75	15.13	7.86	21.87
52岁	681	334	347	97	18	79	14.24	5.39	22.77
53岁	644	310	334	124	31	93	19.25	10.00	27.84
54岁	635	313	322	116	24	92	18.27	7.67	28.57
55-59	**2278**	**1198**	**1080**	**387**	**107**	**280**	**16.99**	**8.93**	**25.93**
55岁	537	273	264	87	24	63	16.20	8.79	23.86
56岁	560	311	249	97	33	64	17.32	10.61	25.70
57岁	418	208	210	64	15	49	15.31	7.21	23.33
58岁	382	198	184	72	17	55	18.85	8.59	29.89
59岁	381	208	173	67	18	49	17.59	8.65	28.32
60-64	**1347**	**725**	**622**	**327**	**89**	**238**	**24.28**	**12.28**	**38.26**
60岁	332	179	153	67	21	46	20.18	11.73	30.07
61岁	316	166	150	78	21	57	24.68	12.65	38.00

1－7b 续表 2

单位：人，%

年 龄	调查人口			文盲人口			文盲人口占调查人口的比例		
	合计	男	女	小计	男	女	总比例	男	女
62岁	237	125	112	60	10	50	25.32	8.00	44.64
63岁	206	115	91	57	16	41	27.67	13.91	45.05
64岁	256	140	116	65	21	44	25.39	15.00	37.93
65－69	**998**	**531**	**467**	**349**	**103**	**246**	**34.97**	**19.40**	**52.68**
65岁	237	127	110	62	15	47	26.16	11.81	42.73
66岁	195	107	88	61	20	41	31.28	18.69	46.59
67岁	189	104	85	68	22	46	35.98	21.15	54.12
68岁	204	111	93	81	27	54	39.71	24.32	58.06
69岁	173	82	91	77	19	58	44.51	23.17	63.74
70－74	**754**	**410**	**344**	**404**	**145**	**259**	**53.58**	**35.37**	**75.29**
70岁	176	105	71	73	27	46	41.48	25.71	64.79
71岁	166	86	80	94	34	60	56.63	39.53	75.00
72岁	166	89	77	90	32	58	54.22	35.96	75.32
73岁	126	71	55	74	31	43	58.73	43.66	78.18
74岁	120	59	61	73	21	52	60.83	35.59	85.25
75－79	**481**	**247**	**234**	**294**	**105**	**189**	**61.12**	**42.51**	**80.77**
75岁	117	59	58	63	20	43	53.85	33.90	74.14
76岁	107	53	54	75	26	49	70.09	49.06	90.74
77岁	105	57	48	57	20	37	54.29	35.09	77.08
78岁	77	37	40	51	18	33	66.23	48.65	82.50
79岁	75	41	34	48	21	27	64.00	51.22	79.41
80－84	**219**	**115**	**104**	**160**	**70**	**90**	**73.06**	**60.87**	**86.54**
80岁	65	30	35	48	16	32	73.85	53.33	91.43
81岁	46	30	16	29	15	14	63.04	50.00	87.50
82岁	41	21	20	31	14	17	75.61	66.67	85.00
83岁	44	21	23	34	15	19	77.27	71.43	82.61
84岁	23	13	10	18	10	8	78.26	76.92	80.00
85+	**84**	**35**	**49**	**61**	**18**	**43**	**72.62**	**51.43**	**87.76**

1－8 15岁及以上人口分年龄、性别的婚姻状况

单位：人

年 龄	调查人口			未 婚			初婚有配偶		
	合计	男	女	小计	男	女	小计	男	女
总 计	**59757**	**30061**	**29696**	**9066**	**5254**	**3812**	**44905**	**22405**	**22500**
15-19	**5364**	**2728**	**2636**	**5206**	**2695**	**2511**	**158**	**33**	**125**
15岁	1033	521	512	1032	520	512	1	1	
16岁	1201	587	614	1197	587	610	4		4
17岁	1025	551	474	1011	544	467	14	7	7
18岁	1152	579	573	1097	567	530	55	12	43
19岁	953	490	463	869	477	392	84	13	71
20-24	**4779**	**2384**	**2395**	**2274**	**1352**	**922**	**2472**	**1014**	**1458**
20岁	878	438	440	670	375	295	204	61	143
21岁	923	440	483	546	317	229	374	122	252
22岁	903	447	456	397	245	152	505	201	304
23岁	1063	549	514	379	246	133	671	295	376
24岁	1012	510	502	282	169	113	718	335	383
25-29	**5073**	**2569**	**2504**	**747**	**517**	**230**	**4214**	**1984**	**2230**
25岁	944	465	479	216	137	79	716	321	395
26岁	1122	570	552	208	138	70	895	417	478
27岁	1036	529	507	140	107	33	878	411	467
28岁	982	492	490	102	74	28	859	409	450
29岁	989	513	476	81	61	20	866	426	440
30-34	**6801**	**3422**	**3379**	**328**	**256**	**72**	**6191**	**3015**	**3176**
30岁	1134	590	544	82	68	14	1024	506	518
31岁	1271	644	627	73	54	19	1154	565	589
32岁	1388	698	690	64	56	8	1260	610	650
33岁	1496	737	759	59	42	17	1375	660	715
34岁	1512	753	759	50	36	14	1378	674	704
35-39	**7226**	**3752**	**3474**	**214**	**183**	**31**	**6560**	**3329**	**3231**
35岁	1523	809	714	60	50	10	1372	708	664

1-8 续表 1

单位：人

年龄	调查人口			未婚			初婚有配偶		
	合计	男	女	小计	男	女	小计	男	女
36岁	1479	746	733	33	29	4	1347	670	677
37岁	1529	792	737	42	37	5	1390	700	690
38岁	1367	727	640	48	39	9	1226	638	588
39岁	1328	678	650	31	28	3	1225	613	612
40-44	**6886**	**3426**	**3460**	**113**	**96**	**17**	**6239**	**3087**	**3152**
40岁	1422	709	713	29	25	4	1284	632	652
41岁	1408	701	707	24	19	5	1285	640	645
42岁	1543	776	767	29	25	4	1388	694	694
43岁	1470	717	753	19	16	3	1353	652	701
44岁	1043	523	520	12	11	1	929	469	460
45-49	**5932**	**2993**	**2939**	**56**	**50**	**6**	**5378**	**2707**	**2671**
45岁	1205	577	628	11	11		1099	521	578
46岁	1110	570	540	13	12	1	1009	522	487
47岁	1132	591	541	16	14	2	1024	534	490
48岁	1278	634	644	9	8	1	1164	568	596
49岁	1207	621	586	7	5	2	1082	562	520
50-54	**5813**	**2879**	**2934**	**40**	**29**	**11**	**5219**	**2612**	**2607**
50岁	1238	631	607	10	7	3	1109	572	537
51岁	1219	596	623	12	10	2	1098	538	560
52岁	1181	579	602	4	4		1079	529	550
53岁	1151	575	576	9	3	6	1030	524	506
54岁	1024	498	526	5	5		903	449	454
55-59	**3857**	**1942**	**1915**	**37**	**33**	**4**	**3309**	**1714**	**1595**
55岁	914	462	452	9	7	2	804	414	390
56岁	938	493	445	11	10	1	795	431	364
57岁	708	351	357	4	4		616	308	308
58岁	652	312	340	6	6		566	276	290
59岁	645	324	321	7	6	1	528	285	243
60-64	**2546**	**1262**	**1284**	**22**	**16**	**6**	**2025**	**1061**	**964**
60岁	576	291	285	5	3	2	480	260	220
61岁	547	261	286	7	5	2	443	216	227

1-8 续表 2

单位：人

年龄	调查人口			未婚			初婚有配偶		
	合计	男	女	小计	男	女	小计	男	女
62岁	477	221	256	5	3	2	375	181	194
63岁	462	238	224	3	3		372	203	169
64岁	484	251	233	2	2		355	201	154
65-69	**2242**	**1090**	**1152**	**16**	**15**	**1**	**1558**	**859**	**699**
65岁	486	238	248	4	4		360	196	164
66岁	457	232	225	2	1	1	329	188	141
67岁	433	212	221	3	3		291	159	132
68岁	464	228	236	4	4		311	174	137
69岁	402	180	222	3	3		267	142	125
70-74	**1647**	**834**	**813**	**7**	**7**		**949**	**584**	**365**
70岁	390	209	181	3	3		247	152	95
71岁	367	175	192	3	3		226	124	102
72岁	360	175	185				198	120	78
73岁	278	145	133	1	1		161	103	58
74岁	252	130	122				117	85	32
75-79	**990**	**497**	**493**	**4**	**3**	**1**	**477**	**293**	**184**
75岁	248	109	139	1	1		138	70	68
76岁	216	107	109	1	1		112	68	44
77岁	209	106	103				96	59	37
78岁	171	90	81	2	1	1	72	50	22
79岁	146	85	61				59	46	13
80-84	**436**	**218**	**218**	**2**	**2**		**137**	**99**	**38**
80岁	116	58	58				41	30	11
81岁	96	52	44	1	1		34	25	9
82岁	83	42	41				25	16	9
83岁	83	40	43				23	18	5
84岁	58	26	32	1	1		14	10	4
85+	**165**	**65**	**100**				**19**	**14**	**5**

1－8 续表 3

单位：人

年 龄	再婚有配偶			离 婚			丧 偶		
	小计	男	女	小计	男	女	小计	男	女
总 计	**1449**	**714**	**735**	**975**	**594**	**381**	**3362**	**1094**	**2268**
15－19									
15岁									
16岁									
17岁									
18岁									
19岁									
20－24	**8**	**1**	**7**	**25**	**17**	**8**			
20岁	3	1	2	1	1				
21岁	1		1	2	1	1			
22岁				1	1				
23岁	1		1	12	8	4			
24岁	3		3	9	6	3			
25－29	**41**	**16**	**25**	**62**	**46**	**16**	**9**	**6**	**3**
25岁	3	1	2	9	6	3			
26岁	6	3	3	12	11	1	1	1	
27岁	7	4	3	10	6	4	1	1	
28岁	7	2	5	10	6	4	4	1	3
29岁	18	6	12	21	17	4	3	3	
30－34	**124**	**55**	**69**	**145**	**94**	**51**	**13**	**2**	**11**
30岁	11	2	9	17	14	3			
31岁	19	9	10	21	16	5	4		4
32岁	26	11	15	35	20	15	3	1	2
33岁	34	17	17	25	17	8	3	1	2
34岁	34	16	18	47	27	20	3		3
35－39	**192**	**82**	**110**	**218**	**139**	**79**	**42**	**19**	**23**
35岁	33	12	21	47	36	11	11	3	8

1－8 续表 4

单位：人

年龄	再婚有配偶			离婚			丧偶		
	小计	男	女	小计	男	女	小计	男	女
36岁	39	17	22	51	26	25	9	4	5
37岁	40	20	20	48	30	18	9	5	4
38岁	42	16	26	42	29	13	9	5	4
39岁	38	17	21	30	18	12	4	2	2
40-44	**246**	**103**	**143**	**190**	**107**	**83**	**98**	**33**	**65**
40岁	48	16	32	44	28	16	17	8	9
41岁	45	19	26	35	18	17	19	5	14
42岁	63	26	37	43	23	20	20	8	12
43岁	46	24	22	38	22	16	14	3	11
44岁	44	18	26	30	16	14	28	9	19
45-49	**214**	**109**	**105**	**142**	**77**	**65**	**142**	**50**	**92**
45岁	49	24	25	27	16	11	19	5	14
46岁	42	21	21	21	10	11	25	5	20
47岁	35	21	14	30	14	16	27	8	19
48岁	34	18	16	35	24	11	36	16	20
49岁	54	25	29	29	13	16	35	16	19
50-54	**186**	**94**	**92**	**101**	**62**	**39**	**267**	**82**	**185**
50岁	47	21	26	27	18	9	45	13	32
51岁	34	17	17	21	11	10	54	20	34
52岁	29	18	11	16	14	2	53	14	39
53岁	40	20	20	22	13	9	50	15	35
54岁	36	18	18	15	6	9	65	20	45
55-59	**146**	**74**	**72**	**46**	**27**	**19**	**319**	**94**	**225**
55岁	34	15	19	14	9	5	53	17	36
56岁	31	18	13	15	9	6	86	25	61
57岁	21	12	9	11	4	7	56	23	33
58岁	28	14	14	3	3		49	13	36
59岁	32	15	17	3	2	1	75	16	59
60-64	**108**	**53**	**55**	**26**	**17**	**9**	**365**	**115**	**250**
60岁	24	9	15	6	2	4	61	17	44
61岁	27	12	15	5	5		65	23	42

1－8 续表 5

单位：人

年 龄	再婚有配偶			离 婚			丧 偶		
	小计	男	女	小计	男	女	小计	男	女
62岁	21	14	7	5	3	2	71	20	51
63岁	17	9	8	5	3	2	65	20	45
64岁	19	9	10	5	4	1	103	35	68
65-69	**87**	**51**	**36**	**12**	**4**	**8**	**569**	**161**	**408**
65岁	14	6	8	3		3	105	32	73
66岁	24	15	9	2		2	100	28	72
67岁	19	11	8	4	2	2	116	37	79
68岁	16	13	3	3	2	1	130	35	95
69岁	14	6	8				118	29	89
70-74	**65**	**49**	**16**	**6**	**3**	**3**	**620**	**191**	**429**
70岁	20	14	6	3	2	1	117	38	79
71岁	9	8	1	1		1	128	40	88
72岁	13	9	4	1	1		148	45	103
73岁	14	10	4				102	31	71
74岁	9	8	1	1		1	125	37	88
75-79	**28**	**24**	**4**	**1**	**1**		**480**	**176**	**304**
75岁	9	8	1				100	30	70
76岁	6	5	1				97	33	64
77岁	6	5	1				107	42	65
78岁	4	3	1				93	36	57
79岁	3	3		1	1		83	35	48
80-84	**4**	**3**	**1**	**1**		**1**	**292**	**114**	**178**
80岁	2	1	1				73	27	46
81岁							61	26	35
82岁				1		1	57	26	31
83岁							60	22	38
84岁	2	2					41	13	28
85+							**146**	**51**	**95**

1－9　15岁及以上人口分性别、受教育程度的婚姻状况

单位：人

受教育程度	调查人口			未　婚			初婚有配偶		
	合计	男	女	小计	男	女	小计	男	女
总　计	**59757**	**30061**	**29696**	**9066**	**5254**	**3812**	**44905**	**22405**	**22500**
不识字	4709	1362	3347	270	222	48	2837	771	2066
未上过学	182	70	112	7	5	2	129	49	80
小　学	16649	7863	8786	1198	771	427	13566	6202	7364
初　中	26492	14366	12126	5007	2910	2097	19969	10664	9305
高　中	7160	3926	3234	1767	940	827	4917	2764	2153
中　专	1635	856	779	237	108	129	1286	697	589
大学专科	1875	1017	858	329	165	164	1441	810	631
大学本科	1008	575	433	241	129	112	724	426	298
研究生	47	26	21	10	4	6	36	22	14

1－9　续表

单位：人

受教育程度	再婚有配偶			离　婚			丧　偶		
	小计	男	女	小计	男	女	小计	男	女
总　计	**1449**	**714**	**735**	**975**	**594**	**381**	**3362**	**1094**	**2268**
不识字	168	49	119	35	22	13	1399	298	1101
未上过学	3	1	2	3	1	2	40	14	26
小　学	497	233	264	192	149	43	1196	508	688
初　中	543	284	259	467	301	166	506	207	299
高　中	157	96	61	184	86	98	135	40	95
中　专	32	20	12	38	17	21	42	14	28
大学专科	35	22	13	43	15	28	27	5	22
大学本科	14	9	5	13	3	10	16	8	8
研究生							1		1

1－10 分年龄、性别的经济活动人口

单位：人

年 龄	调查人口			在业人口			不在业人口		
	合计	男	女	小计	男	女	小计	男	女
总 计	**59757**	**30061**	**29696**	**38230**	**22073**	**16157**	**21527**	**7988**	**13539**
15-19	**5364**	**2728**	**2636**	**2255**	**1227**	**1028**	**3109**	**1501**	**1608**
15岁	1033	521	512	217	112	105	816	409	407
16岁	1201	587	614	441	246	195	760	341	419
17岁	1025	551	474	444	246	198	581	305	276
18岁	1152	579	573	597	332	265	555	247	308
19岁	953	490	463	556	291	265	397	199	198
20-24	**4779**	**2384**	**2395**	**3596**	**1942**	**1654**	**1183**	**442**	**741**
20岁	878	438	440	607	313	294	271	125	146
21岁	923	440	483	674	353	321	249	87	162
22岁	903	447	456	690	374	316	213	73	140
23岁	1063	549	514	812	455	357	251	94	157
24岁	1012	510	502	813	447	366	199	63	136
25-29	**5073**	**2569**	**2504**	**4223**	**2358**	**1865**	**850**	**211**	**639**
25岁	944	465	479	782	420	362	162	45	117
26岁	1122	570	552	927	525	402	195	45	150
27岁	1036	529	507	867	485	382	169	44	125
28岁	982	492	490	813	450	363	169	42	127
29岁	989	513	476	834	478	356	155	35	120
30-34	**6801**	**3422**	**3379**	**5722**	**3166**	**2556**	**1079**	**256**	**823**
30岁	1134	590	544	967	553	414	167	37	130
31岁	1271	644	627	1085	605	480	186	39	147
32岁	1388	698	690	1170	638	532	218	60	158
33岁	1496	737	759	1245	677	568	251	60	191
34岁	1512	753	759	1255	693	562	257	60	197
35-39	**7226**	**3752**	**3474**	**5982**	**3412**	**2570**	**1244**	**340**	**904**
35岁	1523	809	714	1252	736	516	271	73	198
36岁	1479	746	733	1241	693	548	238	53	185
37岁	1529	792	737	1245	704	541	284	88	196
38岁	1367	727	640	1148	661	487	219	66	153
39岁	1328	678	650	1096	618	478	232	60	172

1-10 续表

单位：人

年龄	调查人口			在业人口			不在业人口		
	合计	男	女	小计	男	女	小计	男	女
40-44	**6886**	**3426**	**3460**	**5513**	**3032**	**2481**	**1373**	**394**	**979**
40岁	1422	709	713	1149	634	515	273	75	198
41岁	1408	701	707	1134	636	498	274	65	209
42岁	1543	776	767	1234	694	540	309	82	227
43岁	1470	717	753	1161	617	544	309	100	209
44岁	1043	523	520	835	451	384	208	72	136
45-49	**5932**	**2993**	**2939**	**4268**	**2492**	**1776**	**1664**	**501**	**1163**
45岁	1205	577	628	905	492	413	300	85	215
46岁	1110	570	540	810	472	338	300	98	202
47岁	1132	591	541	841	516	325	291	75	216
48岁	1278	634	644	892	505	387	386	129	257
49岁	1207	621	586	820	507	313	387	114	273
50-54	**5813**	**2879**	**2934**	**3643**	**2255**	**1388**	**2170**	**624**	**1546**
50岁	1238	631	607	831	520	311	407	111	296
51岁	1219	596	623	784	471	313	435	125	310
52岁	1181	579	602	732	450	282	449	129	320
53岁	1151	575	576	684	435	249	467	140	327
54岁	1024	498	526	612	379	233	412	119	293
55-59	**3857**	**1942**	**1915**	**1859**	**1285**	**574**	**1998**	**657**	**1341**
55岁	914	462	452	491	316	175	423	146	277
56岁	938	493	445	493	352	141	445	141	304
57岁	708	351	357	327	224	103	381	127	254
58岁	652	312	340	273	194	79	379	118	261
59岁	645	324	321	275	199	76	370	125	245
60-64	**2546**	**1262**	**1284**	**716**	**530**	**186**	**1830**	**732**	**1098**
60岁	576	291	285	201	139	62	375	152	223
61岁	547	261	286	165	122	43	382	139	243
62岁	477	221	256	126	96	30	351	125	226
63岁	462	238	224	109	84	25	353	154	199
64岁	484	251	233	115	89	26	369	162	207
65+	**5480**	**2704**	**2776**	**453**	**374**	**79**	**5027**	**2330**	**2697**

1－11　人口分年龄、性别的职业状况

单位：人

年　龄	在业人口			国家机关、党群组织、企业、事业单位负责人			专业技术人员			办事人员和有关人员		
	合计	男	女	小计	男	女	小计	男	女	小计	男	女
总　计	**38230**	**22073**	**16157**	**296**	**232**	**64**	**1720**	**781**	**939**	**1153**	**812**	**341**
15-19	2255	1227	1028	1	1		13	2	11	18	12	6
20-24	3596	1942	1654	3	2	1	92	32	60	61	36	25
25-29	4223	2358	1865	14	9	5	251	96	155	109	64	45
30-34	5722	3166	2556	30	24	6	301	127	174	154	103	51
35-39	5982	3412	2570	47	33	14	302	133	169	203	131	72
40-44	5513	3032	2481	70	58	12	323	134	189	226	144	82
45-49	4268	2492	1776	53	40	13	196	91	105	159	121	38
50-54	3643	2255	1388	56	46	10	163	103	60	137	122	15
55-59	1859	1285	574	13	10	3	59	47	12	70	64	6
60-64	716	530	186	7	7		13	9	4	9	8	1
65+	453	374	79	2	2		7	7		7	7	

1－11　续表

单位：人

年　龄	商业、服务业人员			农、林、牧、渔、水利业生产人员			生产、运输设备操作人员及有关人员			不便分类的其他从业人员		
	小计	男	女	小计	男	女	小计	男	女	小计	男	女
总　计	**4389**	**2095**	**2294**	**25911**	**14313**	**11598**	**4754**	**3836**	**918**	**7**	**4**	**3**
15-19	193	83	110	1857	991	866	172	138	34	1		1
20-24	386	182	204	2727	1426	1301	327	264	63			
25-29	509	235	274	2857	1548	1309	482	405	77	1	1	
30-34	766	353	413	3679	1933	1746	791	626	165	1		1
35-39	806	369	437	3690	2013	1677	933	733	200	1		1
40-44	760	331	429	3288	1696	1592	845	668	177	1	1	
45-49	516	252	264	2682	1464	1218	661	523	138	1	1	
50-54	301	191	110	2595	1450	1145	391	343	48			
55-59	100	61	39	1488	988	500	129	115	14			
60-64	32	26	6	638	465	173	17	15	2			
65+	20	12	8	410	339	71	6	6		1	1	

1－12 人口分性别、受教育程度的职业状况

单位：人

受教育程度	在业人口			国家机关、党群组织、企业、事业单位负责人			专业技术人员			办事人员和有关人员		
	合计	男	女	小计	男	女	小计	男	女	小计	男	女
总　计	**38230**	**22073**	**16157**	**296**	**232**	**64**	**1720**	**781**	**939**	**1153**	**812**	**341**
不识字	1468	567	901				1		1	1	1	
未上过学	53	27	26							1	1	
小　学	11637	6099	5538	7	7		21	9	12	24	21	3
初　中	18553	11384	7169	38	28	10	187	91	96	254	204	50
高　中	3680	2372	1308	77	62	15	296	155	141	291	193	98
中　专	917	545	372	31	19	12	284	120	164	115	74	41
大学专科	1233	694	539	95	79	16	556	228	328	280	200	80
大学本科	656	366	290	47	36	11	349	165	184	182	114	68
研究生	33	19	14	1	1		26	13	13	5	4	1

1－12 续表

单位：人

受教育程度	商业、服务业人员			农、林、牧、渔、水利业生产人员			生产、运输设备操作人员及有关人员			不便分类的其他从业人员		
	小计	男	女	小计	男	女	小计	男	女	小计	男	女
总　计	**4389**	**2095**	**2294**	**25911**	**14313**	**11598**	**4754**	**3836**	**918**	**7**	**4**	**3**
不识字	91	45	46	1333	488	845	41	32	9	1	1	
未上过学	3	3		46	20	26	3	3				
小　学	431	218	213	10599	5388	5211	554	455	99	1	1	
初　中	2424	1137	1287	12706	7518	5188	2940	2404	536	4	2	2
高　中	1040	485	555	1064	780	284	912	697	215			
中　专	199	108	91	133	99	34	155	125	30			
大学专科	160	77	83	26	17	9	116	93	23			
大学本科	40	21	19	4	3	1	33	27	6	1		1
研究生	1	1										

1－13 分年龄、性别的未工作人口

单位：人

年龄	未工作人口			在校学生			离退休		
	合计	男	女	小计	男	女	小计	男	女
总计	**21527**	**7988**	**13539**	**2739**	**1346**	**1393**	**4424**	**2237**	**2187**
15-19	**3109**	**1501**	**1608**	**2410**	**1172**	**1238**			
15岁	816	409	407	719	360	359			
16岁	760	341	419	607	273	334			
17岁	581	305	276	454	234	220			
18岁	555	247	308	394	179	215			
19岁	397	199	198	236	126	110			
20-24	**1183**	**442**	**741**	**318**	**169**	**149**			
20岁	271	125	146	136	70	66			
21岁	249	87	162	78	38	40			
22岁	213	73	140	50	29	21			
23岁	251	94	157	37	23	14			
24岁	199	63	136	17	9	8			
25-29	**850**	**211**	**639**	**10**	**5**	**5**			
25岁	162	45	117	4	3	1			
26岁	195	45	150	4		4			
27岁	169	44	125	1	1				
28岁	169	42	127	1	1				
29岁	155	35	120						
30-34	**1079**	**256**	**823**	**1**		**1**	**3**	**3**	
30岁	167	37	130						
31岁	186	39	147						
32岁	218	60	158				1	1	
33岁	251	60	191	1		1			
34岁	257	60	197				2	2	
35-39	**1244**	**340**	**904**				**5**	**1**	**4**
35岁	271	73	198						
36岁	238	53	185						

1-13 续表 1

单位：人

年龄	未工作人口			在校学生			离退休		
	合计	男	女	小计	男	女	小计	男	女
37岁	284	88	196				1		1
38岁	219	66	153				1		1
39岁	232	60	172				3	1	2
40-44	**1373**	**394**	**979**				**38**	**16**	**22**
40岁	273	75	198				6	4	2
41岁	274	65	209				3	2	1
42岁	309	82	227				9	2	7
43岁	309	100	209				8	4	4
44岁	208	72	136				12	4	8
45-49	**1664**	**501**	**1163**				**228**	**65**	**163**
45岁	300	85	215				23	9	14
46岁	300	98	202				28	5	23
47岁	291	75	216				48	14	34
48岁	386	129	257				52	13	39
49岁	387	114	273				77	24	53
50-54	**2170**	**624**	**1546**				**753**	**182**	**571**
50岁	407	111	296				127	22	105
51岁	435	125	310				165	36	129
52岁	449	129	320				160	39	121
53岁	467	140	327				171	44	127
54岁	412	119	293				130	41	89
55-59	**1998**	**657**	**1341**				**710**	**305**	**405**
55岁	423	146	277				157	62	95
56岁	445	141	304				168	66	102
57岁	381	127	254				134	63	71
58岁	379	118	261				129	52	77
59岁	370	125	245				122	62	60

1-13 续表 2

单位：人

年龄	未工作人口			在校学生			离退休		
	合计	男	女	小计	男	女	小计	男	女
60-64	**1830**	**732**	**1098**				**798**	**442**	**356**
60岁	375	152	223				161	88	73
61岁	382	139	243				153	81	72
62岁	351	125	226				152	80	72
63岁	353	154	199				171	99	72
64岁	369	162	207				161	94	67
65-69	**1931**	**838**	**1093**				**839**	**494**	**345**
65岁	400	171	229				158	95	63
66岁	383	173	210				187	109	78
67岁	369	160	209				171	101	70
68岁	413	186	227				176	106	70
69岁	366	148	218				147	83	64
70-74	**1542**	**744**	**798**				**611**	**400**	**211**
70岁	363	184	179				159	96	63
71岁	342	152	190				129	81	48
72岁	332	152	180				136	88	48
73岁	266	134	132				95	69	26
74岁	239	122	117				92	66	26
75-79	**961**	**472**	**489**				**296**	**221**	**75**
75岁	234	98	136				79	52	27
76岁	208	99	109				63	46	17
77岁	203	101	102				55	42	13
78岁	170	89	81				53	43	10
79岁	146	85	61				46	38	8
80-84	**428**	**211**	**217**				**109**	**83**	**26**
80岁	114	57	57				24	21	3
81岁	91	47	44				30	23	7
82岁	82	41	41				22	16	6
83岁	83	40	43				21	13	8
84岁	58	26	32				12	10	2
85+	**165**	**65**	**100**				**34**	**25**	**9**

1-13 续表 3

单位：人

年 龄	料理家务			丧失劳动能力			毕业后未工作			因单位原因失去原工作		
	小计	男	女	小计	男	女	小计	男	女	小计	男	女
总 计	**6668**	**382**	**6286**	**3512**	**1774**	**1738**	**953**	**520**	**433**	**1900**	**1100**	**800**
15-19	**175**	**24**	**151**	**41**	**29**	**12**	**421**	**240**	**181**	**1**		**1**
15岁	27	6	21	6	5	1	59	33	26			
16岁	40	7	33	6	5	1	95	50	45			
17岁	28	6	22	12	9	3	75	49	26			
18岁	35	4	31	9	3	6	102	53	49	1		1
19岁	45	1	44	8	7	1	90	55	35			
20-24	**314**	**5**	**309**	**44**	**30**	**14**	**372**	**186**	**186**	**15**	**10**	**5**
20岁	32	1	31	10	5	5	71	39	32	1	1	
21岁	57	2	55	9	8	1	81	30	51	3	3	
22岁	68		68	1	1		69	35	34	3	2	1
23岁	83	1	82	14	11	3	87	48	39	3	2	1
24岁	74	1	73	10	5	5	64	34	30	5	2	3
25-29	**440**	**3**	**437**	**72**	**45**	**27**	**123**	**66**	**57**	**47**	**20**	**27**
25岁	71	1	70	18	10	8	39	16	23	6	3	3
26岁	101	1	100	9	6	3	35	21	14	12	7	5
27岁	91		91	13	11	2	19	12	7	8	4	4
28岁	84	1	83	18	10	8	19	11	8	7	1	6
29岁	93		93	14	8	6	11	6	5	14	5	9
30-34	**574**	**5**	**569**	**104**	**61**	**43**	**25**	**16**	**9**	**181**	**94**	**87**
30岁	92		92	19	13	6	6	6		21	10	11
31岁	103	1	102	13	7	6	7	3	4	23	12	11
32岁	121	3	118	15	14	1	5	3	2	41	22	19
33岁	129		129	24	13	11	4	3	1	47	28	19
34岁	129	1	128	33	14	19	3	1	2	49	22	27
35-39	**592**	**8**	**584**	**133**	**91**	**42**	**4**	**4**		**311**	**142**	**169**
35岁	124	3	121	23	18	5	2	2		62	22	40
36岁	127	2	125	22	14	8				50	20	30

1-13 续表 4

单位：人

年龄	料理家务			丧失劳动能力			毕业后未工作			因单位原因失去原工作		
	小计	男	女	小计	男	女	小计	男	女	小计	男	女
37岁	120		120	37	25	12	1	1		88	44	44
38岁	110	2	108	26	18	8				52	28	24
39岁	111	1	110	25	16	9	1	1		59	28	31
40-44	**589**	**18**	**571**	**131**	**76**	**55**	**7**	**7**		**451**	**213**	**238**
40岁	129	5	124	34	18	16	2	2		69	28	41
41岁	125	6	119	25	15	10				87	33	54
42岁	126	1	125	25	12	13	3	3		102	46	56
43岁	133	3	130	28	20	8	2	2		113	63	50
44岁	76	3	73	19	11	8				80	43	37
45-49	**695**	**30**	**665**	**144**	**88**	**56**				**450**	**249**	**201**
45岁	134	4	130	26	15	11				90	44	46
46岁	122	8	114	23	13	10				94	56	38
47岁	115	3	112	26	17	9				76	30	46
48岁	160	9	151	37	24	13				106	69	37
49岁	164	6	158	32	19	13				84	50	34
50-54	**824**	**29**	**795**	**216**	**117**	**99**	**1**	**1**		**277**	**229**	**48**
50岁	172	6	166	29	17	12				60	51	9
51岁	154	6	148	41	28	13				55	43	12
52岁	163	4	159	48	24	24				62	48	14
53岁	159	4	155	49	27	22	1	1		62	52	10
54岁	176	9	167	49	21	28				38	35	3
55-59	**778**	**42**	**736**	**303**	**149**	**154**				**137**	**121**	**16**
55岁	154	9	145	51	26	25				39	33	6
56岁	165	8	157	69	35	34				31	27	4
57岁	157	9	148	53	26	27				27	23	4
58岁	144	5	139	70	32	38				22	22	
59岁	158	11	147	60	30	30				18	16	2

1－13　续表 5

单位：人

年　龄	料理家务			丧失劳动能力			毕业后未工作			因单位原因失去原工作		
	小计	男	女	小计	男	女	小计	男	女	小计	男	女
60-64	**595**	**66**	**529**	**385**	**191**	**194**				**14**	**12**	**2**
60岁	120	16	104	83	42	41				2	2	
61岁	139	13	126	79	38	41				3	3	
62岁	124	9	115	67	33	34				2	1	1
63岁	103	8	95	67	37	30				5	5	
64岁	109	20	89	89	41	48				2	1	1
65-69	**534**	**60**	**474**	**508**	**253**	**255**				**9**	**6**	**3**
65岁	123	12	111	105	56	49				1	1	
66岁	99	13	86	83	42	41				1	1	
67岁	104	14	90	83	39	44				4	2	2
68岁	110	13	97	120	62	58				3	2	1
69岁	98	8	90	117	54	63						
70-74	**330**	**53**	**277**	**574**	**279**	**295**				**3**	**2**	**1**
70岁	75	17	58	125	71	54						
71岁	81	9	72	124	57	67						
72岁	79	10	69	111	52	59				1	1	
73岁	50	10	40	115	51	64				2	1	1
74岁	45	7	38	99	48	51						
75-79	**165**	**25**	**140**	**480**	**215**	**265**				**4**	**2**	**2**
75岁	57	7	50	93	38	55				1		1
76岁	33	1	32	108	50	58						
77岁	31	3	28	111	52	59				1		1
78岁	28	7	21	86	36	50				1	1	
79岁	16	7	9	82	39	43				1	1	
80-84	**47**	**12**	**35**	**263**	**112**	**151**						
80岁	12	5	7	75	28	47						
81岁	14	2	12	46	22	24						
82岁	8	1	7	50	23	27						
83岁	8	2	6	53	25	28						
84岁	5	2	3	39	14	25						
85+	**16**	**2**	**14**	**114**	**38**	**76**						

1-13 续表 6

单位：人

年龄	因本人原因失去原工作			承包土地被征用			其他		
	小计	男	女	小计	男	女	小计	男	女
总计	**721**	**246**	**475**	**26**	**14**	**12**	**584**	**369**	**215**
15-19	**21**	**11**	**10**				**40**	**25**	**15**
15岁							5	5	
16岁	4	2	2				8	4	4
17岁	4	3	1				8	4	4
18岁	6	2	4				8	6	2
19岁	7	4	3				11	6	5
20-24	**74**	**20**	**54**				**46**	**22**	**24**
20岁	16	6	10				5	3	2
21岁	15	2	13				6	4	2
22岁	13	3	10				9	3	6
23岁	14	4	10				13	5	8
24岁	16	5	11				13	7	6
25-29	**99**	**30**	**69**				**59**	**42**	**17**
25岁	13	2	11				11	10	1
26岁	19	3	16				15	7	8
27岁	30	10	20				7	6	1
28岁	26	9	17				14	9	5
29岁	11	6	5				12	10	2
30-34	**102**	**26**	**76**				**89**	**51**	**38**
30岁	17	2	15				12	6	6
31岁	23	7	16				17	9	8
32岁	18	5	13				17	12	5
33岁	21	4	17				25	12	13
34岁	23	8	15				18	12	6
35-39	**117**	**36**	**81**				**82**	**58**	**24**
35岁	33	9	24				27	19	8
36岁	21	5	16				18	12	6

1－13 续表 7

单位：人

年 龄	因本人原因失去原工作			承包土地被征用			其 他		
	小计	男	女	小计	男	女	小计	男	女
37岁	23	9	14				14	9	5
38岁	20	10	10				10	8	2
39岁	20	3	17				13	10	3
40-44	**114**	**33**	**81**	**1**		**1**	**42**	**31**	**11**
40岁	24	11	13				9	7	2
41岁	20	2	18	1		1	13	7	6
42岁	33	9	24				11	9	2
43岁	22	5	17				3	3	
44岁	15	6	9				6	5	1
45-49	**82**	**24**	**58**	**1**	**1**		**64**	**44**	**20**
45岁	17	5	12				10	8	2
46岁	16	4	12				17	12	5
47岁	15	4	11				11	7	4
48岁	18	5	13				13	9	4
49岁	16	6	10	1	1		13	8	5
50-54	**50**	**28**	**22**	**6**	**4**	**2**	**43**	**34**	**9**
50岁	10	7	3	1	1		8	7	1
51岁	9	5	4	1	1		10	6	4
52岁	7	5	2	1	1		8	8	
53岁	16	5	11	1		1	8	7	1
54岁	8	6	2	2	1	1	9	6	3
55-59	**33**	**18**	**15**	**3**		**3**	**34**	**22**	**12**
55岁	13	9	4				9	7	2
56岁	7	2	5				5	3	2
57岁	4	3	1				6	3	3
58岁	6	2	4	3		3	5	5	
59岁	3	2	1				9	4	5

1-13 续表 8

单位：人

年　龄	因本人原因失去原工作			承包土地被征用			其　他		
	小计	男	女	小计	男	女	小计	男	女
60-64	**11**	**6**	**5**	**6**	**2**	**4**	**21**	**13**	**8**
60岁	4	2	2	2		2	3	2	1
61岁	3	2	1				5	2	3
62岁	2		2	1		1	3	2	1
63岁	1	1		1		1	5	4	1
64岁	1	1		2	2		5	3	2
65-69	**11**	**8**	**3**	**6**	**6**		**24**	**11**	**13**
65岁	4	2	2	2	2		7	3	4
66岁	3	2	1	4	4		6	2	4
67岁	2	2					5	2	3
68岁	1	1					3	2	1
69岁	1	1					3	2	1
70-74	**2**	**2**		**1**		**1**	**21**	**8**	**13**
70岁							4		4
71岁	1	1		1		1	6	4	2
72岁							5	1	4
73岁	1	1					3	2	1
74岁							3	1	2
75-79	**3**	**3**		**2**	**1**	**1**	**11**	**5**	**6**
75岁				1	1		3		3
76岁	1	1		1		1	2	1	1
77岁	1	1					4	3	1
78岁	1	1					1	1	
79岁							1		1
80-84	**2**	**1**	**1**				**7**	**3**	**4**
80岁	1	1					2	2	
81岁							1		1
82岁							2	1	1
83岁							1		1
84岁	1		1				1		1
85+							**1**		**1**

1－14　分年龄、性别的未工作者主要生活来源

单位：人

年 龄	未工作人口			离退休金			领取基本生活费		
	合计	男	女	小计	男	女	小计	男	女
总 计	**21527**	**7988**	**13539**	**4437**	**2254**	**2183**	**1210**	**593**	**617**
15-19	**3109**	**1501**	**1608**				**19**	**11**	**8**
15岁	816	409	407				1		1
16岁	760	341	419				4	3	1
17岁	581	305	276				6	4	2
18岁	555	247	308				5	1	4
19岁	397	199	198				3	3	
20-24	**1183**	**442**	**741**				**8**	**5**	**3**
20岁	271	125	146				2		2
21岁	249	87	162				2	2	
22岁	213	73	140						
23岁	251	94	157						
24岁	199	63	136				4	3	1
25-29	**850**	**211**	**639**				**21**	**9**	**12**
25岁	162	45	117				5	2	3
26岁	195	45	150				5	1	4
27岁	169	44	125				2	2	
28岁	169	42	127				4	1	3
29岁	155	35	120				5	3	2
30-34	**1079**	**256**	**823**	**4**	**4**		**58**	**31**	**27**
30岁	167	37	130				6	3	3
31岁	186	39	147				7	3	4
32岁	218	60	158	2	2		6	3	3
33岁	251	60	191				20	13	7
34岁	257	60	197	2	2		19	9	10
35-39	**1244**	**340**	**904**	**7**	**4**	**3**	**109**	**65**	**44**
35岁	271	73	198				24	15	9

1-14 续表 1

单位：人

年 龄	未工作人口			离退休金			领取基本生活费		
	合计	男	女	小计	男	女	小计	男	女
36岁	238	53	185				18	8	10
37岁	284	88	196	1		1	25	15	10
38岁	219	66	153	2	2		22	15	7
39岁	232	60	172	4	2	2	20	12	8
40-44	**1373**	**394**	**979**	**42**	**19**	**23**	**166**	**100**	**66**
40岁	273	75	198	6	5	1	31	21	10
41岁	274	65	209	5	2	3	34	16	18
42岁	309	82	227	10	2	8	34	20	14
43岁	309	100	209	10	6	4	44	28	16
44岁	208	72	136	11	4	7	23	15	8
45-49	**1664**	**501**	**1163**	**240**	**73**	**167**	**198**	**113**	**85**
45岁	300	85	215	24	10	14	38	21	17
46岁	300	98	202	31	7	24	41	22	19
47岁	291	75	216	50	15	35	25	13	12
48岁	386	129	257	55	15	40	54	34	20
49岁	387	114	273	80	26	54	40	23	17
50-54	**2170**	**624**	**1546**	**757**	**186**	**571**	**149**	**102**	**47**
50岁	407	111	296	127	23	104	37	24	13
51岁	435	125	310	168	37	131	31	21	10
52岁	449	129	320	160	40	120	33	24	9
53岁	467	140	327	173	46	127	23	17	6
54岁	412	119	293	129	40	89	25	16	9
55-59	**1998**	**657**	**1341**	**711**	**307**	**404**	**99**	**58**	**41**
55岁	423	146	277	157	63	94	22	18	4
56岁	445	141	304	168	66	102	22	12	10
57岁	381	127	254	134	63	71	16	12	4
58岁	379	118	261	130	53	77	19	9	10
59岁	370	125	245	122	62	60	20	7	13

1－14 续表 2

单位：人

年龄	未工作人口			离退休金			领取基本生活费		
	合计	男	女	小计	男	女	小计	男	女
60-64	**1830**	**732**	**1098**	**794**	**440**	**354**	**77**	**26**	**51**
60岁	375	152	223	161	88	73	9	3	6
61岁	382	139	243	150	80	70	18	5	13
62岁	351	125	226	151	80	71	12	3	9
63岁	353	154	199	172	99	73	16	6	10
64岁	369	162	207	160	93	67	22	9	13
65-69	**1931**	**838**	**1093**	**837**	**494**	**343**	**107**	**27**	**80**
65岁	400	171	229	158	95	63	22	3	19
66岁	383	173	210	186	109	77	23	8	15
67岁	369	160	209	171	101	70	19	3	16
68岁	413	186	227	176	106	70	20	6	14
69岁	366	148	218	146	83	63	23	7	16
70-74	**1542**	**744**	**798**	**609**	**399**	**210**	**83**	**14**	**69**
70岁	363	184	179	159	96	63	12	3	9
71岁	342	152	190	128	80	48	19	1	18
72岁	332	152	180	135	88	47	22	4	18
73岁	266	134	132	95	69	26	13	3	10
74岁	239	122	117	92	66	26	17	3	14
75-79	**961**	**472**	**489**	**296**	**222**	**74**	**70**	**19**	**51**
75岁	234	98	136	77	51	26	22	4	18
76岁	208	99	109	63	46	17	16	5	11
77岁	203	101	102	55	42	13	13	3	10
78岁	170	89	81	53	43	10	9	4	5
79岁	146	85	61	48	40	8	10	3	7
80-84	**428**	**211**	**217**	**107**	**81**	**26**	**37**	**13**	**24**
80岁	114	57	57	24	21	3	12	5	7
81岁	91	47	44	29	22	7	8	2	6
82岁	82	41	41	22	16	6	1	1	
83岁	83	40	43	20	12	8	4	2	2
84岁	58	26	32	12	10	2	12	3	9
85+	**165**	**65**	**100**	**33**	**25**	**8**	**9**		**9**

1-14 续表 3

单位：人

年龄	家庭其他成员供养			财产性收入			保险收入			其他		
	小计	男	女	小计	男	女	小计	男	女	小计	男	女
总　计	**14247**	**4217**	**10030**	**632**	**328**	**304**	**7**	**3**	**4**	**994**	**593**	**401**
15-19	**3073**	**1481**	**1592**	**3**	**1**	**2**				**14**	**8**	**6**
15岁	811	407	404	1		1				3	2	1
16岁	753	337	416	1		1				2	1	1
17岁	572	299	273	1	1					2	1	1
18岁	547	244	303							3	2	1
19岁	390	194	196							4	2	2
20-24	**1116**	**410**	**706**	**8**	**3**	**5**				**51**	**24**	**27**
20岁	262	121	141	1	1					6	3	3
21岁	239	80	159	1	1					7	4	3
22岁	199	67	132	2		2				12	6	6
23岁	240	89	151	1		1				10	5	5
24岁	176	53	123	3	1	2				16	6	10
25-29	**748**	**150**	**598**	**14**	**9**	**5**				**67**	**43**	**24**
25岁	140	32	108	4	3	1				13	8	5
26岁	167	32	135	2	1	1				21	11	10
27岁	153	32	121	3	2	1				11	8	3
28岁	152	33	119	1	1					12	7	5
29岁	136	21	115	4	2	2				10	9	1
30-34	**873**	**143**	**730**	**29**	**16**	**13**	**1**		**1**	**114**	**62**	**52**
30岁	139	25	114	4	1	3	1		1	17	8	9
31岁	157	25	132	4	2	2				18	9	9
32岁	180	34	146	10	7	3				20	14	6
33岁	191	26	165	6	4	2				34	17	17
34岁	206	33	173	5	2	3				25	14	11
35-39	**944**	**163**	**781**	**32**	**14**	**18**	**2**	**1**	**1**	**150**	**93**	**57**
35岁	204	31	173	8	4	4				35	23	12

1－14 续表 4

单位：人

年 龄	家庭其他成员供养			财产性收入			保险收入			其 他		
	小计	男	女	小计	男	女	小计	男	女	小计	男	女
36岁	186	30	156	3	1	2	1		1	30	14	16
37岁	205	40	165	10	5	5				43	28	15
38岁	169	34	135	4	1	3	1	1		21	13	8
39岁	180	28	152	7	3	4				21	15	6
40-44	**973**	**167**	**806**	**29**	**15**	**14**				**163**	**93**	**70**
40岁	199	30	169	10	8	2				27	11	16
41岁	199	28	171	7	2	5				29	17	12
42岁	213	32	181	8	3	5				44	25	19
43岁	221	44	177	1	1					33	21	12
44岁	141	33	108	3	1	2				30	19	11
45-49	**1016**	**195**	**821**	**60**	**36**	**24**				**150**	**84**	**66**
45岁	191	29	162	15	8	7				32	17	15
46岁	184	43	141	11	8	3				33	18	15
47岁	172	26	146	9	6	3				35	15	20
48岁	240	57	183	11	5	6				26	18	8
49岁	229	40	189	14	9	5				24	16	8
50-54	**1087**	**226**	**861**	**80**	**36**	**44**				**97**	**74**	**23**
50岁	208	38	170	10	4	6				25	22	3
51岁	202	47	155	15	8	7				19	12	7
52岁	227	46	181	11	4	7				18	15	3
53岁	230	53	177	20	8	12				21	16	5
54岁	220	42	178	24	12	12				14	9	5
55-59	**1008**	**197**	**811**	**93**	**40**	**53**	**1**		**1**	**86**	**55**	**31**
55岁	202	40	162	17	7	10				25	18	7
56岁	218	45	173	21	8	13				16	10	6
57岁	191	34	157	23	10	13				17	8	9
58岁	196	36	160	17	8	9				17	12	5
59岁	201	42	159	15	7	8	1		1	11	7	4

1－14 续表 5

单位：人

年龄	家庭其他成员供养			财产性收入			保险收入			其他		
	小计	男	女	小计	男	女	小计	男	女	小计	男	女
60-64	**846**	**209**	**637**	**83**	**40**	**43**	**1**	**1**		**29**	**16**	**13**
60岁	176	46	130	21	12	9				8	3	5
61岁	189	44	145	18	6	12	1	1		6	3	3
62岁	170	31	139	13	7	6				5	4	1
63岁	148	39	109	12	7	5				5	3	2
64岁	163	49	114	19	8	11				5	3	2
65-69	**865**	**248**	**617**	**94**	**52**	**42**	**1**	**1**		**27**	**16**	**11**
65岁	179	50	129	30	16	14				11	7	4
66岁	153	44	109	18	12	6				3		3
67岁	155	42	113	18	10	8				6	4	2
68岁	193	61	132	19	9	10	1	1		4	3	1
69岁	185	51	134	9	5	4				3	2	1
70-74	**754**	**275**	**479**	**69**	**43**	**26**				**27**	**13**	**14**
70岁	164	68	96	23	15	8				5	2	3
71岁	171	57	114	17	10	7				7	4	3
72岁	156	51	105	12	5	7				7	4	3
73岁	143	51	92	11	9	2				4	2	2
74岁	120	48	72	6	4	2				4	1	3
75-79	**550**	**204**	**346**	**30**	**18**	**12**	**1**		**1**	**14**	**9**	**5**
75岁	123	37	86	9	4	5				3	2	1
76岁	120	45	75	7	3	4				2		2
77岁	124	49	75	4	3	1	1		1	6	4	2
78岁	102	36	66	3	3					3	3	
79岁	81	37	44	7	5	2						
80-84	**272**	**109**	**163**	**7**	**5**	**2**				**5**	**3**	**2**
80岁	73	26	47	3	3					2	2	
81岁	52	22	30	2	1	1						
82岁	58	23	35							1	1	
83岁	57	25	32	1	1					1		1
84岁	32	13	19	1		1				1		1
85+	**122**	**40**	**82**	**1**		**1**						

第二部分　残疾人口的基本状况

2－1 各地区分性别、残疾类别的残疾人

单位：人

地　区	残疾人			视力残疾人			听力残疾人			言语残疾人		
	合计	男	女	小计	男	女	小计	男	女	小计	男	女
总　计	**4028**	**2279**	**1749**	**528**	**242**	**286**	**659**	**386**	**273**	**55**	**38**	**17**
哈尔滨市南岗区	195	121	74	31	18	13	20	9	11			
哈尔滨市道外区	178	89	89	35	15	20	36	17	19	3	2	1
齐齐哈尔市龙沙区	224	116	108	29	9	20	63	34	29	1	1	
牡丹江市东安区	126	68	58	9	5	4	23	9	14			
七台河市新兴区	212	126	86	9	3	6	39	23	16	2	2	
鹤岗市向阳区	115	64	51	5	3	2	19	8	11	6	4	2
伊春市翠峦区	204	113	91	36	11	25	55	31	24			
北安市	196	114	82	29	22	7	28	16	12	3	1	2
集贤县	221	143	78	21	12	9	42	29	13	3	3	
肇东市	197	106	91	38	19	19	28	16	12	3	2	1
肇州县	198	108	90	36	8	28	46	29	17	5	4	1
穆棱市	213	122	91	15	7	8	35	23	12	1	1	
甘南县	151	96	55	24	11	13	19	16	3			
绥滨县	163	91	72	13	6	7	29	18	11	1	1	
肇源县	200	116	84	22	12	10	33	22	11			
富裕县	161	87	74	19	8	11	6	3	3	2	2	
五常市	193	112	81	35	14	21	14	10	4	5	4	1
海伦市	186	97	89	28	10	18	24	6	18	8	6	2
讷河市	191	101	90	20	13	7	23	14	9	2		2
宾县	176	105	71	14	8	6	25	18	7	2	2	
克山县	206	119	87	37	15	22	28	22	6	5	2	3
富锦市	122	65	57	23	13	10	24	13	11	3	1	2

2－1 续表

单位：人

地　区	肢体残疾人			智力残疾人			精神残疾人			多重残疾人		
	小计	男	女	小计	男	女	小计	男	女	小计	男	女
总　计	**1688**	**1010**	**678**	**294**	**181**	**113**	**252**	**107**	**145**	**552**	**315**	**237**
哈尔滨市南岗区	87	63	24	17	9	8	17	8	9	23	14	9
哈尔滨市道外区	73	42	31	13	6	7	10	3	7	8	4	4
齐齐哈尔市龙沙区	87	48	39	6	3	3	9	3	6	29	18	11
牡丹江市东安区	65	33	32	3	3		2	2		24	16	8
七台河市新兴区	100	63	37	14	9	5	14	5	9	34	21	13
鹤岗市向阳区	41	23	18	7	4	3	10	3	7	27	19	8
伊春市翠峦区	71	49	22	7	2	5	11	6	5	24	14	10
北安市	76	42	34	21	13	8	10	4	6	29	16	13
集贤县	81	54	27	12	9	3	6	5	1	56	31	25
肇东市	92	52	40	12	8	4	8	3	5	16	6	10
肇州县	59	36	23	14	8	6	13	4	9	25	19	6
穆棱市	84	48	36	17	12	5	17	6	11	44	25	19
甘南县	68	49	19	11	6	5	12	6	6	17	8	9
绥滨县	64	39	25	15	9	6	9	3	6	32	15	17
肇源县	96	55	41	18	12	6	13	2	11	18	13	5
富裕县	86	53	33	12	8	4	18	5	13	18	8	10
五常市	85	50	35	19	12	7	14	8	6	21	14	7
海伦市	69	41	28	16	9	7	10	6	4	31	19	12
讷河市	111	57	54	15	8	7	16	7	9	4	2	2
宾县	68	42	26	14	9	5	15	9	6	38	17	21
克山县	84	49	35	26	18	8	13	6	7	13	7	6
富锦市	41	22	19	5	4	1	5	3	2	21	9	12

2－2 分年龄、性别、残疾类别的残疾人

单位：人

年 龄	残疾人			视力残疾人			听力残疾人			言语残疾人		
	合计	男	女	小计	男	女	小计	男	女	小计	男	女
总 计	**4028**	**2279**	**1749**	**528**	**242**	**286**	**659**	**386**	**273**	**55**	**38**	**17**
0-4	**21**	**15**	**6**	**1**		**1**				**5**	**3**	**2**
0岁	1	1										
1岁	3	1	2	1		1						
2岁	4	3	1									
3岁	6	4	2							2		2
4岁	7	6	1							3	3	
5-9	**39**	**24**	**15**	**4**	**2**	**2**	**1**	**1**		**4**	**3**	**1**
5岁	11	9	2	1	1		1	1		2	2	
6岁	6	2	4	1	1							
7岁	9	3	6	2		2						
8岁	8	7	1							1	1	
9岁	5	3	2							1		1
10-14	**46**	**22**	**24**	**1**		**1**				**3**	**2**	**1**
10岁	5	2	3	1		1						
11岁	10	6	4							1	1	
12岁	10	4	6							1	1	
13岁	11	5	6									
14岁	10	5	5							1		1
15-19	**66**	**38**	**28**	**2**	**2**		**2**		**2**	**2**	**1**	**1**
15岁	10	6	4	1	1							
16岁	14	7	7									
17岁	14	10	4	1	1					1	1	
18岁	14	8	6									
19岁	14	7	7				2		2	1		1
20-24	**100**	**61**	**39**	**6**	**5**	**1**	**1**		**1**	**1**	**1**	
20岁	20	11	9	3	2	1				1	1	
21岁	16	13	3									
22岁	11	7	4	1	1							
23岁	32	19	13	1	1							
24岁	21	11	10	1	1		1		1			
25-29	**135**	**80**	**55**	**7**	**4**	**3**	**7**	**6**	**1**	**2**	**2**	
25岁	29	16	13	1	1		1	1		1	1	

2-2 续表1

单位：人

年龄	残疾人			视力残疾人			听力残疾人			言语残疾人		
	合计	男	女	小计	男	女	小计	男	女	小计	男	女
26岁	24	16	8	1		1	2	2				
27岁	22	17	5				2	1	1	1	1	
28岁	28	15	13	1		1						
29岁	32	16	16	4	3	1	2	2				
30-34	**214**	**115**	**99**	**13**	**8**	**5**	**13**	**6**	**7**	**4**	**2**	**2**
30岁	28	16	12	1	1		2	1	1	1		1
31岁	30	19	11	3	2	1	2	1	1			
32岁	39	23	16	5	2	3	3	2	1	2	1	1
33岁	48	25	23	3	3		3	1	2	1	1	
34岁	69	32	37	1		1	3	1	2			
35-39	**314**	**192**	**122**	**21**	**10**	**11**	**16**	**9**	**7**	**2**	**2**	
35岁	56	38	18				4	2	2	1	1	
36岁	57	35	22	6	4	2	5	2	3			
37岁	75	46	29	6	3	3				1	1	
38岁	66	37	29	4	2	2	5	4	1			
39岁	60	36	24	5	1	4	2	1	1			
40-44	**323**	**197**	**126**	**33**	**17**	**16**	**16**	**11**	**5**	**5**	**3**	**2**
40岁	73	38	35	7	5	2	3	1	2	1		1
41岁	70	43	27	8	5	3	5	3	2	2	2	
42岁	75	48	27	9	3	6	2	2				
43岁	63	41	22	7	4	3	4	3	1	1	1	
44岁	42	27	15	2		2	2	2		1		1
45-49	**368**	**214**	**154**	**43**	**25**	**18**	**36**	**19**	**17**	**6**	**5**	**1**
45岁	71	36	35	12	7	5	9	3	6	1		1
46岁	81	49	32	6	2	4	7	5	2			
47岁	68	51	17	7	6	1	3	3		3	3	
48岁	87	48	39	12	7	5	11	5	6	2	2	
49岁	61	30	31	6	3	3	6	3	3			
50-54	**444**	**255**	**189**	**63**	**32**	**31**	**61**	**35**	**26**	**5**	**4**	**1**
50岁	81	50	31	7	5	2	16	9	7	1	1	
51岁	90	51	39	11	6	5	9	4	5			
52岁	83	51	32	12	6	6	15	11	4	2	2	
53岁	103	60	43	17	7	10	12	7	5	2	1	1
54岁	87	43	44	16	8	8	9	4	5			

2-2 续表 2

单位：人

年 龄	残疾人			视力残疾人			听力残疾人			言语残疾人		
	合计	男	女	小计	男	女	小计	男	女	小计	男	女
55-59	**363**	**205**	**158**	**59**	**25**	**34**	**43**	**28**	**15**	**3**	**1**	**2**
55岁	81	43	38	11	2	9	11	6	5	1		1
56岁	93	55	38	18	10	8	7	7		1	1	
57岁	67	40	27	12	6	6	10	5	5			
58岁	63	36	27	8	1	7	5	5		1		1
59岁	59	31	28	10	6	4	10	5	5			
60-64	**315**	**164**	**151**	**63**	**22**	**41**	**51**	**31**	**20**	**6**	**5**	**1**
60岁	56	32	24	9	4	5	8	6	2	2	1	1
61岁	69	37	32	16	5	11	8	5	3	1	1	
62岁	63	31	32	14	7	7	10	5	5			
63岁	64	33	31	13	4	9	12	8	4	2	2	
64岁	63	31	32	11	2	9	13	7	6	1	1	
65-69	**371**	**201**	**170**	**71**	**32**	**39**	**89**	**51**	**38**	**3**	**2**	**1**
65岁	62	35	27	16	11	5	13	7	6			
66岁	67	34	33	17	5	12	13	9	4	2	1	1
67岁	72	38	34	8	3	5	27	14	13	1	1	
68岁	90	53	37	12	5	7	15	9	6			
69岁	80	41	39	18	8	10	21	12	9			
70-74	**372**	**194**	**178**	**63**	**26**	**37**	**112**	**65**	**47**	**2**	**1**	**1**
70岁	68	36	32	14	6	8	17	9	8			
71岁	94	49	45	22	9	13	25	12	13	2	1	1
72岁	79	41	38	9	2	7	29	21	8			
73岁	60	35	25	5	4	1	21	15	6			
74岁	71	33	38	13	5	8	20	8	12			
75-79	**316**	**188**	**128**	**54**	**21**	**33**	**110**	**73**	**37**	**2**	**1**	**1**
75岁	78	43	35	14	4	10	19	13	6	1		1
76岁	70	43	27	12	3	9	28	19	9	1	1	
77岁	68	40	28	10	5	5	22	15	7			
78岁	50	27	23	9	4	5	25	14	11			
79岁	50	35	15	9	5	4	16	12	4			
80-84	**159**	**91**	**68**	**15**	**9**	**6**	**76**	**42**	**34**			
80岁	36	19	17	7	3	4	16	8	8			
81岁	36	23	13	2	1	1	18	12	6			
82岁	30	15	15	3	2	1	15	7	8			
83岁	32	19	13	3	3		14	8	6			
84岁	25	15	10				13	7	6			
85+	**62**	**23**	**39**	**9**	**2**	**7**	**25**	**9**	**16**			

2-2 续表 3

单位：人

年 龄	肢体残疾人			智力残疾人			精神残疾人			多重残疾人		
	小计	男	女	小计	男	女	小计	男	女	小计	男	女
总 计	**1688**	**1010**	**678**	**294**	**181**	**113**	**252**	**107**	**145**	**552**	**315**	**237**
0-4	**3**	**1**	**2**	**3**	**2**	**1**				**9**	**9**	
0岁	1	1										
1岁				2	1	1						
2岁	1		1							3	3	
3岁				1	1					3	3	
4岁	1		1							3	3	
5-9	**3**	**2**	**1**	**10**	**7**	**3**				**17**	**9**	**8**
5岁				1	1					6	4	2
6岁				2		2				3	1	2
7岁	1	1		1	1					5	1	4
8岁				5	4	1				2	2	
9岁	2	1	1	1	1					1	1	
10-14	**9**	**3**	**6**	**17**	**11**	**6**	**1**		**1**	**15**	**6**	**9**
10岁				2	1	1				2	1	1
11岁	1	1		3	2	1	1		1	4	2	2
12岁	3	1	2	2		2				4	2	2
13岁	3	1	2	4	3	1				4	1	3
14岁	2		2	6	5	1				1		1
15-19	**20**	**9**	**11**	**17**	**11**	**6**				**23**	**15**	**8**
15岁	2	1	1	3	2	1				4	2	2
16岁	4	1	3	5	2	3				5	4	1
17岁	4	2	2	2	2					6	4	2
18岁	5	3	2	5	3	2				4	2	2
19岁	5	2	3	2	2					4	3	1
20-24	**40**	**20**	**20**	**17**	**13**	**4**	**8**	**4**	**4**	**27**	**18**	**9**
20岁	7	3	4	3	2	1	2		2	4	3	1
21岁	5	4	1	2	1	1				9	8	1
22岁	6	3	3	2	2					2	1	1
23岁	13	5	8	8	7	1	4	2	2	6	4	2
24岁	9	5	4	2	1	1	2	2		6	2	4
25-29	**54**	**31**	**23**	**24**	**11**	**13**	**20**	**15**	**5**	**21**	**11**	**10**
25岁	12	8	4	8	2	6	2	2		4	1	3

2-2 续表 4

单位：人

年 龄	肢体残疾人			智力残疾人			精神残疾人			多重残疾人		
	小计	男	女	小计	男	女	小计	男	女	小计	男	女
26岁	4	2	2	5	4	1	6	3	3	6	5	1
27岁	7	7		4	3	1	5	4	1	3	1	2
28岁	20	11	9	1		1	2	2		4	2	2
29岁	11	3	8	6	2	4	5	4	1	4	2	2
30-34	**92**	**55**	**37**	**24**	**13**	**11**	**31**	**10**	**21**	**37**	**21**	**16**
30岁	13	9	4	3	2	1	3		3	5	3	2
31岁	10	8	2	4	2	2	5	2	3	6	4	2
32岁	18	11	7	2	1	1	5	2	3	4	4	
33岁	17	8	9	6	3	3	7	3	4	11	6	5
34岁	34	19	15	9	5	4	11	3	8	11	4	7
35-39	**144**	**95**	**49**	**50**	**28**	**22**	**37**	**19**	**18**	**44**	**29**	**15**
35岁	25	20	5	6	2	4	9	5	4	11	8	3
36岁	29	20	9	9	4	5	5	4	1	3	1	2
37岁	37	23	14	12	8	4	7	3	4	12	8	4
38岁	27	17	10	13	8	5	9	2	7	8	4	4
39岁	26	15	11	10	6	4	7	5	2	10	8	2
40-44	**158**	**108**	**50**	**31**	**19**	**12**	**37**	**16**	**21**	**43**	**23**	**20**
40岁	38	23	15	5	2	3	7	1	6	12	6	6
41岁	30	19	11	10	7	3	11	5	6	4	2	2
42岁	42	30	12	9	6	3	2		2	11	7	4
43岁	26	19	7	5	3	2	10	6	4	10	5	5
44岁	22	17	5	2	1	1	7	4	3	6	3	3
45-49	**193**	**117**	**76**	**22**	**14**	**8**	**33**	**12**	**21**	**35**	**22**	**13**
45岁	38	24	14	2		2	5	2	3	4		4
46岁	50	30	20	5	5		6	3	3	7	4	3
47岁	32	23	9	7	5	2	8	4	4	8	7	1
48岁	42	24	18	3	1	2	7	2	5	10	7	3
49岁	31	16	15	5	3	2	7	1	6	6	4	2
50-54	**233**	**135**	**98**	**21**	**18**	**3**	**25**	**8**	**17**	**36**	**23**	**13**
50岁	45	26	19	3	3		2	1	1	7	5	2
51岁	48	28	20	8	7	1	6		6	8	6	2
52岁	42	25	17	1		1	5	3	2	6	4	2
53岁	53	34	19	4	4		8	3	5	7	4	3
54岁	45	22	23	5	4	1	4	1	3	8	4	4

2-2 续表 5

单位：人

年龄	肢体残疾人			智力残疾人			精神残疾人			多重残疾人		
	小计	男	女	小计	男	女	小计	男	女	小计	男	女
55-59	**179**	**103**	**76**	**16**	**12**	**4**	**25**	**14**	**11**	**38**	**22**	**16**
55岁	41	24	17	4	2	2	5	4	1	8	5	3
56岁	48	24	24	5	5		8	4	4	6	4	2
57岁	30	18	12	1	1		6	4	2	8	6	2
58岁	33	24	9	3	1	2	3		3	10	5	5
59岁	27	13	14	3	3		3	2	1	6	2	4
60-64	**140**	**82**	**58**	**9**	**4**	**5**	**10**	**4**	**6**	**36**	**16**	**20**
60岁	28	17	11	1		1				8	4	4
61岁	32	20	12	3		3	3	3		6	3	3
62岁	28	14	14	2	1	1	4		4	5	4	1
63岁	25	15	10	1	1		2		2	9	3	6
64岁	27	16	11	2	2		1	1		8	2	6
65-69	**149**	**85**	**64**	**12**	**9**	**3**	**9**	**2**	**7**	**38**	**20**	**18**
65岁	27	14	13	2	1	1	2		2	2	2	
66岁	25	14	11	3	2	1	1		1	6	3	3
67岁	23	16	7				1		1	12	4	8
68岁	46	27	19	5	5		2		2	10	7	3
69岁	28	14	14	2	1	1	3	2	1	8	4	4
70-74	**124**	**71**	**53**	**7**	**4**	**3**	**9**	**1**	**8**	**55**	**26**	**29**
70岁	26	16	10				2		2	9	5	4
71岁	27	19	8	3	1	2	1		1	14	7	7
72岁	20	10	10	2	1	1	4	1	3	15	6	9
73岁	24	12	12				2		2	8	4	4
74岁	27	14	13	2	2					9	4	5
75-79	**92**	**58**	**34**	**7**	**2**	**5**	**5**	**1**	**4**	**46**	**32**	**14**
75岁	29	18	11	2		2	2		2	11	8	3
76岁	18	13	5				1		1	10	7	3
77岁	18	11	7	2		2	2	1	1	14	8	6
78岁	12	6	6	1	1					3	2	1
79岁	15	10	5	2	1	1				8	7	1
80-84	**43**	**30**	**13**	**5**	**2**	**3**	**2**	**1**	**1**	**18**	**7**	**11**
80岁	12	8	4							1		1
81岁	9	7	2	1		1				6	3	3
82岁	7	5	2	1		1				4	1	3
83岁	11	7	4	2	1	1	1		1	1		1
84岁	4	3	1	1	1		1	1		6	3	3
85+	**12**	**5**	**7**	**2**	**1**	**1**				**14**	**6**	**8**

2－2a 城镇分年龄、性别、残疾类别的残疾人

单位：人

年龄	残疾人			视力残疾人			听力残疾人			言语残疾人		
	合计	男	女	小计	男	女	小计	男	女	小计	男	女
总　计	**1645**	**917**	**728**	**210**	**84**	**126**	**289**	**152**	**137**	**17**	**14**	**3**
0-4	**2**	**2**								**1**	**1**	
0岁												
1岁												
2岁	1	1										
3岁												
4岁	1	1								1	1	
5-9	**14**	**11**	**3**	**1**	**1**		**1**	**1**		**3**	**2**	**1**
5岁	7	6	1	1	1		1	1		1	1	
6岁												
7岁												
8岁	5	4	1							1	1	
9岁	2	1	1							1		1
10-14	**13**	**4**	**9**							**1**	**1**	
10岁												
11岁	2	2										
12岁	6	2	4							1	1	
13岁	3		3									
14岁	2		2									
15-19	**27**	**14**	**13**				**2**		**2**			
15岁	5	2	3									
16岁	6	4	2									
17岁	6	3	3									
18岁	5	2	3									
19岁	5	3	2				2		2			
20-24	**31**	**22**	**9**	**3**	**3**		**1**		**1**			
20岁	8	4	4	1	1							
21岁	7	7										
22岁	3	2	1	1	1							
23岁	7	6	1	1	1							
24岁	6	3	3				1		1			
25-29	**48**	**25**	**23**	**3**	**1**	**2**	**3**	**2**	**1**			
25岁	8	3	5									

2-2a 续表 1

单位：人

年 龄	残疾人			视力残疾人			听力残疾人			言语残疾人		
	合计	男	女	小计	男	女	小计	男	女	小计	男	女
26岁	6	3	3	1		1						
27岁	8	6	2				2	1	1			
28岁	12	6	6									
29岁	14	7	7	2	1	1	1	1				
30-34	**62**	**34**	**28**	**4**	**2**	**2**	**4**	**2**	**2**			
30岁	9	4	5				1		1			
31岁	11	6	5	2	1	1						
32岁	10	7	3	2	1	1	1	1				
33岁	16	8	8									
34岁	16	9	7				2	1	1			
35-39	**121**	**75**	**46**	**9**	**4**	**5**	**4**	**2**	**2**			
35岁	17	12	5									
36岁	27	19	8	3	2	1	2	1	1			
37岁	30	17	13	2	1	1						
38岁	26	15	11	2	1	1	2	1	1			
39岁	21	12	9	2		2						
40-44	**139**	**91**	**48**	**14**	**9**	**5**	**5**	**4**	**1**	**1**	**1**	
40岁	30	18	12	2	2							
41岁	29	19	10	3	3		3	2	1			
42岁	35	24	11	5	2	3						
43岁	29	22	7	2	2		2	2		1	1	
44岁	16	8	8	2		2						
45-49	**169**	**106**	**63**	**30**	**18**	**12**	**15**	**8**	**7**	**1**		**1**
45岁	31	15	16	6	3	3	6	1	5	1		1
46岁	38	22	16	5	2	3	1	1				
47岁	30	26	4	5	5		2	2				
48岁	44	26	18	9	6	3	3	2	1			
49岁	26	17	9	5	2	3	3	2	1			
50-54	**168**	**102**	**66**	**30**	**16**	**14**	**24**	**14**	**10**	**3**	**2**	**1**
50岁	36	24	12	5	3	2	7	5	2			
51岁	28	16	12	8	4	4	2	1	1			
52岁	32	20	12	6	3	3	4	2	2	1	1	
53岁	41	25	16	6	3	3	9	5	4	2	1	1
54岁	31	17	14	5	3	2	2	1	1			

2－2a 续表 2

单位：人

年龄	残疾人			视力残疾人			听力残疾人			言语残疾人		
	合计	男	女	小计	男	女	小计	男	女	小计	男	女
55-59	**122**	**69**	**53**	**16**	**6**	**10**	**12**	**6**	**6**			
55岁	28	15	13	5	1	4	2	1	1			
56岁	32	21	11	5	3	2	2	2				
57岁	16	12	4	1	1		4	1	3			
58岁	28	17	11	3	1	2	1	1				
59岁	18	4	14	2		2	3	1	2			
60-64	**122**	**59**	**63**	**14**	**2**	**12**	**19**	**11**	**8**	**5**	**5**	
60岁	17	9	8	1		1				1	1	
61岁	24	12	12	2	1	1	4	2	2	1	1	
62岁	29	13	16	3		3	5	2	3			
63岁	29	13	16	4	1	3	6	4	2	2	2	
64岁	23	12	11	4		4	4	3	1	1	1	
65-69	**185**	**89**	**96**	**32**	**5**	**27**	**45**	**22**	**23**	**2**	**2**	
65岁	20	9	11	4	1	3	6	3	3			
66岁	36	14	22	10		10	6	3	3	1	1	
67岁	36	15	21	4	2	2	12	4	8	1	1	
68岁	47	26	21	4		4	8	4	4			
69岁	46	25	21	10	2	8	13	8	5			
70-74	**164**	**80**	**84**	**19**	**6**	**13**	**58**	**31**	**27**			
70岁	30	15	15	4	2	2	11	4	7			
71岁	42	18	24	9	2	7	14	6	8			
72岁	32	18	14	4	1	3	12	9	3			
73岁	25	12	13	1		1	10	7	3			
74岁	35	17	18	1	1		11	5	6			
75-79	**156**	**88**	**68**	**25**	**9**	**16**	**50**	**32**	**18**			
75岁	44	22	22	8	2	6	9	7	2			
76岁	35	21	14	9	3	6	13	9	4			
77岁	32	17	15	3	1	2	11	6	5			
78岁	24	14	10	3	2	1	11	6	5			
79岁	21	14	7	2	1	1	6	4	2			
80-84	**73**	**38**	**35**	**5**	**2**	**3**	**33**	**13**	**20**			
80岁	11	6	5	2	1	1	4	1	3			
81岁	17	9	8	1		1	6	3	3			
82岁	15	8	7	1		1	8	4	4			
83岁	16	8	8	1	1		9	3	6			
84岁	14	7	7				6	2	4			
85+	**29**	**8**	**21**	**5**		**5**	**13**	**4**	**9**			

2-2a 续表 3

单位：人

年 龄	肢体残疾人			智力残疾人			精神残疾人			多重残疾人		
	小计	男	女	小计	男	女	小计	男	女	小计	男	女
总 计	**703**	**432**	**271**	**85**	**45**	**40**	**101**	**47**	**54**	**240**	**143**	**97**
0-4										**1**	**1**	
0岁												
1岁												
2岁										1	1	
3岁												
4岁												
5-9				**3**	**2**	**1**				**6**	**5**	**1**
5岁										4	3	1
6岁												
7岁												
8岁				3	2	1				1	1	
9岁										1	1	
10-14	**4**	**1**	**3**	**3**		**3**				**5**	**2**	**3**
10岁												
11岁	1	1								1	1	
12岁	2		2	2		2				1	1	
13岁				1		1				2		2
14岁	1		1							1		1
15-19	**6**	**4**	**2**	**7**	**3**	**4**				**12**	**7**	**5**
15岁	1	1		1		1				3	1	2
16岁	1		1	2	1	1				3	3	
17岁	1		1	1	1					4	2	2
18岁	1	1		3	1	2				1		1
19岁	2	2								1	1	
20-24	**11**	**8**	**3**	**6**	**4**	**2**	**3**	**1**	**2**	**7**	**6**	**1**
20岁	2	1	1	2	1	1	1		1	2	1	1
21岁	3	3								4	4	
22岁	2	1	1									
23岁	1	1		3	3		1		1	1	1	
24岁	3	2	1	1		1	1	1				
25-29	**21**	**10**	**11**	**7**	**2**	**5**	**8**	**6**	**2**	**6**	**4**	**2**
25岁	4	2	2	3		3	1	1				

2－2a 续表 4

单位：人

年龄	肢体残疾人			智力残疾人			精神残疾人			多重残疾人		
	小计	男	女	小计	男	女	小计	男	女	小计	男	女
26岁				2	1	1	2	1	1	1	1	
27岁	2	2		1	1		2	1	1	1	1	
28岁	9	4	5				1	1		2	1	1
29岁	6	2	4	1		1	2	2		2	1	1
30-34	**26**	**15**	**11**	**5**	**1**	**4**	**9**	**4**	**5**	**14**	**10**	**4**
30岁	4	2	2	2	1	1	1		1	1	1	
31岁	3	2	1	2		2	1	1		3	2	1
32岁	4	2	2				1	1		2	2	
33岁	7	3	4	1		1	2	1	1	6	4	2
34岁	8	6	2				4	1	3	2	1	1
35-39	**63**	**43**	**20**	**12**	**7**	**5**	**18**	**10**	**8**	**15**	**9**	**6**
35岁	10	8	2	2		2	3	2	1	2	2	
36岁	13	10	3	4	3	1	3	2	1	2	1	1
37岁	16	9	7	1	1		4	2	2	7	4	3
38岁	12	8	4	4	3	1	4	1	3	2	1	1
39岁	12	8	4	1		1	4	3	1	2	1	1
40-44	**74**	**56**	**18**	**6**	**4**	**2**	**20**	**6**	**14**	**19**	**11**	**8**
40岁	17	12	5				5	1	4	6	3	3
41岁	13	9	4	1	1		6	2	4	3	2	1
42岁	21	18	3	3	1	2	1		1	5	3	2
43岁	13	11	2	1	1		5	2	3	5	3	2
44岁	10	6	4	1	1		3	1	2			
45-49	**88**	**57**	**31**	**6**	**5**	**1**	**12**	**7**	**5**	**17**	**11**	**6**
45岁	15	10	5				1	1		2		2
46岁	24	14	10	2	2		3	1	2	3	2	1
47岁	12	11	1	2	1	1	4	3	1	5	4	1
48岁	22	12	10				3	1	2	7	5	2
49岁	15	10	5	2	2		1	1				
50-54	**79**	**48**	**31**	**6**	**6**		**10**	**5**	**5**	**16**	**11**	**5**
50岁	20	13	7	1	1					3	2	1
51岁	12	7	5	2	2		2		2	2	2	
52岁	14	8	6				3	3		4	3	1
53岁	18	12	6	1	1		2	1	1	3	2	1
54岁	15	8	7	2	2		3	1	2	4	2	2

2－2a 续表 5

单位：人

年 龄	肢体残疾人			智力残疾人			精神残疾人			多重残疾人		
	小计	男	女	小计	男	女	小计	男	女	小计	男	女
55-59	**66**	**41**	**25**	**3**	**1**	**2**	**9**	**7**	**2**	**16**	**8**	**8**
55岁	15	9	6	2	1	1	3	2	1	1	1	
56岁	21	14	7				2	2		2		2
57岁	7	6	1				2	2		2	2	
58岁	14	11	3	1		1	1		1	8	4	4
59岁	9	1	8				1	1		3	1	2
60-64	**61**	**34**	**27**	**5**	**2**	**3**	**4**		**4**	**14**	**5**	**9**
60岁	11	7	4	1		1				3	1	2
61岁	13	7	6	2		2				2	1	1
62岁	17	9	8				2		2	2	2	
63岁	11	5	6				2		2	4	1	3
64岁	9	6	3	2	2					3		3
65-69	**75**	**45**	**30**	**3**	**2**	**1**	**4**	**1**	**3**	**24**	**12**	**12**
65岁	8	4	4	1		1				1	1	
66岁	13	7	6	2	2					4	1	3
67岁	10	5	5				1		1	8	3	5
68岁	30	19	11				1		1	4	3	1
69岁	14	10	4				2	1	1	7	4	3
70-74	**55**	**26**	**29**	**5**	**2**	**3**	**1**		**1**	**26**	**15**	**11**
70岁	10	5	5							5	4	1
71岁	11	7	4	3	1	2				5	2	3
72岁	7	4	3	1		1				8	4	4
73岁	9	3	6				1		1	4	2	2
74岁	18	7	11	1	1					4	3	1
75-79	**48**	**26**	**22**	**3**	**1**	**2**	**3**		**3**	**27**	**20**	**7**
75岁	18	9	9	2		2	1		1	6	4	2
76岁	8	6	2				1		1	4	3	1
77岁	8	3	5				1		1	9	7	2
78岁	7	4	3							3	2	1
79岁	7	4	3	1	1					5	4	1
80-84	**21**	**16**	**5**	**4**	**2**	**2**				**10**	**5**	**5**
80岁	5	4	1									
81岁	4	4		1		1				5	2	3
82岁	5	4	1	1		1						
83岁	5	3	2	1	1							
84岁	2	1	1	1	1					5	3	2
85+	**5**	**2**	**3**	**1**	**1**					**5**	**1**	**4**

2－2b 农村分年龄、性别、残疾类别的残疾人

单位：人

年龄	残疾人			视力残疾人			听力残疾人			言语残疾人		
	合计	男	女	小计	男	女	小计	男	女	小计	男	女
总 计	**2383**	**1362**	**1021**	**318**	**158**	**160**	**370**	**234**	**136**	**38**	**24**	**14**
0-4	**19**	**13**	**6**	**1**		**1**				**4**	**2**	**2**
0岁	1	1										
1岁	3	1	2	1		1						
2岁	3	2	1									
3岁	6	4	2							2		2
4岁	6	5	1							2	2	
5-9	**25**	**13**	**12**	**3**	**1**	**2**				**1**	**1**	
5岁	4	3	1							1	1	
6岁	6	2	4	1	1							
7岁	9	3	6	2		2						
8岁	3	3										
9岁	3	2	1									
10-14	**33**	**18**	**15**	**1**		**1**				**2**	**1**	**1**
10岁	5	2	3	1		1						
11岁	8	4	4							1	1	
12岁	4	2	2									
13岁	8	5	3									
14岁	8	5	3							1		1
15-19	**39**	**24**	**15**	**2**	**2**					**2**	**1**	**1**
15岁	5	4	1	1	1							
16岁	8	3	5									
17岁	8	7	1	1	1					1	1	
18岁	9	6	3									
19岁	9	4	5							1		1
20-24	**69**	**39**	**30**	**3**	**2**	**1**				**1**	**1**	
20岁	12	7	5	2	1	1				1	1	
21岁	9	6	3									
22岁	8	5	3									
23岁	25	13	12									
24岁	15	8	7	1	1							
25-29	**87**	**55**	**32**	**4**	**3**	**1**	**4**	**4**		**2**	**2**	
25岁	21	13	8	1	1		1	1		1	1	
26岁	18	13	5				2	2				

2－2b 续表 1

单位：人

年 龄	残疾人			视力残疾人			听力残疾人			言语残疾人		
	合计	男	女	小计	男	女	小计	男	女	小计	男	女
27岁	14	11	3							1	1	
28岁	16	9	7	1		1						
29岁	18	9	9	2	2		1	1				
30-34	**152**	**81**	**71**	**9**	**6**	**3**	**9**	**4**	**5**	**4**	**2**	**2**
30岁	19	12	7	1	1		1	1		1		1
31岁	19	13	6	1	1		2	1	1			
32岁	29	16	13	3	1	2	2	1	1	2	1	1
33岁	32	17	15	3	3		3	1	2	1	1	
34岁	53	23	30	1		1	1		1			
35-39	**193**	**117**	**76**	**12**	**6**	**6**	**12**	**7**	**5**	**2**	**2**	
35岁	39	26	13				4	2	2	1	1	
36岁	30	16	14	3	2	1	3	1	2			
37岁	45	29	16	4	2	2				1	1	
38岁	40	22	18	2	1	1	3	3				
39岁	39	24	15	3	1	2	2	1	1			
40-44	**184**	**106**	**78**	**19**	**8**	**11**	**11**	**7**	**4**	**4**	**2**	**2**
40岁	43	20	23	5	3	2	3	1	2	1		1
41岁	41	24	17	5	2	3	2	1	1	2	2	
42岁	40	24	16	4	1	3	2	2				
43岁	34	19	15	5	2	3	2	1	1			
44岁	26	19	7				2	2		1		1
45-49	**199**	**108**	**91**	**13**	**7**	**6**	**21**	**11**	**10**	**5**	**5**	
45岁	40	21	19	6	4	2	3	2	1			
46岁	43	27	16	1		1	6	4	2			
47岁	38	25	13	2	1	1	1	1		3	3	
48岁	43	22	21	3	1	2	8	3	5	2	2	
49岁	35	13	22	1	1		3	1	2			
50-54	**276**	**153**	**123**	**33**	**16**	**17**	**37**	**21**	**16**	**2**	**2**	
50岁	45	26	19	2	2		9	4	5	1	1	
51岁	62	35	27	3	2	1	7	3	4			
52岁	51	31	20	6	3	3	11	9	2	1	1	
53岁	62	35	27	11	4	7	3	2	1			
54岁	56	26	30	11	5	6	7	3	4			
55-59	**241**	**136**	**105**	**43**	**19**	**24**	**31**	**22**	**9**	**3**	**1**	**2**
55岁	53	28	25	6	1	5	9	5	4	1		1

2－2b 续表 2

单位：人

年龄	残疾人			视力残疾人			听力残疾人			言语残疾人		
	合计	男	女	小计	男	女	小计	男	女	小计	男	女
56岁	61	34	27	13	7	6	5	5		1	1	
57岁	51	28	23	11	5	6	6	4	2			
58岁	35	19	16	5		5	4	4		1		1
59岁	41	27	14	8	6	2	7	4	3			
60-64	**193**	**105**	**88**	**49**	**20**	**29**	**32**	**20**	**12**	**1**		**1**
60岁	39	23	16	8	4	4	8	6	2	1		1
61岁	45	25	20	14	4	10	4	3	1			
62岁	34	18	16	11	7	4	5	3	2			
63岁	35	20	15	9	3	6	6	4	2			
64岁	40	19	21	7	2	5	9	4	5			
65-69	**186**	**112**	**74**	**39**	**27**	**12**	**44**	**29**	**15**	**1**		**1**
65岁	42	26	16	12	10	2	7	4	3			
66岁	31	20	11	7	5	2	7	6	1	1		1
67岁	36	23	13	4	1	3	15	10	5			
68岁	43	27	16	8	5	3	7	5	2			
69岁	34	16	18	8	6	2	8	4	4			
70-74	**208**	**114**	**94**	**44**	**20**	**24**	**54**	**34**	**20**	**2**	**1**	**1**
70岁	38	21	17	10	4	6	6	5	1			
71岁	52	31	21	13	7	6	11	6	5	2	1	1
72岁	47	23	24	5	1	4	17	12	5			
73岁	35	23	12	4	4		11	8	3			
74岁	36	16	20	12	4	8	9	3	6			
75-79	**160**	**100**	**60**	**29**	**12**	**17**	**60**	**41**	**19**	**2**	**1**	**1**
75岁	34	21	13	6	2	4	10	6	4	1		1
76岁	35	22	13	3		3	15	10	5	1	1	
77岁	36	23	13	7	4	3	11	9	2			
78岁	26	13	13	6	2	4	14	8	6			
79岁	29	21	8	7	4	3	10	8	2			
80-84	**86**	**53**	**33**	**10**	**7**	**3**	**43**	**29**	**14**			
80岁	25	13	12	5	2	3	12	7	5			
81岁	19	14	5	1	1		12	9	3			
82岁	15	7	8	2	2		7	3	4			
83岁	16	11	5	2	2		5	5				
84岁	11	8	3				7	5	2			
85+	**33**	**15**	**18**	**4**	**2**	**2**	**12**	**5**	**7**			

2-2b 续表 3

单位：人

年 龄	肢体残疾人			智力残疾人			精神残疾人			多重残疾人		
	小计	男	女	小计	男	女	小计	男	女	小计	男	女
总 计	**985**	**578**	**407**	**209**	**136**	**73**	**151**	**60**	**91**	**312**	**172**	**140**
0-4	**3**	**1**	**2**	**3**	**2**	**1**				**8**	**8**	
0岁	1	1										
1岁				2	1	1						
2岁	1		1							2	2	
3岁				1	1					3	3	
4岁	1		1							3	3	
5-9	**3**	**2**	**1**	**7**	**5**	**2**				**11**	**4**	**7**
5岁				1	1					2	1	1
6岁				2		2				3	1	2
7岁	1	1		1	1					5	1	4
8岁				2	2					1	1	
9岁	2	1	1	1	1							
10-14	**5**	**2**	**3**	**14**	**11**	**3**	**1**		**1**	**10**	**4**	**6**
10岁				2	1	1				2	1	1
11岁				3	2	1	1		1	3	1	2
12岁	1	1								3	1	2
13岁	3	1	2	3	3					2	1	1
14岁	1		1	6	5	1						
15-19	**14**	**5**	**9**	**10**	**8**	**2**				**11**	**8**	**3**
15岁	1		1	2	2					1	1	
16岁	3	1	2	3	1	2				2	1	1
17岁	3	2	1	1	1					2	2	
18岁	4	2	2	2	2					3	2	1
19岁	3		3	2	2					3	2	1
20-24	**29**	**12**	**17**	**11**	**9**	**2**	**5**	**3**	**2**	**20**	**12**	**8**
20岁	5	2	3	1	1		1		1	2	2	
21岁	2	1	1	2	1	1				5	4	1
22岁	4	2	2	2	2					2	1	1
23岁	12	4	8	5	4	1	3	2	1	5	3	2
24岁	6	3	3	1	1		1	1		6	2	4
25-29	**33**	**21**	**12**	**17**	**9**	**8**	**12**	**9**	**3**	**15**	**7**	**8**
25岁	8	6	2	5	2	3	1	1		4	1	3
26岁	4	2	2	3	3		4	2	2	5	4	1

2－2b 续表 4

单位：人

年 龄	肢体残疾人			智力残疾人			精神残疾人			多重残疾人		
	小计	男	女	小计	男	女	小计	男	女	小计	男	女
27岁	5	5		3	2	1	3	3		2		2
28岁	11	7	4	1		1	1	1		2	1	1
29岁	5	1	4	5	2	3	3	2	1	2	1	1
30-34	**66**	**40**	**26**	**19**	**12**	**7**	**22**	**6**	**16**	**23**	**11**	**12**
30岁	9	7	2	1	1		2		2	4	2	2
31岁	7	6	1	2	2		4	1	3	3	2	1
32岁	14	9	5	2	1	1	4	1	3	2	2	
33岁	10	5	5	5	3	2	5	2	3	5	2	3
34岁	26	13	13	9	5	4	7	2	5	9	3	6
35-39	**81**	**52**	**29**	**38**	**21**	**17**	**19**	**9**	**10**	**29**	**20**	**9**
35岁	15	12	3	4	2	2	6	3	3	9	6	3
36岁	16	10	6	5	1	4	2	2		1		1
37岁	21	14	7	11	7	4	3	1	2	5	4	1
38岁	15	9	6	9	5	4	5	1	4	6	3	3
39岁	14	7	7	9	6	3	3	2	1	8	7	1
40-44	**84**	**52**	**32**	**25**	**15**	**10**	**17**	**10**	**7**	**24**	**12**	**12**
40岁	21	11	10	5	2	3	2		2	6	3	3
41岁	17	10	7	9	6	3	5	3	2	1		1
42岁	21	12	9	6	5	1	1		1	6	4	2
43岁	13	8	5	4	2	2	5	4	1	5	2	3
44岁	12	11	1	1		1	4	3	1	6	3	3
45-49	**105**	**60**	**45**	**16**	**9**	**7**	**21**	**5**	**16**	**18**	**11**	**7**
45岁	23	14	9	2		2	4	1	3	2		2
46岁	26	16	10	3	3		3	2	1	4	2	2
47岁	20	12	8	5	4	1	4	1	3	3	3	
48岁	20	12	8	3	1	2	4	1	3	3	2	1
49岁	16	6	10	3	1	2	6		6	6	4	2
50-54	**154**	**87**	**67**	**15**	**12**	**3**	**15**	**3**	**12**	**20**	**12**	**8**
50岁	25	13	12	2	2		2	1	1	4	3	1
51岁	36	21	15	6	5	1	4		4	6	4	2
52岁	28	17	11	1		1	2		2	2	1	1
53岁	35	22	13	3	3		6	2	4	4	2	2
54岁	30	14	16	3	2	1	1		1	4	2	2
55-59	**113**	**62**	**51**	**13**	**11**	**2**	**16**	**7**	**9**	**22**	**14**	**8**
55岁	26	15	11	2	1	1	2	2		7	4	3

2－2b 续表 5

单位：人

年 龄	肢体残疾人			智力残疾人			精神残疾人			多重残疾人		
	小计	男	女	小计	男	女	小计	男	女	小计	男	女
56岁	27	10	17	5	5		6	2	4	4	4	
57岁	23	12	11	1	1		4	2	2	6	4	2
58岁	19	13	6	2	1	1	2		2	2	1	1
59岁	18	12	6	3	3		2	1	1	3	1	2
60-64	**79**	**48**	**31**	**4**	**2**	**2**	**6**	**4**	**2**	**22**	**11**	**11**
60岁	17	10	7							5	3	2
61岁	19	13	6	1		1	3	3		4	2	2
62岁	11	5	6	2	1	1	2		2	3	2	1
63岁	14	10	4	1	1					5	2	3
64岁	18	10	8				1	1		5	2	3
65-69	**74**	**40**	**34**	**9**	**7**	**2**	**5**	**1**	**4**	**14**	**8**	**6**
65岁	19	10	9	1	1		2		2	1	1	
66岁	12	7	5	1		1	1		1	2	2	
67岁	13	11	2							4	1	3
68岁	16	8	8	5	5		1		1	6	4	2
69岁	14	4	10	2	1	1	1	1		1		1
70-74	**69**	**45**	**24**	**2**	**2**		**8**	**1**	**7**	**29**	**11**	**18**
70岁	16	11	5				2		2	4	1	3
71岁	16	12	4				1		1	9	5	4
72岁	13	6	7	1	1		4	1	3	7	2	5
73岁	15	9	6				1		1	4	2	2
74岁	9	7	2	1	1					5	1	4
75-79	**44**	**32**	**12**	**4**	**1**	**3**	**2**	**1**	**1**	**19**	**12**	**7**
75岁	11	9	2				1		1	5	4	1
76岁	10	7	3							6	4	2
77岁	10	8	2	2		2	1	1		5	1	4
78岁	5	2	3	1	1							
79岁	8	6	2	1		1				3	3	
80-84	**22**	**14**	**8**	**1**		**1**	**2**	**1**	**1**	**8**	**2**	**6**
80岁	7	4	3							1		1
81岁	5	3	2							1	1	
82岁	2	1	1							4	1	3
83岁	6	4	2	1		1	1		1	1		1
84岁	2	2					1	1		1		1
85+	**7**	**3**	**4**	**1**		**1**				**9**	**5**	**4**

2－3　多重残疾人的残疾类别组合

单位：人，%

残疾类别组合	多重残疾人			占多重残疾人总数的比重
	合计	男	女	
总　　计	**552**	**315**	**237**	**100.00**
二种残疾类别组合人数小计	**449**	**256**	**193**	**81.34**
视力、听力	46	22	24	8.33
视力、言语	2	2		0.36
视力、肢体	25	10	15	4.53
视力、智力	6	3	3	1.09
视力、精神	1	1		0.18
听力、言语	140	79	61	25.36
听力、智力	9	6	3	1.63
听力、肢体	49	25	24	8.88
听力、精神	1	1		0.18
言语、智力	46	29	17	8.33
言语、肢体	82	56	26	14.86
言语、精神	1	1		0.18
智力、肢体	27	15	12	4.89
智力、精神	7	5	2	1.27
肢体、精神	7	1	6	1.27
三种残疾类别组合人数小计	**91**	**50**	**41**	**16.49**
视力、听力、言语	1		1	0.18
视力、听力、肢体	10	7	3	1.81
视力、听力、智力	1	1		0.18

2-3 续表

单位：人，%

残疾类别组合	多重残疾人数			占多重残疾人总数的比重
	合计	男	女	
视力、听力、精神				
视力、言语、肢体	1	1		0.18
视力、言语、智力				
视力、言语、精神				
视力、肢体、智力	1	1		0.18
视力、肢体、精神				
视力、智力、精神				
听力、言语、肢体	6	4	2	1.09
听力、言语、智力	19	8	11	3.44
听力、言语、精神				
听力、肢体、智力	2	2		0.36
听力、肢体、精神				
听力、智力、精神				
言语、肢体、智力	46	25	21	8.33
言语、肢体、精神				
言语、智力、精神	3	1	2	0.54
肢体、智力、精神	1		1	0.18
四种残疾类别组合人数小计	**12**	**9**	**3**	**2.17**
五种残疾类别组合人数小计				
六种残疾类别组合人数小计				

2－4 各地区分民族、性别的残疾人

单位：人

地　区	残疾人			汉　族			蒙古族		
	合计	男	女	小计	男	女	小计	男	女
总　计	**4028**	**2279**	**1749**	**3881**	**2187**	**1694**	**11**	**9**	**2**
哈尔滨市南岗区	195	121	74	188	117	71	1	1	
哈尔滨市道外区	178	89	89	168	81	87	2	2	
齐齐哈尔市龙沙区	224	116	108	217	111	106	1		1
牡丹江市东安区	126	68	58	111	59	52			
七台河市新兴区	212	126	86	206	121	85			
鹤岗市向阳区	115	64	51	111	63	48			
伊春市翠峦区	204	113	91	199	111	88			
北安市	196	114	82	193	112	81			
集贤县	221	143	78	218	141	77			
肇东市	197	106	91	192	102	90			
肇州县	198	108	90	197	108	89			
穆棱市	213	122	91	207	118	89			
甘南县	151	96	55	149	94	55			
绥滨县	163	91	72	149	81	68			
肇源县	200	116	84	193	110	83	7	6	1
富裕县	161	87	74	161	87	74			
五常市	193	112	81	165	94	71			
海伦市	186	97	89	179	94	85			
讷河市	191	101	90	183	97	86			
宾县	176	105	71	174	103	71			
克山县	206	119	87	203	119	84			
富锦市	122	65	57	118	64	54			

2-4 续表 1

单位：人

地区	回族			藏族			维吾尔族		
	小计	男	女	小计	男	女	小计	男	女
总计	**8**	**4**	**4**						
哈尔滨市南岗区									
哈尔滨市道外区	5	3	2						
齐齐哈尔市龙沙区									
牡丹江市东安区	1		1						
七台河市新兴区									
鹤岗市向阳区	2	1	1						
伊春市翠峦区									
北安市									
集贤县									
肇东市									
肇州县									
穆棱市									
甘南县									
绥滨县									
肇源县									
富裕县									
五常市									
海伦市									
讷河市									
宾县									
克山县									
富锦市									

2-4 续表 2

单位：人

地区	苗族			彝族			壮族		
	小计	男	女	小计	男	女	小计	男	女
总计									
哈尔滨市南岗区									
哈尔滨市道外区									
齐齐哈尔市龙沙区									
牡丹江市东安区									
七台河市新兴区									
鹤岗市向阳区									
伊春市翠峦区									
北安市									
集贤县									
肇东市									
肇州县									
穆棱市									
甘南县									
绥滨县									
肇源县									
富裕县									
五常市									
海伦市									
讷河市									
宾县									
克山县									
富锦市									

2-4 续表 3

单位：人

地　　区	布依族			朝鲜族			满　族			其他少数民族		
	小计	男	女	小计	男	女	小计	男	女	小计	男	女
总　　计				**23**	**12**	**11**	**104**	**67**	**37**	**1**		**1**
哈尔滨市南岗区				2	1	1	4	2	2			
哈尔滨市道外区							3	3				
齐齐哈尔市龙沙区				1	1		5	4	1			
牡丹江市东安区				13	9	4	1		1			
七台河市新兴区							6	5	1			
鹤岗市向阳区				1		1	1		1			
伊春市翠峦区							5	2	3			
北安市							3	2	1			
集贤县							2	2		1		1
肇东市							5	4	1			
肇州县							1		1			
穆棱市				3	1	2	3	3				
甘南县							2	2				
绥滨县							14	10	4			
肇源县												
富裕县												
五常市				2		2	26	18	8			
海伦市							7	3	4			
讷河市							8	4	4			
宾县							2	2				
克山县				1		1	2		2			
富锦市							4	1	3			

2－5　各地区分性别、户口登记状况的残疾人

单位：人

地　区	残疾人			住本调查小区，户口在本乡、镇、街道		
	合计	男	女	小计	男	女
总　计	**4028**	**2279**	**1749**	**3736**	**2127**	**1609**
哈尔滨市南岗区	195	121	74	181	113	68
哈尔滨市道外区	178	89	89	158	75	83
齐齐哈尔市龙沙区	224	116	108	199	101	98
牡丹江市东安区	126	68	58	96	54	42
七台河市新兴区	212	126	86	148	95	53
鹤岗市向阳区	115	64	51	102	60	42
伊春市翠峦区	204	113	91	181	102	79
北安市	196	114	82	188	109	79
集贤县	221	143	78	216	139	77
肇东市	197	106	91	194	104	90
肇州县	198	108	90	191	107	84
穆棱市	213	122	91	197	112	85
甘南县	151	96	55	140	90	50
绥滨县	163	91	72	162	90	72
肇源县	200	116	84	195	111	84
富裕县	161	87	74	149	81	68
五常市	193	112	81	184	111	73
海伦市	186	97	89	183	95	88
讷河市	191	101	90	190	100	90
宾县	176	105	71	166	101	65
克山县	206	119	87	196	113	83
富锦市	122	65	57	120	64	56

2-5 续表

单位：人

地区	住本调查小区半年以上，户口在外乡、镇、街道			住本调查小区不满半年，离开户口所在地半年以上			住本调查小区，户口待定		
	小计	男	女	小计	男	女	小计	男	女
总计	**281**	**148**	**133**	**5**	**3**	**2**	**6**	**1**	**5**
哈尔滨市南岗区	14	8	6						
哈尔滨市道外区	17	11	6	3	3				
齐齐哈尔市龙沙区	25	15	10						
牡丹江市东安区	30	14	16						
七台河市新兴区	62	31	31				2		2
鹤岗市向阳区	13	4	9						
伊春市翠峦区	23	11	12						
北安市	8	5	3						
集贤县	5	4	1						
肇东市	3	2	1						
肇州县	6	1	5				1		1
穆棱市	15	9	6				1	1	
甘南县	11	6	5						
绥滨县	1	1							
肇源县	5	5							
富裕县	12	6	6						
五常市	7	1	6	1		1	1		1
海伦市	3	2	1						
讷河市	1	1							
宾县	8	4	4	1		1	1		1
克山县	10	6	4						
富锦市	2	1	1						

2－6 各地区分性别、户口性质的残疾人

单位：人

地　区	残疾人			农业户口			非农业户口			户口性质待定		
	合计	男	女	小计	男	女	小计	男	女	小计	男	女
总　计	**4028**	**2279**	**1749**	**2512**	**1418**	**1094**	**1510**	**860**	**650**	**6**	**1**	**5**
哈尔滨市南岗区	195	121	74	2	2		193	119	74			
哈尔滨市道外区	178	89	89	5	4	1	173	85	88			
齐齐哈尔市龙沙区	224	116	108	3	2	1	221	114	107			
牡丹江市东安区	126	68	58	34	21	13	92	47	45			
七台河市新兴区	212	126	86	55	26	29	155	100	55	2		2
鹤岗市向阳区	115	64	51	1		1	114	64	50			
伊春市翠峦区	204	113	91	5	1	4	199	112	87			
北安市	196	114	82	140	78	62	56	36	20			
集贤县	221	143	78	176	115	61	45	28	17			
肇东市	197	106	91	152	83	69	45	23	22			
肇州县	198	108	90	194	107	87	3	1	2	1		1
穆棱市	213	122	91	149	81	68	63	40	23	1	1	
甘南县	151	96	55	114	75	39	37	21	16			
绥滨县	163	91	72	162	90	72	1	1				
肇源县	200	116	84	197	113	84	3	3				
富裕县	161	87	74	143	77	66	18	10	8			
五常市	193	112	81	143	84	59	49	28	21	1		1
海伦市	186	97	89	173	91	82	13	6	7			
讷河市	191	101	90	189	99	90	2	2				
宾县	176	105	71	170	101	69	5	4	1	1		1
克山县	206	119	87	185	105	80	21	14	7			
富锦市	122	65	57	120	63	57	2	2				

2－7　有残疾人的家庭户类别

单位：户

家庭户类型	合计	一代户				二代户			
		小计	只有1个残疾人的户	有2个残疾人的户	有3人以上残疾人的户	小计	只有1个残疾人的户	有2个残疾人的户	有3人以上残疾人的户
总　计	**3544**	**985**	**896**	**88**	**1**	**1484**	**1284**	**177**	**23**
一人户	187	187	187						
二人户	939	769	684	85		170	157	13	
三人户	990	26	22	3	1	917	796	109	12
四人户	666	2	2			331	274	50	7
五人户	491	1	1			58	51	4	3
六人户	202					7	5	1	1
七人户	49					1	1		
八人户	20								
九人户									

2－7　续表

单位：户

家庭户类型	三代户				四代户及以上			
	小计	只有1个残疾人的户	有2个残疾人的户	有3人以上残疾人的户	小计	只有1个残疾人的户	有2个残疾人的户	有3人以上残疾人的户
总　计	**1008**	**865**	**132**	**11**	**67**	**55**	**10**	**2**
一人户								
二人户								
三人户	47	40	7					
四人户	333	300	31	2				
五人户	425	354	66	5	7	6	1	
六人户	158	135	21	2	37	30	6	1
七人户	33	25	6	2	15	12	2	1
八人户	12	11	1		8	7	1	
九人户								

2－7a　城镇有残疾人的家庭户类别

单位：户

家庭户类型	合计	一代户				二代户			
		小计	只有1个残疾人的户	有2个残疾人的户	有3人以上残疾人的户	小计	只有1个残疾人的户	有2个残疾人的户	有3人以上残疾人的户
总　计	**1440**	**449**	**408**	**41**		**637**	**553**	**75**	**9**
一人户	101	101	101						
二人户	440	340	301	39		100	95	5	
三人户	464	7	5	2		428	367	54	7
四人户	216					85	69	14	2
五人户	158	1	1			23	21	2	
六人户	43					1	1		
七人户	10								
八人户	8								
九人户									

2－7a　续表

单位：户

家庭户类型	三代户				四代户及以上			
	小计	只有1个残疾人的户	有2个残疾人的户	有3人以上残疾人的户	小计	只有1个残疾人的户	有2个残疾人的户	有3人以上残疾人的户
总　计	**341**	**280**	**58**	**3**	**13**	**8**	**4**	**1**
一人户								
二人户								
三人户	29	23	6					
四人户	131	114	15	2				
五人户	131	102	29		3	2	1	
六人户	36	29	6	1	6	4	2	
七人户	8	6	2		2		1	1
八人户	6	6			2	2		
九人户								

2－7b　农村有残疾人的家庭户类别

单位：户

家庭户类型	合计	一代户				二代户			
		小计	只有1个残疾人的户	有2个残疾人的户	有3人以上残疾人的户	小计	只有1个残疾人的户	有2个残疾人的户	有3人以上残疾人的户
总　计	**2104**	**536**	**488**	**47**	**1**	**847**	**731**	**102**	**14**
一人户	86	86	86						
二人户	499	429	383	46		70	62	8	
三人户	526	19	17	1	1	489	429	55	5
四人户	450	2	2			246	205	36	5
五人户	333					35	30	2	3
六人户	159					6	4	1	1
七人户	39					1	1		
八人户	12								
九人户									

2－7b　续表

单位：户

家庭户类型	三代户				四代户及以上			
	小计	只有1个残疾人的户	有2个残疾人的户	有3人以上残疾人的户	小计	只有1个残疾人的户	有2个残疾人的户	有3人以上残疾人的户
总　计	**667**	**585**	**74**	**8**	**54**	**47**	**6**	**1**
一人户								
二人户								
三人户	18	17	1					
四人户	202	186	16					
五人户	294	252	37	5	4	4		
六人户	122	106	15	1	31	26	4	1
七人户	25	19	4	2	13	12	1	
八人户	6	5	1		6	5	1	
九人户								

2-8 6岁及以上残疾人分年龄、性别的受教育程度

单位：人

年龄	残疾人			不识字			未上过学		
	合计	男	女	小计	男	女	小计	男	女
总计	**3996**	**2255**	**1741**	**1208**	**502**	**706**	**28**	**17**	**11**
6岁	6	2	4	3	1	2	1		1
7岁	9	3	6	5	1	4			
8岁	8	7	1	4	3	1	1	1	
9岁	5	3	2	1	1				
10岁	5	2	3	2	1	1			
11岁	10	6	4	4	3	1			
12岁	10	4	6	5	3	2			
13岁	11	5	6	6	2	4			
14岁	10	5	5	5	3	2			
15岁	10	6	4	2	2				
16岁	14	7	7	6	6				
17岁	14	10	4	10	7	3			
18岁	14	8	6	8	5	3			
19岁	14	7	7	5	4	1			
20岁	20	11	9	7	1	6			
21岁	16	13	3	6	4	2			
22岁	11	7	4	1	1				
23岁	32	19	13	9	6	3			
24岁	21	11	10	4	1	3			
25岁	29	16	13	12	4	8			
26岁	24	16	8	11	8	3			
27岁	22	17	5	2	1	1			
28岁	28	15	13	2	1	1			
29岁	32	16	16	9	5	4			
30岁	28	16	12	9	6	3			

2-8 续表 1

单位：人

年 龄	残疾人			不识字			未上过学		
	合计	男	女	小计	男	女	小计	男	女
31岁	30	19	11	4	3	1	1	1	
32岁	39	23	16	6	4	2			
33岁	48	25	23	15	7	8	1	1	
34岁	69	32	37	10	4	6			
35岁	56	38	18	13	8	5			
36岁	57	35	22	6	2	4	1		1
37岁	75	46	29	16	9	7			
38岁	66	37	29	17	11	6			
39岁	60	36	24	16	10	6			
40岁	73	38	35	20	9	11			
41岁	70	43	27	9	6	3			
42岁	75	48	27	16	6	10			
43岁	63	41	22	8	4	4			
44岁	42	27	15	9	3	6			
45岁	71	36	35	12	4	8			
46岁	81	49	32	11	7	4			
47岁	68	51	17	9	4	5			
48岁	87	48	39	11	2	9			
49岁	61	30	31	11	3	8			
50岁	81	50	31	12	8	4			
51岁	90	51	39	20	13	7	1	1	
52岁	83	51	32	7	2	5			
53岁	103	60	43	21	8	13			
54岁	87	43	44	20	5	15			
55岁	81	43	38	20	6	14			
56岁	93	55	38	25	12	13	2		2
57岁	67	40	27	14	3	11	1		1
58岁	63	36	27	14	7	7	1		1

2-8 续表 2

单位：人

年龄	残疾人			不识字			未上过学		
	合计	男	女	小计	男	女	小计	男	女
59岁	59	31	28	12	5	7			
60岁	56	32	24	18	7	11			
61岁	69	37	32	16	4	12			
62岁	63	31	32	14	3	11			
63岁	64	33	31	17	8	9			
64岁	63	31	32	16	3	13	1	1	
65岁	62	35	27	24	8	16			
66岁	67	34	33	16	4	12			
67岁	72	38	34	25	8	17	1	1	
68岁	90	53	37	30	8	22			
69岁	80	41	39	27	7	20	2	1	1
70岁	68	36	32	24	8	16	1	1	
71岁	94	49	45	44	15	29	1	1	
72岁	79	41	38	41	15	26			
73岁	60	35	25	26	13	13	1	1	
74岁	71	33	38	39	11	28			
75岁	78	43	35	26	3	23	1	1	
76岁	70	43	27	37	16	21	2	1	1
77岁	68	40	28	39	17	22	2	2	
78岁	50	27	23	32	13	19	2	1	1
79岁	50	35	15	34	22	12			
80岁	36	19	17	23	8	15			
81岁	36	23	13	21	13	8	1	1	
82岁	30	15	15	17	4	13			
83岁	32	19	13	19	10	9	1	1	
84岁	25	15	10	14	7	7			
85+	62	23	39	47	12	35			

2-8 续表 3

单位：人

年 龄	小学			初中			高中		
	小计	男	女	小计	男	女	小计	男	女
总 计	**1412**	**842**	**570**	**987**	**641**	**346**	**247**	**178**	**69**
6岁	2	1	1						
7岁	4	2	2						
8岁	3	3							
9岁	4	2	2						
10岁	3	1	2						
11岁	6	3	3						
12岁	3	1	2	2		2			
13岁	3	2	1	2	1	1			
14岁	3	2	1	2		2			
15岁	5	3	2	3	1	2			
16岁	4		4	2		2	2	1	1
17岁	2	2					2	1	1
18岁	3	1	2	3	2	1			
19岁	3	2	1	4	1	3	2		2
20岁	7	5	2	6	5	1			
21岁	6	5	1	3	3		1	1	
22岁	6	4	2	3	1	2	1	1	
23岁	8	5	3	13	7	6	2	1	1
24岁	7	6	1	9	4	5			
25岁	10	8	2	5	3	2	1	1	
26岁	6	4	2	5	2	3	1	1	
27岁	5	3	2	13	11	2	2	2	
28岁	8	4	4	13	8	5	4	1	3
29岁	12	6	6	10	5	5	1		1
30岁	7	5	2	10	5	5	1		1

2-8 续表 4

单位：人

年龄	小学			初中			高中		
	小计	男	女	小计	男	女	小计	男	女
31岁	15	9	6	10	6	4			
32岁	14	8	6	14	8	6	1	1	
33岁	13	3	10	13	10	3	3	2	1
34岁	31	12	19	25	14	11	2	1	1
35岁	13	8	5	26	18	8	4	4	
36岁	24	15	9	18	14	4	7	3	4
37岁	28	14	14	25	19	6	5	3	2
38岁	18	6	12	24	14	10	7	6	1
39岁	18	12	6	23	12	11	3	2	1
40岁	14	7	7	33	21	12	6	1	5
41岁	25	14	11	30	21	9	4	2	2
42岁	23	15	8	29	21	8	5	5	
43岁	21	11	10	22	16	6	8	7	1
44岁	10	6	4	14	11	3	6	5	1
45岁	24	10	14	21	15	6	11	6	5
46岁	18	8	10	32	21	11	15	12	3
47岁	26	20	6	23	20	3	8	6	2
48岁	22	10	12	30	18	12	21	15	6
49岁	21	9	12	19	11	8	10	7	3
50岁	25	11	14	33	24	9	10	7	3
51岁	31	15	16	28	16	12	9	5	4
52岁	46	28	18	25	17	8	4	3	1
53岁	34	19	15	34	20	14	7	7	
54岁	28	12	16	30	20	10	7	5	2
55岁	37	19	18	20	15	5	3	2	1
56岁	37	24	13	24	14	10	2	2	
57岁	30	17	13	13	11	2	5	5	
58岁	26	14	12	20	13	7	1	1	

2-8 续表 5

单位：人

年 龄	小学			初中			高中		
	小计	男	女	小计	男	女	小计	男	女
59岁	36	20	16	9	4	5	1	1	
60岁	22	13	9	15	11	4			
61岁	24	17	7	19	9	10	7	6	1
62岁	25	16	9	19	11	8	3	1	2
63岁	23	12	11	17	11	6	2		2
64岁	31	18	13	9	5	4	4	3	1
65岁	29	21	8	8	5	3			
66岁	24	15	9	16	9	7	3	2	1
67岁	32	18	14	10	7	3	2	2	
68岁	36	27	9	16	12	4	3	2	1
69岁	36	23	13	7	5	2	4	4	
70岁	32	22	10	6	1	5	3	3	
71岁	30	20	10	14	9	5			
72岁	29	19	10	7	6	1			
73岁	24	14	10	6	4	2	2	2	
74岁	25	16	9	3	3		2	1	1
75岁	34	28	6	11	6	5	2	2	
76岁	16	12	4	10	9	1	3	3	
77岁	22	16	6	4	4		1	1	
78岁	8	5	3	2	2		4	4	
79岁	11	10	1	4	2	2	1	1	
80岁	7	6	1	5	4	1	1	1	
81岁	12	8	4				1		1
82岁	11	9	2				1	1	
83岁	11	7	4	1	1				
84岁	9	7	2	2	1	1			
85+	11	7	4	1	1		3	3	

2－8 续表 6

单位：人

年 龄	中 专			大学专科			大学本科			研究生		
	小计	男	女	小计	男	女	小计	男	女	小计	男	女
总 计	**62**	**38**	**24**	**36**	**24**	**12**	**16**	**13**	**3**			
6岁												
7岁												
8岁												
9岁												
10岁												
11岁												
12岁												
13岁												
14岁												
15岁												
16岁												
17岁												
18岁												
19岁												
20岁												
21岁												
22岁												
23岁												
24岁							1		1			
25岁							1		1			
26岁	1	1										
27岁												
28岁	1	1										
29岁												
30岁				1		1						

2-8 续表 7

单位：人

年 龄	中 专			大学专科			大学本科			研究生		
	小计	男	女	小计	男	女	小计	男	女	小计	男	女
31岁												
32岁	2	1	1	1		1	1	1				
33岁	3	2	1									
34岁	1	1										
35岁												
36岁							1	1				
37岁							1	1				
38岁												
39岁												
40岁												
41岁	1		1	1		1						
42岁	1	1		1		1						
43岁	3	2	1	1	1							
44岁	2	2		1		1						
45岁	1		1	1		1	1	1				
46岁	1		1	2	1	1						
47岁	2	1	1									
48岁	1	1		2	2							
49岁												
50岁	1		1									
51岁				1	1							
52岁				1	1							
53岁	5	5		1		1	1	1				
54岁	1		1				1	1				
55岁	1	1										
56岁	3	3										
57岁	3	3		1	1							
58岁	1	1										

2-8 续表 8

单位：人

年 龄	中 专			大学专科			大学本科			研究生		
	小计	男	女	小计	男	女	小计	男	女	小计	男	女
59岁	1	1										
60岁	1	1										
61岁	1		1	1		1	1	1				
62岁	2		2									
63岁	4	1	3				1	1				
64岁	1		1	1	1							
65岁	1	1										
66岁	5	4	1	3		3						
67岁	1	1		1	1							
68岁	1		1	3	3		1	1				
69岁	3	1	2				1		1			
70岁	1		1	1	1							
71岁	2	1	1	3	3							
72岁	1		1	1	1							
73岁							1	1				
74岁				2	2							
75岁	2	1	1	1	1		1	1				
76岁				1	1		1	1				
77岁												
78岁				2	2							
79岁												
80岁												
81岁				1	1							
82岁							1	1				
83岁												
84岁												
85+												

2－8a　城镇6岁及以上残疾人分年龄、性别的受教育程度

单位：人

年　龄	残疾人			不识字			未上过学		
	合计	男	女	小计	男	女	小计	男	女
总　计	**1636**	**909**	**727**	**343**	**118**	**225**	**14**	**8**	**6**
6岁									
7岁									
8岁	5	4	1	2	1	1	1	1	
9岁	2	1	1						
10岁									
11岁	2	2		1	1				
12岁	6	2	4	1	1				
13岁	3		3	3		3			
14岁	2		2	1		1			
15岁	5	2	3						
16岁	6	4	2	4	4				
17岁	6	3	3	5	3	2			
18岁	5	2	3	3	1	2			
19岁	5	3	2	1	1				
20岁	8	4	4	4	1	3			
21岁	7	7		1	1				
22岁	3	2	1						
23岁	7	6	1	3	3				
24岁	6	3	3						
25岁	8	3	5	3	1	2			
26岁	6	3	3	3	1	2			
27岁	8	6	2						
28岁	12	6	6						
29岁	14	7	7	3	1	2			
30岁	9	4	5	2	2				

2－8a 续表 1

单位：人

年龄	残疾人			不识字			未上过学		
	合计	男	女	小计	男	女	小计	男	女
31岁	11	6	5				1	1	
32岁	10	7	3	1	1				
33岁	16	8	8	4	2	2			
34岁	16	9	7	1	1				
35岁	17	12	5	2	1	1			
36岁	27	19	8	2	1	1	1		1
37岁	30	17	13	1	1				
38岁	26	15	11	5	4	1			
39岁	21	12	9	1	1				
40岁	30	18	12	3	3				
41岁	29	19	10	1	1				
42岁	35	24	11	8	4	4			
43岁	29	22	7	3	2	1			
44岁	16	8	8	3	1	2			
45岁	31	15	16	3		3			
46岁	38	22	16	2	1	1	1		1
47岁	30	26	4	1		1			
48岁	44	26	18	1		1			
49岁	26	17	9						
50岁	36	24	12	5	4	1			
51岁	28	16	12	1	1		1	1	
52岁	32	20	12	1		1			
53岁	41	25	16	3	1	2			
54岁	31	17	14	1	1				
55岁	28	15	13	3	1	2			
56岁	32	21	11	4	2	2	1		1
57岁	16	12	4	1		1	1		1
58岁	28	17	11	3		3			

2-8a 续表 2

单位：人

年 龄	残疾人			不识字			未上过学		
	合计	男	女	小计	男	女	小计	男	女
59岁	18	4	14	2		2			
60岁	17	9	8	3	1	2			
61岁	24	12	12	2		2			
62岁	29	13	16	3	1	2			
63岁	29	13	16	2	1	1			
64岁	23	12	11	3	1	2	1	1	
65岁	20	9	11	8	1	7			
66岁	36	14	22	5		5			
67岁	36	15	21	10	2	8			
68岁	47	26	21	9	1	8			
69岁	46	25	21	8	1	7	1	1	
70岁	30	15	15	8	4	4			
71岁	42	18	24	12	1	11			
72岁	32	18	14	12	4	8			
73岁	25	12	13	6		6	1	1	
74岁	35	17	18	15	3	12			
75岁	44	22	22	13	1	12			
76岁	35	21	14	14	3	11	1		1
77岁	32	17	15	16	5	11	1	1	
78岁	24	14	10	12	5	7	1		1
79岁	21	14	7	13	9	4			
80岁	11	6	5	6	1	5			
81岁	17	9	8	10	5	5			
82岁	15	8	7	9	2	7			
83岁	16	8	8	7	3	4	1	1	
84岁	14	7	7	6	1	5			
85+	29	8	21	25	6	19			

2－8a 续表 3

单位：人

年龄	小学			初中			高中		
	小计	男	女	小计	男	女	小计	男	女
总计	**456**	**261**	**195**	**549**	**336**	**213**	**172**	**120**	**52**
6岁									
7岁									
8岁	2	2							
9岁	2	1	1						
10岁									
11岁	1	1							
12岁	3	1	2	2		2			
13岁									
14岁				1		1			
15岁	2	1	1	3	1	2			
16岁	1		1				1		1
17岁							1		1
18岁	1		1	1	1				
19岁	1	1		2	1	1	1		1
20岁	3	2	1	1	1				
21岁	3	3		3	3				
22岁	2	1	1				1	1	
23岁	1	1		2	2		1		1
24岁	3	2	1	3	1	2			
25岁	2	2		2		2			
26岁				2	1	1			
27岁	1	1		5	3	2	2	2	
28岁	2	1	1	6	3	3	3	1	2
29岁	5	4	1	5	2	3	1		1
30岁	1	1		5	1	4			

2-8a 续表 4

单位：人

年龄	小学			初中			高中		
	小计	男	女	小计	男	女	小计	男	女
31岁	4	2	2	6	3	3			
32岁	1		1	3	3		1	1	
33岁	3		3	5	4	1	2	1	1
34岁	2		2	10	6	4	2	1	1
35岁	4	3	1	9	6	3	2	2	
36岁	9	6	3	9	8	1	5	3	2
37岁	12	5	7	13	8	5	3	2	1
38岁	5	1	4	9	4	5	7	6	1
39岁	3	1	2	14	8	6	3	2	1
40岁	1		1	22	15	7	4		4
41岁	8	6	2	15	10	5	4	2	2
42岁	2	2		19	13	6	4	4	
43岁	4	3	1	13	10	3	5	4	1
44岁	3	1	2	5	3	2	4	3	1
45岁	4	2	2	12	8	4	9	4	5
46岁	4	2	2	19	12	7	9	6	3
47岁	5	5		16	14	2	6	6	
48岁	6	2	4	19	10	9	16	12	4
49岁	4	2	2	12	8	4	10	7	3
50岁	3	2	1	21	13	8	6	5	1
51岁	7	4	3	12	6	6	7	4	3
52岁	12	8	4	18	12	6	1		1
53岁	7	2	5	20	12	8	4	4	
54岁	6	2	4	18	10	8	4	3	1
55岁	10	5	5	12	7	5	3	2	1
56岁	9	7	2	13	7	6	2	2	
57岁	4	2	2	5	5		2	2	
58岁	10	7	3	14	9	5			

2－8a 续表 5

单位：人

年龄	小学			初中			高中		
	小计	男	女	小计	男	女	小计	男	女
59岁	9	1	8	6	2	4			
60岁	4	2	2	9	5	4			
61岁	5	3	2	9	4	5	5	4	1
62岁	9	5	4	13	6	7	2	1	1
63岁	9	4	5	11	6	5	2		2
64岁	11	5	6	5	2	3	2	2	
65岁	9	6	3	2	1	1			
66岁	12	7	5	10	3	7	2	1	1
67岁	15	5	10	8	5	3	1	1	
68岁	20	12	8	11	8	3	2	1	1
69岁	24	15	9	7	5	2	2	2	
70岁	14	7	7	3		3	3	3	
71岁	15	8	7	10	5	5			
72岁	12	8	4	6	5	1			
73岁	13	7	6	3	2	1	1	1	
74岁	13	8	5	3	3		2	1	1
75岁	17	12	5	8	4	4	2	2	
76岁	9	8	1	6	5	1	3	3	
77岁	10	6	4	4	4		1	1	
78岁	4	2	2	2	2		3	3	
79岁	6	5	1	2		2			
80岁	1	1		3	3		1	1	
81岁	5	3	2				1		1
82岁	5	5							
83岁	7	3	4	1	1				
84岁	7	5	2	1	1				
85+	3	1	2				1	1	

2－8a 续表 6

单位：人

年 龄	中 专			大学专科			大学本科			研究生		
	小计	男	女	小计	男	女	小计	男	女	小计	男	女
总 计	**53**	**31**	**22**	**34**	**22**	**12**	**15**	**13**	**2**			
6岁												
7岁												
8岁												
9岁												
10岁												
11岁												
12岁												
13岁												
14岁												
15岁												
16岁												
17岁												
18岁												
19岁												
20岁												
21岁												
22岁												
23岁												
24岁												
25岁							1		1			
26岁	1	1										
27岁												
28岁	1	1										
29岁												
30岁				1		1						

2－8a 续表 7

单位：人

年龄	中专			大学专科			大学本科			研究生		
	小计	男	女	小计	男	女	小计	男	女	小计	男	女
31岁												
32岁	2	1	1	1		1	1	1				
33岁	2	1	1									
34岁	1	1										
35岁												
36岁							1	1				
37岁							1	1				
38岁												
39岁												
40岁												
41岁				1		1						
42岁	1	1		1		1						
43岁	3	2	1	1	1							
44岁				1		1						
45岁	1		1	1		1	1	1				
46岁	1		1	2	1	1						
47岁	2	1	1									
48岁				2	2							
49岁												
50岁	1		1									
51岁												
52岁												
53岁	5	5		1		1	1	1				
54岁	1		1				1	1				
55岁												
56岁	3	3										
57岁	2	2		1	1							
58岁	1	1										

2－8a 续表 8

单位：人

年 龄	中 专			大学专科			大学本科			研究生		
	小计	男	女	小计	男	女	小计	男	女	小计	男	女
59岁	1	1										
60岁	1	1										
61岁	1		1	1		1	1	1				
62岁	2		2									
63岁	4	1	3				1	1				
64岁				1	1							
65岁	1	1										
66岁	4	3	1	3		3						
67岁	1	1		1	1							
68岁	1		1	3	3		1	1				
69岁	3	1	2				1		1			
70岁	1		1	1	1							
71岁	2	1	1	3	3							
72岁	1		1	1	1							
73岁							1	1				
74岁				2	2							
75岁	2	1	1	1	1		1	1				
76岁				1	1		1	1				
77岁												
78岁				2	2							
79岁												
80岁												
81岁				1	1							
82岁							1	1				
83岁												
84岁												
85+												

2－8b 农村6岁及以上残疾人分年龄、性别的受教育程度

单位：人

年 龄	残疾人			不识字			未上过学		
	合计	男	女	小计	男	女	小计	男	女
总 计	**2360**	**1346**	**1014**	**865**	**384**	**481**	**14**	**9**	**5**
6岁	6	2	4	3	1	2	1		1
7岁	9	3	6	5	1	4			
8岁	3	3		2	2				
9岁	3	2	1	1	1				
10岁	5	2	3	2	1	1			
11岁	8	4	4	3	2	1			
12岁	4	2	2	4	2	2			
13岁	8	5	3	3	2	1			
14岁	8	5	3	4	3	1			
15岁	5	4	1	2	2				
16岁	8	3	5	2	2				
17岁	8	7	1	5	4	1			
18岁	9	6	3	5	4	1			
19岁	9	4	5	4	3	1			
20岁	12	7	5	3		3			
21岁	9	6	3	5	3	2			
22岁	8	5	3	1	1				
23岁	25	13	12	6	3	3			
24岁	15	8	7	4	1	3			
25岁	21	13	8	9	3	6			
26岁	18	13	5	8	7	1			
27岁	14	11	3	2	1	1			
28岁	16	9	7	2	1	1			
29岁	18	9	9	6	4	2			
30岁	19	12	7	7	4	3			

2-8b 续表 1

单位：人

年 龄	残疾人			不识字			未上过学		
	合计	男	女	小计	男	女	小计	男	女
31岁	19	13	6	4	3	1			
32岁	29	16	13	5	3	2			
33岁	32	17	15	11	5	6	1	1	
34岁	53	23	30	9	3	6			
35岁	39	26	13	11	7	4			
36岁	30	16	14	4	1	3			
37岁	45	29	16	15	8	7			
38岁	40	22	18	12	7	5			
39岁	39	24	15	15	9	6			
40岁	43	20	23	17	6	11			
41岁	41	24	17	8	5	3			
42岁	40	24	16	8	2	6			
43岁	34	19	15	5	2	3			
44岁	26	19	7	6	2	4			
45岁	40	21	19	9	4	5			
46岁	43	27	16	9	6	3	1		1
47岁	38	25	13	8	4	4			
48岁	43	22	21	10	2	8			
49岁	35	13	22	11	3	8			
50岁	45	26	19	7	4	3			
51岁	62	35	27	19	12	7			
52岁	51	31	20	6	2	4			
53岁	62	35	27	18	7	11			
54岁	56	26	30	19	4	15			
55岁	53	28	25	17	5	12			
56岁	61	34	27	21	10	11	1		1
57岁	51	28	23	13	3	10			
58岁	35	19	16	11	7	4	1		1

2－8b 续表 2

单位：人

年龄	残疾人			不识字			未上过学		
	合计	男	女	小计	男	女	小计	男	女
59岁	41	27	14	10	5	5			
60岁	39	23	16	15	6	9			
61岁	45	25	20	14	4	10			
62岁	34	18	16	11	2	9			
63岁	35	20	15	15	7	8			
64岁	40	19	21	13	2	11			
65岁	42	26	16	16	7	9			
66岁	31	20	11	11	4	7			
67岁	36	23	13	15	6	9	1	1	
68岁	43	27	16	21	7	14			
69岁	34	16	18	19	6	13	1		1
70岁	38	21	17	16	4	12	1	1	
71岁	52	31	21	32	14	18	1	1	
72岁	47	23	24	29	11	18			
73岁	35	23	12	20	13	7			
74岁	36	16	20	24	8	16			
75岁	34	21	13	13	2	11	1	1	
76岁	35	22	13	23	13	10	1	1	
77岁	36	23	13	23	12	11	1	1	
78岁	26	13	13	20	8	12	1	1	
79岁	29	21	8	21	13	8			
80岁	25	13	12	17	7	10			
81岁	19	14	5	11	8	3	1	1	
82岁	15	7	8	8	2	6			
83岁	16	11	5	12	7	5			
84岁	11	8	3	8	6	2			
85＋	33	15	18	22	6	16			

2－8b 续表 3

单位：人

年龄	小学			初中			高中		
	小计	男	女	小计	男	女	小计	男	女
总计	**956**	**581**	**375**	**438**	**305**	**133**	**75**	**58**	**17**
6岁	2	1	1						
7岁	4	2	2						
8岁	1	1							
9岁	2	1	1						
10岁	3	1	2						
11岁	5	2	3						
12岁									
13岁	3	2	1	2	1	1			
14岁	3	2	1	1		1			
15岁	3	2	1						
16岁	3		3	2		2	1	1	
17岁	2	2					1	1	
18岁	2	1	1	2	1	1			
19岁	2	1	1	2		2	1		1
20岁	4	3	1	5	4	1			
21岁	3	2	1				1	1	
22岁	4	3	1	3	1	2			
23岁	7	4	3	11	5	6	1	1	
24岁	4	4		6	3	3			
25岁	8	6	2	3	3		1	1	
26岁	6	4	2	3	1	2	1	1	
27岁	4	2	2	8	8				
28岁	6	3	3	7	5	2	1		1
29岁	7	2	5	5	3	2			
30岁	6	4	2	5	4	1	1		1

2－8b 续表 4

单位：人

年龄	小学			初中			高中		
	小计	男	女	小计	男	女	小计	男	女
31岁	11	7	4	4	3	1			
32岁	13	8	5	11	5	6			
33岁	10	3	7	8	6	2	1	1	
34岁	29	12	17	15	8	7			
35岁	9	5	4	17	12	5	2	2	
36岁	15	9	6	9	6	3	2		2
37岁	16	9	7	12	11	1	2	1	1
38岁	13	5	8	15	10	5			
39岁	15	11	4	9	4	5			
40岁	13	7	6	11	6	5	2	1	1
41岁	17	8	9	15	11	4			
42岁	21	13	8	10	8	2	1	1	
43岁	17	8	9	9	6	3	3	3	
44岁	7	5	2	9	8	1	2	2	
45岁	20	8	12	9	7	2	2	2	
46岁	14	6	8	13	9	4	6	6	
47岁	21	15	6	7	6	1	2		2
48岁	16	8	8	11	8	3	5	3	2
49岁	17	7	10	7	3	4			
50岁	22	9	13	12	11	1	4	2	2
51岁	24	11	13	16	10	6	2	1	1
52岁	34	20	14	7	5	2	3	3	
53岁	27	17	10	14	8	6	3	3	
54岁	22	10	12	12	10	2	3	2	1
55岁	27	14	13	8	8				
56岁	28	17	11	11	7	4			
57岁	26	15	11	8	6	2	3	3	
58岁	16	7	9	6	4	2	1	1	

2－8b 续表 5

单位：人

年龄	小学			初中			高中		
	小计	男	女	小计	男	女	小计	男	女
59岁	27	19	8	3	2	1	1	1	
60岁	18	11	7	6	6				
61岁	19	14	5	10	5	5	2	2	
62岁	16	11	5	6	5	1	1		1
63岁	14	8	6	6	5	1			
64岁	20	13	7	4	3	1	2	1	1
65岁	20	15	5	6	4	2			
66岁	12	8	4	6	6		1	1	
67岁	17	13	4	2	2		1	1	
68岁	16	15	1	5	4	1	1	1	
69岁	12	8	4				2	2	
70岁	18	15	3	3	1	2			
71岁	15	12	3	4	4				
72岁	17	11	6	1	1				
73岁	11	7	4	3	2	1	1	1	
74岁	12	8	4						
75岁	17	16	1	3	2	1			
76岁	7	4	3	4	4				
77岁	12	10	2						
78岁	4	3	1				1	1	
79岁	5	5		2	2		1	1	
80岁	6	5	1	2	1	1			
81岁	7	5	2						
82岁	6	4	2				1	1	
83岁	4	4							
84岁	2	2		1		1			
85+	8	6	2	1	1		2	2	

2－8b 续表 6

单位：人

年 龄	中 专			大学专科			大学本科			研究生		
	小计	男	女	小计	男	女	小计	男	女	小计	男	女
总 计	**9**	**7**	**2**	**2**	**2**		**1**		**1**			
6岁												
7岁												
8岁												
9岁												
10岁												
11岁												
12岁												
13岁												
14岁												
15岁												
16岁												
17岁												
18岁												
19岁												
20岁												
21岁												
22岁												
23岁												
24岁							1		1			
25岁												
26岁												
27岁												
28岁												
29岁												
30岁												

2－8b 续表 7

单位：人

年龄	中专			大学专科			大学本科			研究生		
	小计	男	女	小计	男	女	小计	男	女	小计	男	女
31岁												
32岁												
33岁	1	1										
34岁												
35岁												
36岁												
37岁												
38岁												
39岁												
40岁												
41岁	1		1									
42岁												
43岁												
44岁	2	2										
45岁												
46岁												
47岁												
48岁	1	1										
49岁												
50岁												
51岁				1	1							
52岁				1	1							
53岁												
54岁												
55岁	1	1										
56岁												
57岁	1	1										
58岁												

2-8b 续表 8

单位：人

年 龄	中 专			大学专科			大学本科			研究生		
	小计	男	女	小计	男	女	小计	男	女	小计	男	女
59岁												
60岁												
61岁												
62岁												
63岁												
64岁	1		1									
65岁												
66岁	1	1										
67岁												
68岁												
69岁												
70岁												
71岁												
72岁												
73岁												
74岁												
75岁												
76岁												
77岁												
78岁												
79岁												
80岁												
81岁												
82岁												
83岁												
84岁												
85+												

2－9　各地区6岁及以上残疾人分性别的受教育程度

单位：人

地　区	残疾人			不识字			未上过学		
	合计	男	女	小计	男	女	小计	男	女
总　计	**3996**	**2255**	**1741**	**1208**	**502**	**706**	**28**	**17**	**11**
哈尔滨市南岗区	194	120	74	28	14	14	2	1	1
哈尔滨市道外区	178	89	89	25	7	18	1		1
齐齐哈尔市龙沙区	223	115	108	30	7	23			
牡丹江市东安区	126	68	58	19	4	15	1		1
七台河市新兴区	210	125	85	60	23	37	5	3	2
鹤岗市向阳区	113	62	51	25	11	14			
伊春市翠峦区	203	112	91	68	28	40	2	2	
北安市	196	114	82	80	34	46			
集贤县	220	142	78	80	42	38			
肇东市	195	104	91	56	23	33	3	2	1
肇州县	192	105	87	55	26	29	1	1	
穆棱市	212	121	91	77	32	45	2	1	1
甘南县	150	95	55	39	23	16			
绥滨县	162	90	72	65	31	34	1	1	
肇源县	198	114	84	72	34	38	1	1	
富裕县	160	87	73	49	18	31			
五常市	190	110	80	54	23	31			
海伦市	184	96	88	71	23	48	2	1	1
讷河市	191	101	90	68	28	40			
宾县	173	103	70	55	22	33	5	4	1
克山县	205	118	87	76	29	47	1		1
富锦市	121	64	57	56	20	36	1		1

2-9 续表 1

单位：人

地区	小学			初中			高中		
	小计	男	女	小计	男	女	小计	男	女
总计	**1412**	**842**	**570**	**987**	**641**	**346**	**247**	**178**	**69**
哈尔滨市南岗区	36	22	14	71	42	29	27	19	8
哈尔滨市道外区	46	21	25	77	39	38	19	16	3
齐齐哈尔市龙沙区	71	36	35	71	46	25	33	17	16
牡丹江市东安区	35	21	14	51	30	21	11	7	4
七台河市新兴区	65	40	25	64	45	19	11	11	
鹤岗市向阳区	36	16	20	36	24	12	7	6	1
伊春市翠峦区	30	19	11	72	43	29	23	16	7
北安市	69	50	19	36	22	14	9	6	3
集贤县	86	62	24	40	28	12	13	9	4
肇东市	92	51	41	31	20	11	13	8	5
肇州县	79	41	38	46	30	16	10	7	3
穆棱市	74	45	29	40	26	14	13	12	1
甘南县	61	35	26	37	27	10	8	6	2
绥滨县	61	40	21	30	14	16	5	4	1
肇源县	83	51	32	38	25	13	3	2	1
富裕县	75	38	37	31	27	4	5	4	1
五常市	83	54	29	43	26	17	9	6	3
海伦市	71	42	29	32	24	8	5	3	2
讷河市	85	43	42	31	24	7	7	6	1
宾县	66	39	27	41	33	8	5	5	
克山县	71	51	20	45	29	16	8	6	2
富锦市	37	25	12	24	17	7	3	2	1

2-9 续表 2

单位：人

地区	中专			大学专科			大学本科			研究生		
	小计	男	女	小计	男	女	小计	男	女	小计	男	女
总计	**62**	**38**	**24**	**36**	**24**	**12**	**16**	**13**	**3**			
哈尔滨市南岗区	9	4	5	12	11	1	9	7	2			
哈尔滨市道外区	5	4	1	4	1	3	1	1				
齐齐哈尔市龙沙区	13	6	7	4	2	2	1	1				
牡丹江市东安区	2	1	1	4	2	2	3	3				
七台河市新兴区	5	3	2									
鹤岗市向阳区	5	2	3	4	3	1						
伊春市翠峦区	6	4	2	2		2						
北安市	2	2										
集贤县	1	1										
肇东市												
肇州县	1		1									
穆棱市	4	3	1	2	2							
甘南县	3	3		2	1	1						
绥滨县												
肇源县	1	1										
富裕县												
五常市	1	1										
海伦市	1	1		1	1		1	1				
讷河市												
宾县							1		1			
克山县	3	2	1	1	1							
富锦市												

2－10 各地区15岁及以上残疾人分性别的文盲人口

单位：人，%

地区	残疾人口			文盲人口			文盲人口占残疾人口的比例		
	合计	男	女	小计	男	女	总比例	男	女
总计	**3922**	**2218**	**1704**	**1173**	**484**	**689**	**29.91**	**21.82**	**40.43**
哈尔滨市南岗区	193	119	74	28	14	14	14.51	11.76	18.92
哈尔滨市道外区	177	88	89	24	6	18	13.56	6.82	20.22
齐齐哈尔市龙沙区	222	114	108	29	6	23	13.06	5.26	21.30
牡丹江市东安区	125	68	57	18	4	14	14.40	5.88	24.56
七台河市新兴区	208	125	83	59	23	36	28.37	18.40	43.37
鹤岗市向阳区	111	62	49	25	11	14	22.52	17.74	28.57
伊春市翠峦区	201	111	90	68	28	40	33.83	25.23	44.44
北安市	192	113	79	78	34	44	40.63	30.09	55.70
集贤县	214	137	77	75	38	37	35.05	27.74	48.05
肇东市	192	104	88	54	23	31	28.13	22.12	35.23
肇州县	189	104	85	54	25	29	28.57	24.04	34.12
穆棱市	207	119	88	76	31	45	36.71	26.05	51.14
甘南县	144	92	52	37	23	14	25.69	25.00	26.92
绥滨县	158	87	71	62	28	34	39.24	32.18	47.89
肇源县	194	112	82	71	33	38	36.60	29.46	46.34
富裕县	158	86	72	49	18	31	31.01	20.93	43.06
五常市	184	107	77	50	21	29	27.17	19.63	37.66
海伦市	177	91	86	68	21	47	38.42	23.08	54.65
讷河市	189	101	88	66	28	38	34.92	27.72	43.18
宾县	169	103	66	52	22	30	30.77	21.36	45.45
克山县	201	114	87	75	28	47	37.31	24.56	54.02
富锦市	117	61	56	55	19	36	47.01	31.15	64.29

2-10a 各地区城镇15岁及以上残疾人分性别的文盲人口

单位：人，%

地 区	残疾人口			文盲人口			文盲人口占残疾人口的比例		
	合计	男	女	小计	男	女	总比例	男	女
总 计	**1616**	**900**	**716**	**335**	**115**	**220**	**20.73**	**12.78**	**30.73**
哈尔滨市南岗区	193	119	74	28	14	14	14.51	11.76	18.92
哈尔滨市道外区	177	88	89	24	6	18	13.56	6.82	20.22
齐齐哈尔市龙沙区	222	114	108	29	6	23	13.06	5.26	21.30
牡丹江市东安区	87	40	47	14	1	13	16.09	2.50	27.66
七台河市新兴区	208	125	83	59	23	36	28.37	18.40	43.37
鹤岗市向阳区	111	62	49	25	11	14	22.52	17.74	28.57
伊春市翠峦区	201	111	90	68	28	40	33.83	25.23	44.44
北安市	54	35	19	9	4	5	16.67	11.43	26.32
集贤县	48	29	19	16	8	8	33.33	27.59	42.11
肇东市	68	35	33	12	3	9	17.65	8.57	27.27
肇州县									
穆棱市	63	40	23	13	2	11	20.63	5.00	47.83
甘南县	37	22	15	7	3	4	18.92	13.64	26.67
绥滨县									
肇源县									
富裕县									
五常市	50	25	25	7	1	6	14.00	4.00	24.00
海伦市	82	43	39	21	3	18	25.61	6.98	46.15
讷河市									
宾县	15	12	3	3	2	1	20.00	16.67	33.33
克山县									
富锦市									

2－10b 各地区农村15岁及以上残疾人分性别的文盲人口

单位：人，%

地区	残疾人口			文盲人口			文盲人口占残疾人口的比例		
	合计	男	女	小计	男	女	总比例	男	女
总计	**2306**	**1318**	**988**	**838**	**369**	**469**	**36.34**	**28.00**	**47.47**
哈尔滨市南岗区									
哈尔滨市道外区									
齐齐哈尔市龙沙区									
牡丹江市东安区	38	28	10	4	3	1	10.53	10.71	10.00
七台河市新兴区									
鹤岗市向阳区									
伊春市翠峦区									
北安市	138	78	60	69	30	39	50.00	38.46	65.00
集贤县	166	108	58	59	30	29	35.54	27.78	50.00
肇东市	124	69	55	42	20	22	33.87	28.99	40.00
肇州县	189	104	85	54	25	29	28.57	24.04	34.12
穆棱市	144	79	65	63	29	34	43.75	36.71	52.31
甘南县	107	70	37	30	20	10	28.04	28.57	27.03
绥滨县	158	87	71	62	28	34	39.24	32.18	47.89
肇源县	194	112	82	71	33	38	36.60	29.46	46.34
富裕县	158	86	72	49	18	31	31.01	20.93	43.06
五常市	134	82	52	43	20	23	32.09	24.39	44.23
海伦市	95	48	47	47	18	29	49.47	37.50	61.70
讷河市	189	101	88	66	28	38	34.92	27.72	43.18
宾县	154	91	63	49	20	29	31.82	21.98	46.03
克山县	201	114	87	75	28	47	37.31	24.56	54.02
富锦市	117	61	56	55	19	36	47.01	31.15	64.29

2－11 15岁及以上残疾人分年龄、性别的文盲人口

单位：人，%

年龄	残疾人口			文盲人口			文盲人口占残疾人口的比例		
	合计	男	女	小计	男	女	总比例	男	女
总计	**3922**	**2218**	**1704**	**1173**	**484**	**689**	**29.91**	**21.82**	**40.43**
15-19	**66**	**38**	**28**	**31**	**24**	**7**	**46.97**	**63.16**	**25.00**
15岁	10	6	4	2	2		20.00	33.33	
16岁	14	7	7	6	6		42.86	85.71	
17岁	14	10	4	10	7	3	71.43	70.00	75.00
18岁	14	8	6	8	5	3	57.14	62.50	50.00
19岁	14	7	7	5	4	1	35.71	57.14	14.29
20-24	**100**	**61**	**39**	**27**	**13**	**14**	**27.00**	**21.31**	**35.90**
20岁	20	11	9	7	1	6	35.00	9.09	66.67
21岁	16	13	3	6	4	2	37.50	30.77	66.67
22岁	11	7	4	1	1		9.09	14.29	
23岁	32	19	13	9	6	3	28.13	31.58	23.08
24岁	21	11	10	4	1	3	19.05	9.09	30.00
25-29	**135**	**80**	**55**	**36**	**19**	**17**	**26.67**	**23.75**	**30.91**
25岁	29	16	13	12	4	8	41.38	25.00	61.54
26岁	24	16	8	11	8	3	45.83	50.00	37.50
27岁	22	17	5	2	1	1	9.09	5.88	20.00
28岁	28	15	13	2	1	1	7.14	6.67	7.69
29岁	32	16	16	9	5	4	28.13	31.25	25.00
30-34	**214**	**115**	**99**	**44**	**24**	**20**	**20.56**	**20.87**	**20.20**
30岁	28	16	12	9	6	3	32.14	37.50	25.00
31岁	30	19	11	4	3	1	13.33	15.79	9.09
32岁	39	23	16	6	4	2	15.38	17.39	12.50
33岁	48	25	23	15	7	8	31.25	28.00	34.78
34岁	69	32	37	10	4	6	14.49	12.50	16.22
35-39	**314**	**192**	**122**	**68**	**40**	**28**	**21.66**	**20.83**	**22.95**
35岁	56	38	18	13	8	5	23.21	21.05	27.78
36岁	57	35	22	6	2	4	10.53	5.71	18.18

2－11 续表 1

单位：人，%

年龄	残疾人口			文盲人口			文盲人口占残疾人口的比例		
	合计	男	女	小计	男	女	总比例	男	女
37岁	75	46	29	16	9	7	21.33	19.57	24.14
38岁	66	37	29	17	11	6	25.76	29.73	20.69
39岁	60	36	24	16	10	6	26.67	27.78	25.00
40-44	**323**	**197**	**126**	**62**	**28**	**34**	**19.20**	**14.21**	**26.98**
40岁	73	38	35	20	9	11	27.40	23.68	31.43
41岁	70	43	27	9	6	3	12.86	13.95	11.11
42岁	75	48	27	16	6	10	21.33	12.50	37.04
43岁	63	41	22	8	4	4	12.70	9.76	18.18
44岁	42	27	15	9	3	6	21.43	11.11	40.00
45-49	**368**	**214**	**154**	**54**	**20**	**34**	**14.67**	**9.35**	**22.08**
45岁	71	36	35	12	4	8	16.90	11.11	22.86
46岁	81	49	32	11	7	4	13.58	14.29	12.50
47岁	68	51	17	9	4	5	13.24	7.84	29.41
48岁	87	48	39	11	2	9	12.64	4.17	23.08
49岁	61	30	31	11	3	8	18.03	10.00	25.81
50-54	**444**	**255**	**189**	**80**	**36**	**44**	**18.02**	**14.12**	**23.28**
50岁	81	50	31	12	8	4	14.81	16.00	12.90
51岁	90	51	39	20	13	7	22.22	25.49	17.95
52岁	83	51	32	7	2	5	8.43	3.92	15.63
53岁	103	60	43	21	8	13	20.39	13.33	30.23
54岁	87	43	44	20	5	15	22.99	11.63	34.09
55-59	**363**	**205**	**158**	**85**	**33**	**52**	**23.42**	**16.10**	**32.91**
55岁	81	43	38	20	6	14	24.69	13.95	36.84
56岁	93	55	38	25	12	13	26.88	21.82	34.21
57岁	67	40	27	14	3	11	20.90	7.50	40.74
58岁	63	36	27	14	7	7	22.22	19.44	25.93
59岁	59	31	28	12	5	7	20.34	16.13	25.00
60-64	**315**	**164**	**151**	**81**	**25**	**56**	**25.71**	**15.24**	**37.09**
60岁	56	32	24	18	7	11	32.14	21.88	45.83

2-11 续表 2

单位：人，%

年 龄	残疾人口			文盲人口			文盲人口占残疾人口的比例		
	合计	男	女	小计	男	女	总比例	男	女
61岁	69	37	32	16	4	12	23.19	10.81	37.50
62岁	63	31	32	14	3	11	22.22	9.68	34.38
63岁	64	33	31	17	8	9	26.56	24.24	29.03
64岁	63	31	32	16	3	13	25.40	9.68	40.63
65-69	**371**	**201**	**170**	**122**	**35**	**87**	**32.88**	**17.41**	**51.18**
65岁	62	35	27	24	8	16	38.71	22.86	59.26
66岁	67	34	33	16	4	12	23.88	11.76	36.36
67岁	72	38	34	25	8	17	34.72	21.05	50.00
68岁	90	53	37	30	8	22	33.33	15.09	59.46
69岁	80	41	39	27	7	20	33.75	17.07	51.28
70-74	**372**	**194**	**178**	**174**	**62**	**112**	**46.77**	**31.96**	**62.92**
70岁	68	36	32	24	8	16	35.29	22.22	50.00
71岁	94	49	45	44	15	29	46.81	30.61	64.44
72岁	79	41	38	41	15	26	51.90	36.59	68.42
73岁	60	35	25	26	13	13	43.33	37.14	52.00
74岁	71	33	38	39	11	28	54.93	33.33	73.68
75-79	**316**	**188**	**128**	**168**	**71**	**97**	**53.16**	**37.77**	**75.78**
75岁	78	43	35	26	3	23	33.33	6.98	65.71
76岁	70	43	27	37	16	21	52.86	37.21	77.78
77岁	68	40	28	39	17	22	57.35	42.50	78.57
78岁	50	27	23	32	13	19	64.00	48.15	82.61
79岁	50	35	15	34	22	12	68.00	62.86	80.00
80-84	**159**	**91**	**68**	**94**	**42**	**52**	**59.12**	**46.15**	**76.47**
80岁	36	19	17	23	8	15	63.89	42.11	88.24
81岁	36	23	13	21	13	8	58.33	56.52	61.54
82岁	30	15	15	17	4	13	56.67	26.67	86.67
83岁	32	19	13	19	10	9	59.38	52.63	69.23
84岁	25	15	10	14	7	7	56.00	46.67	70.00
85+	**62**	**23**	**39**	**47**	**12**	**35**	**75.81**	**52.17**	**89.74**

2－12　15岁及以上残疾人分年龄、性别的婚姻状况

单位：人

年 龄	残疾人			未 婚			初婚有配偶		
	合计	男	女	小计	男	女	小计	男	女
总 计	**3922**	**2218**	**1704**	**484**	**388**	**96**	**2445**	**1389**	**1056**
15-19	**66**	**38**	**28**	**65**	**38**	**27**	**1**		**1**
15岁	10	6	4	10	6	4			
16岁	14	7	7	14	7	7			
17岁	14	10	4	14	10	4			
18岁	14	8	6	14	8	6			
19岁	14	7	7	13	7	6	1		1
20-24	**100**	**61**	**39**	**63**	**48**	**15**	**32**	**11**	**21**
20岁	20	11	9	13	9	4	4	1	3
21岁	16	13	3	14	12	2	2	1	1
22岁	11	7	4	7	6	1	4	1	3
23岁	32	19	13	21	16	5	10	3	7
24岁	21	11	10	8	5	3	12	5	7
25-29	**135**	**80**	**55**	**62**	**47**	**15**	**69**	**31**	**38**
25岁	29	16	13	18	11	7	10	5	5
26岁	24	16	8	13	10	3	10	5	5
27岁	22	17	5	10	10		12	7	5
28岁	28	15	13	13	9	4	15	6	9
29岁	32	16	16	8	7	1	22	8	14
30-34	**214**	**115**	**99**	**69**	**54**	**15**	**122**	**48**	**74**
30岁	28	16	12	11	9	2	17	7	10
31岁	30	19	11	12	11	1	17	7	10
32岁	39	23	16	14	14		19	6	13
33岁	48	25	23	16	11	5	24	10	14
34岁	69	32	37	16	9	7	45	18	27
35-39	**314**	**192**	**122**	**73**	**65**	**8**	**196**	**97**	**99**
35岁	56	38	18	15	11	4	32	19	13
36岁	57	35	22	10	10		36	20	16

2－12 续表 1

单位：人

年龄	残疾人			未婚			初婚有配偶		
	合计	男	女	小计	男	女	小计	男	女
37岁	75	46	29	15	14	1	50	25	25
38岁	66	37	29	19	16	3	39	16	23
39岁	60	36	24	14	14		39	17	22
40-44	**323**	**197**	**126**	**54**	**47**	**7**	**221**	**120**	**101**
40岁	73	38	35	11	9	2	48	24	24
41岁	70	43	27	16	12	4	47	26	21
42岁	75	48	27	12	12		55	31	24
43岁	63	41	22	10	9	1	45	26	19
44岁	42	27	15	5	5		26	13	13
45-49	**368**	**214**	**154**	**24**	**23**	**1**	**287**	**163**	**124**
45岁	71	36	35	3	3		60	30	30
46岁	81	49	32	6	6		63	37	26
47岁	68	51	17	8	8		46	36	10
48岁	87	48	39	4	3	1	67	37	30
49岁	61	30	31	3	3		51	23	28
50-54	**444**	**255**	**189**	**25**	**21**	**4**	**359**	**205**	**154**
50岁	81	50	31	4	4		65	38	27
51岁	90	51	39	10	8	2	70	38	32
52岁	83	51	32	2	2		68	40	28
53岁	103	60	43	5	3	2	87	53	34
54岁	87	43	44	4	4		69	36	33
55-59	**363**	**205**	**158**	**25**	**23**	**2**	**276**	**155**	**121**
55岁	81	43	38	5	4	1	63	36	27
56岁	93	55	38	5	5		67	38	29
57岁	67	40	27	4	4		58	34	24
58岁	63	36	27	6	6		47	25	22
59岁	59	31	28	5	4	1	41	22	19
60-64	**315**	**164**	**151**	**8**	**7**	**1**	**235**	**131**	**104**
60岁	56	32	24	3	3		42	27	15
61岁	69	37	32	3	2	1	54	28	26
62岁	63	31	32				48	25	23

2-12 续表 2

单位：人

年龄	残疾人			未婚			初婚有配偶		
	合计	男	女	小计	男	女	小计	男	女
63岁	64	33	31	2	2		51	28	23
64岁	63	31	32				40	23	17
65-69	**371**	**201**	**170**	**10**	**10**		**235**	**143**	**92**
65岁	62	35	27	1	1		45	26	19
66岁	67	34	33	1	1		40	25	15
67岁	72	38	34	2	2		45	24	21
68岁	90	53	37	4	4		56	37	19
69岁	80	41	39	2	2		49	31	18
70-74	**372**	**194**	**178**	**3**	**3**		**197**	**128**	**69**
70岁	68	36	32	1	1		37	25	12
71岁	94	49	45	2	2		57	34	23
72岁	79	41	38				40	26	14
73岁	60	35	25				34	22	12
74岁	71	33	38				29	21	8
75-79	**316**	**188**	**128**	**3**	**2**	**1**	**156**	**107**	**49**
75岁	78	43	35	1	1		43	27	16
76岁	70	43	27	1	1		38	26	12
77岁	68	40	28				29	22	7
78岁	50	27	23	1		1	25	17	8
79岁	50	35	15				21	15	6
80-84	**159**	**91**	**68**				**54**	**46**	**8**
80岁	36	19	17				13	12	1
81岁	36	23	13				15	12	3
82岁	30	15	15				8	7	1
83岁	32	19	13				10	9	1
84岁	25	15	10				8	6	2
85+	**62**	**23**	**39**				**5**	**4**	**1**

2－12 续表 3

单位：人

年 龄	再婚有配偶			离 婚			丧 偶		
	小计	男	女	小计	男	女	小计	男	女
总 计	**144**	**70**	**74**	**131**	**97**	**34**	**718**	**274**	**444**
15-19									
15岁									
16岁									
17岁									
18岁									
19岁									
20-24	**4**	**1**	**3**	**1**	**1**				
20岁	3	1	2						
21岁									
22岁									
23岁	1		1						
24岁				1	1				
25-29	**2**		**2**	**1**	**1**		**1**	**1**	
25岁	1		1						
26岁				1	1				
27岁									
28岁									
29岁	1		1				1	1	
30-34	**7**	**3**	**4**	**14**	**10**	**4**	**2**		**2**
30岁									
31岁				1	1				
32岁	1		1	5	3	2			
33岁	3	1	2	4	3	1	1		1
34岁	3	2	1	4	3	1	1		1
35-39	**13**	**3**	**10**	**28**	**23**	**5**	**4**	**4**	
35岁	1		1	8	8				
36岁	4		4	5	3	2	2	2	

2-12 续表 4

单位：人

年 龄	再婚有配偶			离 婚			丧 偶		
	小计	男	女	小计	男	女	小计	男	女
37岁	2		2	7	6	1	1	1	
38岁	5	3	2	3	2	1			
39岁	1		1	5	4	1	1	1	
40-44	**11**	**5**	**6**	**31**	**22**	**9**	**6**	**3**	**3**
40岁	4	1	3	8	4	4	2		2
41岁	1	1		6	4	2			
42岁	1		1	7	5	2			
43岁	2	1	1	6	5	1			
44岁	3	2	1	4	4		4	3	1
45-49	**17**	**5**	**12**	**20**	**13**	**7**	**20**	**10**	**10**
45岁	3	1	2	3	2	1	2		2
46岁	5	1	4	3	3		4	2	2
47岁	4	2	2	7	4	3	3	1	2
48岁	4	1	3	4	2	2	8	5	3
49岁	1		1	3	2	1	3	2	1
50-54	**17**	**5**	**12**	**19**	**16**	**3**	**24**	**8**	**16**
50岁	2		2	7	7		3	1	2
51岁	1	1		3	2	1	6	2	4
52岁	3	2	1	5	4	1	5	3	2
53岁	5		5	2	2		4	2	2
54岁	6	2	4	2	1	1	6		6
55-59	**16**	**10**	**6**	**7**	**5**	**2**	**39**	**12**	**27**
55岁	4	2	2	2	1	1	7		7
56岁	1	1		5	4	1	15	7	8
57岁	2	1	1				3	1	2
58岁	6	4	2				4	1	3
59岁	3	2	1				10	3	7
60-64	**9**	**4**	**5**	**3**	**2**	**1**	**60**	**20**	**40**
60岁	1	1					10	1	9
61岁	2		2	1	1		9	6	3
62岁	2	1	1	1		1	12	5	7

2-12 续表 5

单位：人

年龄	再婚有配偶			离婚			丧偶		
	小计	男	女	小计	男	女	小计	男	女
63岁	3	2	1				8	1	7
64岁	1		1	1	1		21	7	14
65-69	**18**	**9**	**9**	**3**	**2**	**1**	**105**	**37**	**68**
65岁	2		2				14	8	6
66岁	4	1	3	1		1	21	7	14
67岁	4	3	1	1	1		20	8	12
68岁	5	3	2	1	1		24	8	16
69岁	3	2	1				26	6	20
70-74	**15**	**12**	**3**	**2**	**1**	**1**	**155**	**50**	**105**
70岁	3	2	1	1	1		26	7	19
71岁	2	2					33	11	22
72岁	5	3	2				34	12	22
73岁	3	3					23	10	13
74岁	2	2		1		1	39	10	29
75-79	**13**	**11**	**2**	**1**	**1**		**143**	**67**	**76**
75岁	3	3					31	12	19
76岁	3	2	1				28	14	14
77岁	3	3					36	15	21
78岁	2	1	1				22	9	13
79岁	2	2		1	1		26	17	9
80-84	**2**	**2**		**1**		**1**	**102**	**43**	**59**
80岁							23	7	16
81岁							21	11	10
82岁				1		1	21	8	13
83岁							22	10	12
84岁	2	2					15	7	8
85+							**57**	**19**	**38**

2-13 残疾人分年龄、性别的经济活动人口

单位：人

年龄	残疾人口			在业人口			不在业人口		
	合计	男	女	小计	男	女	小计	男	女
总 计	**3922**	**2218**	**1704**	**1023**	**724**	**299**	**2899**	**1494**	**1405**
15-19	**66**	**38**	**28**	**7**	**6**	**1**	**59**	**32**	**27**
15岁	10	6	4				10	6	4
16岁	14	7	7	2	1	1	12	6	6
17岁	14	10	4	1	1		13	9	4
18岁	14	8	6	2	2		12	6	6
19岁	14	7	7	2	2		12	5	7
20-24	**100**	**61**	**39**	**43**	**28**	**15**	**57**	**33**	**24**
20岁	20	11	9	9	6	3	11	5	6
21岁	16	13	3	5	3	2	11	10	1
22岁	11	7	4	8	6	2	3	1	2
23岁	32	19	13	14	8	6	18	11	7
24岁	21	11	10	7	5	2	14	6	8
25-29	**135**	**80**	**55**	**50**	**32**	**18**	**85**	**48**	**37**
25岁	29	16	13	10	7	3	19	9	10
26岁	24	16	8	9	6	3	15	10	5
27岁	22	17	5	8	7	1	14	10	4
28岁	28	15	13	10	6	4	18	9	9
29岁	32	16	16	13	6	7	19	10	9
30-34	**214**	**115**	**99**	**89**	**52**	**37**	**125**	**63**	**62**
30岁	28	16	12	9	6	3	19	10	9
31岁	30	19	11	12	10	2	18	9	9
32岁	39	23	16	20	7	13	19	16	3
33岁	48	25	23	18	11	7	30	14	16
34岁	69	32	37	30	18	12	39	14	25
35-39	**314**	**192**	**122**	**146**	**92**	**54**	**168**	**100**	**68**
35岁	56	38	18	29	20	9	27	18	9
36岁	57	35	22	32	21	11	25	14	11

2-13 续表 1

单位：人

年 龄	残疾人口			在业人口			不在业人口		
	合计	男	女	小计	男	女	小计	男	女
37岁	75	46	29	30	18	12	45	28	17
38岁	66	37	29	27	17	10	39	20	19
39岁	60	36	24	28	16	12	32	20	12
40-44	**323**	**197**	**126**	**137**	**101**	**36**	**186**	**96**	**90**
40岁	73	38	35	26	18	8	47	20	27
41岁	70	43	27	33	22	11	37	21	16
42岁	75	48	27	35	28	7	40	20	20
43岁	63	41	22	23	17	6	40	24	16
44岁	42	27	15	20	16	4	22	11	11
45-49	**368**	**214**	**154**	**158**	**107**	**51**	**210**	**107**	**103**
45岁	71	36	35	31	20	11	40	16	24
46岁	81	49	32	36	25	11	45	24	21
47岁	68	51	17	39	30	9	29	21	8
48岁	87	48	39	31	22	9	56	26	30
49岁	61	30	31	21	10	11	40	20	20
50-54	**444**	**255**	**189**	**172**	**124**	**48**	**272**	**131**	**141**
50岁	81	50	31	33	25	8	48	25	23
51岁	90	51	39	33	21	12	57	30	27
52岁	83	51	32	34	26	8	49	25	24
53岁	103	60	43	42	28	14	61	32	29
54岁	87	43	44	30	24	6	57	19	38
55-59	**363**	**205**	**158**	**101**	**73**	**28**	**262**	**132**	**130**
55岁	81	43	38	24	16	8	57	27	30
56岁	93	55	38	27	21	6	66	34	32
57岁	67	40	27	21	15	6	46	25	21
58岁	63	36	27	13	10	3	50	26	24
59岁	59	31	28	16	11	5	43	20	23

2－13 续表 2

单位：人

年 龄	残疾人口			在业人口			不在业人口		
	合计	男	女	小计	男	女	小计	男	女
60-64	**315**	**164**	**151**	**46**	**39**	**7**	**269**	**125**	**144**
60岁	56	32	24	11	9	2	45	23	22
61岁	69	37	32	13	11	2	56	26	30
62岁	63	31	32	8	6	2	55	25	30
63岁	64	33	31	10	9	1	54	24	30
64岁	63	31	32	4	4		59	27	32
65-69	**371**	**201**	**170**	**37**	**35**	**2**	**334**	**166**	**168**
65岁	62	35	27	8	6	2	54	29	25
66岁	67	34	33	5	5		62	29	33
67岁	72	38	34	11	11		61	27	34
68岁	90	53	37	7	7		83	46	37
69岁	80	41	39	6	6		74	35	39
70-74	**372**	**194**	**178**	**25**	**23**	**2**	**347**	**171**	**176**
70岁	68	36	32	6	6		62	30	32
71岁	94	49	45	7	7		87	42	45
72岁	79	41	38	4	4		75	37	38
73岁	60	35	25	4	3	1	56	32	24
74岁	71	33	38	4	3	1	67	30	37
75-79	**316**	**188**	**128**	**8**	**8**		**308**	**180**	**128**
75岁	78	43	35	5	5		73	38	35
76岁	70	43	27	3	3		67	40	27
77岁	68	40	28				68	40	28
78岁	50	27	23				50	27	23
79岁	50	35	15				50	35	15
80-84	**159**	**91**	**68**	**4**	**4**		**155**	**87**	**68**
80岁	36	19	17	1	1		35	18	17
81岁	36	23	13	2	2		34	21	13
82岁	30	15	15	1	1		29	14	15
83岁	32	19	13				32	19	13
84岁	25	15	10				25	15	10
85+	**62**	**23**	**39**				**62**	**23**	**39**

2－13a 城镇残疾人分年龄、性别的经济活动人口

单位：人

年龄	残疾人口			在业人口			不在业人口		
	合计	男	女	小计	男	女	小计	男	女
总计	**1616**	**900**	**716**	**239**	**171**	**68**	**1377**	**729**	**648**
15-19	**27**	**14**	**13**	**1**	**1**		**26**	**13**	**13**
15岁	5	2	3				5	2	3
16岁	6	4	2				6	4	2
17岁	6	3	3				6	3	3
18岁	5	2	3				5	2	3
19岁	5	3	2	1	1		4	2	2
20-24	**31**	**22**	**9**	**5**	**5**		**26**	**17**	**9**
20岁	8	4	4	1	1		7	3	4
21岁	7	7		2	2		5	5	
22岁	3	2	1	2	2		1		1
23岁	7	6	1				7	6	1
24岁	6	3	3				6	3	3
25-29	**48**	**25**	**23**	**7**	**5**	**2**	**41**	**20**	**21**
25岁	8	3	5				8	3	5
26岁	6	3	3				6	3	3
27岁	8	6	2	2	2		6	4	2
28岁	12	6	6	3	2	1	9	4	5
29岁	14	7	7	2	1	1	12	6	6
30-34	**62**	**34**	**28**	**17**	**7**	**10**	**45**	**27**	**18**
30岁	9	4	5	1		1	8	4	4
31岁	11	6	5	3	2	1	8	4	4
32岁	10	7	3	3		3	7	7	
33岁	16	8	8	5	2	3	11	6	5
34岁	16	9	7	5	3	2	11	6	5
35-39	**121**	**75**	**46**	**39**	**25**	**14**	**82**	**50**	**32**
35岁	17	12	5	3	3		14	9	5
36岁	27	19	8	12	8	4	15	11	4

2－13a 续表 1

单位：人

年 龄	残疾人口			在业人口			不在业人口		
	合计	男	女	小计	男	女	小计	男	女
37岁	30	17	13	9	4	5	21	13	8
38岁	26	15	11	8	5	3	18	10	8
39岁	21	12	9	7	5	2	14	7	7
40－44	**139**	**91**	**48**	**34**	**29**	**5**	**105**	**62**	**43**
40岁	30	18	12	9	8	1	21	10	11
41岁	29	19	10	6	4	2	23	15	8
42岁	35	24	11	12	11	1	23	13	10
43岁	29	22	7	4	4		25	18	7
44岁	16	8	8	3	2	1	13	6	7
45－49	**169**	**106**	**63**	**63**	**42**	**21**	**106**	**64**	**42**
45岁	31	15	16	14	6	8	17	9	8
46岁	38	22	16	10	6	4	28	16	12
47岁	30	26	4	15	14	1	15	12	3
48岁	44	26	18	12	9	3	32	17	15
49岁	26	17	9	12	7	5	14	10	4
50－54	**168**	**102**	**66**	**40**	**31**	**9**	**128**	**71**	**57**
50岁	36	24	12	7	6	1	29	18	11
51岁	28	16	12	3	3		25	13	12
52岁	32	20	12	8	5	3	24	15	9
53岁	41	25	16	16	12	4	25	13	12
54岁	31	17	14	6	5	1	25	12	13
55－59	**122**	**69**	**53**	**18**	**13**	**5**	**104**	**56**	**48**
55岁	28	15	13	5	2	3	23	13	10
56岁	32	21	11	7	6	1	25	15	10
57岁	16	12	4	3	3		13	9	4
58岁	28	17	11	2	2		26	15	11
59岁	18	4	14	1		1	17	4	13

2－13a 续表 2

单位：人

年龄	残疾人口			在业人口			不在业人口		
	合计	男	女	小计	男	女	小计	男	女
60-64	**122**	**59**	**63**	**8**	**6**	**2**	**114**	**53**	**61**
60岁	17	9	8	1	1		16	8	8
61岁	24	12	12				24	12	12
62岁	29	13	16	3	1	2	26	12	14
63岁	29	13	16	2	2		27	11	16
64岁	23	12	11	2	2		21	10	11
65-69	**185**	**89**	**96**	**2**	**2**		**183**	**87**	**96**
65岁	20	9	11				20	9	11
66岁	36	14	22	1	1		35	13	22
67岁	36	15	21				36	15	21
68岁	47	26	21				47	26	21
69岁	46	25	21	1	1		45	24	21
70-74	**164**	**80**	**84**	**3**	**3**		**161**	**77**	**84**
70岁	30	15	15	2	2		28	13	15
71岁	42	18	24				42	18	24
72岁	32	18	14				32	18	14
73岁	25	12	13	1	1		24	11	13
74岁	35	17	18				35	17	18
75-79	**156**	**88**	**68**				**156**	**88**	**68**
75岁	44	22	22				44	22	22
76岁	35	21	14				35	21	14
77岁	32	17	15				32	17	15
78岁	24	14	10				24	14	10
79岁	21	14	7				21	14	7
80-84	**73**	**38**	**35**	**2**	**2**		**71**	**36**	**35**
80岁	11	6	5				11	6	5
81岁	17	9	8	1	1		16	8	8
82岁	15	8	7	1	1		14	7	7
83岁	16	8	8				16	8	8
84岁	14	7	7				14	7	7
85+	**29**	**8**	**21**				**29**	**8**	**21**

2－13b 农村残疾人分年龄、性别的经济活动人口

单位：人

年龄	残疾人口			在业人口			不在业人口		
	合计	男	女	小计	男	女	小计	男	女
总 计	**2306**	**1318**	**988**	**784**	**553**	**231**	**1522**	**765**	**757**
15-19	**39**	**24**	**15**	**6**	**5**	**1**	**33**	**19**	**14**
15岁	5	4	1				5	4	1
16岁	8	3	5	2	1	1	6	2	4
17岁	8	7	1	1	1		7	6	1
18岁	9	6	3	2	2		7	4	3
19岁	9	4	5	1	1		8	3	5
20-24	**69**	**39**	**30**	**38**	**23**	**15**	**31**	**16**	**15**
20岁	12	7	5	8	5	3	4	2	2
21岁	9	6	3	3	1	2	6	5	1
22岁	8	5	3	6	4	2	2	1	1
23岁	25	13	12	14	8	6	11	5	6
24岁	15	8	7	7	5	2	8	3	5
25-29	**87**	**55**	**32**	**43**	**27**	**16**	**44**	**28**	**16**
25岁	21	13	8	10	7	3	11	6	5
26岁	18	13	5	9	6	3	9	7	2
27岁	14	11	3	6	5	1	8	6	2
28岁	16	9	7	7	4	3	9	5	4
29岁	18	9	9	11	5	6	7	4	3
30-34	**152**	**81**	**71**	**72**	**45**	**27**	**80**	**36**	**44**
30岁	19	12	7	8	6	2	11	6	5
31岁	19	13	6	9	8	1	10	5	5
32岁	29	16	13	17	7	10	12	9	3
33岁	32	17	15	13	9	4	19	8	11
34岁	53	23	30	25	15	10	28	8	20
35-39	**193**	**117**	**76**	**107**	**67**	**40**	**86**	**50**	**36**
35岁	39	26	13	26	17	9	13	9	4
36岁	30	16	14	20	13	7	10	3	7

2－13b 续表 1

单位：人

年 龄	残疾人口			在业人口			不在业人口		
	合计	男	女	小计	男	女	小计	男	女
37岁	45	29	16	21	14	7	24	15	9
38岁	40	22	18	19	12	7	21	10	11
39岁	39	24	15	21	11	10	18	13	5
40-44	**184**	**106**	**78**	**103**	**72**	**31**	**81**	**34**	**47**
40岁	43	20	23	17	10	7	26	10	16
41岁	41	24	17	27	18	9	14	6	8
42岁	40	24	16	23	17	6	17	7	10
43岁	34	19	15	19	13	6	15	6	9
44岁	26	19	7	17	14	3	9	5	4
45-49	**199**	**108**	**91**	**95**	**65**	**30**	**104**	**43**	**61**
45岁	40	21	19	17	14	3	23	7	16
46岁	43	27	16	26	19	7	17	8	9
47岁	38	25	13	24	16	8	14	9	5
48岁	43	22	21	19	13	6	24	9	15
49岁	35	13	22	9	3	6	26	10	16
50-54	**276**	**153**	**123**	**132**	**93**	**39**	**144**	**60**	**84**
50岁	45	26	19	26	19	7	19	7	12
51岁	62	35	27	30	18	12	32	17	15
52岁	51	31	20	26	21	5	25	10	15
53岁	62	35	27	26	16	10	36	19	17
54岁	56	26	30	24	19	5	32	7	25
55-59	**241**	**136**	**105**	**83**	**60**	**23**	**158**	**76**	**82**
55岁	53	28	25	19	14	5	34	14	20
56岁	61	34	27	20	15	5	41	19	22
57岁	51	28	23	18	12	6	33	16	17
58岁	35	19	16	11	8	3	24	11	13
59岁	41	27	14	15	11	4	26	16	10

2－13b 续表 2

单位：人

年龄	残疾人口			在业人口			不在业人口		
	合计	男	女	小计	男	女	小计	男	女
60-64	**193**	**105**	**88**	**38**	**33**	**5**	**155**	**72**	**83**
60岁	39	23	16	10	8	2	29	15	14
61岁	45	25	20	13	11	2	32	14	18
62岁	34	18	16	5	5		29	13	16
63岁	35	20	15	8	7	1	27	13	14
64岁	40	19	21	2	2		38	17	21
65-69	**186**	**112**	**74**	**35**	**33**	**2**	**151**	**79**	**72**
65岁	42	26	16	8	6	2	34	20	14
66岁	31	20	11	4	4		27	16	11
67岁	36	23	13	11	11		25	12	13
68岁	43	27	16	7	7		36	20	16
69岁	34	16	18	5	5		29	11	18
70-74	**208**	**114**	**94**	**22**	**20**	**2**	**186**	**94**	**92**
70岁	38	21	17	4	4		34	17	17
71岁	52	31	21	7	7		45	24	21
72岁	47	23	24	4	4		43	19	24
73岁	35	23	12	3	2	1	32	21	11
74岁	36	16	20	4	3	1	32	13	19
75-79	**160**	**100**	**60**	**8**	**8**		**152**	**92**	**60**
75岁	34	21	13	5	5		29	16	13
76岁	35	22	13	3	3		32	19	13
77岁	36	23	13				36	23	13
78岁	26	13	13				26	13	13
79岁	29	21	8				29	21	8
80-84	**86**	**53**	**33**	**2**	**2**		**84**	**51**	**33**
80岁	25	13	12	1	1		24	12	12
81岁	19	14	5	1	1		18	13	5
82岁	15	7	8				15	7	8
83岁	16	11	5				16	11	5
84岁	11	8	3				11	8	3
85+	**33**	**15**	**18**				**33**	**15**	**18**

2-14 残疾人分年龄、性别的职业状况

年 龄	在业残疾人			国家机关、党群组织、企业、事业单位负责人			专业技术人员			办事人员和有关人员		
	合计	男	女	小计	男	女	小计	男	女	小计	男	女
总 计	**1023**	**724**	**299**	**4**	**3**	**1**	**22**	**11**	**11**	**17**	**16**	**1**
15-19	7	6	1									
20-24	43	28	15									
25-29	50	32	18				2	1	1			
30-34	89	52	37				2		2	1	1	
35-39	146	92	54				2	1	1	1	1	
40-44	137	101	36				4	3	1	2	2	
45-49	158	107	51	1	1		7	2	5	5	4	1
50-54	172	124	48	1		1	4	3	1	4	4	
55-59	101	73	28							2	2	
60-64	46	39	7	2	2					1	1	
65+	74	70	4				1	1		1	1	

2-14 续表

年 龄	商业、服务业人员			农、林、牧、渔、水利业生产人员			生产、运输设备操作人员及有关人员			不便分类的其他从业人员		
	小计	男	女	小计	男	女	小计	男	女	小计	男	女
总 计	**121**	**82**	**39**	**775**	**537**	**238**	**84**	**75**	**9**			
15-19	1	1		6	5	1						
20-24	3	3		38	23	15	2	2				
25-29	3	2	1	43	28	15	2	1	1			
30-34	9	6	3	72	41	31	5	4	1			
35-39	20	8	12	102	62	40	21	20	1			
40-44	20	15	5	99	69	30	12	12				
45-49	33	21	12	92	63	29	20	16	4			
50-54	20	18	2	131	88	43	12	11	1			
55-59	6	3	3	87	63	24	6	5	1			
60-64	3	2	1	39	33	6	1	1				
65+	3	3		66	62	4	3	3				

2－15 残疾人分性别、受教育程度的职业状况

单位：人

受教育程度	在业残疾人			国家机关、党群组织、企业、事业单位负责人			专业技术人员			办事人员和有关人员		
	合计	男	女	小计	男	女	小计	男	女	小计	男	女
总　计	**1023**	**724**	**299**	**4**	**3**	**1**	**22**	**11**	**11**	**17**	**16**	**1**
不识字	152	104	48									
未上过学	6	6								1	1	
小　学	435	291	144	1	1		2		2			
初　中	328	252	76				3	2	1	11	11	
高　中	78	57	21	1	1		5	3	2	3	2	1
中　专	12	8	4				5	3	2			
大学专科	9	3	6	2	1	1	6	2	4			
大学本科	3	3					1	1		2	2	
研究生												

2－15 续表

单位：人

受教育程度	商业、服务业人员			农、林、牧、渔、水利业生产人员			生产、运输设备操作人员及有关人员			不便分类的其他从业人员		
	小计	男	女	小计	男	女	小计	男	女	小计	男	女
总　计	**121**	**82**	**39**	**775**	**537**	**238**	**84**	**75**	**9**			
不识字	8	6	2	137	91	46	7	7				
未上过学				4	4		1	1				
小　学	25	18	7	392	259	133	15	13	2			
初　中	60	43	17	211	155	56	43	41	2			
高　中	23	12	11	30	27	3	16	12	4			
中　专	5	3	2	1	1		1	1				
大学专科							1		1			
大学本科												
研究生												

2－16 各地区残疾人分性别的未工作状况

单位：人

地 区	未工作残疾人			在校学生			离退休		
	合计	男	女	小计	男	女	小计	男	女
总 计	**2899**	**1494**	**1405**	**13**	**3**	**10**	**528**	**353**	**175**
哈尔滨市南岗区	177	106	71	3	1	2	75	48	27
哈尔滨市道外区	155	74	81	1		1	82	38	44
齐齐哈尔市龙沙区	195	96	99	1		1	113	62	51
牡丹江市东安区	101	52	49				35	18	17
七台河市新兴区	172	93	79	2		2	41	36	5
鹤岗市向阳区	100	55	45				41	31	10
伊春市翠峦区	181	96	85	1		1	64	51	13
北安市	136	75	61				15	13	2
集贤县	131	80	51				7	7	
肇东市	138	60	78	1		1	6	5	1
肇州县	107	53	54	2		2			
穆棱市	142	70	72				20	18	2
甘南县	90	46	44				7	6	1
绥滨县	112	55	57						
肇源县	131	70	61						
富裕县	121	62	59				1	1	
五常市	109	54	55	1	1		12	11	1
海伦市	122	58	64				2	1	1
讷河市	143	71	72	1	1				
宾县	102	53	49				2	2	
克山县	140	75	65				4	4	
富锦市	94	40	54				1	1	

2－16　续表 1

单位：人

地　　区	料理家务			丧失劳动能力			毕业后未工作		
	小计	男	女	小计	男	女	小计	男	女
总　　计	**510**	**62**	**448**	**1612**	**899**	**713**	**9**	**6**	**3**
哈尔滨市南岗区	10	1	9	44	22	22	3	2	1
哈尔滨市道外区	10		10	41	18	23	1		1
齐齐哈尔市龙沙区	19	1	18	41	19	22			
牡丹江市东安区	9		9	34	16	18			
七台河市新兴区	18		18	81	42	39	1	1	
鹤岗市向阳区	19	1	18	27	11	16	1	1	
伊春市翠峦区	41		41	58	30	28	1		1
北安市	22	5	17	92	52	40			
集贤县	29	9	20	85	57	28			
肇东市	47	5	42	79	46	33	1	1	
肇州县	13		13	91	53	38			
穆棱市	27	4	23	94	47	47			
甘南县	28	5	23	44	27	17			
绥滨县	28	4	24	78	46	32			
肇源县	32	5	27	98	64	34			
富裕县	29	9	20	90	51	39			
五常市	15	1	14	73	35	38	1	1	
海伦市	32	6	26	84	48	36			
讷河市	34	3	31	108	67	41			
宾县	16	2	14	77	43	34			
克山县	11		11	121	67	54			
富锦市	21	1	20	72	38	34			

2－16 续表 2

单位：人

地区	因单位原因失去原工作			因本人原因失去原工作			承包土地被征用			其他		
	小计	男	女	小计	男	女	小计	男	女	小计	男	女
总计	**106**	**90**	**16**	**55**	**32**	**23**	**4**	**2**	**2**	**62**	**47**	**15**
哈尔滨市南岗区	21	18	3	6	3	3				15	11	4
哈尔滨市道外区	15	13	2	4	4					1	1	
齐齐哈尔市龙沙区	15	10	5	5	4	1				1		1
牡丹江市东安区	8	7	1	1		1				14	11	3
七台河市新兴区	5	5		23	8	15	1	1				
鹤岗市向阳区	8	7	1	3	3					1	1	
伊春市翠峦区	9	9		6	6		1		1			
北安市	4	3	1				2	1	1	1	1	
集贤县	5	4	1							5	3	2
肇东市	4	3	1									
肇州县										1		1
穆棱市	1	1										
甘南县	5	4	1							6	4	2
绥滨县				5	4	1				1	1	
肇源县	1	1										
富裕县										1	1	
五常市	2	2		2		2				3	3	
海伦市	1	1								3	2	1
讷河市												
宾县										7	6	1
克山县	2	2								2	2	
富锦市												

2－16a 各地区城镇残疾人分性别的未工作状况

单位：人

地区	未工作残疾人			在校学生			离退休		
	合计	男	女	小计	男	女	小计	男	女
总计	**1377**	**729**	**648**	**8**	**1**	**7**	**509**	**334**	**175**
哈尔滨市南岗区	177	106	71	3	1	2	75	48	27
哈尔滨市道外区	155	74	81	1		1	82	38	44
齐齐哈尔市龙沙区	195	96	99	1		1	113	62	51
牡丹江市东安区	75	33	42				33	16	17
七台河市新兴区	172	93	79	2		2	41	36	5
鹤岗市向阳区	100	55	45				41	31	10
伊春市翠峦区	181	96	85	1		1	64	51	13
北安市	49	32	17				14	12	2
集贤县	33	19	14				4	4	
肇东市	52	24	28				6	5	1
肇州县									
穆棱市	53	31	22				19	17	2
甘南县	29	16	13				6	5	1
绥滨县									
肇源县									
富裕县									
五常市	43	21	22				8	7	1
海伦市	52	25	27				2	1	1
讷河市									
宾县	11	8	3				1	1	
克山县									
富锦市									

2－16a 续表 1

单位：人

地　区	料理家务			丧失劳动能力			毕业后未工作		
	小计	男	女	小计	男	女	小计	男	女
总　计	**185**	**9**	**176**	**483**	**241**	**242**	**9**	**6**	**3**
哈尔滨市南岗区	10	1	9	44	22	22	3	2	1
哈尔滨市道外区	10		10	41	18	23	1		1
齐齐哈尔市龙沙区	19	1	18	41	19	22			
牡丹江市东安区	7		7	20	5	15			
七台河市新兴区	18		18	81	42	39	1	1	
鹤岗市向阳区	19	1	18	27	11	16	1	1	
伊春市翠峦区	41		41	58	30	28	1		1
北安市	2		2	29	17	12			
集贤县	6		6	18	11	7			
肇东市	17	1	16	24	14	10	1	1	
肇州县									
穆棱市	7	1	6	26	12	14			
甘南县	7		7	10	6	4			
绥滨县									
肇源县									
富裕县									
五常市	5		5	23	9	14	1	1	
海伦市	15	4	11	33	18	15			
讷河市									
宾县	2		2	8	7	1			
克山县									
富锦市									

2－16a　续表 2

单位：人

地　　区	因单位原因失去原工作			因本人原因失去原工作			承包土地被征用			其　他		
	小计	男	女	小计	男	女	小计	男	女	小计	男	女
总　　计	**99**	**84**	**15**	**49**	**28**	**21**	**2**	**1**	**1**	**33**	**25**	**8**
哈尔滨市南岗区	21	18	3	6	3	3				15	11	4
哈尔滨市道外区	15	13	2	4	4					1	1	
齐齐哈尔市龙沙区	15	10	5	5	4	1				1		1
牡丹江市东安区	7	6	1							8	6	2
七台河市新兴区	5	5		23	8	15	1	1				
鹤岗市向阳区	8	7	1	3	3					1	1	
伊春市翠峦区	9	9		6	6		1		1			
北安市	4	3	1									
集贤县	5	4	1									
肇东市	4	3	1									
肇州县												
穆棱市	1	1										
甘南县	2	2								4	3	1
绥滨县												
肇源县												
富裕县												
五常市	2	2		2		2				2	2	
海伦市	1	1								1	1	
讷河市												
宾县												
克山县												
富锦市												

2－16b 各地区农村残疾人分性别的未工作状况

单位：人

地区	未工作残疾人			在校学生			离退休		
	合计	男	女	小计	男	女	小计	男	女
总计	**1522**	**765**	**757**	**5**	**2**	**3**	**19**	**19**	
哈尔滨市南岗区									
哈尔滨市道外区									
齐齐哈尔市龙沙区									
牡丹江市东安区	26	19	7				2	2	
七台河市新兴区									
鹤岗市向阳区									
伊春市翠峦区									
北安市	87	43	44				1	1	
集贤县	98	61	37				3	3	
肇东市	86	36	50	1		1			
肇州县	107	53	54	2		2			
穆棱市	89	39	50				1	1	
甘南县	61	30	31				1	1	
绥滨县	112	55	57						
肇源县	131	70	61						
富裕县	121	62	59				1	1	
五常市	66	33	33	1	1		4	4	
海伦市	70	33	37						
讷河市	143	71	72	1	1				
宾县	91	45	46				1	1	
克山县	140	75	65				4	4	
富锦市	94	40	54				1	1	

2-16b 续表 1

单位：人

地区	料理家务			丧失劳动能力			毕业后未工作		
	小计	男	女	小计	男	女	小计	男	女
总　计	**325**	**53**	**272**	**1129**	**658**	**471**			
哈尔滨市南岗区									
哈尔滨市道外区									
齐齐哈尔市龙沙区									
牡丹江市东安区	2		2	14	11	3			
七台河市新兴区									
鹤岗市向阳区									
伊春市翠峦区									
北安市	20	5	15	63	35	28			
集贤县	23	9	14	67	46	21			
肇东市	30	4	26	55	32	23			
肇州县	13		13	91	53	38			
穆棱市	20	3	17	68	35	33			
甘南县	21	5	16	34	21	13			
绥滨县	28	4	24	78	46	32			
肇源县	32	5	27	98	64	34			
富裕县	29	9	20	90	51	39			
五常市	10	1	9	50	26	24			
海伦市	17	2	15	51	30	21			
讷河市	34	3	31	108	67	41			
宾县	14	2	12	69	36	33			
克山县	11		11	121	67	54			
富锦市	21	1	20	72	38	34			

2－16b 续表 2

单位：人

地区	因单位原因失去原工作			因本人原因失去原工作			承包土地被征用			其他		
	小计	男	女	小计	男	女	小计	男	女	小计	男	女
总计	**7**	**6**	**1**	**6**	**4**	**2**	**2**	**1**	**1**	**29**	**22**	**7**
哈尔滨市南岗区												
哈尔滨市道外区												
齐齐哈尔市龙沙区												
牡丹江市东安区	1	1		1		1				6	5	1
七台河市新兴区												
鹤岗市向阳区												
伊春市翠峦区												
北安市							2	1	1	1	1	
集贤县										5	3	2
肇东市												
肇州县										1		1
穆棱市												
甘南县	3	2	1							2	1	1
绥滨县				5	4	1				1	1	
肇源县	1	1										
富裕县										1	1	
五常市										1	1	
海伦市										2	1	1
讷河市												
宾县										7	6	1
克山县	2	2								2	2	
富锦市												

2－17 残疾人分年龄、性别的未工作状况

单位：人

年 龄	未工作残疾人			在校学生			离退休		
	合计	男	女	小计	男	女	小计	男	女
总 计	**2899**	**1494**	**1405**	**13**	**3**	**10**	**528**	**353**	**175**
15–19	59	32	27	13	3	10			
20–24	57	33	24						
25–29	85	48	37						
30–34	125	63	62				1	1	
35–39	168	100	68				1		1
40–44	186	96	90				4	2	2
45–49	210	107	103				15	11	4
50–54	272	131	141				43	19	24
55–59	262	132	130				45	31	14
60–64	269	125	144				69	39	30
65–69	334	166	168				106	69	37
70–74	347	171	176				104	73	31
75–79	308	180	128				94	73	21
80–84	155	87	68				36	27	9
85+	62	23	39				10	8	2

2－17 续表 1

单位：人

年 龄	料理家务			丧失劳动能力			毕业后未工作		
	小计	男	女	小计	男	女	小计	男	女
总 计	**510**	**62**	**448**	**1612**	**899**	**713**	**9**	**6**	**3**
15–19	7	2	5	33	24	9	3	1	2
20–24	9	1	8	41	28	13	3	3	
25–29	11	1	10	64	40	24	2	1	1
30–34	22	1	21	86	50	36	1	1	
35–39	26	3	23	103	68	35			
40–44	45	5	40	100	59	41			
45–49	47	2	45	99	59	40			
50–54	66	5	61	128	75	53			
55–59	74	13	61	128	76	52			
60–64	53	4	49	140	78	62			
65–69	53	4	49	168	89	79			
70–74	55	10	45	186	87	99			
75–79	32	8	24	175	94	81			
80–84	7	3	4	112	57	55			
85+	3		3	49	15	34			

2-17 续表 2

单位：人

年龄	因单位原因失去原工作			因本人原因失去原工作			承包土地被征用			其他		
	小计	男	女	小计	男	女	小计	男	女	小计	男	女
总计	**106**	**90**	**16**	**55**	**32**	**23**	**4**	**2**	**2**	**62**	**47**	**15**
15-19										3	2	1
20-24										4	1	3
25-29	3	2	1	2	1	1				3	3	
30-34				4	2	2				11	8	3
35-39	16	11	5	11	8	3				11	10	1
40-44	18	16	2	12	7	5				7	7	
45-49	33	27	6	11	3	8				5	5	
50-54	23	22	1	8	6	2	1	1		3	3	
55-59	8	8		3	2	1				4	2	2
60-64	2	2					1		1	4	2	2
65-69	2	1	1	3	2	1				2	1	1
70-74										2	1	1
75-79	1	1		1	1		2	1	1	3	2	1
80-84												
85+												

2-17a 城镇残疾人分年龄、性别的未工作状况

单位：人

年龄	未工作残疾人			在校学生			离退休		
	合计	男	女	小计	男	女	小计	男	女
总计	**1377**	**729**	**648**	**8**	**1**	**7**	**509**	**334**	**175**
15-19	26	13	13	8	1	7			
20-24	26	17	9						
25-29	41	20	21						
30-34	45	27	18				1	1	
35-39	82	50	32				1		1
40-44	105	62	43				4	2	2
45-49	106	64	42				15	11	4
50-54	128	71	57				39	15	24
55-59	104	56	48				40	26	14
60-64	114	53	61				69	39	30
65-69	183	87	96				103	66	37
70-74	161	77	84				100	69	31
75-79	156	88	68				92	71	21
80-84	71	36	35				36	27	9
85+	29	8	21				9	7	2

2－17a 续表 1

单位：人

年 龄	料理家务			丧失劳动能力			毕业后未工作		
	小计	男	女	小计	男	女	小计	男	女
总 计	**185**	**9**	**176**	**483**	**241**	**242**	**9**	**6**	**3**
15-19				14	10	4	3	1	2
20-24	2		2	19	14	5	3	3	
25-29	4		4	28	14	14	2	1	1
30-34	7		7	27	19	8	1	1	
35-39	10		10	39	27	12			
40-44	14	2	12	55	33	22			
45-49	21	1	20	26	20	6			
50-54	18	1	17	39	26	13			
55-59	23	3	20	29	16	13			
60-64	15	1	14	27	12	15			
65-69	28		28	47	18	29			
70-74	24	1	23	36	7	29			
75-79	14		14	47	15	32			
80-84	2		2	33	9	24			
85+	3		3	17	1	16			

2－17a 续表 2

单位：人

年 龄	因单位原因失去原工作			因本人原因失去原工作			承包土地被征用			其 他		
	小计	男	女	小计	男	女	小计	男	女	小计	男	女
总 计	**99**	**84**	**15**	**49**	**28**	**21**	**2**	**1**	**1**	**33**	**25**	**8**
15-19										1	1	
20-24										2		2
25-29	3	2	1	2	1	1				2	2	
30-34				2	1	1				7	5	2
35-39	15	10	5	10	7	3				7	6	1
40-44	17	15	2	11	6	5				4	4	
45-49	32	27	5	9	2	7				3	3	
50-54	21	20	1	8	6	2	1	1		2	2	
55-59	7	7		3	2	1				2	2	
60-64	1	1								2		2
65-69	2	1	1	3	2	1						
70-74										1		1
75-79	1	1		1	1		1		1			
80-84												
85+												

2－17b 农村残疾人分年龄、性别的未工作状况

单位：人

年龄	未工作残疾人			在校学生			离退休		
	合计	男	女	小计	男	女	小计	男	女
总计	**1522**	**765**	**757**	**5**	**2**	**3**	**19**	**19**	
15-19	33	19	14	5	2	3			
20-24	31	16	15						
25-29	44	28	16						
30-34	80	36	44						
35-39	86	50	36						
40-44	81	34	47						
45-49	104	43	61						
50-54	144	60	84				4	4	
55-59	158	76	82				5	5	
60-64	155	72	83						
65-69	151	79	72				3	3	
70-74	186	94	92				4	4	
75-79	152	92	60				2	2	
80-84	84	51	33						
85+	33	15	18				1	1	

2－17b 续表 1

单位：人

年龄	料理家务			丧失劳动能力			毕业后未工作		
	小计	男	女	小计	男	女	小计	男	女
总计	**325**	**53**	**272**	**1129**	**658**	**471**			
15-19	7	2	5	19	14	5			
20-24	7	1	6	22	14	8			
25-29	7	1	6	36	26	10			
30-34	15	1	14	59	31	28			
35-39	16	3	13	64	41	23			
40-44	31	3	28	45	26	19			
45-49	26	1	25	73	39	34			
50-54	48	4	44	89	49	40			
55-59	51	10	41	99	60	39			
60-64	38	3	35	113	66	47			
65-69	25	4	21	121	71	50			
70-74	31	9	22	150	80	70			
75-79	18	8	10	128	79	49			
80-84	5	3	2	79	48	31			
85+				32	14	18			

2-17b 续表 2

单位：人

年龄	因单位原因失去原工作			因本人原因失去原工作			承包土地被征用			其他		
	小计	男	女	小计	男	女	小计	男	女	小计	男	女
总计	**7**	**6**	**1**	**6**	**4**	**2**	**2**	**1**	**1**	**29**	**22**	**7**
15-19										2	1	1
20-24										2	1	1
25-29										1	1	
30-34				2	1	1				4	3	1
35-39	1	1		1	1					4	4	
40-44	1	1		1	1					3	3	
45-49	1		1	2	1	1				2	2	
50-54	2	2								1	1	
55-59	1	1								2		2
60-64	1	1					1		1	2	2	
65-69										2	1	1
70-74										1	1	
75-79							1	1		3	2	1
80-84												
85+												

2－18 各地区分性别、未工作残疾人的主要生活来源

单位：人

地 区	未工作残疾人			离退休金			领取基本生活费		
	合计	男	女	小计	男	女	小计	男	女
总 计	**2899**	**1494**	**1405**	**531**	**360**	**171**	**347**	**211**	**136**
哈尔滨市南岗区	177	106	71	77	53	24	38	26	12
哈尔滨市道外区	155	74	81	81	37	44	34	20	14
齐齐哈尔市龙沙区	195	96	99	113	62	51	19	6	13
牡丹江市东安区	101	52	49	35	18	17	23	14	9
七台河市新兴区	172	93	79	40	36	4	32	24	8
鹤岗市向阳区	100	55	45	41	31	10	36	17	19
伊春市翠峦区	181	96	85	64	51	13	62	34	28
北安市	136	75	61	15	13	2	14	9	5
集贤县	131	80	51	7	7		4	3	1
肇东市	138	60	78	6	5	1	3	2	1
肇州县	107	53	54	1	1		1	1	
穆棱市	142	70	72	20	18	2	10	5	5
甘南县	90	46	44	7	6	1	4	2	2
绥滨县	112	55	57				2	1	1
肇源县	131	70	61				9	8	1
富裕县	121	62	59	1	1		5	3	2
五常市	109	54	55	12	11	1	15	8	7
海伦市	122	58	64	3	2	1	17	12	5
讷河市	143	71	72	1	1		7	6	1
宾县	102	53	49	2	2		5	4	1
克山县	140	75	65	4	4		4	4	
富锦市	94	40	54	1	1		3	2	1

2-18 续表

单位：人

地区	家庭其他成员供养			财产性收入			保险收入			其他		
	小计	男	女	小计	男	女	小计	男	女	小计	男	女
总计	**1793**	**777**	**1016**	**144**	**94**	**50**	**2**		**2**	**82**	**52**	**30**
哈尔滨市南岗区	48	20	28	1		1				13	7	6
哈尔滨市道外区	34	13	21							6	4	2
齐齐哈尔市龙沙区	59	26	33	2	1	1				2	1	1
牡丹江市东安区	41	19	22							2	1	1
七台河市新兴区	97	31	66	2	2					1		1
鹤岗市向阳区	22	7	15							1		1
伊春市翠峦区	55	11	44									
北安市	89	42	47	7	4	3	2		2	9	7	2
集贤县	102	56	46	13	10	3				5	4	1
肇东市	126	50	76	1	1					2	2	
肇州县	104	51	53	1		1						
穆棱市	112	47	65									
甘南县	68	31	37							11	7	4
绥滨县	88	36	52	22	18	4						
肇源县	108	54	54	14	8	6						
富裕县	110	55	55	3	1	2				2	2	
五常市	72	31	41	1		1				9	4	5
海伦市	86	34	52	10	7	3				6	3	3
讷河市	103	43	60	32	21	11						
宾县	90	43	47	2	1	1				3	3	
克山县	95	41	54	28	19	9				9	7	2
富锦市	84	36	48	5	1	4				1		1

2－19 分年龄、性别、未工作残疾人的主要生活来源

单位：人

年 龄	未工作残疾人			离退休金			领取基本生活费		
	合计	男	女	小计	男	女	小计	男	女
总 计	**2899**	**1494**	**1405**	**531**	**360**	**171**	**347**	**211**	**136**
15-19	59	32	27				5	2	3
20-24	57	33	24				5	2	3
25-29	85	48	37				16	7	9
30-34	125	63	62	1	1		21	14	7
35-39	168	100	68	1	1		40	30	10
40-44	186	96	90	3	2	1	49	36	13
45-49	210	107	103	16	12	4	47	34	13
50-54	272	131	141	45	21	24	37	28	9
55-59	262	132	130	47	33	14	20	14	6
60-64	269	125	144	68	39	29	15	6	9
65-69	334	166	168	106	69	37	30	15	15
70-74	347	171	176	104	73	31	19	4	15
75-79	308	180	128	94	74	20	23	13	10
80-84	155	87	68	36	27	9	15	6	9
85+	62	23	39	10	8	2	5		5

2－19 续表

单位：人

年 龄	家庭其他成员供养			财产性收入			保险收入			其 他		
	小计	男	女	小计	男	女	小计	男	女	小计	男	女
总 计	**1793**	**777**	**1016**	**144**	**94**	**50**	**2**		**2**	**82**	**52**	**30**
15-19	54	30	24									
20-24	50	29	21	2	2							
25-29	67	40	27							2	1	1
30-34	92	43	49	5	1	4	1		1	5	4	1
35-39	111	57	54	8	6	2	1		1	7	6	1
40-44	113	45	68	9	5	4				12	8	4
45-49	129	47	82	10	10					8	4	4
50-54	165	66	99	16	10	6				9	6	3
55-59	166	72	94	18	10	8				11	3	8
60-64	162	62	100	16	12	4				8	6	2
65-69	167	63	104	23	13	10				8	6	2
70-74	198	76	122	22	15	7				4	3	1
75-79	172	81	91	12	8	4				7	4	3
80-84	100	51	49	3	2	1				1	1	
85+	47	15	32									

2－19a 城镇分年龄、性别、未工作残疾人的主要生活来源

单位：人

年 龄	未工作残疾人			离退休金			领取基本生活费		
	合计	男	女	小计	男	女	小计	男	女
总 计	**1377**	**729**	**648**	**510**	**339**	**171**	**293**	**167**	**126**
15-19	26	13	13				5	2	3
20-24	26	17	9				5	2	3
25-29	41	20	21				15	7	8
30-34	45	27	18	1	1		17	11	6
35-39	82	50	32	1	1		36	26	10
40-44	105	62	43	3	2	1	47	34	13
45-49	106	64	42	16	12	4	42	30	12
50-54	128	71	57	41	17	24	35	26	9
55-59	104	56	48	42	28	14	14	8	6
60-64	114	53	61	68	39	29	10	3	7
65-69	183	87	96	102	65	37	21	7	14
70-74	161	77	84	100	69	31	14	2	12
75-79	156	88	68	91	71	20	16	6	10
80-84	71	36	35	36	27	9	11	3	8
85+	29	8	21	9	7	2	5		5

2－19a 续表

单位：人

年 龄	家庭其他成员供养			财产性收入			保险收入			其 他		
	小计	男	女	小计	男	女	小计	男	女	小计	男	女
总 计	**515**	**192**	**323**	**12**	**6**	**6**	**1**		**1**	**46**	**25**	**21**
15-19	21	11	10									
20-24	21	15	6									
25-29	24	12	12							2	1	1
30-34	23	13	10				1		1	3	2	1
35-39	39	19	20	1		1				5	4	1
40-44	46	22	24	1		1				8	4	4
45-49	41	18	23	1	1					6	3	3
50-54	43	22	21	2	2					7	4	3
55-59	40	18	22	3	1	2				5	1	4
60-64	34	9	25	1	1					1	1	
65-69	54	12	42	2	1	1				4	2	2
70-74	44	4	40	1		1				2	2	
75-79	46	10	36							3	1	2
80-84	24	6	18									
85+	15	1	14									

2－19b　农村分年龄、性别、未工作残疾人的主要生活来源

单位：人

年　龄	未工作残疾人			离退休金			领取基本生活费		
	合计	男	女	小计	男	女	小计	男	女
总　计	**1522**	**765**	**757**	**21**	**21**		**54**	**44**	**10**
15-19	33	19	14						
20-24	31	16	15						
25-29	44	28	16				1		1
30-34	80	36	44				4	3	1
35-39	86	50	36				4	4	
40-44	81	34	47				2	2	
45-49	104	43	61				5	4	1
50-54	144	60	84	4	4		2	2	
55-59	158	76	82	5	5		6	6	
60-64	155	72	83				5	3	2
65-69	151	79	72	4	4		9	8	1
70-74	186	94	92	4	4		5	2	3
75-79	152	92	60	3	3		7	7	
80-84	84	51	33				4	3	1
85+	33	15	18	1	1				

2－19b　续表

单位：人

年　龄	家庭其他成员供养			财产性收入			保险收入			其　他		
	小计	男	女	小计	男	女	小计	男	女	小计	男	女
总　计	**1278**	**585**	**693**	**132**	**88**	**44**	**1**		**1**	**36**	**27**	**9**
15-19	33	19	14									
20-24	29	14	15	2	2							
25-29	43	28	15									
30-34	69	30	39	5	1	4				2	2	
35-39	72	38	34	7	6	1	1		1	2	2	
40-44	67	23	44	8	5	3				4	4	
45-49	88	29	59	9	9					2	1	1
50-54	122	44	78	14	8	6				2	2	
55-59	126	54	72	15	9	6				6	2	4
60-64	128	53	75	15	11	4				7	5	2
65-69	113	51	62	21	12	9				4	4	
70-74	154	72	82	21	15	6				2	1	1
75-79	126	71	55	12	8	4				4	3	1
80-84	76	45	31	3	2	1				1	1	
85+	32	14	18									

2－20　0－14岁残疾儿童及其家庭基本情况

指　　标	单　位	数　量
0－14岁残疾儿童总人数	人	106
有残疾儿童的家庭户	户	106
残疾类别		
视力残疾	人	6
听力残疾	人	1
言语残疾	人	12
肢体残疾	人	15
智力残疾	人	30
精神残疾	人	1
多重残疾	人	41
性别		
男	人	61
女	人	45
性别比(以女性为100)		136
年龄		
0-5岁	人	32
6岁	人	6
7-14岁	人	68
民族		
汉族	人	104
少数民族	人	2
户口性质		
农业	人	73
非农业	人	29
户口待定	人	4
受教育程度		
未上过学	人	2
小学	人	31
初中	人	6
在校生接受义务教育情况		
普通教育学校普通班	人	32
普通教育学校特教班	人	1
特殊教育学校	人	1
其他	人	4
残疾儿童家庭户人均收入水平		
2005年本户人均收入	元	1981
城市	元	2344
农村	元	1864
人均收入在0-683元之间	户	10
人均收入在684-994元之间	户	8

2－21 15岁及以上残疾妇女及其家庭基本情况

指　　标	单　位	数　量
15岁及15岁以上残疾妇女总人数	人	1704
有残疾妇女的家庭户	户	1664
残疾类别		
视力残疾	人	282
听力残疾	人	273
言语残疾	人	13
肢体残疾	人	669
智力残疾	人	103
精神残疾	人	144
多重残疾	人	220
年龄		
15-49岁	人	623
50-59岁	人	347
60-74岁	人	499
75-89岁	人	227
90岁以上	人	8
民族		
汉族	人	1649
少数民族	人	55
户口性质		
农业	人	1063
非农业	人	639
户口待定	人	2
文盲人口	人	689
受教育程度		
未上过学	人	10
小学	人	556
初中	人	341

2-21 续表

指标	单位	数量
高中	人	69
中专	人	24
大学专科	人	12
大学本科	人	3
研究生	人	
婚姻状况		
未婚	人	96
初婚有配偶	人	1056
再婚有配偶	人	74
离婚	人	34
丧偶	人	444
当前工作状况		
当前有工作	人	299
当前无工作	人	1405
当前无工作者主要生活来源		
离退休金	人	171
领取基本生活费	人	136
家庭其他成员供养	人	1016
财产性收入	人	50
保险收入	人	2
其他	人	30
残疾妇女家庭户人均收入水平		
2005年本户人均收入	元	2433
城市	元	3079
农村	元	2033
人均收入在0-683元之间	户	124
人均收入在684-994元之间	户	98

2－22　60岁及以上老年残疾人及其家庭基本情况

指　　标	单 位	数 量
60岁及60岁以上老年残疾人总数	人	1595
有老年残疾人的家庭户	户	1491
残疾类别		
视力残疾	人	275
听力残疾	人	463
言语残疾	人	13
肢体残疾	人	560
智力残疾	人	42
精神残疾	人	35
多重残疾	人	207
性别		
男	人	861
女	人	734
性别比(以女性为100)		117
年龄		
60-74岁	人	1058
75-89岁	人	527
90岁以上	人	10
民族		
汉族	人	1549
少数民族	人	46
户口性质		
农业	人	917
非农业	人	677
户口待定	人	1
文盲人口	人	686
受教育程度		
未上过学	人	16
小学	人	574

2－22 续表

指　　标	单 位	数 量
初中	人	212
高中	人	52
中专	人	26
大学专科	人	21
大学本科	人	8
研究生	人	
婚姻状况		
未婚	人	24
初婚有配偶	人	882
再婚有配偶	人	57
离婚	人	10
丧偶	人	622
当前工作状况		
当前有工作	人	120
当前无工作	人	1475
当前无工作者主要生活来源		
离退休金	人	418
领取基本生活费	人	107
家庭其他成员供养	人	846
财产性收入	人	76
保险收入	人	
其他	人	28
老年残疾人家庭户人均收入水平		
2005年本户人均收入	元	2795
城市	元	3670
农村	元	2179
人均收入在0-683元之间	户	96
人均收入在684-994元之间	户	80

第三部分　残疾人的残疾类别、等级和主要致残原因

3－1 各地区残疾人分残疾类别、残疾等级的分布

单位：人

地区	视力残疾					听力残疾				
	小计	一级	二级	三级	四级	小计	一级	二级	三级	四级
总计	**528**	**154**	**56**	**66**	**252**	**659**	**85**	**106**	**257**	**211**
哈尔滨市南岗区	31	16	1		14	20		3	8	9
哈尔滨市道外区	35		3	2	30	36	7	10	16	3
齐齐哈尔市龙沙区	29	3	3	3	20	63	8	4	17	34
牡丹江市东安区	9	3	1		5	23	1	3	11	8
七台河市新兴区	9	2			7	39	3	5	12	19
鹤岗市向阳区	5	3	1		1	19	2	1	12	4
伊春市翠峦区	36	6	3	2	25	55		8	44	3
北安市	29	1	6	11	11	28	15	6	6	1
集贤县	21	10		2	9	42	6	3	18	15
肇东市	38	21	2		15	28		5	13	10
肇州县	36	4	8	13	11	46	3	5	15	23
穆棱市	15	2	3	1	9	35	3	2	13	17
甘南县	24	5		1	18	19	2	6	10	1
绥滨县	13	4	1	2	6	29	1	8	7	13
肇源县	22	3	3	2	14	33	10	6	10	7
富裕县	19	10	1		8	6	1	2	3	
五常市	35	10	3	10	12	14	5	4	4	1
海伦市	28	9	2	6	11	24	4	3	7	10
讷河市	20	7	4	4	5	23	7	5	9	2
宾县	14	6	1	2	5	25	2	5	2	16
克山县	37	26	6	1	4	28	4	9	11	4
富锦市	23	3	4	4	12	24	1	3	9	11

3-1 续表 1

单位：人

地区	言语残疾					肢体残疾				
	小计	一级	二级	三级	四级	小计	一级	二级	三级	四级
总　计	**55**	**2**	**6**	**13**	**34**	**1688**	**59**	**210**	**433**	**986**
哈尔滨市南岗区						87	1	29	28	29
哈尔滨市道外区	3				3	73	2	6	14	51
齐齐哈尔市龙沙区	1				1	87	11	22	33	21
牡丹江市东安区						65	3	6	16	40
七台河市新兴区	2		1		1	100	5	14	41	40
鹤岗市向阳区	6			3	3	41	2	7	16	16
伊春市翠峦区						71	1	4	11	55
北安市	3			1	2	76	6	5	19	46
集贤县	3			1	2	81	2	8	17	54
肇东市	3		1	1	1	92	8	18	19	47
肇州县	5				5	59		2	5	52
穆棱市	1		1			84	3	9	26	46
甘南县						68		7	23	38
绥滨县	1			1		64	1	9	6	48
肇源县						96	1	2	22	71
富裕县	2		2			86	4	23	25	34
五常市	5		1	2	2	85		2	30	53
海伦市	8	1		1	6	69	3	5	22	39
讷河市	2	1			1	111	3	11	21	76
宾县	2				2	68		9	16	43
克山县	5			2	3	84	1	10	15	58
富锦市	3			1	2	41	2	2	8	29

3-1 续表 2

单位：人

地　区	智力残疾					精神残疾				
	小计	一级	二级	三级	四级	小计	一级	二级	三级	四级
总　计	**294**	**25**	**76**	**90**	**103**	**252**	**41**	**48**	**54**	**109**
哈尔滨市南岗区	17		5	10	2	17			4	13
哈尔滨市道外区	13	3	8	2		10	4	2	3	1
齐齐哈尔市龙沙区	6		2	2	2	9	1	6	2	
牡丹江市东安区	3		1	1	1	2	1		1	
七台河市新兴区	14	1	4	7	2	14	6	3	2	3
鹤岗市向阳区	7		1	3	3	10	2		2	6
伊春市翠峦区	7	1	1	3	2	11			2	9
北安市	21	3	9	3	6	10		2	2	6
集贤县	12	3	1	5	3	6	1	1	2	2
肇东市	12	1	4	5	2	8	1	4	3	
肇州县	14	3	4	4	3	13		1	5	7
穆棱市	17		2	8	7	17	2	5	2	8
甘南县	11	1	4	1	5	12		6	4	2
绥滨县	15	1	4	5	5	9	2	2	1	4
肇源县	18	2	3	8	5	13		1	2	10
富裕县	12		1	5	6	18	3	5	3	7
五常市	19	1	2	1	15	14	3	3	6	2
海伦市	16	3	4	3	6	10	1	2		7
讷河市	15	1	5	2	7	16	4	3	3	6
宾县	14	1	4	1	8	15	3	1		11
克山县	26		3	10	13	13	6	1	2	4
富锦市	5		4	1		5	1		3	1

3－1 续表 3

单位：人

地区	多重残疾				
	小计	一级	二级	三级	四级
总 计	**552**	**318**	**90**	**98**	**46**
哈尔滨市南岗区	23	15	2	5	1
哈尔滨市道外区	8	5	2	1	
齐齐哈尔市龙沙区	29	11	8	6	4
牡丹江市东安区	24	16	3	4	1
七台河市新兴区	34	17	6	6	5
鹤岗市向阳区	27	16	6	4	1
伊春市翠峦区	24	17	5	1	1
北安市	29	18	5	3	3
集贤县	56	27	6	15	8
肇东市	16	10	3	2	1
肇州县	25	13	4	5	3
穆棱市	44	27	9	5	3
甘南县	17	10	4	1	2
绥滨县	32	21	3	8	
肇源县	18	10	2	4	2
富裕县	18	9	3	3	3
五常市	21	16	3	2	
海伦市	31	19	1	8	3
讷河市	4	3	1		
宾县	38	19	8	8	3
克山县	13	8	3	1	1
富锦市	21	11	3	6	1

3－1a　各地区城镇残疾人分残疾类别、残疾等级的分布

单位：人

地　区	视力残疾					听力残疾				
	小计	一级	二级	三级	四级	小计	一级	二级	三级	四级
总　计	**210**	**52**	**17**	**12**	**129**	**289**	**27**	**39**	**131**	**92**
哈尔滨市南岗区	31	16	1		14	20		3	8	9
哈尔滨市道外区	35		3	2	30	36	7	10	16	3
齐齐哈尔市龙沙区	29	3	3	3	20	63	8	4	17	34
牡丹江市东安区	8	3	1		4	15	1	1	6	7
七台河市新兴区	9	2			7	39	3	5	12	19
鹤岗市向阳区	5	3	1		1	19	2	1	12	4
伊春市翠峦区	36	6	3	2	25	55		8	44	3
北安市	2			1	1	5	2	2	1	
集贤县	6	3			3	7	2	1	2	2
肇东市	13	9	1		3	6		1	3	2
肇州市										
穆棱市	8	1	2		5	8			4	4
甘南市	7	2		1	4	1			1	
绥滨县										
肇源县										
富裕县										
五常市	9	2	1	1	5	4	2	1		1
海伦市	11	2	1	1	7	10		2	5	3
讷河市										
宾县	1			1		1				1
克山县										
富锦市										

3-1a 续表 1

单位：人

地 区	言语残疾					肢体残疾				
	小计	一级	二级	三级	四级	小计	一级	二级	三级	四级
总 计	**17**	**1**	**1**	**3**	**12**	**703**	**30**	**102**	**208**	**363**
哈尔滨市南岗区						87	1	29	28	29
哈尔滨市道外区	3				3	73	2	6	14	51
齐齐哈尔市龙沙区	1				1	87	11	22	33	21
牡丹江市东安区						45	3	5	11	26
七台河市新兴区	2		1		1	100	5	14	41	40
鹤岗市向阳区	6			3	3	41	2	7	16	16
伊春市翠峦区						71	1	4	11	55
北安市						30	2	3	8	17
集贤县						16		2	1	13
肇东市						41	3	3	5	30
肇州市										
穆棱市						26		2	8	16
甘南市						20		3	3	14
绥滨县										
肇源县										
富裕县										
五常市						22			12	10
海伦市	5	1			4	35		2	14	19
讷河市										
宾县						9			3	6
克山县										
富锦市										

3－1a　续表 2

单位：人

地　区	智力残疾					精神残疾				
	小计	一级	二级	三级	四级	小计	一级	二级	三级	四级
总　计	**85**	**7**	**23**	**34**	**21**	**101**	**15**	**20**	**23**	**43**
哈尔滨市南岗区	17		5	10	2	17			4	13
哈尔滨市道外区	13	3	8	2		10	4	2	3	1
齐齐哈尔市龙沙区	6		2	2	2	9	1	6	2	
牡丹江市东安区	1			1		1	1			
七台河市新兴区	14	1	4	7	2	14	6	3	2	3
鹤岗市向阳区	7		1	3	3	10	2		2	6
伊春市翠峦区	7	1	1	3	2	11			2	9
北安市	2				2	3		1		2
集贤县	3	1		2		1		1		
肇东市						2		1	1	
肇州市										
穆棱市	4		1	2	1	5		2	1	2
甘南市	3		1		2	2		1	1	
绥滨县										
肇源县										
富裕县										
五常市	4	1			3	9	1	1	5	2
海伦市	4			2	2	6		1		5
讷河市										
宾县						1		1		
克山县										
富锦市										

3－1a 续表 3

单位：人

地 区	多重残疾				
	小计	一级	二级	三级	四级
总 计	**240**	**132**	**43**	**37**	**28**
哈尔滨市南岗区	23	15	2	5	1
哈尔滨市道外区	8	5	2	1	
齐齐哈尔市龙沙区	29	11	8	6	4
牡丹江市东安区	17	10	3	3	1
七台河市新兴区	34	17	6	6	5
鹤岗市向阳区	27	16	6	4	1
伊春市翠峦区	24	17	5	1	1
北安市	13	10	1		2
集贤县	16	5	2	3	6
肇东市	6	4		1	1
肇州市					
穆棱市	13	7	3	1	2
甘南市	7	1	4		2
绥滨县					
肇源县					
富裕县					
五常市	4	4			
海伦市	16	9	1	4	2
讷河市					
宾县	3	1		2	
克山县					
富锦市					

3－1b 各地区农村残疾人分残疾类别、残疾等级的分布

单位：人

地 区	视力残疾					听力残疾				
	小计	一级	二级	三级	四级	小计	一级	二级	三级	四级
总 计	**318**	**102**	**39**	**54**	**123**	**370**	**58**	**67**	**126**	**119**
哈尔滨市南岗区										
哈尔滨市道外区										
齐齐哈尔市龙沙区										
牡丹江市东安区	1				1	8		2	5	1
七台河市新兴区										
鹤岗市向阳区										
伊春市翠峦区										
北安市	27	1	6	10	10	23	13	4	5	1
集贤县	15	7		2	6	35	4	2	16	13
肇东市	25	12	1		12	22		4	10	8
肇州县	36	4	8	13	11	46	3	5	15	23
穆棱市	7	1	1	1	4	27	3	2	9	13
甘南县	17	3			14	18	2	6	9	1
绥滨县	13	4	1	2	6	29	1	8	7	13
肇源县	22	3	3	2	14	33	10	6	10	7
富裕县	19	10	1		8	6	1	2	3	
五常市	26	8	2	9	7	10	3	3	4	
海伦市	17	7	1	5	4	14	4	1	2	7
讷河市	20	7	4	4	5	23	7	5	9	2
宾县	13	6	1	1	5	24	2	5	2	15
克山县	37	26	6	1	4	28	4	9	11	4
富锦市	23	3	4	4	12	24	1	3	9	11

3－1b 续表 1

单位：人

地　　区	言语残疾					肢体残疾				
	小计	一级	二级	三级	四级	小计	一级	二级	三级	四级
总　　计	**38**	**1**	**5**	**10**	**22**	**985**	**29**	**108**	**225**	**623**
哈尔滨市南岗区										
哈尔滨市道外区										
齐齐哈尔市龙沙区										
牡丹江市东安区						20		1	5	14
七台河市新兴区										
鹤岗市向阳区										
伊春市翠峦区										
北安市	3			1	2	46	4	2	11	29
集贤县	3			1	2	65	2	6	16	41
肇东市	3		1	1	1	51	5	15	14	17
肇州县	5				5	59		2	5	52
穆棱市	1		1			58	3	7	18	30
甘南县						48		4	20	24
绥滨县	1			1		64	1	9	6	48
肇源县						96	1	2	22	71
富裕县	2		2			86	4	23	25	34
五常市	5		1	2	2	63		2	18	43
海伦市	3			1	2	34	3	3	8	20
讷河市	2	1			1	111	3	11	21	76
宾县	2				2	59		9	13	37
克山县	5			2	3	84	1	10	15	58
富锦市	3			1	2	41	2	2	8	29

3-1b 续表 2

单位：人

地区	智力残疾					精神残疾				
	小计	一级	二级	三级	四级	小计	一级	二级	三级	四级
总计	**209**	**18**	**53**	**56**	**82**	**151**	**26**	**28**	**31**	**66**
哈尔滨市南岗区										
哈尔滨市道外区										
齐齐哈尔市龙沙区										
牡丹江市东安区	2		1		1	1			1	
七台河市新兴区										
鹤岗市向阳区										
伊春市翠峦区										
北安市	19	3	9	3	4	7		1	2	4
集贤县	9	2	1	3	3	5	1		2	2
肇东市	12	1	4	5	2	6	1	3	2	
肇州县	14	3	4	4	3	13		1	5	7
穆棱市	13		1	6	6	12	2	3	1	6
甘南县	8	1	3	1	3	10		5	3	2
绥滨县	15	1	4	5	5	9	2	2	1	4
肇源县	18	2	3	8	5	13		1	2	10
富裕县	12		1	5	6	18	3	5	3	7
五常市	15		2	1	12	5	2	2	1	
海伦市	12	3	4	1	4	4	1	1		2
讷河市	15	1	5	2	7	16	4	3	3	6
宾县	14	1	4	1	8	14	3			11
克山县	26		3	10	13	13	6	1	2	4
富锦市	5		4	1		5	1		3	1

3-1b 续表 3

单位：人

地　区	多重残疾				
	小计	一级	二级	三级	四级
总　计	**312**	**186**	**47**	**61**	**18**
哈尔滨市南岗区					
哈尔滨市道外区					
齐齐哈尔市龙沙区					
牡丹江市东安区	7	6		1	
七台河市新兴区					
鹤岗市向阳区					
伊春市翠峦区					
北安市	16	8	4	3	1
集贤县	40	22	4	12	2
肇东市	10	6	3	1	
肇州县	25	13	4	5	3
穆棱市	31	20	6	4	1
甘南县	10	9		1	
绥滨县	32	21	3	8	
肇源县	18	10	2	4	2
富裕县	18	9	3	3	3
五常市	17	12	3	2	
海伦市	15	10		4	1
讷河市	4	3	1		
宾县	35	18	8	6	3
克山县	13	8	3	1	1
富锦市	21	11	3	6	1

3－2 残疾人分残疾类别、残疾等级的年龄构成

单位：人

年 龄	视力残疾					听力残疾				
	小计	一级	二级	三级	四级	小计	一级	二级	三级	四级
总 计	**528**	**154**	**56**	**66**	**252**	**659**	**85**	**106**	**257**	**211**
0岁										
1岁	1	1								
2岁										
3岁										
4岁										
5岁	1				1	1				1
6岁	1				1					
7岁	2		1	1						
8岁										
9岁										
10岁	1				1					
11岁										
12岁										
13岁										
14岁										
15岁	1				1					
16岁										
17岁	1				1					
18岁										
19岁						2		1		1
20岁	3				3					
21岁										
22岁	1				1					
23岁	1				1					
24岁	1	1				1			1	
25岁	1				1	1		1		
26岁	1	1				2			1	1

3-2 续表 1

单位：人

年 龄	视力残疾					听力残疾				
	小计	一级	二级	三级	四级	小计	一级	二级	三级	四级
27岁						2	1		1	
28岁	1				1					
29岁	4	1			3	2	1			1
30岁	1	1				2	1		1	
31岁	3	1			2	2	1		1	
32岁	5	1	3		1	3		1	1	1
33岁	3			1	2	3	1			2
34岁	1	1				3	1	1	1	
35岁						4	1	1	1	1
36岁	6			1	5	5	1		2	2
37岁	6	2	1	1	2					
38岁	4	1	1	1	1	5		2	3	
39岁	5	1	1	1	2	2	2			
40岁	7	4	3			3		1		2
41岁	8	3		1	4	5	1	2		2
42岁	9	2	1		6	2			1	1
43岁	7	2	2	3		4	2		2	
44岁	2	1			1	2			1	1
45岁	12	1	2	1	8	9	5		3	1
46岁	6		1		5	7	1	2	2	2
47岁	7	1			6	3		1	1	1
48岁	12	5		1	6	11		2	6	3
49岁	6	1	2		3	6		1	4	1
50岁	7	1		1	5	16	3	4	3	6
51岁	11	1	1		9	9		3	1	5
52岁	12	5	1		6	15		3	3	9
53岁	17	4	3	3	7	12	1	1	6	4
54岁	16	5	2		9	9	1	3	1	4

3－2 续表 2

单位：人

年　龄	视力残疾					听力残疾				
	小计	一级	二级	三级	四级	小计	一级	二级	三级	四级
55岁	11	4		1	6	11	2		7	2
56岁	18	5		4	9	7	1	2	3	1
57岁	12	2	1	1	8	10	2	3	4	1
58岁	8	1	2	2	3	5	1		2	2
59岁	10	3	1	2	4	10		1	1	8
60岁	9	3		5	1	8		2	4	2
61岁	16	4	1	5	6	8	1	2	2	3
62岁	14	4	1	1	8	10	3	1	4	2
63岁	13	1	2	2	8	12		1	8	3
64岁	11	4		1	6	13	1	2	4	6
65岁	16	7	2	3	4	13		3	6	4
66岁	17	5	2	1	9	13		2	7	4
67岁	8		3	2	3	27	4	4	11	8
68岁	12	2	1	2	7	15		3	6	6
69岁	18	5	2	4	7	21	1	2	7	11
70岁	14	6	2	2	4	17		1	6	10
71岁	22	7	2	3	10	25	2	2	10	11
72岁	9	1		2	6	29	3	4	16	6
73岁	5	1	1		3	21	4	5	6	6
74岁	13	3	3		7	20	2	5	8	5
75岁	14	4	1	2	7	19	2	1	7	9
76岁	12	5		1	6	28	4	5	10	9
77岁	10	4	2		4	22	4	3	10	5
78岁	9	5		1	3	25	2	5	8	10
79岁	9	4		2	3	16	4	4	5	3
80岁	7	5	2			16	5		6	5
81岁	2	1			1	18	2	3	9	4
82岁	3	3				15	1	2	5	7
83岁	3	2			1	14	3	2	8	1
84岁						13	3	1	7	2
85+	9	5		1	3	25	4	5	13	3

3-2 续表 3

单位：人

年龄	言语残疾					肢体残疾				
	小计	一级	二级	三级	四级	小计	一级	二级	三级	四级
总计	**55**	**2**	**6**	**13**	**34**	**1688**	**59**	**210**	**433**	**986**
0岁						1				1
1岁										
2岁						1				1
3岁	2			1	1					
4岁	3		1	1	1	1				1
5岁	2				2					
6岁										
7岁						1				1
8岁	1	1								
9岁	1			1		2			1	1
10岁										
11岁	1				1	1				1
12岁	1				1	3			3	
13岁						3		1		2
14岁	1				1	2				2
15岁						2	1			1
16岁						4				4
17岁	1				1	4	2	1	1	
18岁						5			2	3
19岁	1				1	5			1	4
20岁	1				1	7		1		6
21岁						5			3	2
22岁						6				6
23岁						13		1	4	8
24岁						9	1	1	2	5
25岁	1		1			12	1	1	2	8
26岁						4		1		3

3-2 续表 4

单位：人

年龄	言语残疾					肢体残疾				
	小计	一级	二级	三级	四级	小计	一级	二级	三级	四级
27岁	1			1		7		2	4	1
28岁						20	1	3	3	13
29岁						11			3	8
30岁	1			1		13		2	6	5
31岁						10	1	1	2	6
32岁	2				2	18	1	2	4	11
33岁	1				1	17	2		8	7
34岁						34	2	4	7	21
35岁	1			1		25	1	1	2	21
36岁						29	2	1	2	24
37岁	1		1			37		2	10	25
38岁						27		3	11	13
39岁						26		3	6	17
40岁	1				1	38		4	5	29
41岁	2				2	30			10	20
42岁						42	2	6	13	21
43岁	1		1			26			7	19
44岁	1	1				22	1	3	6	12
45岁	1				1	38		5	9	24
46岁						50	2	2	15	31
47岁	3			2	1	32		3	8	21
48岁	2			1	1	42	1	1	14	26
49岁						31		2	14	15
50岁	1				1	45		5	14	26
51岁						48		7	11	30
52岁	2		1		1	42	3	3	7	29
53岁	2				2	53	3	4	13	33
54岁						45		2	14	29

3-2 续表 5

单位：人

年龄	言语残疾					肢体残疾				
	小计	一级	二级	三级	四级	小计	一级	二级	三级	四级
55岁	1				1	41	1	5	8	27
56岁	1				1	48	1	6	11	30
57岁						30	2	3	10	15
58岁	1				1	33		4	7	22
59岁						27	1	3	9	14
60岁	2		1		1	28		3	5	20
61岁	1				1	32	1	6	9	16
62岁						28	1	5	11	11
63岁	2				2	25	2	1	3	19
64岁	1			1		27	1	2	11	13
65岁						27		5	8	14
66岁	2			1	1	25	1	3	7	14
67岁	1				1	23	2	2	6	13
68岁						46	2	7	14	23
69岁						28	1	5	8	14
70岁						26	2	5	5	14
71岁	2			1	1	27		7	7	13
72岁						20	1	6	3	10
73岁						24	1	5	7	11
74岁						27	1	6	6	14
75岁	1				1	29	4	10		15
76岁	1			1		18		5	7	6
77岁						18	2	2	8	6
78岁						12		3	2	7
79岁						15	1	3	2	9
80岁						12	1	4	3	4
81岁						9		2	1	6
82岁						7	2	4	1	
83岁						11		5	1	5
84岁						4		2	2	
85+						12	1	3	4	4

3-2 续表 6

单位：人

年 龄	智力残疾					精神残疾				
	小计	一级	二级	三级	四级	小计	一级	二级	三级	四级
总 计	**294**	**25**	**76**	**90**	**103**	**252**	**41**	**48**	**54**	**109**
0岁										
1岁	2		1		1					
2岁										
3岁	1				1					
4岁										
5岁	1		1							
6岁	2		1		1					
7岁	1				1					
8岁	5	1	2	1	1					
9岁	1			1						
10岁	2		1	1						
11岁	3		1		2	1				1
12岁	2		1		1					
13岁	4	1	1	1	1					
14岁	6	2	1	1	2					
15岁	3	2		1						
16岁	5		2	1	2					
17岁	2		2							
18岁	5	2	2		1					
19岁	2			1	1					
20岁	3			2	1	2			1	1
21岁	2		2							
22岁	2			1	1					
23岁	8	1		4	3	4				4
24岁	2			1	1	2			2	
25岁	8	1	1	5	1	2	1			1
26岁	5	1	1	1	2	6			2	4

3-2 续表 7

单位：人

年 龄	智力残疾					精神残疾				
	小计	一级	二级	三级	四级	小计	一级	二级	三级	四级
27岁	4			1	3	5	1	1		3
28岁	1				1	2				2
29岁	6			3	3	5		1	2	2
30岁	3			2	1	3				3
31岁	4		2	1	1	5		3		2
32岁	2		1		1	5	1			4
33岁	6	2	1	2	1	7	1	2	3	1
34岁	9	3	2		4	11	1	5	4	1
35岁	6		3	1	2	9	1	3	3	2
36岁	9		4	2	3	5	1	2	1	1
37岁	12		6	2	4	7	5	1		1
38岁	13	1	2	5	5	9	1		3	5
39岁	10	1	5	1	3	7	2		2	3
40岁	5	1	2	1	1	7		1	3	3
41岁	10		2	3	5	11	1		5	5
42岁	9		1	5	3	2				2
43岁	5		1	1	3	10	4	1	2	3
44岁	2		1	1		7	3	1	1	2
45岁	2	1		1		5	1	1	2	1
46岁	5			2	3	6	1	1		4
47岁	7		3	2	2	8	2	1	1	4
48岁	3				3	7	1	1	1	4
49岁	5		1	2	2	7	2	2	1	2
50岁	3			3		2		1		1
51岁	8	1	2	1	4	6	1	1		4
52岁	1				1	5		1	1	3
53岁	4		1	2	1	8	2	2		4
54岁	5			2	3	4		2	2	

3－2 续表 8

单位：人

年龄	智力残疾					精神残疾				
	小计	一级	二级	三级	四级	小计	一级	二级	三级	四级
55岁	4			3	1	5		2	2	1
56岁	5	1	1	2	1	8		3	3	2
57岁	1				1	6	1	2	1	2
58岁	3			2	1	3			1	2
59岁	3		1	1	1	3		1	1	1
60岁	1	1								
61岁	3		1	1	1	3	1			2
62岁	2	1	1			4			1	3
63岁	1			1		2			1	1
64岁	2			2		1	1			
65岁	2		1		1	2				2
66岁	3		2		1	1				1
67岁						1			1	
68岁	5	1	1		3	2	1			1
69岁	2		1		1	3		1		2
70岁						2		1		1
71岁	3		1	1	1	1				1
72岁	2		1	1		4	1	2	1	
73岁						2	1	1		
74岁	2			1	1					
75岁	2		1	1		2	1			1
76岁						1				1
77岁	2			1	1	2	1			1
78岁	1			1						
79岁	2			1	1					
80岁										
81岁	1		1							
82岁	1			1						
83岁	2		2			1		1		
84岁	1		1			1				1
85+	2			2						

3-2 续表 9

单位：人

年 龄	多重残疾				
	小计	一级	二级	三级	四级
总 计	**552**	**318**	**90**	**98**	**46**
0岁					
1岁					
2岁	3	2		1	
3岁	3	3			
4岁	3	2		1	
5岁	6	4		2	
6岁	3	3			
7岁	5	3	1	1	
8岁	2	2			
9岁	1			1	
10岁	2	2			
11岁	4	3		1	
12岁	4	4			
13岁	4	2	2		
14岁	1			1	
15岁	4	4			
16岁	5	3	1	1	
17岁	6	5	1		
18岁	4	3		1	
19岁	4	3		1	
20岁	4	1	3		
21岁	9	4	2	2	1
22岁	2	1	1		
23岁	6	6			
24岁	6	2	2	2	
25岁	4	2	1		1
26岁	6	2	3		1

3－2 续表 10

单位：人

年龄	多重残疾				
	小计	一级	二级	三级	四级
27岁	**3**	**1**		**1**	**1**
28岁	4	4			
29岁	4	3	1		
30岁	5	5			
31岁	6	4	1	1	
32岁	4	3	1		
33岁	11	9			2
34岁	11	6	1	2	2
35岁	11	7	2	2	
36岁	3	1	1		1
37岁	12	7	2	2	1
38岁	8	6		1	1
39岁	10	7	3		
40岁	12	7	1	3	1
41岁	4	3	1		
42岁	11	7	1	2	1
43岁	10	6	1	3	
44岁	6	3	1	1	1
45岁	4	2		2	
46岁	7	5	1		1
47岁	8	6	1		1
48岁	10	4	3		3
49岁	6	3	1	2	
50岁	7	1		5	1
51岁	8	4	3	1	
52岁	6	4	2		
53岁	7	4	2	1	
54岁	8	4	1	1	2

3-2 续表 11

单位：人

年龄	多重残疾				
	小计	一级	二级	三级	四级
55岁	8	6	1	1	
56岁	6	4	1	1	
57岁	8	6	2		
58岁	10	4	1	3	2
59岁	6	3	1	1	1
60岁	8	6	2		
61岁	6	4		1	1
62岁	5	3	1	1	
63岁	9	4		4	1
64岁	8	5	1		2
65岁	2			2	
66岁	6	2	2	2	
67岁	12	8		2	2
68岁	10	6		3	1
69岁	8	4	2	1	1
70岁	9	5	3		1
71岁	14	9	2	3	
72岁	15	7	4	2	2
73岁	8	2	3	3	
74岁	9	4	3	1	1
75岁	11	4	1	4	2
76岁	10	3		5	2
77岁	14	5	3	5	1
78岁	3		1	1	1
79岁	8	7			1
80岁	1	1			
81岁	6	1	3	2	
82岁	4	1	1	1	1
83岁	1	1			
84岁	6	4	1	1	
85+	14	7	3	3	1

3－2a 残疾人分残疾类别、残疾等级的年龄构成(男性)

单位：人

年 龄	视力残疾					听力残疾				
	小计	一级	二级	三级	四级	小计	一级	二级	三级	四级
总 计	**242**	**67**	**24**	**30**	**121**	**386**	**51**	**59**	**159**	**117**
0岁										
1岁										
2岁										
3岁										
4岁										
5岁	1				1	1				1
6岁	1				1					
7岁										
8岁										
9岁										
10岁										
11岁										
12岁										
13岁										
14岁										
15岁	1				1					
16岁										
17岁	1				1					
18岁										
19岁										
20岁	2				2					
21岁										
22岁	1				1					
23岁	1				1					
24岁	1	1								
25岁	1				1	1		1		
26岁						2			1	1

3-2a 续表 1

单位：人

年 龄	视力残疾					听力残疾				
	小计	一级	二级	三级	四级	小计	一级	二级	三级	四级
27岁						1			1	
28岁										
29岁	3				3	2	1			1
30岁	1	1				1	1			
31岁	2	1			1	1	1			
32岁	2		2			2		1	1	
33岁	3			1	2	1				1
34岁						1			1	
35岁						2	1			1
36岁	4				4	2				2
37岁	3	1	1		1					
38岁	2	1		1		4		2	2	
39岁	1				1	1	1			
40岁	5	2	3			1		1		
41岁	5	1		1	3	3		1		2
42岁	3				3	2			1	1
43岁	4	1	1	2		3	1		2	
44岁						2			1	1
45岁	7		1	1	5	3	2		1	
46岁	2				2	5	1	1	1	2
47岁	6	1			5	3		1	1	1
48岁	7	2		1	4	5		2	2	1
49岁	3		1		2	3			2	1
50岁	5	1		1	3	9	2	1	3	3
51岁	6	1			5	4		1	1	2
52岁	6	3			3	11		2	2	7
53岁	7		2	2	3	7			4	3
54岁	8	2	1		5	4	1	1	1	1

3－2a 续表 2

单位：人

年 龄	视力残疾					听力残疾				
	小计	一级	二级	三级	四级	小计	一级	二级	三级	四级
55岁	2	1		1		6	1		4	1
56岁	10	3		2	5	7	1	2	3	1
57岁	6	1			5	5	1	1	2	1
58岁	1		1			5	1		2	2
59岁	6	1	1	1	3	5			1	4
60岁	4	2		2		6		2	4	
61岁	5	1	1	1	2	5		2	1	2
62岁	7	2	1	1	3	5	3		1	1
63岁	4	1		1	2	8			6	2
64岁	2				2	7		2	2	3
65岁	11	4	2	2	3	7		1	2	4
66岁	5	1		1	3	9			6	3
67岁	3				3	14	2	2	7	3
68岁	5	1			4	9		2	3	4
69岁	8	3		2	3	12	1	1	5	5
70岁	6	3	1	1	1	9			4	5
71岁	9	5	1	2	1	12	2	1	4	5
72岁	2	1			1	21	1	3	12	5
73岁	4	1	1		2	15	3	4	4	4
74岁	5				5	8	1	2	4	1
75岁	4	2	1		1	13		1	5	7
76岁	3	2			1	19	4	3	7	5
77岁	5	3	1		1	15	3	2	7	3
78岁	4	1		1	2	14	1	4	7	2
79岁	5	2		1	2	12	4	2	3	3
80岁	3	2	1			8	3		3	2
81岁	1				1	12	2	2	7	1
82岁	2	2				7		1	3	3
83岁	3	2			1	8	2	1	5	
84岁						7	2		3	2
85+	2	1		1		9	1	3	4	1

3－2a 续表 3

单位：人

年 龄	言语残疾					肢体残疾				
	小计	一级	二级	三级	四级	小计	一级	二级	三级	四级
总 计	**38**	**1**	**5**	**8**	**24**	**1010**	**33**	**123**	**280**	**574**
0岁						1				1
1岁										
2岁										
3岁										
4岁	3		1	1	1					
5岁	2				2					
6岁										
7岁						1				1
8岁	1	1								
9岁						1			1	
10岁										
11岁	1				1	1				1
12岁	1				1	1			1	
13岁						1				1
14岁										
15岁						1	1			
16岁						1				1
17岁	1				1	2	1	1		
18岁						3			1	2
19岁						2				2
20岁	1				1	3		1		2
21岁						4			3	1
22岁						3				3
23岁						5			2	3
24岁						5	1	1	1	2
25岁	1		1			8	1	1	1	5
26岁						2		1		1

3－2a 续表 4

单位：人

年龄	言语残疾					肢体残疾				
	小计	一级	二级	三级	四级	小计	一级	二级	三级	四级
27岁	1			1		7		2	4	1
28岁						11	1	2	3	5
29岁						3			3	
30岁						9		1	5	3
31岁						8	1		2	5
32岁	1				1	11	1	2	4	4
33岁	1				1	8	1		4	3
34岁						19	1	2	6	10
35岁	1			1		20	1	1	2	16
36岁						20	1	1	2	16
37岁	1		1			23			6	17
38岁						17		2	8	7
39岁						15		2	4	9
40岁						23		2	4	17
41岁	2				2	19			8	11
42岁						30	2	5	9	14
43岁	1		1			19			7	12
44岁						17	1	2	5	9
45岁						24		4	6	14
46岁						30	1	1	7	21
47岁	3			2	1	23		3	8	12
48岁	2			1	1	24			10	14
49岁						16		2	8	6
50岁	1				1	26			9	17
51岁						28		3	6	19
52岁	2		1		1	25	1	2	4	18
53岁	1				1	34		2	9	23
54岁						22			8	14

3－2a 续表 5

单位：人

年 龄	言语残疾					肢体残疾				
	小计	一级	二级	三级	四级	小计	一级	二级	三级	四级
55岁						24		4	5	15
56岁	1				1	24	1	2	7	14
57岁						18		3	5	10
58岁						24		2	7	15
59岁						13		1	5	7
60岁	1				1	17		3	3	11
61岁	1				1	20	1	3	4	12
62岁						14	1	2	4	7
63岁	2				2	15	2		2	11
64岁	1			1		16		2	7	7
65岁						14		2	4	8
66岁	1				1	14	1	2	2	9
67岁	1				1	16	1	2	4	9
68岁						27	2	2	8	15
69岁						14		1	4	9
70岁						16	1	3	4	8
71岁	1				1	19		6	5	8
72岁						10	1	3		6
73岁						12		3	4	5
74岁						14		3	5	6
75岁						18	3	6		9
76岁	1			1		13		5	5	3
77岁						11	1	2	5	3
78岁						6		2	2	2
79岁						10		1	2	7
80岁						8	1	2	2	3
81岁						7		1	1	5
82岁						5	1	3	1	
83岁						7		3	1	3
84岁						3		2	1	
85+						5		1		4

3－2a 续表 6

单位：人

年 龄	智力残疾					精神残疾				
	小计	一级	二级	三级	四级	小计	一级	二级	三级	四级
总 计	**181**	**15**	**40**	**54**	**72**	**107**	**16**	**20**	**24**	**47**
0岁										
1岁	1		1							
2岁										
3岁	1				1					
4岁										
5岁	1		1							
6岁										
7岁	1				1					
8岁	4	1	1	1	1					
9岁	1			1						
10岁	1			1						
11岁	2		1		1					
12岁										
13岁	3		1	1	1					
14岁	5	2		1	2					
15岁	2	1		1						
16岁	2		2							
17岁	2		2							
18岁	3	1	1		1					
19岁	2			1	1					
20岁	2			1	1					
21岁	1		1							
22岁	2			1	1					
23岁	7	1		3	3	2				2
24岁	1				1	2			2	
25岁	2		1	1		2	1			1
26岁	4	1	1		2	3			1	2

3－2a 续表 7

单位：人

年龄	智力残疾					精神残疾				
	小计	一级	二级	三级	四级	小计	一级	二级	三级	四级
27岁	3				3	4	1	1		2
28岁						2				2
29岁	2			2		4		1	1	2
30岁	2			1	1					
31岁	2		1		1	2		1		1
32岁	1		1			2				2
33岁	3	1		1	1	3		1	2	
34岁	5	1			4	3		2	1	
35岁	2			1	1	5		2	1	2
36岁	4		1	1	2	4	1	1	1	1
37岁	8		3	2	3	3	2			1
38岁	8		1	3	4	2			2	
39岁	6	1	3		2	5	1		2	2
40岁	2	1	1			1			1	
41岁	7		1	3	3	5	1		2	2
42岁	6		1	3	2					
43岁	3		1	1	1	6	2		1	3
44岁	1		1			4	2			2
45岁						2			1	1
46岁	5			2	3	3		1		2
47岁	5		2	1	2	4		1	1	2
48岁	1				1	2				2
49岁	3			2	1	1		1		
50岁	3			3		1		1		
51岁	7	1	2		4					
52岁						3		1	1	1
53岁	4		1	2	1	3	1	1		1
54岁	4			1	3	1			1	

3－2a 续表 8

单位：人

年龄	智力残疾					精神残疾				
	小计	一级	二级	三级	四级	小计	一级	二级	三级	四级
55岁	2			1	1	4		2	1	1
56岁	5	1	1	2	1	4		1	1	2
57岁	1				1	4	1	1		2
58岁	1			1						
59岁	3		1	1	1	2		1	1	
60岁										
61岁						3	1			2
62岁	1	1								
63岁	1			1						
64岁	2			2		1	1			
65岁	1		1							
66岁	2		1		1					
67岁										
68岁	5	1	1		3					
69岁	1				1	2				2
70岁										
71岁	1				1					
72岁	1			1		1	1			
73岁										
74岁	2			1	1					
75岁										
76岁										
77岁						1				1
78岁	1			1						
79岁	1				1					
80岁										
81岁										
82岁										
83岁	1		1							
84岁	1		1			1				1
85+	1			1						

3－2a 续表 9

单位：人

年龄	多重残疾				
	小计	一级	二级	三级	四级
总计	**315**	**180**	**49**	**62**	**24**
0岁					
1岁					
2岁	3	2		1	
3岁	3	3			
4岁	3	2		1	
5岁	4	2		2	
6岁	1	1			
7岁	1		1		
8岁	2	2			
9岁	1			1	
10岁	1	1			
11岁	2	2			
12岁	2	2			
13岁	1	1			
14岁					
15岁	2	2			
16岁	4	2	1	1	
17岁	4	3	1		
18岁	2	2			
19岁	3	3			
20岁	3	1	2		
21岁	8	4	1	2	1
22岁	1	1			
23岁	4	4			
24岁	2			2	
25岁	1	1			
26岁	5	1	3		1

3－2a 续表 10

单位：人

年龄	多重残疾				
	小计	一级	二级	三级	四级
27岁	1				1
28岁	2	2			
29岁	2	1	1		
30岁	3	3			
31岁	4	2	1	1	
32岁	4	3	1		
33岁	6	4			2
34岁	4	2		1	1
35岁	8	5	1	2	
36岁	1		1		
37岁	8	4	2	1	1
38岁	4	3		1	
39岁	8	5	3		
40岁	6	3	1	2	
41岁	2	1	1		
42岁	7	3	1	2	1
43岁	5	4		1	
44岁	3	1		1	1
45岁					
46岁	4	2	1		1
47岁	7	5	1		1
48岁	7	2	2		3
49岁	4	1	1	2	
50岁	5	1		4	
51岁	6	3	2	1	
52岁	4	3	1		
53岁	4	3	1		
54岁	4	1	1	1	1

3－2a 续表 11

单位：人

年 龄	多重残疾				
	小计	一级	二级	三级	四级
55岁	5	4		1	
56岁	4	3		1	
57岁	6	4	2		
58岁	5	2	1	2	
59岁	2	1		1	
60岁	4	2	2		
61岁	3	3			
62岁	4	2	1	1	
63岁	3	2		1	
64岁	2	1			1
65岁	2			2	
66岁	3	1		2	
67岁	4	3		1	
68岁	7	5		2	
69岁	4	1	1	1	1
70岁	5	3	1		1
71岁	7	5	1	1	
72岁	6	3	1		2
73岁	4	1	2	1	
74岁	4	2	2		
75岁	8	3	1	4	
76岁	7	2		3	2
77岁	8	4	1	3	
78岁	2			1	1
79岁	7	6			1
80岁					
81岁	3	1		2	
82岁	1			1	
83岁					
84岁	3	3			
85+	6	4	1	1	

3-2b 残疾人分残疾类别、残疾等级的年龄构成(女性)

单位：人

年 龄	视力残疾					听力残疾				
	小计	一级	二级	三级	四级	小计	一级	二级	三级	四级
总 计	**286**	**87**	**32**	**36**	**131**	**273**	**34**	**47**	**98**	**94**
0岁										
1岁	1	1								
2岁										
3岁										
4岁										
5岁										
6岁										
7岁	2		1	1						
8岁										
9岁										
10岁	1				1					
11岁										
12岁										
13岁										
14岁										
15岁										
16岁										
17岁										
18岁										
19岁						2		1		1
20岁	1				1					
21岁										
22岁										
23岁										
24岁						1			1	
25岁										
26岁	1	1								

3-2b 续表 1

单位：人

年龄	视力残疾					听力残疾				
	小计	一级	二级	三级	四级	小计	一级	二级	三级	四级
27岁						1	1			
28岁	1				1					
29岁	1	1								
30岁						1			1	
31岁	1				1	1			1	
32岁	3	1	1		1	1				1
33岁						2	1			1
34岁	1	1				2	1	1		
35岁						2		1	1	
36岁	2			1	1	3	1		2	
37岁	3	1		1	1					
38岁	2		1		1	1			1	
39岁	4	1	1	1	1	1	1			
40岁	2	2				2				2
41岁	3	2			1	2	1	1		
42岁	6	2	1		3					
43岁	3	1	1	1		1	1			
44岁	2	1			1					
45岁	5	1	1		3	6	3		2	1
46岁	4		1		3	2		1	1	
47岁	1				1					
48岁	5	3			2	6			4	2
49岁	3	1	1		1	3		1	2	
50岁	2				2	7	1	3		3
51岁	5		1		4	5		2		3
52岁	6	2	1		3	4		1	1	2
53岁	10	4	1	1	4	5	1	1	2	1
54岁	8	3	1		4	5		2		3

3－2b 续表 2

单位：人

年 龄	视力残疾					听力残疾				
	小计	一级	二级	三级	四级	小计	一级	二级	三级	四级
55岁	9	3			6	5	1		3	1
56岁	8	2		2	4					
57岁	6	1	1	1	3	5	1	2	2	
58岁	7	1	1	2	3					
59岁	4	2		1	1	5		1		4
60岁	5	1		3	1	2				2
61岁	11	3		4	4	3	1		1	1
62岁	7	2			5	5		1	3	1
63岁	9		2	1	6	4		1	2	1
64岁	9	4		1	4	6	1		2	3
65岁	5	3		1	1	6		2	4	
66岁	12	4	2		6	4		2	1	1
67岁	5		3	2		13	2	2	4	5
68岁	7	1	1	2	3	6		1	3	2
69岁	10	2	2	2	4	9		1	2	6
70岁	8	3	1	1	3	8		1	2	5
71岁	13	2	1	1	9	13		1	6	6
72岁	7			2	5	8	2	1	4	1
73岁	1				1	6	1	1	2	2
74岁	8	3	3		2	12	1	3	4	4
75岁	10	2		2	6	6	2		2	2
76岁	9	3		1	5	9		2	3	4
77岁	5	1	1		3	7	1	1	3	2
78岁	5	4			1	11	1	1	1	8
79岁	4	2		1	1	4		2	2	
80岁	4	3	1			8	2		3	3
81岁	1	1				6		1	2	3
82岁	1	1				8	1	1	2	4
83岁						6	1	1	3	1
84岁						6	1	1	4	
85+	7	4			3	16	3	2	9	2

3－2b 续表 3

单位：人

年龄	言语残疾					肢体残疾				
	小计	一级	二级	三级	四级	小计	一级	二级	三级	四级
总 计	**17**	**1**	**1**	**5**	**10**	**678**	**26**	**87**	**153**	**412**
0岁										
1岁										
2岁						1				1
3岁	2			1	1					
4岁						1				1
5岁										
6岁										
7岁										
8岁										
9岁	1			1		1				1
10岁										
11岁										
12岁						2			2	
13岁						2		1		1
14岁	1				1	2				2
15岁						1				1
16岁						3				3
17岁						2	1		1	
18岁						2			1	1
19岁	1				1	3			1	2
20岁						4				4
21岁						1				1
22岁						3				3
23岁						8		1	2	5
24岁						4			1	3
25岁						4			1	3
26岁						2				2

3－2b 续表 4

单位：人

年 龄	言语残疾					肢体残疾				
	小计	一级	二级	三级	四级	小计	一级	二级	三级	四级
27岁										
28岁						9		1		8
29岁						8				8
30岁	1			1		4		1	1	2
31岁						2		1		1
32岁	1				1	7				7
33岁						9	1		4	4
34岁						15	1	2	1	11
35岁						5				5
36岁						9	1			8
37岁						14		2	4	8
38岁						10		1	3	6
39岁						11		1	2	8
40岁	1				1	15		2	1	12
41岁						11			2	9
42岁						12		1	4	7
43岁						7				7
44岁	1	1				5		1	1	3
45岁	1				1	14		1	3	10
46岁						20	1	1	8	10
47岁						9				9
48岁						18	1	1	4	12
49岁						15			6	9
50岁						19		5	5	9
51岁						20		4	5	11
52岁						17	2	1	3	11
53岁	1				1	19	3	2	4	10
54岁						23		2	6	15

3-2b 续表 5

单位：人

年 龄	言语残疾					肢体残疾				
	小计	一级	二级	三级	四级	小计	一级	二级	三级	四级
55岁	1				1	17	1	1	3	12
56岁						24		4	4	16
57岁						12	2		5	5
58岁	1				1	9		2		7
59岁						14	1	2	4	7
60岁	1		1			11			2	9
61岁						12		3	5	4
62岁						14		3	7	4
63岁						10		1	1	8
64岁						11	1		4	6
65岁						13		3	4	6
66岁	1			1		11		1	5	5
67岁						7	1		2	4
68岁						19		5	6	8
69岁						14	1	4	4	5
70岁						10	1	2	1	6
71岁	1			1		8		1	2	5
72岁						10		3	3	4
73岁						12	1	2	3	6
74岁						13	1	3	1	8
75岁	1				1	11	1	4		6
76岁						5			2	3
77岁						7	1		3	3
78岁						6		1		5
79岁						5	1	2		2
80岁						4		2	1	1
81岁						2		1		1
82岁						2	1	1		
83岁						4		2		2
84岁						1			1	
85+						7	1	2	4	

3－2b 续表 6

单位：人

年龄	智力残疾					精神残疾				
	小计	一级	二级	三级	四级	小计	一级	二级	三级	四级
总 计	**113**	**10**	**36**	**36**	**31**	**145**	**25**	**28**	**30**	**62**
0岁										
1岁	1				1					
2岁										
3岁										
4岁										
5岁										
6岁	2		1		1					
7岁										
8岁	1		1							
9岁										
10岁	1		1							
11岁	1				1	1				1
12岁	2		1		1					
13岁	1	1								
14岁	1		1							
15岁	1	1								
16岁	3			1	2					
17岁										
18岁	2	1	1							
19岁										
20岁	1			1		2			1	1
21岁	1		1							
22岁										
23岁	1			1		2				2
24岁	1			1						
25岁	6	1		4	1					
26岁	1			1		3			1	2

3－2b 续表 7

单位：人

年龄	智力残疾					精神残疾				
	小计	一级	二级	三级	四级	小计	一级	二级	三级	四级
27岁	1			1		1				1
28岁	1				1					
29岁	4			1	3	1			1	
30岁	1			1		3				3
31岁	2		1	1		3		2		1
32岁	1				1	3	1			2
33岁	3	1	1	1		4	1	1	1	1
34岁	4	2	2			8	1	3	3	1
35岁	4		3		1	4	1	1	2	
36岁	5		3	1	1	1		1		
37岁	4		3		1	4	3	1		
38岁	5	1	1	2	1	7	1		1	5
39岁	4		2	1	1	2	1			1
40岁	3		1	1	1	6		1	2	3
41岁	3		1		2	6			3	3
42岁	3			2	1	2				2
43岁	2				2	4	2	1	1	
44岁	1			1		3	1	1	1	
45岁	2	1		1		3	1	1	1	
46岁						3	1			2
47岁	2		1	1		4	2			2
48岁	2				2	5	1	1	1	2
49岁	2		1		1	6	2	1	1	2
50岁						1				1
51岁	1			1		6	1	1		4
52岁	1				1	2				2
53岁						5	1	1		3
54岁	1			1		3		2	1	

3－2b 续表 8

单位：人

年 龄	智力残疾					精神残疾				
	小计	一级	二级	三级	四级	小计	一级	二级	三级	四级
55岁	2			2		1			1	
56岁						4		2	2	
57岁						2		1	1	
58岁	2			1	1	3			1	2
59岁						1				1
60岁	1	1								
61岁	3		1	1	1					
62岁	1		1			4			1	3
63岁						2			1	1
64岁										
65岁	1				1	2				2
66岁	1		1			1				1
67岁						1			1	
68岁						2	1			1
69岁	1		1			1		1		
70岁						2		1		1
71岁	2		1	1		1				1
72岁	1		1			3		2	1	
73岁						2	1	1		
74岁										
75岁	2		1	1		2	1			1
76岁						1				1
77岁	2			1	1	1	1			
78岁										
79岁	1			1						
80岁										
81岁	1		1							
82岁	1			1						
83岁	1		1			1		1		
84岁										
85+	1			1						

3－2b 续表 9

单位：人

年 龄	多重残疾				
	小计	一级	二级	三级	四级
总 计	**237**	**138**	**41**	**36**	**22**
0岁					
1岁					
2岁					
3岁					
4岁					
5岁	2	2			
6岁	2	2			
7岁	4	3		1	
8岁					
9岁					
10岁	1	1			
11岁	2	1		1	
12岁	2	2			
13岁	3	1	2		
14岁	1			1	
15岁	2	2			
16岁	1	1			
17岁	2	2			
18岁	2	1		1	
19岁	1			1	
20岁	1		1		
21岁	1		1		
22岁	1		1		
23岁	2	2			
24岁	4	2	2		
25岁	3	1	1		1
26岁	1	1			

3-2b 续表 10

单位：人

年龄	多重残疾				
	小计	一级	二级	三级	四级
27岁	2	1		1	
28岁	2	2			
29岁	2	2			
30岁	2	2			
31岁	2	2			
32岁					
33岁	5	5			
34岁	7	4	1	1	1
35岁	3	2	1		
36岁	2	1			1
37岁	4	3		1	
38岁	4	3			1
39岁	2	2			
40岁	6	4		1	1
41岁	2	2			
42岁	4	4			
43岁	5	2	1	2	
44岁	3	2	1		
45岁	4	2		2	
46岁	3	3			
47岁	1	1			
48岁	3	2	1		
49岁	2	2			
50岁	2			1	1
51岁	2	1	1		
52岁	2	1	1		
53岁	3	1	1	1	
54岁	4	3			1

3－2b　续表 11

单位：人

年　龄	多重残疾				
	小计	一级	二级	三级	四级
55岁	3	2	1		
56岁	2	1	1		
57岁	2	2			
58岁	5	2		1	2
59岁	4	2	1		1
60岁	4	4			
61岁	3	1		1	1
62岁	1	1			
63岁	6	2		3	1
64岁	6	4	1		1
65岁					
66岁	3	1	2		
67岁	8	5		1	2
68岁	3	1		1	1
69岁	4	3	1		
70岁	4	2	2		
71岁	7	4	1	2	
72岁	9	4	3	2	
73岁	4	1	1	2	
74岁	5	2	1	1	1
75岁	3	1			2
76岁	3	1		2	
77岁	6	1	2	2	1
78岁	1		1		
79岁	1	1			
80岁	1	1			
81岁	3		3		
82岁	3	1	1		1
83岁	1	1			
84岁	3	1	1	1	
85+	8	3	2	2	1

3－3 各地区多重残疾人分残疾类别、残疾等级的分布

单位：人

地　区	视力残疾					听力残疾				
	小计	一级	二级	三级	四级	小计	一级	二级	三级	四级
总　计	**99**	**38**	**14**	**11**	**36**	**288**	**153**	**24**	**61**	**50**
哈尔滨市南岗区	3		1		2	17	10	2	4	1
哈尔滨市道外区	1				1	5	4		1	
齐齐哈尔市龙沙区	10	1	1	3	5	17	1	2	4	10
牡丹江市东安区	1				1	13	10	1	2	
七台河市新兴区	9	6	1		2	16	7	1	4	4
鹤岗市向阳区	2	2				6	4		2	
伊春市翠峦区	2		2			11	10		1	
北安市	12	3	3	2	4	18	11	2	4	1
集贤县	19	10	2	1	6	37	12	2	12	11
肇东市	1	1				5	4			1
肇州县	5	1	1	3		15	9	2	2	2
穆棱市	7	2	1		4	30	14	6	6	4
甘南县	3	1			2	9	6	1	1	1
绥滨县	4	2		2		15	12	1		2
肇源县	4				4	8	7			1
富裕县	1				1	6	5		1	
五常市	6	4	1		1	13	8	1	3	1
海伦市	4	3			1	10	4		3	3
讷河市						2	2			
宾县	1		1			16	3	3	5	5
克山县	1	1				3	2		1	
富锦市	3	1			2	16	8		5	3

3-3 续表 1

单位：人

地区	言语残疾					肢体残疾				
	小计	一级	二级	三级	四级	小计	一级	二级	三级	四级
总　计	**359**	**222**	**61**	**31**	**45**	**268**	**51**	**71**	**78**	**68**
哈尔滨市南岗区	16	14		1	1	8		3	5	
哈尔滨市道外区	7	3	3		1	3		1	1	1
齐齐哈尔市龙沙区	11	3	6	1	1	19	8	7	3	1
牡丹江市东安区	19	14	3	1	1	12	3	2	2	5
七台河市新兴区	16	9	1	2	4	23	3	4	8	8
鹤岗市向阳区	24	13	4	2	5	21	3	8	6	4
伊春市翠峦区	19	16	2	1		8	1	2	3	2
北安市	16	12	2	1	1	10	3	3		4
集贤县	24	12	4	3	5	32	2	6	10	14
肇东市	9	5	3	1		11	3	3	3	2
肇州县	15	8		1	6	8		3	1	4
穆棱市	30	12	12	5	1	19	8	3	6	2
甘南县	11	6	4		1	8		4	1	3
绥滨县	23	17	1	3	2	12		5	3	4
肇源县	11	8	3			9	3	1	4	1
富裕县	10	8	1		1	6	1	3		2
五常市	16	14	2			8	5		1	2
海伦市	24	15	1	3	5	13	4	2	6	1
讷河市	3	3								
宾县	34	17	5	4	8	18	1	6	8	3
克山县	8	7		1		10	3	4	2	1
富锦市	13	6	4	1	2	10		1	5	4

3－3 续表 2

单位：人

地区	智力残疾					精神残疾				
	小计	一级	二级	三级	四级	小计	一级	二级	三级	四级
总　计	**179**	**63**	**33**	**50**	**33**	**26**	**9**	**3**	**5**	**9**
哈尔滨市南岗区	3		2	1						
哈尔滨市道外区	2	1	1							
齐齐哈尔市龙沙区	8		1	5	2					
牡丹江市东安区	2	1		1		2		1	1	
七台河市新兴区	8	2	1	4	1	1	1			
鹤岗市向阳区	6	4		1	1	3	3			
伊春市翠峦区	10	4	2	3	1	1				1
北安市	5	3	1	1		1				1
集贤县	11	9	1	1		2				2
肇东市	8	4	1	3		1	1			
肇州县	13	2	3	2	6					
穆棱市	13	5	3	4	1					
甘南县	6	3	2		1					
绥滨县	15	3	5	5	2	5	2		1	2
肇源县	5		3	1	1	1				1
富裕县	10	1		1	8	6	1	1	2	2
五常市	7	6		1						
海伦市	17	9		5	3					
讷河市	2	1	1			2	1	1		
宾县	20	4	6	6	4	1			1	
克山县	5			3	2					
富锦市	3	1		2						

3－3a 各地区城镇多重残疾人分残疾类别、残疾等级的分布

单位：人

地区	视力残疾					听力残疾				
	小计	一级	二级	三级	四级	小计	一级	二级	三级	四级
总计	**46**	**16**	**7**	**3**	**20**	**117**	**56**	**9**	**25**	**27**
哈尔滨市南岗区	3		1		2	17	10	2	4	1
哈尔滨市道外区	1				1	5	4		1	
齐齐哈尔市龙沙区	10	1	1	3	5	17	1	2	4	10
牡丹江市东安区	1				1	8	5	1	2	
七台河市新兴区	9	6	1		2	16	7	1	4	4
鹤岗市向阳区	2	2				6	4		2	
伊春市翠峦区	2		2			11	10		1	
北安市	3		1		2	7	6			1
集贤县	4	1	1		2	12	3	1	3	5
肇东市	1	1				2	1			1
肇州县										
穆棱市	3	1			2	4		1	1	2
甘南县	3	1			2	2		1		1
绥滨县										
肇源县										
富裕县										
五常市	1	1				2	2			
海伦市	3	2			1	8	3		3	2
讷河市										
宾县										
克山县										
富锦市										

3－3a 续表 1

单位：人

地　区	言语残疾					肢体残疾				
	小计	一级	二级	三级	四级	小计	一级	二级	三级	四级
总　计	**150**	**93**	**22**	**14**	**21**	**138**	**30**	**36**	**39**	**33**
哈尔滨市南岗区	16	14		1	1	8		3	5	
哈尔滨市道外区	7	3	3		1	3		1	1	1
齐齐哈尔市龙沙区	11	3	6	1	1	19	8	7	3	1
牡丹江市东安区	12	9	2		1	10	3	2	2	3
七台河市新兴区	16	9	1	2	4	23	3	4	8	8
鹤岗市向阳区	24	13	4	2	5	21	3	8	6	4
伊春市翠峦区	19	16	2	1		8	1	2	3	2
北安市	9	7		1	1	6	3	1		2
集贤县	5	3		1	1	10	1	1	1	7
肇东市	4	2	1	1		5	1	2	1	1
肇州县										
穆棱市	7	2	2	2	1	11	4	2	4	1
甘南县	2		1		1	5		2		3
绥滨县										
肇源县										
富裕县										
五常市	4	4				2	2			
海伦市	11	7		1	3	5	1	1	3	
讷河市										
宾县	3	1		1	1	2			2	
克山县										
富锦市										

3－3a 续表 2

单位：人

地 区	智力残疾					精神残疾				
	小计	一级	二级	三级	四级	小计	一级	二级	三级	四级
总 计	**62**	**25**	**10**	**20**	**7**	**8**	**4**	**1**	**1**	**2**
哈尔滨市南岗区	3		2	1						
哈尔滨市道外区	2	1	1							
齐齐哈尔市龙沙区	8		1	5	2					
牡丹江市东安区	1			1		2		1	1	
七台河市新兴区	8	2	1	4	1	1	1			
鹤岗市向阳区	6	4		1	1	3	3			
伊春市翠峦区	10	4	2	3	1	1				1
北安市	3	2		1						
集贤县	1	1				1				1
肇东市	3	2		1						
肇州县										
穆棱市	4	3	1							
甘南县	2		2							
绥滨县										
肇源县										
富裕县										
五常市	2	2								
海伦市	7	3		2	2					
讷河市										
宾县	2	1		1						
克山县										
富锦市										

3－3b 各地区农村多重残疾人分残疾类别、残疾等级的分布

单位：人

地 区	视力残疾					听力残疾				
	小计	一级	二级	三级	四级	小计	一级	二级	三级	四级
总 计	**53**	**22**	**7**	**8**	**16**	**171**	**97**	**15**	**36**	**23**
哈尔滨市南岗区										
哈尔滨市道外区										
齐齐哈尔市龙沙区										
牡丹江市东安区						5	5			
七台河市新兴区										
鹤岗市向阳区										
伊春市翠峦区										
北安市	9	3	2	2	2	11	5	2	4	
集贤县	15	9	1	1	4	25	9	1	9	6
肇东市						3	3			
肇州县	5	1	1	3		15	9	2	2	2
穆棱市	4	1	1		2	26	14	5	5	2
甘南县						7	6		1	
绥滨县	4	2		2		15	12	1		2
肇源县	4				4	8	7			1
富裕县	1				1	6	5		1	
五常市	5	3	1		1	11	6	1	3	1
海伦市	1	1				2	1			1
讷河市						2	2			
宾县	1		1			16	3	3	5	5
克山县	1	1				3	2		1	
富锦市	3	1			2	16	8		5	3

3-3b 续表 1

单位：人

地　区	言语残疾					肢体残疾				
	小计	一级	二级	三级	四级	小计	一级	二级	三级	四级
总　计	**209**	**129**	**39**	**17**	**24**	**130**	**21**	**35**	**39**	**35**
哈尔滨市南岗区										
哈尔滨市道外区										
齐齐哈尔市龙沙区										
牡丹江市东安区	7	5	1	1		2				2
七台河市新兴区										
鹤岗市向阳区										
伊春市翠峦区										
北安市	7	5	2			4		2		2
集贤县	19	9	4	2	4	22	1	5	9	7
肇东市	5	3	2			6	2	1	2	1
肇州县	15	8		1	6	8		3	1	4
穆棱市	23	10	10	3		8	4	1	2	1
甘南县	9	6	3			3		2	1	
绥滨县	23	17	1	3	2	12		5	3	4
肇源县	11	8	3			9	3	1	4	1
富裕县	10	8	1		1	6	1	3		2
五常市	12	10	2			6	3		1	2
海伦市	13	8	1	2	2	8	3	1	3	1
讷河市	3	3								
宾县	31	16	5	3	7	16	1	6	6	3
克山县	8	7		1		10	3	4	2	1
富锦市	13	6	4	1	2	10		1	5	4

3－3b　续表 2

单位：人

地　　区	智力残疾					精神残疾				
	小计	一级	二级	三级	四级	小计	一级	二级	三级	四级
总　　计	**117**	**38**	**23**	**30**	**26**	**18**	**5**	**2**	**4**	**7**
哈尔滨市南岗区										
哈尔滨市道外区										
齐齐哈尔市龙沙区										
牡丹江市东安区	1	1								
七台河市新兴区										
鹤岗市向阳区										
伊春市翠峦区										
北安市	2	1	1			1				1
集贤县	10	8	1	1		1				1
肇东市	5	2	1	2		1	1			
肇州县	13	2	3	2	6					
穆棱市	9	2	2	4	1					
甘南县	4	3			1					
绥滨县	15	3	5	5	2	5	2		1	2
肇源县	5		3	1	1	1				1
富裕县	10	1		1	8	6	1	1	2	2
五常市	5	4		1						
海伦市	10	6		3	1					
讷河市	2	1	1			2	1	1		
宾县	18	3	6	5	4	1			1	
克山县	5			3	2					
富锦市	3	1		2						

3－4 多重残疾人分残疾类别、残疾等级的年龄构成

单位：人

年 龄	视力残疾					听力残疾				
	小计	一级	二级	三级	四级	小计	一级	二级	三级	四级
总 计	**99**	**38**	**14**	**11**	**36**	**288**	**153**	**24**	**61**	**50**
0岁										
1岁										
2岁						1	1			
3岁										
4岁						1	1			
5岁	1	1								
6岁						1				1
7岁										
8岁	1	1								
9岁										
10岁	1	1								
11岁						1	1			
12岁										
13岁						1	1			
14岁										
15岁						3	3			
16岁										
17岁										
18岁						1			1	
19岁										
20岁						2	1		1	
21岁	1	1				2	1		1	
22岁						1		1		
23岁						2	2			
24岁						3	1	1	1	
25岁						2	2			
26岁	2				2	2	1	1		

3-4 续表 1

单位：人

年龄	视力残疾					听力残疾				
	小计	一级	二级	三级	四级	小计	一级	二级	三级	四级
27岁						1	1			
28岁						2	2			
29岁						3	2		1	
30岁						2	2			
31岁	1	1				3	3			
32岁	1		1			1			1	
33岁						7	6	1		
34岁	1	1				7	4		1	2
35岁						9	4	3	2	
36岁	1		1			2	1		1	
37岁	2				2	10	7	1	1	1
38岁						4	3	1		
39岁						8	5	1	1	1
40岁						8	6		1	1
41岁						3	3			
42岁	2	1			1	7	5		2	
43岁	1			1		5	4	1		
44岁	1		1			2	2			
45岁						3	2		1	
46岁						2	2			
47岁						5	2	1	1	1
48岁						6	2	2		2
49岁						4	3		1	
50岁	1				1	3	1		1	1
51岁						3	3			
52岁						2	2			
53岁	1	1				3	2		1	
54岁	1			1		3	3			

3-4 续表 2

单位：人

年龄	视力残疾					听力残疾				
	小计	一级	二级	三级	四级	小计	一级	二级	三级	四级
55岁	2	1		1		6	5		1	
56岁						3	3			
57岁	1	1				4	3		1	
58岁	3	1			2	6	3		3	
59岁	1	1				3	1		2	
60岁	3	2	1			5	4		1	
61岁	1				1	6	4		1	1
62岁	1				1	2	2			
63岁	3	1			2	5	3		1	1
64岁	1				1	4	3		1	
65岁						1			1	
66岁	1		1			2	1			1
67岁	2			1	1	8	4		1	3
68岁	3			1	2	4	1		1	2
69岁						4	2			2
70岁	2	2				6	1	1		4
71岁	4	1	1	1	1	6	4		1	1
72岁	7	4		1	2	11	1	2	3	5
73岁	5	1	2		2	5	1		4	
74岁	3		1		2	3	1			2
75岁	5	2		1	2	9	2	1	3	3
76岁	4	2			2	6	1		2	3
77岁	6	2		1	3	9		2	5	2
78岁	1				1	2			1	1
79岁	7	6			1	5	1	1	1	2
80岁										
81岁	3		2		1	5			2	3
82岁	4	1	1		2	4	1		1	2
83岁										
84岁	1			1		2		1	1	
85+	6	2	2	1	1	11	4	2	3	2

3-4 续表 3

单位：人

年龄	言语残疾					肢体残疾				
	小计	一级	二级	三级	四级	小计	一级	二级	三级	四级
总 计	**359**	**222**	**61**	**31**	**45**	**268**	**51**	**71**	**78**	**68**
0岁										
1岁										
2岁	1	1				3	2		1	
3岁	3	3				1	1			
4岁	3	2			1					
5岁	5	3		2		3	2		1	
6岁	3	3				1			1	
7岁	4	2	1		1	5	1	1	2	1
8岁	2	2				1	1			
9岁						1			1	
10岁	2	2				1	1			
11岁	3	3				2		1		1
12岁	4	3	1			3		1	2	
13岁	4	1	2	1		1				1
14岁	1			1		1			1	
15岁	4	1	2		1	1		1		
16岁	4	1	2		1	3		2	1	
17岁	4	2	2			6	3	2	1	
18岁	4	3			1	1	1			
19岁	3	3				4	1	2		1
20岁	3	1	2			2			1	1
21岁	7	1	3	2	1	2	1			1
22岁	2		2							
23岁	6	5	1			2	1			1
24岁	5	2	1	1	1	1				1
25岁	4	2			2	1				1
26岁	3	1	1		1	3	1		1	1

3-4 续表 4

单位：人

年龄	言语残疾					肢体残疾				
	小计	一级	二级	三级	四级	小计	一级	二级	三级	四级
27岁	2	1			1	1				1
28岁	4	3	1			2		2		
29岁	3	1	2			1		1		
30岁	5	5				1		1		
31岁	6	4	1	1		1	1			
32岁	3	3				1		1		
33岁	10	9			1	1				1
34岁	8	4	2	1	1	5	1		2	2
35岁	8	4	3	1		3			2	1
36岁	1	1				1				1
37岁	9	5	2		2	1				1
38岁	6	5			1	2	1		1	
39岁	9	6	1		2	1			1	
40岁	8	5	1	2		2			2	
41岁	3	3								
42岁	8	5	1	1	1	2	1		1	
43岁	8	5		3		5	1	1	2	1
44岁	3	2			1	2		1		1
45岁	3	2		1		1			1	
46岁	6	3			3	4		2		2
47岁	7	5	1		1	4	2	1		1
48岁	8	4	3		1	6		2	1	3
49岁	5	3	1	1		2			2	
50岁	3	1		1	1	5			1	4
51岁	6	2	2	1	1	3		1	2	
52岁	6	2	2	1	1	4	1	3		
53岁	7	4		1	2	4	1	2	1	
54岁	6	4		1	1	5	1	1		3

3－4 续表 5

单位：人

年龄	言语残疾					肢体残疾				
	小计	一级	二级	三级	四级	小计	一级	二级	三级	四级
55岁	5	5				2		1	1	
56岁	6	3	1		2	1		1		
57岁	7	5	2			3	1	2		
58岁	7	3	1	1	2	4			1	3
59岁	3	2			1	3		1		2
60岁	6	5			1	2	1		1	
61岁	4	4				2			1	1
62岁	4	2	1		1	3		1	1	1
63岁	4	2		1	1	5			2	3
64岁	5	5				5		2	1	2
65岁						2			2	
66岁	3		1		2	5	1	1	3	
67岁	8	6	1	1		7	2	2		3
68岁	5	5				8	2	2	4	
69岁	5	3	1		1	6	2	2	1	1
70岁	3	3				8		4	1	3
71岁	8	6	1		1	10	4	3	2	1
72岁	5	2	1		2	8	1	2	3	2
73岁	2		2			4		1	2	1
74岁	4	2	2			8	2	4	1	1
75岁	3	1	1	1		7	1	1	3	2
76岁	3	1		2		10		1	5	4
77岁	3	1	2			9	2	2	3	2
78岁						2		1	1	
79岁	1	1				3	1		1	1
80岁	1	1				1		1		
81岁	2			2		3	1	1	1	
82岁										
83岁	1	1				1		1		
84岁	4	4				5	3	1	1	
85+	2	1	1			12	1	4	4	3

3-4 续表 6

单位：人

年 龄	智力残疾					精神残疾				
	小计	一级	二级	三级	四级	小计	一级	二级	三级	四级
总 计	**179**	**63**	**33**	**50**	**33**	**26**	**9**	**3**	**5**	**9**
0岁										
1岁										
2岁	3	1	1	1						
3岁	3			2	1					
4岁	2	1		1						
5岁	4	3		1		1				1
6岁	2	1	1							
7岁	5	3		2						
8岁	2	2								
9岁	1			1						
10岁	2	1			1					
11岁	2	1			1	1			1	
12岁	4	3	1							
13岁	3	2	1							
14岁										
15岁	1	1								
16岁	5	3		1	1	1			1	
17岁	5	3	1	1						
18岁	3	2			1	1	1			
19岁	4	3		1						
20岁	1		1							
21岁	7	3	1	2	1	1				1
22岁	1	1								
23岁	4	2		2						
24岁	4		1	1	2					
25岁	2		1		1					
26岁	3	1	1		1	2		1		1

3-4 续表 7

单位：人

年龄	智力残疾					精神残疾				
	小计	一级	二级	三级	四级	小计	一级	二级	三级	四级
27岁	1			1		1				1
28岁	2	1		1						
29岁	2	2				1	1			
30岁	3	2	1			1	1			
31岁	3	1			2					
32岁	2	1	1							
33岁	7	1	1	3	2	1			1	
34岁	4	2		1	1					
35岁	5	1	1	3		1	1			
36岁						1				1
37岁	3			2	1	1			1	
38岁	5	1	2		2					
39岁	4		3	1		1		1		
40岁	5	1	2	1	1	2			1	1
41岁	1			1		1		1		
42岁	3	1	1	1		1				1
43岁	3	1			2					
44岁	3		1	1	1	1	1			
45岁	1				1					
46岁	1	1				1	1			
47岁	1	1				1	1			
48岁	3		1	1	1					
49岁	2			1	1					
50岁	2			2						
51岁	4	1	2	1						
52岁										
53岁	1	1								
54岁	1			1		2				2

3-4 续表 8

单位：人

年 龄	智力残疾					精神残疾				
	小计	一级	二级	三级	四级	小计	一级	二级	三级	四级
55岁	1				1					
56岁	2	1		1						
57岁	1				1					
58岁	1			1						
59岁	2			1	1					
60岁	2		1	1						
61岁	1	1								
62岁										
63岁	2			2						
64岁	1				1					
65岁	1			1						
66岁	1		1							
67岁										
68岁	2	1			1	1	1			
69岁	3	1		1	1	1	1			
70岁										
71岁	2		1	1						
72岁	3	1		1	1					
73岁										
74岁	2	2								
75岁	1				1					
76岁										
77岁	2		1	1						
78岁	1			1						
79岁										
80岁										
81岁										
82岁										
83岁	1		1							
84岁	2		2							
85+										

3－5　残疾(含多重)人分残疾类别、残疾等级的残疾发现年龄

单位：人

残疾发现年龄	视力残疾					听力残疾				
	小计	一级	二级	三级	四级	小计	一级	二级	三级	四级
总　计	**627**	**192**	**70**	**77**	**288**	**947**	**238**	**130**	**318**	**261**
0岁	41	16	6	4	15	97	77	10	6	4
1岁	5	3			2	33	21	3	9	
2岁	4	1			3	16	11	1	4	
3岁	6	5			1	24	13	4	4	3
4岁	3		1		2	12	10			2
5岁	6	2	1		3	12	4	4	4	
6岁	9	2	1	2	4	12	5		5	2
7岁	6	2	1		3	5	3	1	1	
8岁	6	1	1		4	6	1	1	3	1
9岁	5		2		3	3	1	2		
10岁	10	2	1	1	6	5	2	3		
11岁	1	1				5		2	2	1
12岁	9	4		1	4	4	2		1	1
13岁	3		1		2	1	1			
14岁	2				2	1			1	
15岁	4		1		3	5		2	2	1
16岁	3	2			1	1				1
17岁	7	2	1		4					
18岁	4		1		3	4	2		2	
19岁	4	3			1	6	2	2	1	1
20岁	9	1	1		7	7	5	1		1
21岁	8	4	1		3	5	2	1	1	1
22岁	5	1	1		3	5	2			3
23岁	4		1	2	1	3	1			2
24岁	1				1	5		2	2	1
25岁	6	2	1	1	2	1	1			
26岁	3	1			2	2		1		1

3－5 续表 1

单位：人

残疾发现年龄	视力残疾					听力残疾				
	小计	一级	二级	三级	四级	小计	一级	二级	三级	四级
27岁	2			1	1	3			2	1
28岁	7	3			4					
29岁	3	1			2	2			1	1
30岁	8	4		2	2	7	1	1	4	1
31岁	4	1	1	1	1	6	2		3	1
32岁	5	2	1		2	4		1		3
33岁	3				3	4	2		2	
34岁	7	1		2	4	7	2	1	3	1
35岁	7	1	1	1	4	4		1	3	
36岁	6	3			3	5	1	2	2	
37岁	3			1	2	4			2	2
38岁	6	2	1	1	2	4		1	3	
39岁	3			1	2	8	1	1	2	4
40岁	5	2		1	2	9		2	4	3
41岁	7	3		1	3	1			1	
42岁	6	1	1	1	3	7	2	1	3	1
43岁	8	3			5	10	1	1	4	4
44岁	8	1		1	6	6	1		4	1
45岁	5	2		2	1	10		3	4	3
46岁	13	3		1	9	13		2	6	5
47岁	4	2		1	1	8		1	3	4
48岁	8	2	1	1	4	13	1	1	3	8
49岁	17	3	4	1	9	10	1	2	3	4
50岁	13	3	1	3	6	13	2	2	5	4
51岁	5	1	1	2	1	14	3	3	4	4
52岁	16	6	2	4	4	13	1	2	8	2
53岁	17	6	2	3	6	13	1	1	6	5
54岁	7	2	1	1	3	6	1		4	1

3-5 续表 2

单位：人

残疾发现年龄	视力残疾					听力残疾				
	小计	一级	二级	三级	四级	小计	一级	二级	三级	四级
55岁	14	4	2	2	6	10	1	1	3	5
56岁	8	1	2	1	4	9	1	2	5	1
57岁	17	5	2	2	8	16	1	3	5	7
58岁	6			2	4	13	1	3	8	1
59岁	15	4	2	4	5	11		1	7	3
60岁	8	3	1		4	12	2	2	2	6
61岁	13	4		3	6	16		4	6	6
62岁	19	5	2	2	10	20	3	4	6	7
63岁	4	2	1	1		17	2	2	5	8
64岁	9	1	1	2	5	13	1	1	4	7
65岁	9	5	1		3	20	3	2	4	11
66岁	10	3	3	1	3	25	3	3	13	6
67岁	16	4	2	4	6	26	3	4	11	8
68岁	6	2	1		3	24	1	3	11	9
69岁	14	5	2	2	5	27	6	1	11	9
70岁	11	4	2	1	4	20	2	4	9	5
71岁	10	4	1		5	21	4	4	6	7
72岁	10	2		2	6	25	1	4	11	9
73岁	10	4			6	15	2		5	8
74岁	10	5		1	4	18		2	4	12
75岁	5	2			3	20	3	3	5	9
76岁	3	2	1			14		2	7	5
77岁	5	3	1		1	9	1		4	4
78岁	2	1			1	11			7	4
79岁	1				1	7	2	1	2	2
80岁	2	1			1	11	3		6	2
81岁	5		1	1	3	12	2		4	6
82岁	3	1	1		1	6		2	3	1
83岁	2		1	1		4	1	2		1
84岁	1	1				1				1
85+	2	1		1		10		1	7	2

3－5 续表 3

单位：人

残疾发现年龄	言语残疾					肢体残疾				
	小计	一级	二级	三级	四级	小计	一级	二级	三级	四级
总　计	**414**	**224**	**67**	**44**	**79**	**1956**	**110**	**281**	**511**	**1054**
0岁	107	70	14	6	17	200	12	17	45	126
1岁	64	42	9	4	9	85	8	10	29	38
2岁	39	29	4	5	1	38	1		15	22
3岁	36	17	8	6	5	46		5	16	25
4岁	19	11	2	2	4	30	2	4	9	15
5岁	10	5	2		3	23	1	2	6	14
6岁	5	3	1	1		19		2	5	12
7岁	6	3	1		2	21	1	4	3	13
8岁	3	1		1	1	16	1		8	7
9岁	2	1	1			8		1	1	6
10岁	3	1			2	12	1	1	3	7
11岁						7				7
12岁	1				1	18	2		2	14
13岁	1				1	14		1	2	11
14岁						11		2		9
15岁						11	1		5	5
16岁						9			3	6
17岁						19		2	8	9
18岁						15		2	2	11
19岁	1	1				10	3		2	5
20岁	1				1	14		1	5	8
21岁						22	1	3	5	13
22岁						14		4	2	8
23岁						17	2		3	12
24岁	1			1		12		1	3	8
25岁	1			1		11			4	7
26岁						20	1	1	2	16

3－5 续表 4

单位：人

残疾发现年龄	言语残疾					肢体残疾				
	小计	一级	二级	三级	四级	小计	一级	二级	三级	四级
27岁	2	1	1			23	3	4	5	11
28岁						19		3	6	10
29岁						23	1	1	6	15
30岁						23		1	7	15
31岁						24	2	4	4	14
32岁						20	1	2	5	12
33岁						26		3	2	21
34岁	1	1				18		1	5	12
35岁	1			1		23	1	1	2	19
36岁	1		1			27	1	2	5	19
37岁						12		1	3	8
38岁						21	1	2	7	11
39岁						22	1	4	7	10
40岁	1			1		32			10	22
41岁	2			1	1	36	1	2	8	25
42岁	3				3	24		5	6	13
43岁	3	1			2	23	1	1	5	16
44岁	4	3		1		25	1	5	8	11
45岁	2		1		1	26	1		12	13
46岁	4	1	2		1	37	2	5	11	19
47岁	2				2	30	2	5	5	18
48岁	3		1	1	1	22		5	4	13
49岁	6	2	1	1	2	43	3	5	16	19
50岁	3		1	1	1	32	3	7	5	17
51岁	3	1			2	29	1	2	10	16
52岁	3	1	2			23	4	2	5	12
53岁	3	1			2	21	1	2	5	13
54岁	2			1	1	27		6	5	16

3-5 续表 5

单位：人

残疾发现年龄	言语残疾					肢体残疾				
	小计	一级	二级	三级	四级	小计	一级	二级	三级	四级
55岁	2			1	1	29	1	3	10	15
56岁	2	1	1			20	1	8	6	5
57岁	6	2	2		2	21	1	4	2	14
58岁	1	1				23	1	3	7	12
59岁	4	1	1	1	1	23	3	3	7	10
60岁	2	1			1	35	1	7	11	16
61岁	5	2	1		2	21	2	2	9	8
62岁	2	1		1		24	2	5	4	13
63岁	4	2		1	1	20		5	5	10
64岁	3	2			1	26	3	9	7	7
65岁	7	4	1		2	35	3	10	12	10
66岁	3		3			24	3	5	6	10
67岁	5	2	1	1	1	18	1	3	7	7
68岁	2	1			1	23	3	6	7	7
69岁	2		1	1		26	1	10	7	8
70岁	2	1	1			21	1	9	4	7
71岁						11		4		7
72岁	5	2	2	1		18	2	5	5	6
73岁						15	2	4	6	3
74岁						13		5	2	6
75岁						8	1	2	3	2
76岁	1	1				13	1	6	2	4
77岁						5	2	1	2	
78岁	2		1	1		12	3		4	5
79岁	2	2				11	2	6	2	1
80岁	1			1		3		2		1
81岁	1	1				7	1	4	1	1
82岁						4		2		2
83岁						2		2		
84岁	1	1				1			1	
85+						11	1	2	5	3

3－5 续表 6

单位：人

残疾发现年龄	智力残疾					精神残疾				
	小计	一级	二级	三级	四级	小计	一级	二级	三级	四级
总　计	**473**	**88**	**109**	**140**	**136**	**278**	**50**	**51**	**59**	**118**
0岁	74	16	15	21	22	6	1	1	1	3
1岁	91	26	27	25	13	3	1		1	1
2岁	39	11	9	11	8	1	1			
3岁	35	8	10	9	8	1			1	
4岁	21	7	4	2	8	1	1			
5岁	22	3	2	6	11	4	1	1		2
6岁	16	1	6	2	7	5		1	2	2
7岁	9		6	3		3			1	2
8岁	15	1	1	4	9	2				2
9岁	6			2	4	2		1	1	
10岁	13		3	7	3	3		1	1	1
11岁	3		1		2	1		1		
12岁	2		1	1						
13岁	4		2	1	1	3				3
14岁	4			1	3	8	2		1	5
15岁	5			2	3	4	1	1		2
16岁	1				1	9	2	1	1	5
17岁	2			1	1	9	1	1	2	5
18岁						8			4	4
19岁	1	1				10	2	3	4	1
20岁	2			1	1	9	1	3	3	2
21岁	4			1	3	12	2	3		7
22岁	1			1		6	1	2	2	1
23岁	1			1		14		3	7	4
24岁	2			2		8	2	2	1	3
25岁	3			1	2	13	2	2	7	2
26岁	2		1	1		10	1	3	2	4

3-5 续表 7

单位：人

残疾发现年龄	智力残疾					精神残疾				
	小计	一级	二级	三级	四级	小计	一级	二级	三级	四级
27岁	2	2				12	3	4		5
28岁	1		1			7	1	2	1	3
29岁						7	3	2		2
30岁	1		1			13	3	1	4	5
31岁						5	1			4
32岁						5	2		1	2
33岁	1				1	7	1	1	1	4
34岁						8	2	2	2	2
35岁	1				1	2	1			1
36岁						5	1	1	1	2
37岁	1				1	5	1		1	3
38岁	1				1	3	1			2
39岁	2			2		4	1			3
40岁						6		2		4
41岁	1			1		3	1	1		1
42岁						3			2	1
43岁						4		1		3
44岁	2	1	1			1	1			
45岁	3	1	1	1		2				2
46岁	2			1	1	4	2	1	1	
47岁						2			1	1
48岁	3			1	2					
49岁	4	1		3		2		1		1
50岁	1		1			1				1
51岁	1			1						
52岁	1		1			1			1	
53岁	5			4	1					
54岁	3		1		2	1		1		

3－5 续表 8

单位：人

残疾发现年龄	智力残疾					精神残疾				
	小计	一级	二级	三级	四级	小计	一级	二级	三级	四级
55岁	2				2	1			1	
56岁	4	1		2	1	1				1
57岁	1	1								
58岁	3	1			2					
59岁	3			3		1				1
60岁	1	1								
61岁	1				1					
62岁	2			2						
63岁	6		2	2	2	1		1		
64岁	2	1			1					
65岁	5	1	2	1	1	1	1			
66岁	3	1	1		1	1	1			
67岁	2		1	1						
68岁	2	1		1						
69岁	1			1						
70岁	1				1	1	1			
71岁	1		1			1				1
72岁	4	1		1	2					
73岁	1			1						
74岁	2		1	1		1				1
75岁	1				1					
76岁	2			1	1					
77岁	1		1							
78岁	1		1							
79岁	2		2							
80岁	3		1	2						
81岁	2		1	1						
82岁										
83岁										
84岁						1				1
85+										

3－6 视力残疾(含多重)人分城乡、残疾等级的主要致残原因

单位:人

致残主要原因	合计			残疾一级		
	合计	城镇	农村	小计	城镇	农村
视力残疾(含多重)人	**627**	**256**	**371**	**192**	**68**	**124**
致残原因一						
遗传、先天异常或发育障碍	55	27	28	24	10	14
白内障	222	77	145	70	19	51
青光眼	53	25	28	22	10	12
沙眼	1	1				
角膜病	45	16	29	23	5	18
视神经病变	45	19	26	15	7	8
视网膜、色素膜病变	59	28	31	8	5	3
屈光不正	55	27	28	5	2	3
弱视	10	6	4	1	1	
外伤	22	18	4	8	5	3
中毒						
其他	47	11	36	10	3	7
原因不明	13	1	12	6	1	5
致残原因二						
遗传、先天异常或发育障碍						
白内障	5		5			
青光眼	15	4	11	11	3	8
沙眼	1		1			
角膜病	16	1	15	5		5
视神经病变	15	9	6	9	5	4
视网膜、色素膜病变	24	15	9	8	7	1
屈光不正	24	6	18	4	2	2
弱视	14	5	9	1	1	
外伤	18	4	14	3		3
中毒	1		1	1		1
其他						
原因不明						

3-6 续表

单位:人

致残主要原因	残疾二级			残疾三级			残疾四级		
	小计	城镇	农村	小计	城镇	农村	小计	城镇	农村
视力残疾(含多重)人	**70**	**24**	**46**	**77**	**15**	**62**	**288**	**149**	**139**
致残原因一									
遗传、先天异常或发育障碍	8	3	5	2		2	21	14	7
白内障	23	12	11	32	5	27	97	41	56
青光眼	6		6	2	2		23	13	10
沙眼							1	1	
角膜病	3	2	1	7	2	5	12	7	5
视神经病变	7	2	5	5	3	2	18	7	11
视网膜、色素膜病变	11	4	7	8		8	32	19	13
屈光不正	5	1	4	7	1	6	38	23	15
弱视							9	5	4
外伤							14	13	1
中毒									
其他	7		7	13	2	11	17	6	11
原因不明				1		1	6		6
致残原因二									
遗传、先天异常或发育障碍									
白内障	2		2	2		2	1		1
青光眼				2		2	2	1	1
沙眼							1		1
角膜病				8		8	3	1	2
视神经病变	4	2	2				2	2	
视网膜、色素膜病变	4	2	2	3	1	2	9	5	4
屈光不正	1		1	3		3	16	4	12
弱视	2	1	1	3		3	8	3	5
外伤	1	1		2		2	12	3	9
中毒									
其他									
原因不明									

3－7 听力残疾(含多重)人分城乡、残疾等级的主要致残原因

单位：人

致残主要原因	合计			残疾一级		
	合计	城镇	农村	小计	城镇	农村
听力残疾(含多重)人	**947**	**406**	**541**	**238**	**83**	**155**
致残原因一						
遗传	68	24	44	42	13	29
母孕期病毒感染	15	3	12	8	2	6
传染性疾病	24	12	12	9	5	4
自身免疫缺陷性疾病	2	1	1	1	1	
全身性疾病	59	10	49	6		6
中耳炎	109	40	69	18	9	9
老年性耳聋	401	204	197	45	11	34
早产和低体重						
新生儿窒息	1		1	1		1
高胆红素血症						
药物中毒	65	29	36	31	18	13
创伤或意外伤害	24	14	10	7	5	2
噪声和爆震	25	13	12	3		3
其他	22	8	14	4		4
原因不明	132	48	84	63	19	44
致残原因二						
遗传						
母孕期病毒感染						
传染性疾病	1		1			
自身免疫缺陷性疾病						
全身性疾病						
中耳炎	4	3	1			
老年性耳聋	26	11	15	4		4
早产和低体重						
新生儿窒息	1		1	1		1
高胆红素血症						
药物中毒	5	1	4	2	1	1
创伤或意外伤害	7		7	2		2
噪声和爆震	2	1	1			
其他						
原因不明						

3－7 续表

单位：人

致残主要原因	残疾二级			残疾三级			残疾四级		
	小计	城镇	农村	小计	城镇	农村	小计	城镇	农村
听力残疾(含多重)人	**130**	**48**	**82**	**318**	**156**	**162**	**261**	**119**	**142**
致残原因一									
遗传	9	5	4	11	5	6	6	1	5
母孕期病毒感染	4	1	3	2		2	1		1
传染性疾病	3	1	2	8	4	4	4	2	2
自身免疫缺陷性疾病				1		1			
全身性疾病	6	1	5	23	6	17	24	3	21
中耳炎	20	8	12	43	16	27	28	7	21
老年性耳聋	50	19	31	161	95	66	145	79	66
早产和低体重									
新生儿窒息									
高胆红素血症									
药物中毒	15	5	10	16	6	10	3		3
创伤或意外伤害	4	2	2	9	4	5	4	3	1
噪声和爆震	1		1	12	8	4	9	5	4
其他	4	1	3	7	3	4	7	4	3
原因不明	14	5	9	25	9	16	30	15	15
致残原因二									
遗传									
母孕期病毒感染									
传染性疾病				1		1			
自身免疫缺陷性疾病									
全身性疾病									
中耳炎	2	2		1	1		1		1
老年性耳聋	2	2		12	6	6	8	3	5
早产和低体重									
新生儿窒息									
高胆红素血症									
药物中毒	1		1	1		1	1		1
创伤或意外伤害	1		1	3		3	1		1
噪声和爆震							2	1	1
其他									
原因不明									

3－8 言语残疾(含多重)人分城乡、残疾等级的主要致残原因

单位：人

致残主要原因	合计			残疾一级		
	合计	城镇	农村	小计	城镇	农村
言语残疾(含多重)人	**414**	**167**	**247**	**224**	**94**	**130**
致残原因一						
唐氏综合症	1	1		1	1	
脑性瘫痪	23	8	15	12	4	8
新生儿病理性黄疸	3		3	2		2
早产、低体重和过期产	4	2	2			
腭裂	5	2	3			
智力低下	32	12	20	17	7	10
脑梗死	77	46	31	31	19	12
脑出血	27	15	12	6	2	4
脑炎	3		3			
脑囊虫病						
喉、舌疾病术后	5	2	3	1		1
听力障碍	103	39	64	84	34	50
帕金森氏病	2	2		1	1	
多发性硬化						
脊髓侧索硬化						
脑外伤	5	2	3	2	1	1
产伤	2		2	1		1
孤独症						
癫痫	4	1	3	1		1
CO中毒	1	1		1	1	
其他	33	6	27	16	2	14
原因不明	84	28	56	48	22	26
致残原因二						
唐氏综合症						
脑性瘫痪						
新生儿病理性黄疸						
早产、低体重和过期产						
腭裂						
智力低下						
脑梗死						
脑出血	1	1		1	1	
脑炎	1		1			
脑囊虫病						
喉、舌疾病术后						
听力障碍	4		4	3		3
帕金森氏病						
多发性硬化						
脊髓侧索硬化						
脑外伤	1		1	1		1
产伤						
孤独症						
癫痫						
CO中毒						
其他						
原因不明						

3－8 续表

单位：人

致残主要原因	残疾二级			残疾三级			残疾四级		
	小计	城镇	农村	小计	城镇	农村	小计	城镇	农村
言语残疾(含多重)人	**67**	**23**	**44**	**44**	**17**	**27**	**79**	**33**	**46**
致残原因一									
唐氏综合症									
脑性瘫痪	9	3	6	1	1		1		1
新生儿病理性黄疸							1		1
早产、低体重和过期产	2	1	1	1		1	1	1	
腭裂				1		1	4	2	2
智力低下	5	3	2	4	2	2	6		6
脑梗死	15	10	5	13	6	7	18	11	7
脑出血	9	4	5	2	1	1	10	8	2
脑炎	2		2				1		1
脑囊虫病									
喉、舌疾病术后				1		1	3	2	1
听力障碍	9	1	8	4	2	2	6	2	4
帕金森氏病							1	1	
多发性硬化									
脊髓侧索硬化									
脑外伤				2		2	1	1	
产伤							1		1
孤独症									
癫痫	1		1	2	1	1			
CO中毒									
其他	3		3	5	1	4	9	3	6
原因不明	12	1	11	8	3	5	16	2	14
致残原因二									
唐氏综合症									
脑性瘫痪									
新生儿病理性黄疸									
早产、低体重和过期产									
腭裂									
智力低下									
脑梗死									
脑出血									
脑炎				1		1			
脑囊虫病									
喉、舌疾病术后									
听力障碍				1		1			
帕金森氏病									
多发性硬化									
脊髓侧索硬化									
脑外伤									
产伤									
孤独症									
癫痫									
CO中毒									
其他									
原因不明									

3－9 肢体残疾(含多重)人分城乡、残疾等级的主要致残原因

单位：人

致残主要原因	合 计			残疾一级		
	合计	城镇	农村	小计	城镇	农村
肢体残疾(含多重)人	**1956**	**841**	**1115**	**110**	**60**	**50**
致残原因一						
脑性瘫痪	42	13	29	17	5	12
发育畸形	116	36	80	3		3
侏儒症	11	3	8			
其他先天性或发育障碍	41	14	27	1	1	
脊髓灰质炎	158	65	93	4	4	
脑血管疾病	523	273	250	48	31	17
周围血管疾病	17	5	12			
肿瘤	11	7	4	2	1	1
骨关节病	304	118	186	7	2	5
地方病	5		5			
脊髓疾病	20	6	14			
工伤	72	39	33	4	3	1
交通事故	107	56	51	5	4	1
脊髓损伤	9	3	6	2	1	1
脑外伤	11	4	7	2	1	1
其他外伤	262	111	151	1	1	
结核性感染	22	9	13	2		2
化脓性感染	5	2	3			
中毒	5	4	1			
其他	119	43	76	2	2	
原因不明	96	30	66	10	4	6
致残原因二						
脑性瘫痪						
发育畸形	1	1				
侏儒症						
其他先天性或发育障碍	1	1				
脊髓灰质炎						
脑血管疾病	2	2				
周围血管疾病	1	1		1	1	
肿瘤						
骨关节病	4	1	3			
地方病						
脊髓疾病	2		2			
工伤	1		1			
交通事故	1	1				
脊髓损伤	2	1	1	1	1	
脑外伤	2	1	1	1		1
其他外伤	12	9	3	1	1	
结核性感染	2	1	1			
化脓性感染						
中毒						
其他						
原因不明						

3－9 续表

单位：人

致残主要原因	残疾二级			残疾三级			残疾四级		
	小计	城镇	农村	小计	城镇	农村	小计	城镇	农村
肢体残疾(含多重)人	**281**	**138**	**143**	**511**	**247**	**264**	**1054**	**396**	**658**
致残原因一									
脑性瘫痪	10	2	8	11	5	6	4	1	3
发育畸形	6	2	4	20	5	15	87	29	58
侏儒症							11	3	8
其他先天性或发育障碍	4	3	1	11	5	6	25	5	20
脊髓灰质炎	17	11	6	54	26	28	83	24	59
脑血管疾病	147	86	61	191	97	94	137	59	78
周围血管疾病				4	1	3	13	4	9
肿瘤	2	1	1	5	3	2	2	2	
骨关节病	27	7	20	50	24	26	220	85	135
地方病				1		1	4		4
脊髓疾病	5	2	3	3		3	12	4	8
工伤	2	1	1	13	6	7	53	29	24
交通事故	11	7	4	25	15	10	66	30	36
脊髓损伤	2	1	1	2		2	3	1	2
脑外伤				6	3	3	3		3
其他外伤	13	4	9	65	31	34	183	75	108
结核性感染	2	2		4	2	2	14	5	9
化脓性感染				2	1	1	3	1	2
中毒	1	1		1	1		3	2	1
其他	20	7	13	24	12	12	73	22	51
原因不明	12	1	11	19	10	9	55	15	40
致残原因二									
脑性瘫痪									
发育畸形				1	1				
侏儒症									
其他先天性或发育障碍				1	1				
脊髓灰质炎									
脑血管疾病	1	1		1	1				
周围血管疾病									
肿瘤									
骨关节病				1		1	3	1	2
地方病									
脊髓疾病	1		1	1		1			
工伤				1		1			
交通事故	1	1							
脊髓损伤	1		1						
脑外伤	1	1							
其他外伤				2		2	9	8	1
结核性感染				1	1		1		1
化脓性感染									
中毒									
其他									
原因不明									

3－10 智力残疾(含多重)人分城乡、残疾等级的主要致残原因

单位：人

致残主要原因	合 计			残疾一级		
	合计	城镇	农村	小计	城镇	农村
智力残疾(含多重)人	**473**	**147**	**326**	**88**	**32**	**56**
致残原因一						
遗传	37	8	29	6	2	4
脑疾病	126	45	81	27	8	19
内分泌障碍	2	1	1			
惊厥性疾病	20	11	9	3	2	1
新生儿窒息	12	6	6	5	3	2
早产、低体重和过期产	7	6	1	2	1	1
发育畸形	7	3	4	2	1	1
营养不良						
母孕期外伤及物理伤害						
产伤	4		4	1		1
工伤	1	1				
交通事故	6	3	3			
其他外伤	13	5	8	1		1
中毒与过敏反应	5	1	4	1	1	
不良社会文化因素	3		3			
其他	17	7	10	4	3	1
原因不明	213	50	163	36	11	25
致残原因二						
遗传						
脑疾病						
内分泌障碍						
惊厥性疾病						
新生儿窒息						
早产、低体重和过期产	1	1				
发育畸形						
营养不良						
母孕期外伤及物理伤害						
产伤						
工伤						
交通事故						
其他外伤	1		1	1		1
中毒与过敏反应						
不良社会文化因素						
其他						
原因不明						

3－10 续表

单位：人

致残主要原因	残疾二级			残疾三级			残疾四级		
	小计	城镇	农村	小计	城镇	农村	小计	城镇	农村
智力残疾(含多重)人	**109**	**33**	**76**	**140**	**54**	**86**	**136**	**28**	**108**
致残原因一									
遗传	9	3	6	11	2	9	11	1	10
脑疾病	29	13	16	38	17	21	32	7	25
内分泌障碍	1	1		1		1			
惊厥性疾病	3	3		7	3	4	7	3	4
新生儿窒息	6	3	3	1		1			
早产、低体重和过期产	1	1		3	3		1	1	
发育畸形	2	1	1	1	1		2		2
营养不良									
母孕期外伤及物理伤害									
产伤	1		1				2		2
工伤				1	1				
交通事故	1		1	1	1		4	2	2
其他外伤	4		4	5	3	2	3	2	1
中毒与过敏反应	1		1	2		2	1		1
不良社会文化因素				1		1	2		2
其他	3	1	2	8	3	5	2		2
原因不明	48	7	41	60	20	40	69	12	57
致残原因二									
遗传									
脑疾病									
内分泌障碍									
惊厥性疾病									
新生儿窒息									
早产、低体重和过期产	1	1							
发育畸形									
营养不良									
母孕期外伤及物理伤害									
产伤									
工伤									
交通事故									
其他外伤									
中毒与过敏反应									
不良社会文化因素									
其他									
原因不明									

3－11 精神残疾(含多重)人分城乡、残疾等级的主要致残原因

单位：人

致残主要原因	合计			残疾一级		
	合计	城镇	农村	小计	城镇	农村
精神残疾(含多重)人	**278**	**109**	**169**	**50**	**19**	**31**
致残原因一						
痴呆	9	2	7	4	2	2
其他器质性精神障碍	6		6	1		1
使用精神活性物质所致的障碍	2	1	1			
精神分裂症	168	74	94	37	15	22
妄想性障碍	2	1	1			
分裂情感性障碍	18	10	8			
其他精神病性障碍	15	3	12	2		2
心境障碍	11	4	7			
神经症性障碍	8	1	7			
行为综合症						
人格障碍	2	1	1	1		1
孤独症	1		1			
癫痫	30	8	22	2		2
其他	2	2		2	2	
原因不明	4	2	2	1		1
致残原因二						
痴呆	1	1				
其他器质性精神障碍						
使用精神活性物质所致的障碍						
精神分裂症						
妄想性障碍						
分裂情感性障碍	1		1			
其他精神病性障碍						
心境障碍	4		4			
神经症性障碍	2	1	1			
行为综合症	1		1	1		1
人格障碍						
孤独症						
癫痫	7	1	6	1		1
其他						
原因不明						

3-11 续表

单位：人

致残主要原因	残疾二级			残疾三级			残疾四级		
	小计	城镇	农村	小计	城镇	农村	小计	城镇	农村
精神残疾(含多重)人	**51**	**21**	**30**	**59**	**24**	**35**	**118**	**45**	**73**
致残原因一									
痴呆	2		2	1		1	2		2
其他器质性精神障碍				1		1	4		4
使用精神活性物质所致的障碍	1	1		1		1			
精神分裂症	38	17	21	35	15	20	58	27	31
妄想性障碍				2	1	1			
分裂情感性障碍	2		2	4	2	2	12	8	4
其他精神病性障碍	3	1	2	1		1	9	2	7
心境障碍	1		1	4	2	2	6	2	4
神经症性障碍							8	1	7
行为综合症									
人格障碍	1	1							
孤独症							1		1
癫痫	3	1	2	9	3	6	16	4	12
其他									
原因不明				1	1		2	1	1
致残原因二									
痴呆				1	1				
其他器质性精神障碍									
使用精神活性物质所致的障碍									
精神分裂症									
妄想性障碍									
分裂情感性障碍							1		1
其他精神病性障碍									
心境障碍				1		1	3		3
神经症性障碍				2	1	1			
行为综合症									
人格障碍									
孤独症									
癫痫	1	1					5		5
其他									
原因不明									

3－12 视力残疾(含多重)人分年龄、性别的主要致残原因

单位：人

年龄	遗传、先天异常或发育障碍		白内障		青光眼		沙眼		角膜病	
	男	女	男	女	男	女	男	女	男	女
总计	**33**	**22**	**103**	**124**	**27**	**41**	**1**	**1**	**30**	**31**
0岁										
1岁		1								
2岁										
3岁										
4岁										
5岁	1	1								
6岁										
7岁		2		1						
8岁										
9岁										
10岁										
11岁										
12岁										
13岁										
14岁										
15岁	1									
16岁										
17岁										
18岁										
19岁										
20岁	1									
21岁										
22岁			1							
23岁			1							
24岁	1									
25岁										
26岁	1									
27岁										

3－12 续表 1

单位：人

年 龄	遗传、先天异常或发育障碍		白内障		青光眼		沙 眼		角膜病	
	男	女	男	女	男	女	男	女	男	女
28岁		1								
29岁	2									
30岁	1									
31岁	1	1								
32岁	1	2	1							
33岁									1	
34岁		1				1				
35岁										
36岁	1									
37岁	1		2	1						1
38岁	2		1							
39岁		1	1							
40岁	3	1	1						1	
41岁	1					1				
42岁	3			2						
43岁		1	1	1					1	
44岁		1								
45岁			3						1	
46岁	1					1				
47岁			1							
48岁	1		2	1	1	1				1
49岁	1			1	1	1				
50岁	2		1							1
51岁		3	1							
52岁		1	1	1	2					1
53岁	1	2	1	2	1				1	2
54岁		1	4	2		2			2	
55岁			2	4		3			1	
56岁			3	2		1			1	

3-12 续表 2

单位：人

年 龄	遗传、先天异常或发育障碍		白内障		青光眼		沙 眼		角膜病	
	男	女	男	女	男	女	男	女	男	女
57岁			3		2					1
58岁			1	4		1			1	1
59岁		1	2	1	1	2			1	
60岁		1	1	1		2			3	1
61岁			1	3	1	2				2
62岁			4	2	1	1			1	
63岁			2	5	1	1				1
64岁				5		2			1	1
65岁			5	2	3				4	1
66岁			2	8		1				1
67岁				2					1	1
68岁			4	5	1				1	2
69岁			5	5	1				1	1
70岁	1		3	6	1	2			2	
71岁	1		4	10	1	1				1
72岁			1	4	1				2	2
73岁	1		3	3	1	3				
74岁			2	5		3				1
75岁	1		4	6	2	3				2
76岁				4	2	4				1
77岁	1		4	5					1	
78岁			5	3		1				1
79岁			6	4	2	1			2	
80岁			3	2						1
81岁	1		1	3						
82岁			2	3			1			1
83岁			3							
84岁										
85+			4	5	1			1		2

3－12 续表 3

单位：人

年 龄	视神经病变		视网膜、色素膜病变		屈光不正		弱 视	
	男	女	男	女	男	女	男	女
总 计	**21**	**39**	**38**	**45**	**35**	**44**	**13**	**11**
0岁								
1岁		1						
2岁								
3岁								
4岁								
5岁								
6岁								
7岁								
8岁								
9岁								
10岁								1
11岁								
12岁								
13岁								
14岁								
15岁								
16岁								
17岁					1			
18岁								
19岁								
20岁				1	1		1	
21岁								
22岁								
23岁			1					
24岁								
25岁					1		1	
26岁						1		1
27岁								

3－12 续表 4

单位：人

年 龄	视神经病变		视网膜、色素膜病变		屈光不正		弱 视	
	男	女	男	女	男	女	男	女
28岁								
29岁							1	
30岁								
31岁					1			
32岁			1			1		
33岁	1				1		1	
34岁			1					
35岁								
36岁	1		1			1	2	1
37岁		1	1		1		1	
38岁	1	1		1				
39岁				1		2		2
40岁	1	1						
41岁	1		1					
42岁	1		1	1		3		
43岁		1	2	1				
44岁		1		1				
45岁		1				3		1
46岁				1		1		
47岁		1	1				1	
48岁		1		1	1	1		1
49岁		2	1		1		1	
50岁	1		2	1	1			
51岁		2	1		4			1
52岁	1				2	1		
53岁		2	1	4		2		
54岁	1	1		1	2		1	
55岁			1			2		
56岁	2			5	3	3	1	

3－12 续表 5

单位：人

年 龄	视神经病变		视网膜、色素膜病变		屈光不正		弱 视	
	男	女	男	女	男	女	男	女
57岁	1	2		1	1	3		
58岁			2	1		1		1
59岁			1		2	1		
60岁		1				1		
61岁		1	1	1	2	1		
62岁			2	2	2	2		1
63岁		1	1	2		2		
64岁		1		2		1		1
65岁	1	3	2			1		
66岁		1	3	4	1	1		
67岁	1	1	1	1		2		
68岁			1	1		1		
69岁	1	3		2		1		
70岁		2	1	1				
71岁			2	2	1	2		
72岁		1						
73岁		1	1		1			
74岁		1	1		2		1	
75岁	1	2	1	1	1	1		
76岁	1	1		2		1		
77岁						1		
78岁								
79岁	3		2	1			1	
80岁				1				
81岁					1			
82岁					1			
83岁	1							
84岁		1						
85+				1				

3-12 续表 6

单位：人

年龄	外伤		中毒		其他		原因不明	
	男	女	男	女	男	女	男	女
总计	**31**	**9**		**1**	**27**	**20**	**4**	**9**
0岁								
1岁								
2岁								
3岁								
4岁								
5岁								
6岁					1			
7岁								
8岁							1	
9岁								
10岁	1							
11岁								
12岁								
13岁								
14岁								
15岁								
16岁								
17岁								
18岁								
19岁								
20岁								
21岁	1							
22岁								
23岁								
24岁								
25岁								
26岁					1			
27岁								

3－12　续表 7

单位：人

年　龄	外　伤		中　毒		其　他		原因不明	
	男	女	男	女	男	女	男	女
28岁								
29岁						1		
30岁								
31岁	1							
32岁								
33岁								
34岁								
35岁								
36岁	2	1						
37岁		1			1			
38岁								
39岁								
40岁					1			
41岁	1				1	1		1
42岁	1					1		
43岁								
44岁								
45岁	3				1			
46岁	1	1						
47岁	3							
48岁	2							
49岁								
50岁	1							
51岁								
52岁						1	1	1
53岁	1				3			
54岁	1					1		
55岁		2			1			
56岁					2			

3-12 续表 8

单位：人

年龄	外伤		中毒		其他		原因不明	
	男	女	男	女	男	女	男	女
57岁							1	
58岁								
59岁					1	1		
60岁	1				1	1		1
61岁					1	2		
62岁	1							
63岁		1				2		
64岁					1			
65岁								
66岁					1			
67岁					1	1		
68岁						1		
69岁	1				2			1
70岁	1	1						
71岁	1	1			2		1	1
72岁	3					3		1
73岁					1			
74岁				1		1		2
75岁	1							
76岁	1	1			1	1		
77岁	2				2	1		
78岁								
79岁								
80岁								1
81岁								
82岁								
83岁								
84岁								
85+					1	1		

3－13 听力残疾(含多重)人分年龄、性别的主要致残原因

单位：人

年 龄	遗 传		母孕期病毒感染		传染性疾病		自身免疫缺陷性疾病	
	男	女	男	女	男	女	男	女
总 计	**37**	**31**	**6**	**9**	**8**	**17**	**1**	**1**
0岁								
1岁								
2岁								
3岁								
4岁	1							
5岁								
6岁				1				
7岁								
8岁								
9岁								
10岁								
11岁		1						
12岁								
13岁								
14岁								
15岁	1							
16岁								
17岁								
18岁								
19岁		1						
20岁								
21岁						1		
22岁				1				
23岁								
24岁						1		
25岁	1							
26岁			1					
27岁						1		

3-13 续表 1

单位：人

年龄	遗传		母孕期病毒感染		传染性疾病		自身免疫缺陷性疾病	
	男	女	男	女	男	女	男	女
28岁								
29岁								
30岁	1							
31岁	1							
32岁					2	1		
33岁	1				1	1		
34岁		2	1			1		
35岁	2	2	1	2		1		
36岁	1	2						
37岁	1			1				
38岁	2	1						1
39岁	2	1						
40岁	2					1		
41岁		2			1			
42岁		1		1				
43岁	1	1						
44岁				1				
45岁		2						
46岁	1					1		
47岁								
48岁	2	1						
49岁	1	1						
50岁		1						
51岁	2				1			
52岁	2				1	1		
53岁			1			1		
54岁	1	2						
55岁	1	1	1					
56岁	1							

3－13　续表 2

单位：人

年龄	遗传		母孕期病毒感染		传染性疾病		自身免疫缺陷性疾病	
	男	女	男	女	男	女	男	女
57岁		1		1		1		
58岁		1				1		
59岁		1						
60岁				1		1		
61岁	2				1			
62岁								
63岁	1					1		
64岁	1	1						
65岁		1						
66岁								
67岁	1	1						
68岁						1		
69岁	1				1			
70岁		1					1	
71岁		1	1					
72岁	1	1						
73岁								
74岁								
75岁								
76岁								
77岁	1							
78岁								
79岁								
80岁								
81岁						1		
82岁								
83岁								
84岁	1							
85+								

3－13 续表 3

单位：人

年 龄	全身性疾病		中耳炎		老年性耳聋		早产和低体重	
	男	女	男	女	男	女	男	女
总 计	**31**	**28**	**61**	**52**	**245**	**182**		
0岁								
1岁								
2岁								
3岁								
4岁								
5岁								
6岁								
7岁								
8岁								
9岁								
10岁								
11岁								
12岁								
13岁				1				
14岁								
15岁								
16岁								
17岁								
18岁								
19岁								
20岁			1					
21岁								
22岁								
23岁								
24岁				1				
25岁								
26岁			2					
27岁								

3-13 续表 4

单位：人

年 龄	全身性疾病		中耳炎		老年性耳聋		早产和低体重	
	男	女	男	女	男	女	男	女
28岁								
29岁		1			1			
30岁								
31岁								
32岁								
33岁		1						
34岁				2				
35岁								
36岁				1				
37岁					1			
38岁			1					
39岁				1				
40岁		1		1				
41岁			1					
42岁			2					
43岁			1					
44岁								
45岁			1	2				
46岁			1	1				
47岁	1		1					
48岁	2		1	1				
49岁			2	2				
50岁			5	3	2	1		
51岁				1		1		
52岁			1		2	1		
53岁			1	1	2	1		
54岁		1	2			1		
55岁	1		3	2	1	1		
56岁			2		1			

3－13　续表 5

单位：人

年　龄	全身性疾病		中耳炎		老年性耳聋		早产和低体重	
	男	女	男	女	男	女	男	女
57岁	1	1	1		2			
58岁	1		4		1			
59岁	1	1		2	3	1		
60岁		1	4		2			
61岁		1		1	5	1		
62岁	1		1		1	3		
63岁	1			1	4	4		
64岁	2	3	2	2	2	3		
65岁			1	1	6	4		
66岁	2	1	2	3	7	1		
67岁		4	4		8	10		
68岁	1		1	3	4	5		
69岁	2	2			10	7		
70岁	1	1		1	7	9		
71岁		1	2	4	11	10		
72岁	1	2	2	2	23	8		
73岁			1	2	14	6		
74岁		1			4	11		
75岁	1				15	8		
76岁	2	2	3	1	16	8		
77岁	1	1	1	2	15	9		
78岁	1		1	2	14	10		
79岁	2		1	1	12	3		
80岁		1		2	6	6		
81岁	2		1		10	6		
82岁	1	1		1	7	10		
83岁	1			1	7	5		
84岁	1				6	7		
85+	1		1		13	21		

3-13 续表 6

单位：人

年 龄	新生儿窒息		高胆红素血症		药物中毒		创伤或意外伤害	
	男	女	男	女	男	女	男	女
总 计	**2**				**40**	**30**	**25**	**6**
0岁								
1岁								
2岁	1							
3岁								
4岁								
5岁								
6岁								
7岁								
8岁								
9岁								
10岁								
11岁								
12岁								
13岁						1		
14岁								
15岁						1		
16岁								
17岁								
18岁								
19岁								
20岁								
21岁					1			
22岁								
23岁					1			
24岁						1		
25岁						1		
26岁								
27岁					1			

3－13 续表 7

单位：人

年 龄	新生儿窒息		高胆红素血症		药物中毒		创伤或意外伤害	
	男	女	男	女	男	女	男	女
28岁					1			
29岁					2	1		
30岁					1	1		
31岁						1		
32岁					1			
33岁					3	2		
34岁					2	1		
35岁					3	2		
36岁						1		
37岁					2	2	3	
38岁					2		1	
39岁					1		1	
40岁								
41岁						1		
42岁					1			
43岁						2	1	
44岁					1			
45岁						2		1
46岁							1	
47岁						1	1	
48岁					1	1		1
49岁						1	1	
50岁					3	1		1
51岁					2			
52岁					3		1	
53岁						2		
54岁								
55岁						1		
56岁								

3-13 续表 8

单位：人

年龄	新生儿窒息		高胆红素血症		药物中毒		创伤或意外伤害	
	男	女	男	女	男	女	男	女
57岁							2	
58岁								
59岁								
60岁							1	
61岁								
62岁							1	
63岁					1			
64岁						1	1	2
65岁							1	
66岁								
67岁					2		1	
68岁					1			
69岁								
70岁							1	
71岁	1						1	
72岁							1	
73岁					1			
74岁					2	1		
75岁							1	
76岁					1		1	
77岁							1	
78岁								
79岁						1		
80岁							2	
81岁								
82岁								1
83岁								
84岁								
85+								

3－13 续表 9

单位：人

年 龄	噪声和爆震		其 他		原因不明	
	男	女	男	女	男	女
总 计	**21**	**6**	**14**	**8**	**77**	**55**
0岁						
1岁						
2岁						
3岁						
4岁						
5岁					1	
6岁						
7岁						
8岁						
9岁						
10岁						
11岁						
12岁						
13岁						
14岁						
15岁						1
16岁						
17岁						
18岁						1
19岁				1		
20岁					1	
21岁						
22岁						
23岁					1	
24岁						1
25岁					1	
26岁					1	
27岁						1

3－13 续表 10

单位：人

年 龄	噪声和爆震		其 他		原因不明	
	男	女	男	女	男	女
28岁					1	
29岁					1	
30岁					1	
31岁					1	2
32岁					1	
33岁						2
34岁						2
35岁					2	
36岁	1				1	
37岁					1	
38岁					1	
39岁					3	1
40岁					4	2
41岁					2	1
42岁					3	1
43岁			1		1	1
44岁					2	
45岁			2			2
46岁				1	3	
47岁	1		1		2	
48岁	1		1	1	1	3
49岁					1	1
50岁					1	1
51岁		1	1		1	2
52岁	1		1	1	1	2
53岁	1				3	2
54岁					2	3
55岁	1			2	2	
56岁	1		1		3	1

3－13　续表 11

单位：人

年　龄	噪声和爆震		其　他		原因不明	
	男	女	男	女	男	女
57岁			1		2	3
58岁					3	
59岁					3	1
60岁		1			2	1
61岁		1	1			2
62岁	3	1			1	1
63岁					3	1
64岁				1	1	1
65岁	1	1				
66岁						1
67岁				1	1	3
68岁					4	
69岁			1			1
70岁					1	
71岁			1			2
72岁						1
73岁					1	1
74岁	2				1	1
75岁	2		1			1
76岁	2				1	
77岁	1					
78岁					1	
79岁	1				1	1
80岁	1					
81岁		1	1		1	
82岁						
83岁						
84岁						
85+	1					

3-14 言语残疾(含多重)人分年龄、性别的主要致残原因

单位：人

年 龄	唐氏综合症		脑性瘫痪		新生儿病理性黄疸		早产、低体重和过期产		腭 裂	
	男	女	男	女	男	女	男	女	男	女
总 计	**1**		**15**	**8**	**3**		**3**	**1**	**2**	**3**
0岁										
1岁										
2岁					1					
3岁			1							2
4岁					1					
5岁			2	1			2			
6岁										
7岁			1	2						
8岁			1							
9岁										
10岁										
11岁	1				1					
12岁				2					1	
13岁								1		
14岁										
15岁			1							
16岁			3							
17岁			3						1	
18岁			1							
19岁			1							
20岁			1							
21岁							1			
22岁										
23岁				1						
24岁										
25岁										
26岁				1						
27岁										

3-14 续表 1

单位：人

年 龄	唐氏综合症		脑性瘫痪		新生儿病理性黄疸		早产、低体重和过期产		腭 裂	
	男	女	男	女	男	女	男	女	男	女
28岁				1						
29岁										
30岁										
31岁										
32岁										
33岁										
34岁										
35岁										
36岁										
37岁										
38岁										
39岁										
40岁										
41岁										
42岁										
43岁										
44岁										
45岁										1
46岁										
47岁										
48岁										
49岁										
50岁										
51岁										
52岁										
53岁										
54岁										
55岁										
56岁										

3-14 续表 2

单位：人

年龄	唐氏综合症		脑性瘫痪		新生儿病理性黄疸		早产、低体重和过期产		腭裂	
	男	女	男	女	男	女	男	女	男	女
57岁										
58岁										
59岁										
60岁										
61岁										
62岁										
63岁										
64岁										
65岁										
66岁										
67岁										
68岁										
69岁										
70岁										
71岁										
72岁										
73岁										
74岁										
75岁										
76岁										
77岁										
78岁										
79岁										
80岁										
81岁										
82岁										
83岁										
84岁										
85+										

3-14 续表 3

单位：人

年 龄	智力低下		脑梗死		脑出血		脑 炎	
	男	女	男	女	男	女	男	女
总 计	**16**	**16**	**56**	**21**	**19**	**9**	**2**	**2**
0岁								
1岁								
2岁								
3岁								
4岁								
5岁								
6岁								
7岁								
8岁	1							
9岁								
10岁								
11岁								
12岁	1				1			
13岁	1							
14岁						1		
15岁								
16岁								
17岁		1						
18岁	1							
19岁	1	1						
20岁								
21岁	1							1
22岁							1	
23岁	2							
24岁	1							
25岁		2						
26岁							1	
27岁								

3-14 续表 4

单位：人

年 龄	智力低下		脑梗死		脑出血		脑 炎	
	男	女	男	女	男	女	男	女
28岁		1						
29岁								
30岁	1	2						
31岁	1							
32岁			1					
33岁	1							
34岁		1						
35岁								
36岁								
37岁	1							
38岁		1						
39岁			1					
40岁		2						
41岁								
42岁								
43岁	1	1	1					1
44岁								
45岁								
46岁				1	2			
47岁			2		1			
48岁		1	4		1			
49岁			1		1			
50岁			1	1				
51岁					1			
52岁			3	1	2			
53岁			1	2	1			
54岁		1			1	1		
55岁			1	1				
56岁			1			1		

3-14 续表 5

单位：人

年 龄	智力低下		脑梗死		脑出血		脑 炎	
	男	女	男	女	男	女	男	女
57岁			1		2			
58岁		1	1	1				
59岁				1				
60岁	1		2					
61岁		1	1					
62岁			3			1		
63岁			1					
64岁			2			1		
65岁								
66岁			1	1	1	1		
67岁			1	2	1	1		
68岁			4					
69岁			1	1				
70岁			2					
71岁			4	1		1		
72岁			1	2	1			
73岁			2					
74岁			2		1	1		
75岁			1	1	1			
76岁	1		3					
77岁			1	1				
78岁								
79岁								
80岁								
81岁			1	1				
82岁								
83岁				1				
84岁			3	1	1			
85+			1	1				

3-14 续表 6

单位：人

年 龄	脑囊虫病		喉、舌疾病术后		听力障碍		帕金森氏病		多发性硬化	
	男	女	男	女	男	女	男	女	男	女
总 计			**4**	**1**	**59**	**48**		**2**		
0岁										
1岁										
2岁										
3岁										
4岁										
5岁										
6岁						1				
7岁										
8岁										
9岁										
10岁										
11岁						1				
12岁										
13岁						1				
14岁										
15岁					1	2				
16岁										
17岁										
18岁										
19岁										
20岁					2					
21岁					1					
22岁										
23岁					1					
24岁						2				
25岁						1				
26岁										
27岁			1							

3-14 续表 7

单位：人

年　龄	脑囊虫病		喉、舌疾病术后		听力障碍		帕金森氏病		多发性硬化	
	男	女	男	女	男	女	男	女	男	女
28岁					2					
29岁					1	1				
30岁			1							
31岁					1	1				
32岁					1					
33岁					3	2				
34岁					2	3				
35岁					2	1				
36岁						1				
37岁					4	3				
38岁					3	1				
39岁					4	2				
40岁					2	2				
41岁					1	2				
42岁					1	3				
43岁					2					
44岁						1				
45岁						1				
46岁					1	1				
47岁					2	1				
48岁						2				
49岁					1	1				
50岁					1					
51岁					2					
52岁					1					
53岁					1					
54岁					1	2				
55岁					1					
56岁										

3-14 续表 8

单位：人

年 龄	脑囊虫病		喉、舌疾病术后		听力障碍		帕金森氏病		多发性硬化	
	男	女	男	女	男	女	男	女	男	女
57岁					1	1				
58岁				1	1	2		1		
59岁					1					
60岁					1	2				
61岁					3	1				
62岁										
63岁			1		2	1				
64岁										
65岁										
66岁			1							
67岁						1				
68岁										
69岁					1					
70岁						1				
71岁					1			1		
72岁										
73岁										
74岁										
75岁					1					
76岁					1					
77岁										
78岁										
79岁					1					
80岁										
81岁										
82岁										
83岁										
84岁										
85+										

3-14 续表 9

单位：人

年 龄	脊髓侧索硬化		脑外伤		产 伤		孤独症	
	男	女	男	女	男	女	男	女
总 计			**5**	**1**	**2**			
0岁								
1岁								
2岁								
3岁								
4岁								
5岁								
6岁								
7岁								
8岁								
9岁								
10岁			1					
11岁					1			
12岁			1					
13岁								
14岁								
15岁								
16岁								
17岁								
18岁								
19岁					1			
20岁								
21岁								
22岁								
23岁								
24岁								
25岁								
26岁								
27岁								

3-14 续表 10

单位：人

年　龄	脊髓侧索硬化		脑外伤		产　伤		孤独症	
	男	女	男	女	男	女	男	女
28岁								
29岁								
30岁								
31岁								
32岁								
33岁								
34岁								
35岁								
36岁								
37岁			1					
38岁								
39岁								
40岁								
41岁								
42岁								
43岁				1				
44岁								
45岁								
46岁								
47岁								
48岁								
49岁								
50岁			1					
51岁								
52岁								
53岁								
54岁								
55岁								
56岁								

3-14 续表 11

单位：人

年 龄	脊髓侧索硬化		脑外伤		产 伤		孤独症	
	男	女	男	女	男	女	男	女
57岁								
58岁								
59岁								
60岁								
61岁								
62岁								
63岁			1					
64岁								
65岁								
66岁								
67岁								
68岁								
69岁								
70岁								
71岁								
72岁								
73岁								
74岁								
75岁								
76岁								
77岁								
78岁								
79岁								
80岁								
81岁								
82岁								
83岁								
84岁								
85+								

3-14 续表 12

单位：人

年龄	癫痫		CO中毒		其他		原因不明	
	男	女	男	女	男	女	男	女
总计	**2**	**2**	**1**		**25**	**8**	**41**	**43**
0岁								
1岁								
2岁								
3岁							2	
4岁					3		2	
5岁					1		1	
6岁							1	1
7岁						1		
8岁							1	
9岁		1						
10岁								1
11岁								
12岁								
13岁								1
14岁								1
15岁								
16岁								1
17岁								
18岁								2
19岁								
20岁							1	
21岁					1		2	
22岁								1
23岁							1	1
24岁					1			1
25岁					1		1	
26岁							1	
27岁								2

3-14 续表 13

单位：人

年龄	癫痫		CO中毒		其他		原因不明	
	男	女	男	女	男	女	男	女
28岁								
29岁								1
30岁					1	1		
31岁	1						1	1
32岁					1		1	1
33岁		1			1		1	2
34岁					1	1		
35岁					1	1	4	
36岁								
37岁							1	
38岁								1
39岁							2	
40岁							2	1
41岁					1		1	
42岁					1		2	1
43岁							1	2
44岁					2			1
45岁								2
46岁					1			
47岁	1				2		1	
48岁							2	
49岁								1
50岁								
51岁					1			2
52岁								1
53岁					2			2
54岁							1	
55岁					1	1	1	
56岁					1		3	1

3-14 续表 14

单位：人

年龄	癫痫		CO中毒		其他		原因不明	
	男	女	男	女	男	女	男	女
57岁						1	1	
58岁							1	
59岁								1
60岁						1		1
61岁								
62岁								
63岁								
64岁						1		2
65岁								
66岁								
67岁			1				1	1
68岁							1	
69岁								2
70岁								
71岁					1			1
72岁								1
73岁								
74岁								
75岁								
76岁								
77岁								1
78岁								
79岁								
80岁								1
81岁								
82岁								
83岁								
84岁								
85+								

3－15 肢体残疾(含多重)人分年龄、性别的主要致残原因

单位：人

年 龄	脑性瘫痪		发育畸形		侏儒症		其他先天性或发育障碍	
	男	女	男	女	男	女	男	女
总 计	**25**	**17**	**54**	**63**	**2**	**9**	**25**	**17**
0岁			1					
1岁								
2岁	3							1
3岁	1							
4岁								1
5岁	2	1						
6岁								
7岁		3	1					
8岁	1							
9岁				1				
10岁								
11岁	1		1				1	
12岁		2	1					1
13岁			1					
14岁				1				1
15岁	1					1		
16岁	3			2			1	
17岁	4	3	1					1
18岁	1						2	1
19岁	3					1	1	2
20岁	1		2	2	1	1		
21岁				1			2	
22岁						1		
23岁	1	1		2				
24岁				2			2	1
25岁			3	2		1		
26岁	1	1	2					1
27岁							2	

3－15 续表 1

单位：人

年 龄	脑性瘫痪		发育畸形		侏儒症		其他先天性或发育障碍	
	男	女	男	女	男	女	男	女
28岁		1	2	3			2	
29岁				1				1
30岁		1	1					
31岁			2				1	
32岁				2			1	
33岁		1	2	1			2	
34岁			1	5			1	1
35岁			2					
36岁			1	1				
37岁			3	2			1	
38岁		1		1				
39岁			2	2				
40岁			1	2		2	1	
41岁								1
42岁			2	2				
43岁			1	1				
44岁			2					
45岁				2				1
46岁			2			1		
47岁			1	1				
48岁		1	2	1				
49岁				1				1
50岁				1				
51岁			2	3			1	1
52岁				1				
53岁			3	1		1	1	
54岁			3	1			1	
55岁				1	1			
56岁			1	2				

3-15 续表 2

单位：人

年龄	脑性瘫痪		发育畸形		侏儒症		其他先天性或发育障碍	
	男	女	男	女	男	女	男	女
57岁								
58岁								
59岁				1				
60岁		1		1			1	
61岁			1	1				
62岁				1				
63岁			1					
64岁	1		1	1				1
65岁				1				
66岁				2			1	
67岁			1					
68岁								
69岁								
70岁								
71岁				1				
72岁	1							
73岁				1				
74岁								
75岁				1				
76岁			1	1				
77岁								
78岁								
79岁								
80岁								
81岁								
82岁								
83岁								
84岁								
85+								

3－15 续表 3

单位：人

年 龄	脊髓灰质炎		脑血管疾病		周围血管疾病		肿 瘤	
	男	女	男	女	男	女	男	女
总 计	**94**	**64**	**339**	**186**	**12**	**6**	**8**	**3**
0岁								
1岁								
2岁								
3岁								
4岁								
5岁								
6岁								
7岁			1					
8岁								
9岁								
10岁								
11岁								
12岁								
13岁								
14岁								
15岁								
16岁								
17岁								
18岁		1						
19岁								
20岁						1		
21岁							1	
22岁	2	2						
23岁	1	2						
24岁	1							
25岁	1							
26岁								
27岁	1		1					

3-15 续表 4

单位：人

年 龄	脊髓灰质炎		脑血管疾病		周围血管疾病		肿 瘤	
	男	女	男	女	男	女	男	女
28岁	4	3						
29岁	1	3						
30岁	1	3	1					
31岁	2							
32岁	4	3	1				1	
33岁	1	2	1					1
34岁	3	2		1				
35岁	1	2	1					
36岁	5	3	1					
37岁	1	4	1	1				
38岁	5		1					
39岁	3	1	2	2				
40岁	4	1	1					
41岁	2	1	2				1	
42岁	4	2	2	1			1	
43岁	5	2	2		1		1	
44岁	4	1	3					
45岁	6	3	3	2				
46岁	3	7	7	3	1			
47岁	5	1	6	1		1		
48岁	8	6	8	2		1		1
49岁	1	2	4	1				
50岁	2	1	2	5	1			
51岁	2		5	3				
52岁	2		9	6				
53岁	2		11	7			2	
54岁	2	1	7	4				
55岁		2	6	4				1
56岁	3		8	6				

3-15 续表 5

单位：人

年 龄	脊髓灰质炎		脑血管疾病		周围血管疾病		肿 瘤	
	男	女	男	女	男	女	男	女
57岁			9	5	1			
58岁	1		9	3				
59岁		1	8	4				
60岁			10	4				
61岁			8	6				
62岁		1	9	4	1			
63岁			6	2				
64岁			9	7	1			
65岁			9	5	1			
66岁			7	8	1			
67岁			9	6	1			
68岁			20	11	1			
69岁			8	8		1		
70岁			12	4				
71岁	1		14	6				
72岁		1	4	7				
73岁			10	6				
74岁			12	6	1			
75岁			14	4		2		
76岁			13	4				
77岁			11	5				
78岁			4	5				
79岁			6	2				
80岁			5	2				
81岁			2	3	1			
82岁			4	2				
83岁			2	2			1	
84岁			4	2				
85+			4	4				

3-15 续表 6

单位：人

年 龄	骨关节病		地方病		脊髓疾病		工 伤	
	男	女	男	女	男	女	男	女
总 计	**153**	**155**	**2**	**3**	**15**	**7**	**66**	**7**
0岁								
1岁								
2岁								
3岁								
4岁								
5岁								
6岁								
7岁								
8岁								
9岁								
10岁								
11岁								
12岁								
13岁								
14岁								
15岁								
16岁								
17岁								
18岁								
19岁								
20岁								
21岁								
22岁								
23岁	1							1
24岁							1	
25岁		2					1	
26岁	1							
27岁	1							

3－15 续表 7

单位：人

年 龄	骨关节病		地方病		脊髓疾病		工 伤	
	男	女	男	女	男	女	男	女
28岁								
29岁								
30岁	1						1	
31岁	1	1			1			
32岁	1	1			1			
33岁	1	3						
34岁	5	2					2	
35岁	3	2					3	
36岁	5	3						
37岁	2						2	
38岁	4	2				1	2	
39岁		3					1	
40岁	6	6	1				1	
41岁	2	4				1	3	
42岁	4	2					4	
43岁	2	1					1	
44岁	3						2	
45岁	4	1					3	1
46岁	4	3			1		3	1
47岁	5	1						
48岁	4	3		1	1		2	
49岁	5	2					1	
50岁	4	3				1	2	1
51岁	8	4					2	1
52岁	4	3					3	
53岁	4	6			2		2	
54岁	1	10					2	1
55岁	1	5				1	4	
56岁	3	5						

3-15 续表 8

单位：人

年龄	骨关节病		地方病		脊髓疾病		工伤	
	男	女	男	女	男	女	男	女
57岁	6	2		1	1			
58岁	4	4					1	
59岁	1	2			2		1	
60岁		2					1	
61岁	8	3						
62岁	2	3				1		
63岁	5	8					2	1
64岁	3			1	1		2	
65岁	2	2					1	
66岁	2	3			1		1	
67岁		4						
68岁	2	6					1	
69岁	1	3					1	
70岁	4	5				1	1	
71岁	2	2						
72岁	2	3	1		1			
73岁	2	5					1	
74岁	1	2					3	
75岁	3	4					1	
76岁	2						1	
77岁	3	1						
78岁	1	2			1			
79岁	3	2				1		
80岁		1						
81岁	2							
82岁					1			
83岁	2	2						
84岁								
85+		6			1			

3－15 续表 9

单位：人

年 龄	交通事故		脊髓损伤		脑外伤		其他外伤		结核性感染	
	男	女	男	女	男	女	男	女	男	女
总 计	**81**	**27**	**9**	**2**	**12**	**1**	**165**	**109**	**13**	**11**
0岁										
1岁										
2岁										
3岁										
4岁										
5岁										
6岁										
7岁										
8岁										
9岁					1		1			
10岁					1					
11岁										
12岁					1			1		
13岁				1						
14岁										
15岁										
16岁								1		
17岁										
18岁										
19岁							1	1		
20岁							1	1		
21岁	2									
22岁										
23岁		1			1		1	1		
24岁							1	1		
25岁							1			
26岁								1		
27岁	1						1			

3－15 续表 10

单位：人

年 龄	交通事故		脊髓损伤		脑外伤		其他外伤		结核性感染	
	男	女	男	女	男	女	男	女	男	女
28岁	1							2	1	
29岁							2	3		
30岁	1						3			
31岁									1	
32岁	1	1	1				1			
33岁	1							1		
34岁	3	1					2	2		1
35岁	3				1		4	1		
36岁	2						3	1		
37岁	3	3			3		4	3		
38岁	2	2	1				4	1		
39岁	3						1	2		
40岁	2						5	2		
41岁	4						4	3		
42岁	1		1		1		8	1	1	1
43岁	3					1	3	1		
44岁	2	2					1		1	
45岁	1	1	2				3	2		
46岁	2	2	1				5	1	1	
47岁	1						4	4	2	
48岁	1	2					2	3		
49岁	3				1		3	4		
50岁	3						10	6		
51岁	3						7	3		
52岁	1						6	3	1	2
53岁	4			1			4	2		1
54岁	5	2					3	4		
55岁	2	1					6	2	1	1
56岁	3	1			1		3	1	1	

3－15 续表 11

单位：人

年龄	交通事故		脊髓损伤		脑外伤		其他外伤		结核性感染	
	男	女	男	女	男	女	男	女	男	女
57岁							1	2		1
58岁	1						7	3		
59岁	1	1					1	3		
60岁	2						2	3		
61岁			2				1	1		
62岁	2	3					1		2	
63岁	1						1	1		
64岁							1	2		
65岁			1				1	4		
66岁							1	1		
67岁	1	1					5	2		
68岁		1			1		7	2		1
69岁	2	1					3		1	
70岁							3			1
71岁	2						5	2		
72岁	1						5	2		
73岁								2		
74岁								3		1
75岁								1		
76岁	1						2	1		1
77岁		1					3	2		
78岁							1			
79岁	2						1	1		
80岁							1			
81岁										
82岁										
83岁	1						1	2		
84岁							2	1		
85+							1	3		

3-15 续表 12

单位：人

年龄	化脓性感染		中毒		其他		原因不明	
	男	女	男	女	男	女	男	女
总计	**2**	**3**	**5**		**55**	**64**	**46**	**50**
0岁								
1岁								
2岁								
3岁								
4岁								
5岁								
6岁							1	
7岁						1		
8岁								
9岁								
10岁								
11岁								
12岁								
13岁								2
14岁								1
15岁							1	
16岁								
17岁							1	
18岁					1			
19岁								
20岁								
21岁					1			
22岁							1	
23岁						1	1	
24岁					1			
25岁					1		1	1
26岁					1			
27岁							1	

3－15 续表 13

单位：人

年龄	化脓性感染		中毒		其他		原因不明	
	男	女	男	女	男	女	男	女
28岁		1			1			1
29岁						1		
30岁								1
31岁					1	1		
32岁					1			
33岁					1			
34岁					1		3	3
35岁			1		2		3	
36岁					3	2		
37岁					2		1	2
38岁						3		
39岁					3	1	1	
40岁					1	3	1	
41岁			1			1		
42岁					1	1	4	3
43岁			1		1	1	1	2
44岁						1	1	2
45岁					2	2		
46岁					2	2		2
47岁			1		1		1	
48岁					2			
49岁						4		
50岁					2	1	3	2
51岁					1	3		3
52岁		1			2			2
53岁					2	3		
54岁					1	3	1	
55岁	1				1		2	
56岁						7	1	3

3-15 续表 14

单位：人

年龄	化脓性感染		中毒		其他		原因不明	
	男	女	男	女	男	女	男	女
57岁	1				1		1	1
58岁					1	1	1	1
59岁						2		2
60岁					1	1	1	
61岁					1	2		
62岁						1		1
63岁						1		1
64岁		1				1		
65岁							1	1
66岁					2		1	
67岁						1		
68岁					2	1	1	
69岁					1	1		3
70岁						2	1	1
71岁						1		2
72岁						1		
73岁							1	
74岁						2	1	3
75岁					1	1	4	1
76岁						1		
77岁						1		
78岁								
79岁					1			
80岁					2			2
81岁			1		1		2	
82岁								
83岁								
84岁								
85+					2	1	1	1

3－16 智力残疾(含多重)人分年龄、性别的主要致残原因

单位：人

年 龄	遗 传		脑疾病		内分泌障碍		惊厥性疾病		新生儿窒息	
	男	女	男	女	男	女	男	女	男	女
总 计	**22**	**15**	**76**	**50**		**2**	**12**	**8**	**9**	**3**
0岁										
1岁										
2岁			2						1	
3岁			1							
4岁										
5岁			1	1					2	
6岁		1								
7岁			1	2						1
8岁	1		1					1	1	
9岁										
10岁	1	1								
11岁	1	1	1	1						
12岁			1	3						
13岁	2									1
14岁	1		2							
15岁	2		1							
16岁	1		4							
17岁	1		3	1						
18岁	1	1	2							
19岁						1				
20岁		1	1			1				
21岁			1						1	
22岁			1							
23岁			2	1			2			
24岁			2					1		
25岁										
26岁	1		1				1			
27岁										

3－16 续表 1

单位：人

年 龄	遗 传		脑疾病		内分泌障碍		惊厥性疾病		新生儿窒息	
	男	女	男	女	男	女	男	女	男	女
28岁								1		1
29岁				1				1	1	
30岁			1							
31岁		1		1			1		1	
32岁										
33岁			1					2	1	
34岁		2		1						
35岁	1						1	1		
36岁		1								
37岁	1						2			
38岁	1	1					1	1	1	
39岁	1		2							
40岁			1	3						
41岁	1	1								
42岁	1		1				1			
43岁			2	2			1			
44岁	1			1			1			
45岁										
46岁			1							
47岁	1		2				1			
48岁		1	2							
49岁										
50岁			1							
51岁			5							
52岁				1						
53岁	1		1							
54岁		1	1							
55岁			1	2						
56岁			2							

3-16 续表 2

单位：人

年 龄	遗 传		脑疾病		内分泌障碍		惊厥性疾病		新生儿窒息	
	男	女	男	女	男	女	男	女	男	女
57岁										
58岁		1		2						
59岁			1	1						
60岁	1		1	1						
61岁				3						
62岁										
63岁			1							
64岁			3							
65岁		1	2							
66岁			1	2						
67岁										
68岁			4	1						
69岁			2	1						
70岁										
71岁			1	3						
72岁				3						
73岁										
74岁			3	1						
75岁			1	2						
76岁										
77岁			1	2						
78岁				1						
79岁			1	1						
80岁										
81岁				1						
82岁										
83岁				2						
84岁			2	1						
85+				1						

3-16 续表 3

单位：人

年 龄	早产、低体重和过期产		发育畸形		营养不良		母孕期外伤及物理伤害	
	男	女	男	女	男	女	男	女
总 计	**5**	**3**	**4**	**3**				
0岁								
1岁				1				
2岁								
3岁								
4岁								
5岁								
6岁								
7岁			1					
8岁								
9岁								
10岁								
11岁								
12岁		1						
13岁		1						
14岁								
15岁								
16岁								
17岁			1	1				
18岁								
19岁								
20岁								
21岁	3							
22岁								
23岁	1							
24岁								
25岁								
26岁								
27岁								

3－16　续表 4

单位：人

年　龄	早产、低体重和过期产		发育畸形		营养不良		母孕期外伤及物理伤害	
	男	女	男	女	男	女	男	女
28岁								
29岁								
30岁								
31岁								
32岁								
33岁								
34岁								
35岁								
36岁		1	1					
37岁								
38岁								
39岁								
40岁								
41岁								
42岁								
43岁	1							
44岁								
45岁								
46岁								
47岁								
48岁				1				
49岁								
50岁								
51岁								
52岁								
53岁								
54岁								
55岁								
56岁			1					

3－16 续表 5

单位：人

年 龄	早产、低体重和过期产		发育畸形		营养不良		母孕期外伤及物理伤害	
	男	女	男	女	男	女	男	女
57岁								
58岁								
59岁								
60岁								
61岁								
62岁								
63岁								
64岁								
65岁								
66岁								
67岁								
68岁								
69岁								
70岁								
71岁								
72岁								
73岁								
74岁								
75岁								
76岁								
77岁								
78岁								
79岁								
80岁								
81岁								
82岁								
83岁								
84岁								
85+								

3－16　续表 6

单位：人

年龄	产伤		工伤		交通事故		其他外伤	
	男	女	男	女	男	女	男	女
总计	**2**	**2**	**1**		**5**	**1**	**9**	**5**
0岁								
1岁								
2岁								
3岁								
4岁								
5岁								
6岁		1						
7岁								
8岁								
9岁							1	
10岁							1	
11岁								
12岁							1	
13岁					1			
14岁								
15岁								
16岁						1		
17岁								
18岁								
19岁	1							
20岁							1	
21岁								
22岁								
23岁								
24岁								
25岁		1						
26岁								
27岁								

3-16 续表 7

单位：人

年龄	产伤		工伤		交通事故		其他外伤	
	男	女	男	女	男	女	男	女
28岁								
29岁								1
30岁								
31岁								
32岁								
33岁					1			
34岁								
35岁								
36岁							1	
37岁								1
38岁								
39岁	1							
40岁								
41岁								1
42岁							1	1
43岁								
44岁								
45岁								
46岁								
47岁								1
48岁								
49岁							1	
50岁								
51岁					1			
52岁								
53岁							2	
54岁			1					
55岁								
56岁								

3－16 续表 8

单位：人

年龄	产伤		工伤		交通事故		其他外伤	
	男	女	男	女	男	女	男	女
57岁								
58岁								
59岁								
60岁								
61岁								
62岁								
63岁								
64岁								
65岁								
66岁								
67岁								
68岁					1			
69岁								
70岁								
71岁								
72岁					1			
73岁								
74岁								
75岁								
76岁								
77岁								
78岁								
79岁								
80岁								
81岁								
82岁								
83岁								
84岁								
85+								

3－16 续表 9

单位：人

年 龄	中毒与过敏反应		不良社会文化因素		其 他		原因不明	
	男	女	男	女	男	女	男	女
总计	**3**	**2**	**1**	**2**	**11**	**6**	**126**	**87**
0岁								
1岁							1	
2岁								
3岁							3	
4岁							2	
5岁								1
6岁						1		1
7岁						1		
8岁							3	
9岁							1	
10岁								1
11岁							1	
12岁					1			
13岁							1	2
14岁							2	1
15岁								1
16岁					1			3
17岁								
18岁							1	3
19岁					1		3	
20岁								
21岁							3	1
22岁							2	
23岁					1		3	2
24岁							1	2
25岁							2	7
26岁					1		2	2
27岁					1		2	2

3－16 续表 10

单位：人

年 龄	中毒与过敏反应		不良社会文化因素		其 他		原因不明	
	男	女	男	女	男	女	男	女
28岁								1
29岁				1			2	1
30岁	1						1	3
31岁							3	
32岁							3	1
33岁						1	3	4
34岁						1	5	4
35岁	1	1					3	3
36岁							2	3
37岁							8	3
38岁					1	1	6	5
39岁	1						5	4
40岁		1			1		3	1
41岁					1		6	1
42岁							4	3
43岁				1			1	
44岁							1	1
45岁								3
46岁							5	
47岁							2	1
48岁							1	1
49岁					1		2	3
50岁							4	
51岁							3	3
52岁								
53岁							1	
54岁							2	1
55岁						1	1	
56岁					1		3	

3-16 续表 11

单位：人

年 龄	中毒与过敏反应		不良社会文化因素		其 他		原因不明	
	男	女	男	女	男	女	男	女
57岁			1				1	
58岁							1	
59岁							2	1
60岁								
61岁								1
62岁							1	1
63岁							1	1
64岁								
65岁								
66岁							1	
67岁								
68岁							1	
69岁								2
70岁								
71岁							1	
72岁							1	
73岁								
74岁								
75岁								
76岁								
77岁								1
78岁							1	
79岁								
80岁								
81岁								
82岁								1
83岁							1	
84岁								
85+							1	

3－17　精神残疾(含多重)人分年龄、性别的主要致残原因

单位：人

年　龄	痴　呆		其他器质性精神障碍		使用精神活性物质所致的障碍		精神分裂症	
	男	女	男	女	男	女	男	女
总　计	**5**	**5**	**3**	**3**	**1**	**1**	**72**	**96**
0岁								
1岁								
2岁								
3岁								
4岁								
5岁								
6岁								
7岁								
8岁								
9岁								
10岁								
11岁								
12岁								
13岁								
14岁								
15岁								
16岁								
17岁								
18岁								
19岁								
20岁								2
21岁							1	
22岁								
23岁							1	1
24岁	1						1	
25岁							1	
26岁							4	3
27岁							3	

3-17 续表 1

单位：人

年 龄	痴 呆		其他器质性精神障碍		使用精神活性物质所致的障碍		精神分裂症	
	男	女	男	女	男	女	男	女
28岁								
29岁							2	
30岁		1						2
31岁							2	3
32岁							2	2
33岁				1			3	2
34岁							3	5
35岁		1					3	3
36岁	1		1				3	1
37岁							3	3
38岁			1	1			1	3
39岁	1						3	1
40岁							1	4
41岁							5	3
42岁								1
43岁							4	4
44岁			1				2	4
45岁								2
46岁							2	3
47岁	1						3	1
48岁							1	4
49岁							1	5
50岁							1	
51岁								4
52岁					1		2	1
53岁							1	2
54岁		1						4
55岁							3	
56岁							1	1

3－17 续表 2

单位：人

年龄	痴呆		其他器质性精神障碍		使用精神活性物质所致的障碍		精神分裂症	
	男	女	男	女	男	女	男	女
57岁							3	2
58岁								
59岁							1	1
60岁								
61岁							1	
62岁						1		1
63岁								2
64岁							1	
65岁								2
66岁								1
67岁								
68岁		1						2
69岁		1					2	1
70岁								
71岁								1
72岁							1	3
73岁								2
74岁								
75岁				1				1
76岁								1
77岁	1							1
78岁								
79岁								
80岁								
81岁								
82岁								
83岁								1
84岁								
85+								

3-17 续表 3

单位：人

年 龄	妄想性障碍		分裂情感性障碍		其他精神病性障碍		心境障碍	
	男	女	男	女	男	女	男	女
总 计		**2**	**6**	**13**	**5**	**10**	**6**	**9**
0岁								
1岁								
2岁								
3岁								
4岁								
5岁								
6岁								
7岁								
8岁								
9岁								
10岁								
11岁								
12岁								
13岁								
14岁								
15岁								
16岁								
17岁								
18岁								
19岁								
20岁								
21岁								
22岁								
23岁				1			1	
24岁								
25岁								
26岁								
27岁					1			

3－17 续表 4

单位：人

年 龄	妄想性障碍		分裂情感性障碍		其他精神病性障碍		心境障碍	
	男	女	男	女	男	女	男	女
28岁								
29岁								1
30岁				1				
31岁								
32岁								
33岁						1		1
34岁				1				
35岁							1	
36岁								
37岁				1		1		
38岁				1				
39岁			1				1	
40岁				1				1
41岁				2	1			
42岁								
43岁							1	
44岁								
45岁								1
46岁					1		1	1
47岁				1				
48岁					1	1		
49岁								
50岁								1
51岁						2		
52岁						1		
53岁			1	2	1			
54岁								
55岁								
56岁		1	1			1	1	1

3-17 续表 5

单位：人

年 龄	妄想性障碍		分裂情感性障碍		其他精神病性障碍		心境障碍	
	男	女	男	女	男	女	男	女
57岁			1					
58岁				1		1		1
59岁								
60岁								
61岁			1					
62岁						1		
63岁								
64岁								
65岁								1
66岁								
67岁		1						
68岁								
69岁								
70岁						1		
71岁								
72岁								
73岁								
74岁								
75岁				1				
76岁								
77岁								
78岁								
79岁								
80岁								
81岁								
82岁								
83岁								
84岁			1					
85+								

3－17　续表 6

单位：人

年　龄	神经症性障碍		行为综合症		人格障碍		孤独症	
	男	女	男	女	男	女	男	女
总　计	**4**	**6**		**1**	**1**	**1**	**1**	
0岁								
1岁								
2岁								
3岁								
4岁								
5岁							1	
6岁								
7岁								
8岁								
9岁								
10岁								
11岁								
12岁								
13岁								
14岁								
15岁								
16岁								
17岁								
18岁								
19岁								
20岁		1						
21岁								
22岁								
23岁								
24岁								
25岁								
26岁								
27岁		1						

3-17 续表 7

单位：人

年龄	神经症性障碍		行为综合症		人格障碍		孤独症	
	男	女	男	女	男	女	男	女
28岁								
29岁	1				1			
30岁								
31岁								
32岁								
33岁								
34岁								
35岁	1							
36岁								
37岁				1				
38岁								
39岁						1		
40岁		1						
41岁								
42岁								
43岁								
44岁	1							
45岁		1						
46岁								
47岁								
48岁								
49岁		1						
50岁								
51岁								
52岁								
53岁								
54岁								
55岁								
56岁								

3－17　续表 8

单位：人

年　龄	神经症性障碍		行为综合症		人格障碍		孤独症	
	男	女	男	女	男	女	男	女
57岁								
58岁		1						
59岁								
60岁								
61岁	1							
62岁								
63岁								
64岁								
65岁								
66岁								
67岁								
68岁								
69岁								
70岁								
71岁								
72岁								
73岁								
74岁								
75岁								
76岁								
77岁								
78岁								
79岁								
80岁								
81岁								
82岁								
83岁								
84岁								
85+								

3－17　续表 9

单位：人

年　龄	癫　痫		其　他		原因不明	
	男	女	男	女	男	女
总　计	**20**	**17**	**1**	**1**		**4**
0岁						
1岁						
2岁						
3岁						
4岁						
5岁						
6岁						
7岁						
8岁						
9岁						
10岁						
11岁		2				
12岁						
13岁						
14岁						
15岁						
16岁	1					
17岁						
18岁	1					
19岁						
20岁						
21岁						
22岁						
23岁						
24岁						
25岁	1					
26岁	1					
27岁	1					

3－17 续表 10

单位：人

年 龄	癫 痫		其 他		原因不明	
	男	女	男	女	男	女
28岁	2					
29岁	2			1		
30岁						
31岁						
32岁		1				
33岁		2				
34岁		1				1
35岁			1			
36岁		1				
37岁						
38岁		1				2
39岁		1				
40岁		1				
41岁		1				
42岁	1	1				
43岁	1					
44岁	2					
45岁	2					
46岁						
47岁	1	1				1
48岁						
49岁						
50岁						
51岁						
52岁						
53岁		1				
54岁	1					
55岁	1	1				
56岁	1					

3－17 续表 11

单位：人

年 龄	癫 痫		其 他		原因不明	
	男	女	男	女	男	女
57岁						
58岁						
59岁	1					
60岁						
61岁						
62岁		1				
63岁						
64岁						
65岁						
66岁						
67岁						
68岁						
69岁						
70岁		1				
71岁						
72岁						
73岁						
74岁						
75岁						
76岁						
77岁						
78岁						
79岁						
80岁						
81岁						
82岁						
83岁						
84岁						
85+						

第四部分　残疾人的活动和参与、义务教育、社会保障、接受服务及主要需求

4－1 各地区18岁及以上视力残疾人分残疾等级的生活自理状况

单位：人

地　区	无障碍/无适用				轻度障碍			
	残疾一级	残疾二级	残疾三级	残疾四级	残疾一级	残疾二级	残疾三级	残疾四级
总　计	**14**	**13**	**37**	**139**	**63**	**22**	**27**	**103**
哈尔滨市南岗区				4	3			9
哈尔滨市道外区		2		25			2	5
齐齐哈尔市龙沙区		1		2	2	2	3	18
牡丹江市东安区	1	1		4				1
七台河市新兴区				7	1			
鹤岗市向阳区	2	1		1	1			
伊春市翠峦区				1			1	23
北安市			10	7		4	1	3
集贤县	2		1	5	1		1	3
肇东市				3	13	1		12
肇州县			6	6		4	7	5
穆棱市			1	3				5
甘南县			1	18	2			
绥滨县	2		2	5	2			1
肇源县				2	1	1	2	11
富裕县				4	3	1		1
五常市	2	1	8	12	3	2	2	
海伦市			3	10	1	2	3	1
讷河市	1	4	2	4	4		1	
宾县		1	2	5	3			
克山县	4	2	1	2	22	4		2
富锦市				9	1	1	4	3

4-1 续表 1

单位：人

地区	中度障碍				重度障碍			
	残疾一级	残疾二级	残疾三级	残疾四级	残疾一级	残疾二级	残疾三级	残疾四级
总　计	**39**	**16**	**1**	**4**	**28**	**2**		**1**
哈尔滨市南岗区	6	1		1	7			
哈尔滨市道外区		1						
齐齐哈尔市龙沙区	1							
牡丹江市东安区	1				1			
七台河市新兴区					1			
鹤岗市向阳区								
伊春市翠峦区	1	1	1		2	1		1
北安市		2			1			
集贤县	3				4			
肇东市	7	1			1			
肇州县	2	3			1			
穆棱市		2		1	1			
甘南县	3							
绥滨县		1						
肇源县	1	2			1			
富裕县	1			2	3			
五常市	4							
海伦市	7				1			
讷河市	1				1			
宾县	1				2			
克山县								
富锦市		2			1	1		

4－1 续表 2

单位：人

地区	极重度障碍/不能完成			
	残疾一级	残疾二级	残疾三级	残疾四级
总计	**9**	**2**		
哈尔滨市南岗区				
哈尔滨市道外区				
齐齐哈尔市龙沙区				
牡丹江市东安区				
七台河市新兴区				
鹤岗市向阳区				
伊春市翠峦区	3	1		
北安市				
集贤县				
肇东市				
肇州县				
穆棱市	1	1		
甘南县				
绥滨县				
肇源县				
富裕县	3			
五常市	1			
海伦市				
讷河市				
宾县				
克山县				
富锦市	1			

4－2 各地区18岁及以上视力残疾人分残疾等级的生活活动状况

单位：人

地　区	无障碍/无适用				轻度障碍			
	残疾一级	残疾二级	残疾三级	残疾四级	残疾一级	残疾二级	残疾三级	残疾四级
总　计			**3**	**14**	**18**	**18**	**30**	**163**
哈尔滨市南岗区					1			1
哈尔滨市道外区				1				21
齐齐哈尔市龙沙区				1	2	3	3	19
牡丹江市东安区				2		1		2
七台河市新兴区				4				1
鹤岗市向阳区						1		
伊春市翠峦区								18
北安市							1	4
集贤县					1		1	6
肇东市					7			14
肇州县			3	3		3	10	8
穆棱市							1	2
甘南县							1	18
绥滨县					1		1	4
肇源县							1	10
富裕县								2
五常市							5	12
海伦市							1	4
讷河市					3	4	2	4
宾县						1	1	2
克山县					3	5	1	4
富锦市				3			1	7

4-2 续表 1

单位：人

地　区	中度障碍				重度障碍			
	残疾一级	残疾二级	残疾三级	残疾四级	残疾一级	残疾二级	残疾三级	残疾四级
总　计	**55**	**17**	**27**	**51**	**31**	**11**	**3**	**15**
哈尔滨市南岗区	4			10	5	1		3
哈尔滨市道外区		2	2	6		1		2
齐齐哈尔市龙沙区								
牡丹江市东安区				1	3			
七台河市新兴区				2				
鹤岗市向阳区	1							
伊春市翠峦区			2	5	1			2
北安市		1	10	6	1	5		
集贤县	1				1		1	2
肇东市	13	2		1	1			
肇州县		3			2	1		
穆棱市				5	1	1		2
甘南县					5			
绥滨县	2	1		1	1		1	1
肇源县	1	2	1	3	1	1		
富裕县	2			2	1			2
五常市	3	3	5		2			
海伦市	5	2	5	7	3			
讷河市	1				2			
宾县			1	1				
克山县	22	1			1			
富锦市			1	1		1	1	1

4-2 续表 2

单位：人

地　区	极重度障碍/不能完成			
	残疾一级	残疾二级	残疾三级	残疾四级
总　计	**49**	**9**	**2**	**4**
哈尔滨市南岗区	6			
哈尔滨市道外区				
齐齐哈尔市龙沙区	1			
牡丹江市东安区				
七台河市新兴区	2			
鹤岗市向阳区	2			1
伊春市翠峦区	5	3		
北安市				
集贤县	7			
肇东市				
肇州县	1			
穆棱市	1	2		
甘南县				
绥滨县				
肇源县	1			
富裕县	7	1		1
五常市	5			
海伦市	1			
讷河市	1		1	
宾县	6			2
克山县				
富锦市	3	3	1	

4－3　各地区18岁及以上视力残疾人分残疾等级的社会参与状况

单位：人

地　区	无障碍/无适用				轻度障碍			
	残疾一级	残疾二级	残疾三级	残疾四级	残疾一级	残疾二级	残疾三级	残疾四级
总　计	**1**		**2**	**25**	**29**	**19**	**37**	**153**
哈尔滨市南岗区								5
哈尔滨市道外区				7			1	17
齐齐哈尔市龙沙区				1	2	3	3	19
牡丹江市东安区				2				2
七台河市新兴区				5				1
鹤岗市向阳区								
伊春市翠峦区					1			8
北安市							3	3
集贤县				1	1		1	5
肇东市					12	1		14
肇州县			2	1		3	10	9
穆棱市								1
甘南县							1	18
绥滨县	1			1	1	1	1	5
肇源县							1	10
富裕县								2
五常市					3	3	9	12
海伦市				1			3	7
讷河市					3	4	2	4
宾县						1	1	3
克山县				1	6	3	1	3
富锦市				5				5

4－3 续表 1

单位：人

地区	中度障碍				重度障碍			
	残疾一级	残疾二级	残疾三级	残疾四级	残疾一级	残疾二级	残疾三级	残疾四级
总　计	**58**	**20**	**22**	**63**	**51**	**11**	**4**	**5**
哈尔滨市南岗区	5	1		9	11			
哈尔滨市道外区		2	1	5		1		1
齐齐哈尔市龙沙区								
牡丹江市东安区	1	1		1	2			
七台河市新兴区	1			1	1			
鹤岗市向阳区	1	1		1	2			
伊春市翠峦区	1	2	1	16	4	1	1	1
北安市		3	8	7	1	3		
集贤县	1		1	2	8			
肇东市	9	1		1				
肇州县		2	1	1	2	2		
穆棱市			1	6	1	2		2
甘南县					5			
绥滨县	2		1					
肇源县	1	2	1	3	1	1		
富裕县	3			4	7	1		1
五常市	6		1					
海伦市	9	2	3	3				
讷河市	1				3		1	
宾县			1	1				
克山县	17	3			2			
富锦市			2	2	1		2	

4－3 续表 2

单位：人

地　　区	极重度障碍/不能完成			
	残疾一级	残疾二级	残疾三级	残疾四级
总　　计	**14**	**5**		**1**
哈尔滨市南岗区				
哈尔滨市道外区				
齐齐哈尔市龙沙区	1			
牡丹江市东安区				
七台河市新兴区				
鹤岗市向阳区				
伊春市翠峦区				
北安市				
集贤县				
肇东市				
肇州县	1			
穆棱市	1	1		
甘南县				
绥滨县				
肇源县	1			
富裕县				
五常市	1			
海伦市				
讷河市				
宾县	6			1
克山县	1			
富锦市	2	4		

4－4　各地区18岁及以上听力残疾人分残疾等级的理解和交流状况

单位：人

地　区	无障碍/无适用				轻度障碍			
	残疾一级	残疾二级	残疾三级	残疾四级	残疾一级	残疾二级	残疾三级	残疾四级
总　计	**8**	**22**	**66**	**70**	**18**	**37**	**95**	**125**
哈尔滨市南岗区		3	6	5			2	2
哈尔滨市道外区	1		3			3	1	1
齐齐哈尔市龙沙区		2	7	6	6	2	8	27
牡丹江市东安区	1		2	4		2	5	4
七台河市新兴区			3	1		1	7	17
鹤岗市向阳区	1		5	2		1	3	2
伊春市翠峦区						2	6	
北安市				1		3	5	
集贤县			1	5		1	9	8
肇东市			5	6		1	8	4
肇州县	1		3	9	1	5	10	14
穆棱市		1	4	9	3	1	6	5
甘南县		1	8	1		2	2	
绥滨县				3		3	4	10
肇源县								7
富裕县							2	
五常市		1		1		3	3	
海伦市	3	3	7	9	1			1
讷河市	1	1	2	1	2	4	6	1
宾县				2		1		12
克山县		8	7	2	4	1	4	2
富锦市		2	3	3	1	1	4	8

4－4 续表 1

单位：人

地 区	中度障碍				重度障碍			
	残疾一级	残疾二级	残疾三级	残疾四级	残疾一级	残疾二级	残疾三级	残疾四级
总 计	**26**	**28**	**80**	**12**	**19**	**19**	**14**	**1**
哈尔滨市南岗区				2				
哈尔滨市道外区	1	2	3		2	5	8	
齐齐哈尔市龙沙区			2		2			
牡丹江市东安区		1	4					
七台河市新兴区	1	3	2	1	2	1		
鹤岗市向阳区			3		1		1	
伊春市翠峦区		5	33	3		1	5	
北安市	8	3	1		7			
集贤县	4	2	8	2	2			
肇东市		3				1		
肇州县			2		1			
穆棱市			2	2				1
甘南县	2	3						
绥滨县		1	3		1	4		
肇源县			10			6		
富裕县	1	2	1					
五常市	5		1					
海伦市								
讷河市	4		1					
宾县		3	2	2	1	1		
克山县								
富锦市			2					

4-4 续表 2

单位：人

地 区	极重度障碍/不能完成			
	残疾一级	残疾二级	残疾三级	残疾四级
总 计	**14**		**2**	**2**
哈尔滨市南岗区				
哈尔滨市道外区	3		1	2
齐齐哈尔市龙沙区				
牡丹江市东安区				
七台河市新兴区				
鹤岗市向阳区				
伊春市翠峦区				
北安市				
集贤县				
肇东市				
肇州县				
穆棱市			1	
甘南县				
绥滨县				
肇源县	10			
富裕县				
五常市				
海伦市				
讷河市				
宾县	1			
克山县				
富锦市				

4－5 各地区18岁及以上听力残疾人分残疾等级的生活自理状况

单位：人

地区	无障碍/无适用				轻度障碍			
	残疾一级	残疾二级	残疾三级	残疾四级	残疾一级	残疾二级	残疾三级	残疾四级
总　计	**55**	**76**	**156**	**175**	**20**	**23**	**56**	**29**
哈尔滨市南岗区		3	6	6			2	3
哈尔滨市道外区	2	3	4		1	4	2	1
齐齐哈尔市龙沙区	8	3	14	33		1	2	
牡丹江市东安区		3	8	8	1		3	
七台河市新兴区	2	2	8	14	1	3	3	5
鹤岗市向阳区	1	1	7	4			2	
伊春市翠峦区		2	7			3	13	2
北安市	10	6	6	1	2			
集贤县	6	3	16	14			2	1
肇东市		3	10	8		2	3	2
肇州县	1	4	9	18	1	1	3	4
穆棱市	2	2	9	13	1		2	2
甘南县	2	6	10	1				
绥滨县	1	8	5	13			2	
肇源县				3	10	6	9	4
富裕县	1	2	2				1	
五常市	4	3	4	1	1	1		
海伦市	3	3	7	10				
讷河市	7	5	9	2				
宾县		2		13	2	2	2	3
克山县	4	9	7	3			4	1
富锦市	1	3	8	10			1	1

4-5 续表 1

单位：人

地　　区	中度障碍				重度障碍			
	残疾一级	残疾二级	残疾三级	残疾四级	残疾一级	残疾二级	残疾三级	残疾四级
总　　计	**4**	**7**	**37**	**3**	**6**		**5**	**3**
哈尔滨市南岗区								
哈尔滨市道外区	2	3	5		2		3	2
齐齐哈尔市龙沙区							1	
牡丹江市东安区								
七台河市新兴区			1					
鹤岗市向阳区	1		3					
伊春市翠峦区		3	23	1			1	
北安市					3			
集贤县								
肇东市								
肇州县			3	1	1			
穆棱市			1	1				1
甘南县								
绥滨县								
肇源县			1					
富裕县								
五常市								
海伦市	1							
讷河市								
宾县		1						
克山县								
富锦市								

4-5 续表 2

单位：人

地　　区	极重度障碍/不能完成			
	残疾一级	残疾二级	残疾三级	残疾四级
总　　计			**3**	
哈尔滨市南岗区				
哈尔滨市道外区			2	
齐齐哈尔市龙沙区				
牡丹江市东安区				
七台河市新兴区				
鹤岗市向阳区				
伊春市翠峦区				
北安市				
集贤县				
肇东市				
肇州县				
穆棱市			1	
甘南县				
绥滨县				
肇源县				
富裕县				
五常市				
海伦市				
讷河市				
宾县				
克山县				
富锦市				

4－6 各地区18岁及以上听力残疾人分残疾等级的与人相处状况

单位：人

地 区	无障碍/无适用				轻度障碍			
	残疾一级	残疾二级	残疾三级	残疾四级	残疾一级	残疾二级	残疾三级	残疾四级
总 计	**11**	**21**	**73**	**102**	**16**	**39**	**110**	**101**
哈尔滨市南岗区		3	6	6			2	2
哈尔滨市道外区	1	2	3	1			2	
齐齐哈尔市龙沙区	2	1	3	19		2	10	14
牡丹江市东安区	1	1	5	7		1	2	1
七台河市新兴区			3	2		2	8	17
鹤岗市向阳区	1	1	6	3			5	1
伊春市翠峦区						2	11	1
北安市						1	3	1
集贤县			1	7		2	15	8
肇东市		1	2	1			10	9
肇州县	1	1	9	17	1	4	5	6
穆棱市	1		2	8	1	2	10	7
甘南县			6	1	1	4	4	
绥滨县		2	1	1		1	4	12
肇源县							4	7
富裕县			2			2	1	
五常市		1	1	1	1	3	2	
海伦市	3	3	7	10	1			
讷河市	1		3		5	4	5	2
宾县				11	1	2	1	5
克山县		3	8	3	4	6	3	1
富锦市		2	5	4	1	1	3	7

4－6 续表 1

单位：人

地　区	中度障碍				重度障碍			
	残疾一级	残疾二级	残疾三级	残疾四级	残疾一级	残疾二级	残疾三级	残疾四级
总　计	**31**	**35**	**61**	**6**	**24**	**10**	**9**	**1**
哈尔滨市南岗区				1				
哈尔滨市道外区	1	4	2	1	3	3	6	1
齐齐哈尔市龙沙区	4	1	4		2			
牡丹江市东安区		1	3				1	
七台河市新兴区	2	2	1		1	1		
鹤岗市向阳区			1		1			
伊春市翠峦区		6	32	2			1	
北安市	9	5	3		6			
集贤县	3	1	2		3			
肇东市		3	1			1		
肇州县	1		1					
穆棱市	1			2				
甘南县	1	2						
绥滨县	1	3	2			2		
肇源县	2	3	6		7	3		
富裕县	1							
五常市	4						1	
海伦市								
讷河市	1	1	1					
宾县		3	1		1			
克山县								
富锦市			1					

4－6 续表 2

单位：人

地　区	极重度障碍/不能完成			
	残疾一级	残疾二级	残疾三级	残疾四级
总　计	**3**	**1**	**4**	
哈尔滨市南岗区				
哈尔滨市道外区	2	1	3	
齐齐哈尔市龙沙区				
牡丹江市东安区				
七台河市新兴区				
鹤岗市向阳区				
伊春市翠峦区				
北安市				
集贤县				
肇东市				
肇州县				
穆棱市			1	
甘南县				
绥滨县				
肇源县	1			
富裕县				
五常市				
海伦市				
讷河市				
宾县				
克山县				
富锦市				

4－7 各地区18岁及以上听力残疾人分残疾等级的生活活动状况

单位：人

地区	无障碍/无适用				轻度障碍			
	残疾一级	残疾二级	残疾三级	残疾四级	残疾一级	残疾二级	残疾三级	残疾四级
总　计	**21**	**29**	**68**	**83**	**15**	**37**	**84**	**92**
哈尔滨市南岗区		3	2	1			4	3
哈尔滨市道外区	2	2	3			1	1	
齐齐哈尔市龙沙区	7	3	12	25			3	8
牡丹江市东安区		1	2	4	1	1	4	3
七台河市新兴区		1	2		1	1	4	5
鹤岗市向阳区	1	1	5	3			3	1
伊春市翠峦区			1			2	7	3
北安市								1
集贤县	4	2	11	8	1	1	6	7
肇东市		1		1			9	9
肇州县			2	7		4	6	14
穆棱市				1	1	2	7	10
甘南县		1	6	1		1	4	
绥滨县		3	4	12	1	5	3	1
肇源县							3	7
富裕县						2	2	
五常市		1	3	1	3	3	1	
海伦市	2	2	2	3	1	1	3	5
讷河市	4	3	7	2	1	2	1	
宾县				9	1	4	1	6
克山县	1	5	6	3	3	4	5	
富锦市				2	1	3	7	9

4-7 续表 1

单位：人

地　区	中度障碍				重度障碍			
	残疾一级	残疾二级	残疾三级	残疾四级	残疾一级	残疾二级	残疾三级	残疾四级
总　计	**19**	**21**	**62**	**24**	**23**	**14**	**32**	**7**
哈尔滨市南岗区			2	2				3
哈尔滨市道外区			1	1	2	4	6	
齐齐哈尔市龙沙区	1	1	1				1	
牡丹江市东安区		1	3	1			2	
七台河市新兴区	2		3	13		1	2	1
鹤岗市向阳区			2		1		1	
伊春市翠峦区		3	25			3	11	
北安市	3	6	6		12			
集贤县					1		1	
肇东市		2	4			2		
肇州县	1	1	1	1	1		5	1
穆棱市	1		1	2			3	2
甘南县	1	4			1			
绥滨县								
肇源县	6	2	7		3	4		
富裕县	1		1					
五常市	1				1			
海伦市			1	2				
讷河市	2		1					
宾县		1	1	1	1			
克山县				1				
富锦市			2					

4-7 续表 2

单位：人

地　区	极重度障碍/不能完成			
	残疾一级	残疾二级	残疾三级	残疾四级
总　计	**7**	**5**	**11**	**4**
哈尔滨市南岗区				
哈尔滨市道外区	3	3	5	2
齐齐哈尔市龙沙区				
牡丹江市东安区				
七台河市新兴区		2	1	
鹤岗市向阳区			1	
伊春市翠峦区				
北安市				
集贤县				
肇东市				
肇州县	1		1	
穆棱市	1		2	2
甘南县				
绥滨县				
肇源县	1			
富裕县				
五常市				
海伦市	1		1	
讷河市				
宾县				
克山县				
富锦市				

4－8 各地区18岁及以上听力残疾人分残疾等级的社会参与状况

单位：人

地 区	无障碍/无适用				轻度障碍			
	残疾一级	残疾二级	残疾三级	残疾四级	残疾一级	残疾二级	残疾三级	残疾四级
总 计	**3**	**10**	**36**	**76**	**21**	**38**	**113**	**107**
哈尔滨市南岗区		2	5	5		1	3	4
哈尔滨市道外区		1	4		1	2		1
齐齐哈尔市龙沙区	1	1	8	29	7	3	9	4
牡丹江市东安区			1	3	1	1	5	4
七台河市新兴区			1	1		1	4	11
鹤岗市向阳区	1	1	5	3			4	1
伊春市翠峦区						2	9	1
北安市								1
集贤县			2	8	2	3	15	7
肇东市							10	10
肇州县			2	6	1	3	6	12
穆棱市						1	5	10
甘南县							7	1
绥滨县		1				2	5	13
肇源县								6
富裕县						1	2	
五常市				1		1	3	
海伦市	1		5	7	1	3	2	3
讷河市					4	3	6	
宾县				9	2	4	2	7
克山县		2	3	3	1	6	8	1
富锦市		2		1	1	1	8	10

4－8　续表 1

单位：人

地　区	中度障碍				重度障碍			
	残疾一级	残疾二级	残疾三级	残疾四级	残疾一级	残疾二级	残疾三级	残疾四级
总　计	**18**	**35**	**85**	**24**	**25**	**21**	**18**	
哈尔滨市南岗区								
哈尔滨市道外区		1	2		1	4	6	
齐齐哈尔市龙沙区								
牡丹江市东安区		2	5	1				
七台河市新兴区		2	6	7	3	2	1	
鹤岗市向阳区			3					
伊春市翠峦区		5	29	2		1	6	
北安市	2	5	6		12	1		
集贤县	3		1		1			
肇东市		4	3			1		
肇州县		2	4	5	2		3	
穆棱市	1	1	5	6	2		2	
甘南县		4	3		2	2		
绥滨县		1	2		1	4		
肇源县			10	1		6		
富裕县	1	1	1					
五常市	5	3	1					
海伦市	1				1			
讷河市	2	2	3	2				
宾县		1						
克山县	3	1						
富锦市			1					

4-8 续表 2

单位：人

地　区	极重度障碍/不能完成			
	残疾一级	残疾二级	残疾三级	残疾四级
总　计	**18**	**2**	**5**	**3**
哈尔滨市南岗区				
哈尔滨市道外区	5	2	4	2
齐齐哈尔市龙沙区				
牡丹江市东安区				
七台河市新兴区				
鹤岗市向阳区	1			
伊春市翠峦区				
北安市	1			
集贤县				
肇东市				
肇州县				
穆棱市			1	1
甘南县				
绥滨县				
肇源县	10			
富裕县				
五常市				
海伦市				
讷河市	1			
宾县				
克山县				
富锦市				

4－9　各地区18岁及以上言语残疾人分残疾等级的理解和交流状况

单位：人

地　区	无障碍/无适用				轻度障碍			
	残疾一级	残疾二级	残疾三级	残疾四级	残疾一级	残疾二级	残疾三级	残疾四级
总　计			**4**	**17**		**3**	**2**	**6**
哈尔滨市南岗区								
哈尔滨市道外区				3				
齐齐哈尔市龙沙区				1				
牡丹江市东安区								
七台河市新兴区						1		1
鹤岗市向阳区				2				
伊春市翠峦区								
北安市			1	1				
集贤县				1			1	1
肇东市			1	1				
肇州县				2				
穆棱市						1		
甘南县								
绥滨县			1					
肇源县								
富裕县						1		
五常市			1				1	
海伦市				2				3
讷河市				1				
宾县				2				
克山县				1				1
富锦市								

4－9 续表 1

单位：人

地　区	中度障碍				重度障碍			
	残疾一级	残疾二级	残疾三级	残疾四级	残疾一级	残疾二级	残疾三级	残疾四级
总　计	**1**	**1**	**2**	**3**		**1**	**2**	
哈尔滨市南岗区								
哈尔滨市道外区								
齐齐哈尔市龙沙区								
牡丹江市东安区								
七台河市新兴区								
鹤岗市向阳区							1	
伊春市翠峦区								
北安市								
集贤县								
肇东市								
肇州县								
穆棱市								
甘南县								
绥滨县								
肇源县								
富裕县						1		
五常市		1		1				
海伦市								
讷河市	1							
宾县								
克山县			1				1	
富锦市			1	2				

4-9 续表 2

单位：人

地　区	极重度障碍/不能完成			
	残疾一级	残疾二级	残疾三级	残疾四级
总　计				
哈尔滨市南岗区				
哈尔滨市道外区				
齐齐哈尔市龙沙区				
牡丹江市东安区				
七台河市新兴区				
鹤岗市向阳区				
伊春市翠峦区				
北安市				
集贤县				
肇东市				
肇州县				
穆棱市				
甘南县				
绥滨县				
肇源县				
富裕县				
五常市				
海伦市				
讷河市				
宾县				
克山县				
富锦市				

4－10　各地区18岁及以上言语残疾人分残疾等级的生活自理状况

单位：人

地　　区	无障碍/无适用				轻度障碍			
	残疾一级	残疾二级	残疾三级	残疾四级	残疾一级	残疾二级	残疾三级	残疾四级
总　　计		**4**	**6**	**24**	**1**		**2**	**1**
哈尔滨市南岗区								
哈尔滨市道外区				3				
齐齐哈尔市龙沙区				1				
牡丹江市东安区								
七台河市新兴区		1		1				
鹤岗市向阳区				2				
伊春市翠峦区								
北安市			1	1				
集贤县			1	2				
肇东市				1				
肇州县				2				
穆棱市		1						
甘南县								
绥滨县			1					
肇源县								
富裕县		1						
五常市		1	2	1				
海伦市				4				
讷河市				1	1			
宾县				2				
克山县			1	2			1	
富锦市				1			1	1

4－10 续表 1

单位：人

地　区	中度障碍				重度障碍			
	残疾一级	残疾二级	残疾三级	残疾四级	残疾一级	残疾二级	残疾三级	残疾四级
总　计		**1**	**2**	**1**				
哈尔滨市南岗区								
哈尔滨市道外区								
齐齐哈尔市龙沙区								
牡丹江市东安区								
七台河市新兴区								
鹤岗市向阳区			1					
伊春市翠峦区								
北安市								
集贤县								
肇东市			1					
肇州县								
穆棱市								
甘南县								
绥滨县								
肇源县								
富裕县		1						
五常市								
海伦市				1				
讷河市								
宾县								
克山县								
富锦市								

4－10　续表 2

单位：人

地　区	极重度障碍/不能完成			
	残疾一级	残疾二级	残疾三级	残疾四级
总　计				
哈尔滨市南岗区				
哈尔滨市道外区				
齐齐哈尔市龙沙区				
牡丹江市东安区				
七台河市新兴区				
鹤岗市向阳区				
伊春市翠峦区				
北安市				
集贤县				
肇东市				
肇州县				
穆棱市				
甘南县				
绥滨县				
肇源县				
富裕县				
五常市				
海伦市				
讷河市				
宾县				
克山县				
富锦市				

4－11　各地区18岁及以上言语残疾人分残疾等级的与人相处状况

单位：人

地　区	无障碍/无适用				轻度障碍			
	残疾一级	残疾二级	残疾三级	残疾四级	残疾一级	残疾二级	残疾三级	残疾四级
总　计			**4**	**12**		**3**	**1**	**11**
哈尔滨市南岗区								
哈尔滨市道外区				2				1
齐齐哈尔市龙沙区				1				
牡丹江市东安区								
七台河市新兴区						1		1
鹤岗市向阳区				2				
伊春市翠峦区								
北安市			1					1
集贤县							1	2
肇东市			1	1				
肇州市				2				
穆棱市						1		
甘南市								
绥滨县			1					
肇源县								
富裕县						1		
五常市			1					
海伦市				3				2
讷河市								1
宾县								2
克山县				1				1
富锦市								

4-11 续表 1

单位：人

地　　区	中度障碍				重度障碍			
	残疾一级	残疾二级	残疾三级	残疾四级	残疾一级	残疾二级	残疾三级	残疾四级
总　　计		**2**	**2**	**2**	**1**		**3**	**1**
哈尔滨市南岗区								
哈尔滨市道外区								
齐齐哈尔市龙沙区								
牡丹江市东安区								
七台河市新兴区								
鹤岗市向阳区							1	
伊春市翠峦区								
北安市								
集贤县								
肇东市								
肇州市								
穆棱市								
甘南市								
绥滨县								
肇源县								
富裕县		1						
五常市		1	1	1				
海伦市								
讷河市					1			
宾县								
克山县			1				1	
富锦市				1			1	1

4-11 续表 2

单位：人

地　区	极重度障碍/不能完成			
	残疾一级	残疾二级	残疾三级	残疾四级
总　计				
哈尔滨市南岗区				
哈尔滨市道外区				
齐齐哈尔市龙沙区				
牡丹江市东安区				
七台河市新兴区				
鹤岗市向阳区				
伊春市翠峦区				
北安市				
集贤县				
肇东市				
肇州市				
穆棱市				
甘南市				
绥滨县				
肇源县				
富裕县				
五常市				
海伦市				
讷河市				
宾县				
克山县				
富锦市				

4－12 各地区18岁及以上言语残疾人分残疾等级的生活活动状况

单位：人

地　区	无障碍/无适用				轻度障碍			
	残疾一级	残疾二级	残疾三级	残疾四级	残疾一级	残疾二级	残疾三级	残疾四级
总　计			**4**	**17**		**4**	**2**	**5**
哈尔滨市南岗区								
哈尔滨市道外区				3				
齐齐哈尔市龙沙区				1				
牡丹江市东安区								
七台河市新兴区						1		1
鹤岗市向阳区				2				
伊春市翠峦区								
北安市			1					1
集贤县			1	2				
肇东市				1				
肇州县				2				
穆棱市						1		
甘南县								
绥滨县			1					
肇源县								
富裕县						1		
五常市			1			1	1	
海伦市				1				3
讷河市				1				
宾县				2				
克山县				2			1	
富锦市								

4-12 续表 1

单位：人

地　区	中度障碍				重度障碍			
	残疾一级	残疾二级	残疾三级	残疾四级	残疾一级	残疾二级	残疾三级	残疾四级
总　计			**2**	**2**	**1**	**1**	**1**	**1**
哈尔滨市南岗区								
哈尔滨市道外区								
齐齐哈尔市龙沙区								
牡丹江市东安区								
七台河市新兴区								
鹤岗市向阳区								
伊春市翠峦区								
北安市								
集贤县								
肇东市			1					
肇州县								
穆棱市								
甘南县								
绥滨县								
肇源县								
富裕县						1		
五常市				1				
海伦市								
讷河市					1			
宾县								
克山县			1					
富锦市				1			1	1

4－12　续表 2

单位：人

地　区	极重度障碍/不能完成			
	残疾一级	残疾二级	残疾三级	残疾四级
总　计			**1**	**1**
哈尔滨市南岗区				
哈尔滨市道外区				
齐齐哈尔市龙沙区				
牡丹江市东安区				
七台河市新兴区				
鹤岗市向阳区			1	
伊春市翠峦区				
北安市				
集贤县				
肇东市				
肇州县				
穆棱市				
甘南县				
绥滨县				
肇源县				
富裕县				
五常市				
海伦市				1
讷河市				
宾县				
克山县				
富锦市				

4－13 各地区18岁及以上言语残疾人分残疾等级的社会参与状况

单位：人

地区	无障碍/无适用				轻度障碍			
	残疾一级	残疾二级	残疾三级	残疾四级	残疾一级	残疾二级	残疾三级	残疾四级
总　计				**5**		**2**	**5**	**16**
哈尔滨市南岗区								
哈尔滨市道外区								3
齐齐哈尔市龙沙区								1
牡丹江市东安区								
七台河市新兴区						1		1
鹤岗市向阳区				2			1	
伊春市翠峦区								
北安市							1	
集贤县							1	2
肇东市								1
肇州市								2
穆棱市						1		
甘南市								
绥滨县							1	
肇源县								
富裕县								
五常市							1	
海伦市				1				3
讷河市				1				
宾县								2
克山县				1				1
富锦市								

4-13 续表 1

单位：人

地区	中度障碍				重度障碍			
	残疾一级	残疾二级	残疾三级	残疾四级	残疾一级	残疾二级	残疾三级	残疾四级
总计		**2**	**3**	**3**	**1**	**1**		**1**
哈尔滨市南岗区								
哈尔滨市道外区								
齐齐哈尔市龙沙区								
牡丹江市东安区								
七台河市新兴区								
鹤岗市向阳区								
伊春市翠峦区								
北安市				1				
集贤县								
肇东市			1					
肇州市								
穆棱市								
甘南市								
绥滨县								
肇源县								
富裕县		2						
五常市			1	1		1		
海伦市								
讷河市					1			
宾县								
克山县								
富锦市			1	1				1

4－13　续表 2

单位：人

地　区	极重度障碍/不能完成			
	残疾一级	残疾二级	残疾三级	残疾四级
总　计			**2**	**1**
哈尔滨市南岗区				
哈尔滨市道外区				
齐齐哈尔市龙沙区				
牡丹江市东安区				
七台河市新兴区				
鹤岗市向阳区				
伊春市翠峦区				
北安市				
集贤县				
肇东市				
肇州市				
穆棱市				
甘南市				
绥滨县				
肇源县				
富裕县				
五常市				
海伦市				1
讷河市				
宾县				
克山县			2	
富锦市				

4－14 各地区18岁及以上肢体残疾人分残疾等级的身体移动状况

单位：人

地　区	无障碍/无适用				轻度障碍			
	残疾一级	残疾二级	残疾三级	残疾四级	残疾一级	残疾二级	残疾三级	残疾四级
总　计		**7**	**57**	**206**		**3**	**74**	**566**
哈尔滨市南岗区		1	3	7				5
哈尔滨市道外区				13				18
齐齐哈尔市龙沙区			6	2			3	11
牡丹江市东安区			2	6			2	7
七台河市新兴区			7	4			5	22
鹤岗市向阳区			1	5			1	8
伊春市翠峦区		1		1			1	51
北安市			4	5			1	37
集贤县			2	5			1	49
肇东市		1	2	13			6	33
肇州县				16			1	31
穆棱市		2	4	8			3	13
甘南县			5	18		1	14	19
绥滨县				4				18
肇源县			3	16			7	45
富裕县			4	5		1		1
五常市				31			12	17
海伦市			8	22			10	16
讷河市			4	4		1	3	64
宾县		2	1	5			3	36
克山县			1	5				51
富锦市				11			1	14

4－14 续表 1

单位：人

地　区	中度障碍				重度障碍			
	残疾一级	残疾二级	残疾三级	残疾四级	残疾一级	残疾二级	残疾三级	残疾四级
总　计		**17**	**215**	**167**	**3**	**119**	**64**	**26**
哈尔滨市南岗区		1	4	6		6	10	9
哈尔滨市道外区			11	15		2	2	4
齐齐哈尔市龙沙区			18	8	1	22	6	
牡丹江市东安区			6	26		2	3	1
七台河市新兴区		2	21	14		11	7	
鹤岗市向阳区			10	3		6	4	
伊春市翠峦区			10			3		
北安市			13	4		2	1	
集贤县			13			8		
肇东市		1	11			9		1
肇州县			3	1		1	1	
穆棱市			9	15	1	3	8	5
甘南县		2	2	1		4	1	
绥滨县		1	5	26		3	1	
肇源县			10	8		2	2	
富裕县		5	8	21	1	9	13	6
五常市		1	18	3				
海伦市		2	1	1		2	2	
讷河市			12	8		8	2	
宾县			12	2		7		
克山县			14	2		9		
富锦市		2	4	3			1	

4-14 续表 2

单位：人

地　区	极重度障碍/不能完成			
	残疾一级	残疾二级	残疾三级	残疾四级
总　计	**53**	**62**	**18**	**6**
哈尔滨市南岗区	1	21	10	2
哈尔滨市道外区	2	4	1	1
齐齐哈尔市龙沙区	10			
牡丹江市东安区	2	4	3	
七台河市新兴区	5	1		
鹤岗市向阳区	2	1		
伊春市翠峦区	1			
北安市	5	3		
集贤县	2			
肇东市	8	7		
肇州县				
穆棱市	2	4	2	2
甘南县				
绥滨县	1	4		
肇源县	1			
富裕县	2	8		1
五常市		1		
海伦市	3	1		
讷河市	3	2		
宾县				
克山县	1	1		
富锦市	2		2	

4－15　各地区18岁及以上肢体残疾人分残疾等级的生活自理状况

单位：人

地　　区	无障碍/无适用				轻度障碍			
	残疾一级	残疾二级	残疾三级	残疾四级	残疾一级	残疾二级	残疾三级	残疾四级
总　　计		**2**	**40**	**344**	**1**	**6**	**150**	**584**
哈尔滨市南岗区		1	4	17			3	4
哈尔滨市道外区			3	22			4	24
齐齐哈尔市龙沙区							11	19
牡丹江市东安区			2	7			6	28
七台河市新兴区			1	14			11	25
鹤岗市向阳区		1	8	11			6	4
伊春市翠峦区				1				51
北安市				5	1		5	40
集贤县								54
肇东市			3	22			2	23
肇州县				24			1	24
穆棱市			6	19			11	20
甘南县			2	15		2	17	23
绥滨县				5		1	5	42
肇源县			1	56			15	13
富裕县			2	9		1	11	14
五常市			1	30			15	20
海伦市			7	31			7	7
讷河市				14		1	6	62
宾县				8			5	35
克山县				21			4	37
富锦市				13		1	5	15

4－15 续表 1

单位：人

地区	中度障碍				重度障碍			
	残疾一级	残疾二级	残疾三级	残疾四级	残疾一级	残疾二级	残疾三级	残疾四级
总　计	**5**	**46**	**203**	**38**	**16**	**128**	**29**	**5**
哈尔滨市南岗区			3	5		8	11	3
哈尔滨市道外区	1		6	5		5	1	
齐齐哈尔市龙沙区		3	20	2	5	19	2	
牡丹江市东安区	1	2	6	5		3	2	
七台河市新兴区	1	6	25	1	2	8	3	
鹤岗市向阳区		1	1	1		5	1	
伊春市翠峦区			11			4		
北安市		2	13	1	1	3	1	
集贤县			15			8	1	
肇东市		5	13	1	4	12	1	1
肇州县			4			1		
穆棱市	1	1	7	4		7	2	
甘南县		5	3					
绥滨县		3	1	1	1	4		
肇源县	1	2	6					
富裕县		8	11	10	1	12	1	1
五常市			14	1		2		
海伦市		2	7	1		3		
讷河市		4	15		1	6		
宾县			11			9		
克山县		1	11			9		
富锦市		1			1		3	

4－15 续表 2

单位：人

地　　区	极重度障碍/不能完成			
	残疾一级	残疾二级	残疾三级	残疾四级
总　　计	**34**	**26**	**6**	
哈尔滨市南岗区	1	20	6	
哈尔滨市道外区	1	1		
齐齐哈尔市龙沙区	6			
牡丹江市东安区	1	1		
七台河市新兴区	2			
鹤岗市向阳区	2			
伊春市翠峦区	1			
北安市	3			
集贤县	2			
肇东市	4	1		
肇州县				
穆棱市	2	1		
甘南县				
绥滨县				
肇源县				
富裕县	2	2		
五常市				
海伦市	3			
讷河市	2			
宾县				
克山县	1			
富锦市	1			

4－16 各地区18岁及以上肢体残疾人分残疾等级的生活活动状况

单位：人

地　区	无障碍/无适用				轻度障碍			
	残疾一级	残疾二级	残疾三级	残疾四级	残疾一级	残疾二级	残疾三级	残疾四级
总　计		**1**	**1**	**36**		**2**	**36**	**587**
哈尔滨市南岗区		1						9
哈尔滨市道外区				7			1	25
齐齐哈尔市龙沙区							1	13
牡丹江市东安区				1			1	18
七台河市新兴区							1	22
鹤岗市向阳区							2	14
伊春市翠峦区								52
北安市								2
集贤县								54
肇东市				1			3	35
肇州市				9			2	39
穆棱市								2
甘南市						2	19	37
绥滨县								7
肇源县								38
富裕县			1					3
五常市							2	45
海伦市				1				11
讷河市				1			1	69
宾县								24
克山县								57
富锦市				16			3	11

4－16 续表 1

单位：人

地区	中度障碍				重度障碍			
	残疾一级	残疾二级	残疾三级	残疾四级	残疾一级	残疾二级	残疾三级	残疾四级
总　计		**3**	**218**	**242**	**1**	**98**	**106**	**81**
哈尔滨市南岗区				2			2	9
哈尔滨市道外区			6	15			7	2
齐齐哈尔市龙沙区			19	8		16	12	
牡丹江市东安区			11	20	1	3	3	1
七台河市新兴区			15	15		3	20	3
鹤岗市向阳区			13	2		7	1	
伊春市翠峦区			11			4		
北安市			1	21			14	23
集贤县			16			8		
肇东市			15	10		12	1	1
肇州市			3			1		
穆棱市			2	11			11	20
甘南市			3	1		3		
绥滨县		1	3	39		3	3	2
肇源县			11	31		2	10	
富裕县		2	13	24		10	11	6
五常市			24	6		1	4	
海伦市			3	10		1	2	14
讷河市			16	6		10	4	
宾县			16	19		7		
克山县			15	1		7		
富锦市			2	1			1	

4-16 续表 2

单位：人

地区	极重度障碍/不能完成			
	残疾一级	残疾二级	残疾三级	残疾四级
总　计	**55**	**104**	**67**	**25**
哈尔滨市南岗区	1	28	25	9
哈尔滨市道外区	2	6		2
齐齐哈尔市龙沙区	11	6	1	
牡丹江市东安区	1	3	1	
七台河市新兴区	5	11	4	
鹤岗市向阳区	2			
伊春市翠峦区	1			
北安市	5	5	4	
集贤县	2			
肇东市	8	6		
肇州市				
穆棱市	3	9	13	10
甘南市		2		
绥滨县	1	4		
肇源县	1		1	
富裕县	3	11		1
五常市		1		
海伦市	3	4	16	3
讷河市	3	1		
宾县		2		
克山县	1	3		
富锦市	2	2	2	

4－17　各地区18岁及以上肢体残疾人分残疾等级的社会参与状况

单位：人

地　区	无障碍/无适用				轻度障碍			
	残疾一级	残疾二级	残疾三级	残疾四级	残疾一级	残疾二级	残疾三级	残疾四级
总　计			**2**	**115**		**2**	**95**	**644**
哈尔滨市南岗区				4				2
哈尔滨市道外区				8				25
齐齐哈尔市龙沙区							9	19
牡丹江市东安区						1	6	32
七台河市新兴区							7	27
鹤岗市向阳区								9
伊春市翠峦区				3				49
北安市							2	27
集贤县								54
肇东市				5			5	41
肇州县			1	34			3	14
穆棱市				1			3	9
甘南县				1		1	19	37
绥滨县				1			2	28
肇源县				10			11	56
富裕县								
五常市				22			22	29
海伦市				1				17
讷河市				14			2	54
宾县				1			1	42
克山县								57
富锦市			1	10			3	16

4-17 续表 1

单位：人

地区	中度障碍				重度障碍			
	残疾一级	残疾二级	残疾三级	残疾四级	残疾一级	残疾二级	残疾三级	残疾四级
总　计	**2**	**40**	**230**	**161**	**30**	**120**	**78**	**43**
哈尔滨市南岗区			2	8		4	5	8
哈尔滨市道外区			6	12	1	1	7	6
齐齐哈尔市龙沙区		11	22	2	11	11	2	
牡丹江市东安区		2	9	8	2	3	1	
七台河市新兴区		5	31	13	5	9	2	
鹤岗市向阳区			11	7		7	5	
伊春市翠峦区		2	11		1	2		
北安市		1	14	19	4	4	3	
集贤县			16			8		
肇东市	1	2	14		1	14		1
肇州县			1			1		
穆棱市		2	14	29	1	6	9	4
甘南县		5	3			1		
绥滨县		3	3	19		3	1	
肇源县		2	10	3	1		1	
富裕县		1	6	19	2	17	18	14
五常市		1	8			1		
海伦市			4	12		4	16	9
讷河市		1	14	7		6	5	1
宾县			15			9		
克山县			14	1		9	1	
富锦市	1	2	2	2	1		2	

4－17 续表 2

单位：人

地 区	极重度障碍/不能完成			
	残疾一级	残疾二级	残疾三级	残疾四级
总 计	**24**	**46**	**23**	**8**
哈尔滨市南岗区	1	25	20	7
哈尔滨市道外区	1	5	1	
齐齐哈尔市龙沙区				
牡丹江市东安区				
七台河市新兴区				
鹤岗市向阳区	2			
伊春市翠峦区				
北安市	1			
集贤县	2			
肇东市	6	2		
肇州县				
穆棱市	2	1		
甘南县				
绥滨县	1	2		
肇源县				
富裕县	1	5	1	1
五常市				
海伦市	3	1	1	
讷河市	3	4		
宾县				
克山县	1	1		
富锦市				

4－18 各地区18岁及以上智力残疾人分残疾等级的理解和交流状况

单位：人

地　区	无障碍/无适用				轻度障碍			
	残疾一级	残疾二级	残疾三级	残疾四级	残疾一级	残疾二级	残疾三级	残疾四级
总　计		**2**	**1**	**10**	**1**	**3**	**12**	**59**
哈尔滨市南岗区				1			2	1
哈尔滨市道外区								
齐齐哈尔市龙沙区				1				1
牡丹江市东安区								1
七台河市新兴区			1				1	1
鹤岗市向阳区				1				1
伊春市翠峦区							1	2
北安市							1	6
集贤县								2
肇东市				2				
肇州县								1
穆棱市				1				3
甘南县								3
绥滨县							1	3
肇源县							1	1
富裕县								1
五常市				3				11
海伦市		1					1	2
讷河市								5
宾县		1		1	1	2	1	6
克山县						1	2	8
富锦市							1	

4－18 续表 1

单位：人

地　区	中度障碍				重度障碍			
	残疾一级	残疾二级	残疾三级	残疾四级	残疾一级	残疾二级	残疾三级	残疾四级
总　计	**1**	**13**	**42**	**20**	**4**	**28**	**23**	**1**
哈尔滨市南岗区			6			2	2	
哈尔滨市道外区					1	4	2	
齐齐哈尔市龙沙区			2					
牡丹江市东安区								
七台河市新兴区			3	1		3	1	
鹤岗市向阳区			3			1		
伊春市翠峦区	1	1	2					
北安市		4	2			3		
集贤县						1	1	
肇东市			3			1	2	
肇州县		3	4		2			
穆棱市			2	3		1	5	
甘南县			1			1		
绥滨县		1	2		1	2	1	
肇源县			5	4		2	1	
富裕县				3		1	5	1
五常市				1		1		
海伦市				4		1	1	
讷河市		2	1	1		2	1	
宾县						1		
克山县		2	6	3			1	
富锦市						1		

4-18 续表 2

单位：人

地　　区	极重度障碍/不能完成			
	残疾一级	残疾二级	残疾三级	残疾四级
总　　计	**13**	**16**	**5**	
哈尔滨市南岗区		2		
哈尔滨市道外区	2	4		
齐齐哈尔市龙沙区		1		
牡丹江市东安区		1	1	
七台河市新兴区				
鹤岗市向阳区				
伊春市翠峦区				
北安市	2	2		
集贤县	3		2	
肇东市	1			
肇州县				
穆棱市				
甘南县		1		
绥滨县		1		
肇源县	1	1	1	
富裕县				
五常市				
海伦市	3	1	1	
讷河市	1	1		
宾县				
克山县				
富锦市		1		

4－19　各地区18岁及以上智力残疾人分残疾等级的身体移动状况

单位：人

地　区	无障碍/无适用				轻度障碍			
	残疾一级	残疾二级	残疾三级	残疾四级	残疾一级	残疾二级	残疾三级	残疾四级
总　计	**12**	**44**	**65**	**79**	**4**	**4**	**15**	**10**
哈尔滨市南岗区		3	8	1			1	1
哈尔滨市道外区	2	2	2			1		
齐齐哈尔市龙沙区			1	2			1	
牡丹江市东安区		1		1			1	
七台河市新兴区		2	3	1			2	1
鹤岗市向阳区		1	3	2				
伊春市翠峦区			3	2	1	1		
北安市	1	8	2	6	1	1	1	
集贤县	3	1	3	2				
肇东市	1	1	5	2				
肇州县	2	3	3	1			1	
穆棱市			4	7			2	
甘南县		2		2			1	1
绥滨县		1	3		1		1	3
肇源县		3	8	4				1
富裕县			4	5			1	
五常市		1		14				
海伦市	1	2	3	6	1			
讷河市	1	5	2	6				
宾县	1	3	1	7		1		
克山县		3	6	8			3	3
富锦市		2	1					

4-19 续表 1

单位：人

地区	中度障碍				重度障碍			
	残疾一级	残疾二级	残疾三级	残疾四级	残疾一级	残疾二级	残疾三级	残疾四级
总计	**2**	**7**	**1**	**1**	**1**	**5**	**2**	
哈尔滨市南岗区		1					1	
哈尔滨市道外区	1	1				3		
齐齐哈尔市龙沙区		1						
牡丹江市东安区								
七台河市新兴区							1	
鹤岗市向阳区								
伊春市翠峦区								
北安市								
集贤县								
肇东市								
肇州县								
穆棱市			1			1		
甘南县								
绥滨县		3						
肇源县					1			
富裕县		1						
五常市				1				
海伦市	1					1		
讷河市								
宾县								
克山县								
富锦市								

4－19 续表 2

单位：人

地区	极重度障碍/不能完成			
	残疾一级	残疾二级	残疾三级	残疾四级
总计		**2**		
哈尔滨市南岗区				
哈尔滨市道外区		1		
齐齐哈尔市龙沙区				
牡丹江市东安区				
七台河市新兴区		1		
鹤岗市向阳区				
伊春市翠峦区				
北安市				
集贤县				
肇东市				
肇州县				
穆棱市				
甘南县				
绥滨县				
肇源县				
富裕县				
五常市				
海伦市				
讷河市				
宾县				
克山县				
富锦市				

4－20 各地区18岁及以上智力残疾人分残疾等级的生活自理状况

单位：人

地 区	无障碍/无适用				轻度障碍			
	残疾一级	残疾二级	残疾三级	残疾四级	残疾一级	残疾二级	残疾三级	残疾四级
总 计	**1**	**2**	**14**	**49**	**4**	**23**	**48**	**38**
哈尔滨市南岗区		2	1	1		1	7	1
哈尔滨市道外区			1			1	1	
齐齐哈尔市龙沙区				2				
牡丹江市东安区							1	1
七台河市新兴区			1	1		2	3	1
鹤岗市向阳区			3	1		1		1
伊春市翠峦区					1	1	2	2
北安市				5		5	3	1
集贤县			2	2	2	1	1	
肇东市			1	2			3	
肇州县							1	
穆棱市			1	7			5	
甘南县				2		1	1	1
绥滨县						1	2	3
肇源县				1		1	6	4
富裕县				3			5	2
五常市				6				8
海伦市			3	5	1	1		1
讷河市				6		4	2	
宾县	1			2		2	1	4
克山县				3		1	4	8
富锦市			1					

4－20 续表 1

单位：人

地　区	中度障碍				重度障碍			
	残疾一级	残疾二级	残疾三级	残疾四级	残疾一级	残疾二级	残疾三级	残疾四级
总　计	**2**	**25**	**17**	**2**	**7**	**8**	**4**	**1**
哈尔滨市南岗区			1				1	
哈尔滨市道外区		1			1	3		
齐齐哈尔市龙沙区			1			1	1	
牡丹江市东安区		1						
七台河市新兴区			2			1		
鹤岗市向阳区								
伊春市翠峦区			1					
北安市	1	3			1	1		
集贤县								
肇东市		1					1	
肇州县		3	3	1	2			
穆棱市		1					1	
甘南县		1						
绥滨县		1	2		1	2		
肇源县		2	2		1			
富裕县		1						
五常市		1						1
海伦市	1	2						
讷河市		1			1			
宾县		2		1				
克山县		2	5					
富锦市		2						

4－20 续表 2

单位：人

地 区	极重度障碍/不能完成			
	残疾一级	残疾二级	残疾三级	残疾四级
总 计	**5**	**4**		
哈尔滨市南岗区		1		
哈尔滨市道外区	2	3		
齐齐哈尔市龙沙区				
牡丹江市东安区				
七台河市新兴区				
鹤岗市向阳区				
伊春市翠峦区				
北安市				
集贤县	1			
肇东市	1			
肇州县				
穆棱市				
甘南县				
绥滨县				
肇源县				
富裕县				
五常市				
海伦市	1			
讷河市				
宾县				
克山县				
富锦市				

4－21 各地区18岁及以上智力残疾人分残疾等级的与人相处状况

单位：人

地区	无障碍/无适用				轻度障碍			
	残疾一级	残疾二级	残疾三级	残疾四级	残疾一级	残疾二级	残疾三级	残疾四级
总　计		**1**	**1**	**9**	**1**	**3**	**15**	**63**
哈尔滨市南岗区							3	1
哈尔滨市道外区								
齐齐哈尔市龙沙区								2
牡丹江市东安区								1
七台河市新兴区			1	1			3	1
鹤岗市向阳区				1				1
伊春市翠峦区								2
北安市								6
集贤县				1				1
肇东市				1				
肇州县								
穆棱市				1				2
甘南县								3
绥滨县							1	3
肇源县							2	4
富裕县								1
五常市								13
海伦市							1	3
讷河市				2				3
宾县		1		2	1	2	1	5
克山县						1	4	11
富锦市								

4－21 续表 1

单位：人

地区	中度障碍				重度障碍			
	残疾一级	残疾二级	残疾三级	残疾四级	残疾一级	残疾二级	残疾三级	残疾四级
总计		**12**	**42**	**15**	**6**	**27**	**21**	**3**
哈尔滨市南岗区		2	6	1			1	
哈尔滨市道外区			1		1	4	1	
齐齐哈尔市龙沙区			1			1	1	
牡丹江市东安区			1			1		
七台河市新兴区			1			2	1	
鹤岗市向阳区		1	2				1	
伊春市翠峦区			3		1	1		
北安市		1	3			3		
集贤县							1	
肇东市			3			1	2	1
肇州县		3	3	1	2		1	
穆棱市			2	4			4	
甘南县			1			1		
绥滨县		1	3			3		
肇源县		1	5	1	1	2	1	
富裕县				4		1	4	
五常市				1		1		1
海伦市			1	2	1		1	1
讷河市		1		1		3	2	
宾县						1		
克山县		2	5					
富锦市			1			2		

4－21　续表 2

单位：人

地　区	极重度障碍/不能完成			
	残疾一级	残疾二级	残疾三级	残疾四级
总　计	**12**	**19**	**4**	
哈尔滨市南岗区		2		
哈尔滨市道外区	2	4		
齐齐哈尔市龙沙区				
牡丹江市东安区				
七台河市新兴区		1		
鹤岗市向阳区				
伊春市翠峦区				
北安市	2	5		
集贤县	3	1	2	
肇东市	1			
肇州县				
穆棱市		1	1	
甘南县		1		
绥滨县	1			
肇源县				
富裕县			1	
五常市				
海伦市	2	3		
讷河市	1	1		
宾县				
克山县				
富锦市				

4－22 各地区18岁及以上智力残疾人分残疾等级的生活活动状况

单位：人

地 区	无障碍/无适用				轻度障碍			
	残疾一级	残疾二级	残疾三级	残疾四级	残疾一级	残疾二级	残疾三级	残疾四级
总 计			**1**	**5**	**1**		**6**	**50**
哈尔滨市南岗区				1			1	
哈尔滨市道外区								
齐齐哈尔市龙沙区							1	2
牡丹江市东安区								
七台河市新兴区							1	1
鹤岗市向阳区				1				1
伊春市翠峦区							1	2
北安市								3
集贤县				1			1	
肇东市				1				1
肇州县								
穆棱市								3
甘南县								2
绥滨县								3
肇源县								2
富裕县								1
五常市								12
海伦市			1					
讷河市								6
宾县				1	1			3
克山县							1	8
富锦市								

4－22 续表 1

单位：人

地区	中度障碍				重度障碍			
	残疾一级	残疾二级	残疾三级	残疾四级	残疾一级	残疾二级	残疾三级	残疾四级
总　计	**1**	**10**	**41**	**28**	**1**	**22**	**23**	**5**
哈尔滨市南岗区			5	1		2	4	
哈尔滨市道外区			1					
齐齐哈尔市龙沙区							1	
牡丹江市东安区						1		1
七台河市新兴区							2	
鹤岗市向阳区			2			1	1	
伊春市翠峦区	1		2			1		
北安市			1	3		4	2	
集贤县				1				
肇东市			4			1	1	
肇州县		2	4	1	1	1		
穆棱市				3			3	1
甘南县			1	1		2		
绥滨县			4			2		
肇源县		1	6	3		1	2	
富裕县				3		1	5	1
五常市				2		1		
海伦市			1	4			1	2
讷河市						2	1	
宾县		3	1	3		1		
克山县		3	8	3				
富锦市		1	1			1		

4－22 续表 2

单位：人

地　区	极重度障碍/不能完成			
	残疾一级	残疾二级	残疾三级	残疾四级
总　计	**16**	**30**	**12**	**2**
哈尔滨市南岗区		2		
哈尔滨市道外区	3	8	1	
齐齐哈尔市龙沙区		1		
牡丹江市东安区			1	
七台河市新兴区		3	3	1
鹤岗市向阳区				
伊春市翠峦区				
北安市	2	5		
集贤县	3	1	2	
肇东市	1			
肇州县	1			
穆棱市		1	4	
甘南县				
绥滨县	1	2		
肇源县	1	1		
富裕县				
五常市				1
海伦市	3	3		
讷河市	1	3	1	
宾县				
克山县				
富锦市				

4－23　各地区18岁及以上智力残疾人分残疾等级的社会参与状况

单位：人

地　区	无障碍/无适用				轻度障碍			
	残疾一级	残疾二级	残疾三级	残疾四级	残疾一级	残疾二级	残疾三级	残疾四级
总　计	**1**			**9**	**1**	**3**	**10**	**48**
哈尔滨市南岗区						1	2	2
哈尔滨市道外区								
齐齐哈尔市龙沙区								2
牡丹江市东安区								
七台河市新兴区								
鹤岗市向阳区				1				1
伊春市翠峦区								2
北安市								3
集贤县				1				
肇东市				1				
肇州县					1			
穆棱市							2	6
甘南县								3
绥滨县						1	2	3
肇源县								
富裕县								1
五常市								13
海伦市							1	
讷河市				5				1
宾县	1			1		1		1
克山县							3	10
富锦市								

4-23 续表 1

单位：人

地　区	中度障碍				重度障碍			
	残疾一级	残疾二级	残疾三级	残疾四级	残疾一级	残疾二级	残疾三级	残疾四级
总　计	**3**	**25**	**46**	**29**	**9**	**27**	**23**	**4**
哈尔滨市南岗区		2	7			1	1	
哈尔滨市道外区		2	1		3	6	1	
齐齐哈尔市龙沙区			1				1	
牡丹江市东安区		1	1	1				
七台河市新兴区			2	2		2	4	
鹤岗市向阳区			2			1	1	
伊春市翠峦区	1		3			1		
北安市			1	3	2	7	2	
集贤县								1
肇东市		1	1		1		4	1
肇州县		3	4	1	1			
穆棱市		1	5	1				
甘南县						1	1	
绥滨县	1	2	2			1		
肇源县		2	6	5		1	2	
富裕县				3		1	4	1
五常市				2		1		
海伦市			1	5	2	2	1	1
讷河市	1	5	1				1	
宾县		3	1	5				
克山县		3	6	1				
富锦市			1			2		

4－23 续表 2

单位：人

地　区	极重度障碍/不能完成			
	残疾一级	残疾二级	残疾三级	残疾四级
总　计	**5**	**7**	**4**	
哈尔滨市南岗区				
哈尔滨市道外区				
齐齐哈尔市龙沙区		1		
牡丹江市东安区				
七台河市新兴区		1		
鹤岗市向阳区				
伊春市翠峦区				
北安市		2		
集贤县	3	1	3	
肇东市				
肇州县				
穆棱市				
甘南县		1		
绥滨县				
肇源县	1			
富裕县			1	
五常市				
海伦市	1	1		
讷河市				
宾县				
克山县				
富锦市				

4－24 各地区18岁及以上精神残疾人分残疾等级的理解和交流状况

单位：人

地 区	无障碍/无适用				轻度障碍			
	残疾一级	残疾二级	残疾三级	残疾四级	残疾一级	残疾二级	残疾三级	残疾四级
总 计	**2**			**5**	**1**	**1**	**11**	**49**
哈尔滨市南岗区				1				3
哈尔滨市道外区	1							1
齐齐哈尔市龙沙区							1	
牡丹江市东安区							1	
七台河市新兴区	1					1	1	3
鹤岗市向阳区							1	3
伊春市翠峦区								2
北安市								1
集贤县							1	1
肇东市					1			
肇州县								6
穆棱市				1			1	4
甘南县							2	2
绥滨县								3
肇源县								5
富裕县								1
五常市							2	2
海伦市				2				4
讷河市								
宾县				1				4
克山县								3
富锦市							1	1

4－24 续表 1

单位：人

地　区	中度障碍				重度障碍			
	残疾一级	残疾二级	残疾三级	残疾四级	残疾一级	残疾二级	残疾三级	残疾四级
总　计	**3**	**31**	**41**	**53**	**25**	**16**	**2**	
哈尔滨市南岗区			4	9				
哈尔滨市道外区			3		3	2		
齐齐哈尔市龙沙区		6	1		1			
牡丹江市东安区					1			
七台河市新兴区	1	2	1		2			
鹤岗市向阳区			1	3	2			
伊春市翠峦区			2	7				
北安市		2	2	5				
集贤县		1	1	1	1			
肇东市		4	3					
肇州县			5	1		1		
穆棱市		3	1	2	1	2		
甘南县		5	2			1		
绥滨县				1	2	2	1	
肇源县			2	5		1		
富裕县		2	3	6	2	3		
五常市		3	4		3			
海伦市		2			1			
讷河市			2	6	2	3	1	
宾县		1		6	2			
克山县	2		2	1	2	1		
富锦市			2					

4－24 续表 2

单位：人

地　区	极重度障碍/不能完成			
	残疾一级	残疾二级	残疾三级	残疾四级
总　计	**10**			**1**
哈尔滨市南岗区				
哈尔滨市道外区				
齐齐哈尔市龙沙区				
牡丹江市东安区				
七台河市新兴区	2			
鹤岗市向阳区				
伊春市翠峦区				
北安市				
集贤县				
肇东市				
肇州县				
穆棱市	1			
甘南县				
绥滨县				
肇源县				
富裕县	1			
五常市				
海伦市				1
讷河市	2			
宾县	1			
克山县	2			
富锦市	1			

4－25　各地区18岁及以上精神残疾人分残疾等级的身体移动状况

单位：人

地　区	无障碍/无适用				轻度障碍			
	残疾一级	残疾二级	残疾三级	残疾四级	残疾一级	残疾二级	残疾三级	残疾四级
总　计	**21**	**24**	**30**	**93**	**7**	**7**	**14**	**12**
哈尔滨市南岗区			4	13				
哈尔滨市道外区	1					1	2	1
齐齐哈尔市龙沙区						1		
牡丹江市东安区			1		1			
七台河市新兴区	2			2	2	1	1	1
鹤岗市向阳区	2		2	6				
伊春市翠峦区			2	9				
北安市		2	2	6				
集贤县		1	1	2	1		1	
肇东市		2	3		1	2		
肇州县				4			5	3
穆棱市	1	5	2	5				2
甘南县				2		1	2	
绥滨县	1	2	1	4	1			
肇源县		1	2	10				
富裕县	3	5	2	5				2
五常市	3	3	6	2				
海伦市		1		7		1		
讷河市								3
宾县	3	1		11				
克山县	5	1	2	4	1			
富锦市				1			3	

4－25 续表 1

单位：人

地　区	中度障碍				重度障碍			
	残疾一级	残疾二级	残疾三级	残疾四级	残疾一级	残疾二级	残疾三级	残疾四级
总　计	**10**	**16**	**9**	**3**	**3**	**1**	**1**	
哈尔滨市南岗区								
哈尔滨市道外区	3	1	1					
齐齐哈尔市龙沙区	1	5	2					
牡丹江市东安区								
七台河市新兴区	1	2	1		1			
鹤岗市向阳区								
伊春市翠峦区								
北安市								
集贤县								
肇东市								
肇州县		1						
穆棱市	1							
甘南县		5	2					
绥滨县								
肇源县								
富裕县			1					
五常市								
海伦市	1							
讷河市	3	2	2	3	1	1	1	
宾县								
克山县								
富锦市					1			

4－25 续表 2

单位：人

地区	极重度障碍/不能完成			
	残疾一级	残疾二级	残疾三级	残疾四级
总 计				
哈尔滨市南岗区				
哈尔滨市道外区				
齐齐哈尔市龙沙区				
牡丹江市东安区				
七台河市新兴区				
鹤岗市向阳区				
伊春市翠峦区				
北安市				
集贤县				
肇东市				
肇州县				
穆棱市				
甘南县				
绥滨县				
肇源县				
富裕县				
五常市				
海伦市				
讷河市				
宾县				
克山县				
富锦市				

4－26 各地区18岁及以上精神残疾人分残疾等级的生活自理状况

单位：人

地　区	无障碍/无适用				轻度障碍			
	残疾一级	残疾二级	残疾三级	残疾四级	残疾一级	残疾二级	残疾三级	残疾四级
总　计			**2**	**39**	**2**	**16**	**33**	**59**
哈尔滨市南岗区			1	8			3	5
哈尔滨市道外区								
齐齐哈尔市龙沙区						1		
牡丹江市东安区							1	
七台河市新兴区				1	1	2		2
鹤岗市向阳区				3			2	3
伊春市翠峦区								6
北安市						1	2	6
集贤县								2
肇东市							3	
肇州县				2		1	5	5
穆棱市				1		3	1	6
甘南县				2			3	
绥滨县						1		3
肇源县				1			1	9
富裕县			1	6		4	2	1
五常市				2	1	1	5	
海伦市				4				3
讷河市							1	1
宾县				7		1		4
克山县				2		1	2	2
富锦市							2	1

4-26 续表 1

单位：人

地 区	中度障碍				重度障碍			
	残疾一级	残疾二级	残疾三级	残疾四级	残疾一级	残疾二级	残疾三级	残疾四级
总 计	**22**	**26**	**17**	**10**	**13**	**6**	**2**	
哈尔滨市南岗区								
哈尔滨市道外区	2		2	1	2	2	1	
齐齐哈尔市龙沙区	1	4	2			1		
牡丹江市东安区	1							
七台河市新兴区	2		2		2	1		
鹤岗市向阳区	2							
伊春市翠峦区			2	3				
北安市		1						
集贤县	1	1	2					
肇东市		4			1			
肇州县								
穆棱市	1	2	1		1			
甘南县		6	1					
绥滨县	1	1	1	1	1			
肇源县		1	1					
富裕县	2	1						
五常市	2	2	1					
海伦市		2			1			
讷河市	1	1	1	5	1	2	1	
宾县	2				1			
克山县	4				2			
富锦市			1		1			

4－26 续表 2

单位：人

地区	极重度障碍/不能完成			
	残疾一级	残疾二级	残疾三级	残疾四级
总计	**4**			
哈尔滨市南岗区				
哈尔滨市道外区				
齐齐哈尔市龙沙区				
牡丹江市东安区				
七台河市新兴区	1			
鹤岗市向阳区				
伊春市翠峦区				
北安市				
集贤县				
肇东市				
肇州县				
穆棱市				
甘南县				
绥滨县				
肇源县				
富裕县	1			
五常市				
海伦市				
讷河市	2			
宾县				
克山县				
富锦市				

4－27 各地区18岁及以上精神残疾人分残疾等级的与人相处状况

单位：人

地区	无障碍/无适用				轻度障碍			
	残疾一级	残疾二级	残疾三级	残疾四级	残疾一级	残疾二级	残疾三级	残疾四级
总　计	**1**			**5**		**1**		**57**
哈尔滨市南岗区				1				10
哈尔滨市道外区	1							
齐齐哈尔市龙沙区								
牡丹江市东安区								
七台河市新兴区								2
鹤岗市向阳区								4
伊春市翠峦区								2
北安市								
集贤县								1
肇东市								
肇州县				1				6
穆棱市								5
甘南县								2
绥滨县								3
肇源县				1				5
富裕县				1				
五常市								
海伦市				1		1		5
讷河市								1
宾县								6
克山县								4
富锦市								1

4－27 续表 1

单位：人

地　区	中度障碍				重度障碍			
	残疾一级	残疾二级	残疾三级	残疾四级	残疾一级	残疾二级	残疾三级	残疾四级
总　计		**32**	**49**	**43**	**30**	**15**	**5**	**2**
哈尔滨市南岗区			4	2				
哈尔滨市道外区		1	2	1	2	1	1	
齐齐哈尔市龙沙区		6	1		1		1	
牡丹江市东安区			1		1			
七台河市新兴区		3	2	1	4			
鹤岗市向阳区			2	2	1			
伊春市翠峦区			2	7				
北安市		2	2	6				
集贤县		1	1	1	1		1	
肇东市		2	3		1	2		
肇州县		1	5					
穆棱市		1	2	2	1	4		
甘南县		6	4					
绥滨县		1	1	1	1	1		
肇源县		1	2	4				
富裕县		2	2	4	2	3	1	1
五常市		1	6	2	2	2		
海伦市		1		1	1			
讷河市		2	2	4	2	1	1	1
宾县				5	3	1		
克山县		1	2		6			
富锦市			3		1			

4－27 续表 2

单位：人

地　区	极重度障碍/不能完成			
	残疾一级	残疾二级	残疾三级	残疾四级
总　计	**10**			**1**
哈尔滨市南岗区				
哈尔滨市道外区	1			
齐齐哈尔市龙沙区				
牡丹江市东安区				
七台河市新兴区	2			
鹤岗市向阳区	1			
伊春市翠峦区				
北安市				
集贤县				
肇东市				
肇州县				
穆棱市	1			
甘南县				
绥滨县	1			
肇源县				
富裕县	1			1
五常市	1			
海伦市				
讷河市	2			
宾县				
克山县				
富锦市				

4－28 各地区18岁及以上精神残疾人分残疾等级的生活活动状况

单位：人

地区	无障碍/无适用				轻度障碍			
	残疾一级	残疾二级	残疾三级	残疾四级	残疾一级	残疾二级	残疾三级	残疾四级
总　计				**4**				**30**
哈尔滨市南岗区				1				1
哈尔滨市道外区								
齐齐哈尔市龙沙区								
牡丹江市东安区								
七台河市新兴区								2
鹤岗市向阳区				1				2
伊春市翠峦区								
北安市								
集贤县								
肇东市								
肇州县								5
穆棱市								2
甘南县								2
绥滨县								
肇源县								3
富裕县								1
五常市								
海伦市				2				2
讷河市								1
宾县								5
克山县								3
富锦市								1

4－28 续表 1

单位：人

地区	中度障碍				重度障碍			
	残疾一级	残疾二级	残疾三级	残疾四级	残疾一级	残疾二级	残疾三级	残疾四级
总　计	**1**	**17**	**29**	**65**	**20**	**29**	**25**	**9**
哈尔滨市南岗区			4	11				
哈尔滨市道外区	1	1		1	2	1	3	
齐齐哈尔市龙沙区		4	2		1	2		
牡丹江市东安区					1		1	
七台河市新兴区		1	2	1	4	2		
鹤岗市向阳区			2	3	2			
伊春市翠峦区				9			2	
北安市			1	6		2	1	
集贤县			1	2	1	1	1	
肇东市		3	3		1	1		
肇州县		1	4	2			1	
穆棱市			1			3	1	5
甘南县		4	4			2		
绥滨县				4		2	1	
肇源县			1	7		1	1	
富裕县		2	1	4	2	3	2	2
五常市				1	2	3	6	1
海伦市				3		2		
讷河市			1	4	1	3	2	1
宾县		1		6	2			
克山县				1	1	1	2	
富锦市			2				1	

4-28 续表 2

单位：人

地区	极重度障碍/不能完成			
	残疾一级	残疾二级	残疾三级	残疾四级
总计	**20**	**2**		
哈尔滨市南岗区				
哈尔滨市道外区	1			
齐齐哈尔市龙沙区				
牡丹江市东安区				
七台河市新兴区	2			
鹤岗市向阳区				
伊春市翠峦区				
北安市				
集贤县				
肇东市				
肇州县				
穆棱市	2	2		
甘南县				
绥滨县	2			
肇源县				
富裕县	1			
五常市	1			
海伦市	1			
讷河市	3			
宾县	1			
克山县	5			
富锦市	1			

4－29　各地区18岁及以上精神残疾人分残疾等级的社会参与状况

单位：人

地　区	无障碍/无适用				轻度障碍			
	残疾一级	残疾二级	残疾三级	残疾四级	残疾一级	残疾二级	残疾三级	残疾四级
总　计				**1**	**1**	**1**		**32**
哈尔滨市南岗区				1				1
哈尔滨市道外区								
齐齐哈尔市龙沙区								
牡丹江市东安区								
七台河市新兴区					1			1
鹤岗市向阳区								2
伊春市翠峦区								5
北安市								
集贤县								
肇东市								
肇州县								5
穆棱市								1
甘南县						1		1
绥滨县								1
肇源县								3
富裕县								3
五常市								
海伦市								3
讷河市								2
宾县								3
克山县								1
富锦市								

4-29 续表 1

单位：人

地区	中度障碍				重度障碍			
	残疾一级	残疾二级	残疾三级	残疾四级	残疾一级	残疾二级	残疾三级	残疾四级
总计	**3**	**25**	**38**	**68**	**31**	**22**	**16**	**7**
哈尔滨市南岗区			1	11			3	
哈尔滨市道外区	1		1	1	3	2	2	
齐齐哈尔市龙沙区	1	5	2			1		
牡丹江市东安区			1		1			
七台河市新兴区		3	1	1	3		1	1
鹤岗市向阳区				3	1		2	1
伊春市翠峦区			2	4				
北安市			1	6		2	1	
集贤县	1	1	1	2			1	
肇东市		3	3		1	1		
肇州县		1	4	2			1	
穆棱市		3	1	6	2	2	1	
甘南县		4	4	1		1		
绥滨县		2	1	3	1			
肇源县			2	7		1		
富裕县		2	2	3	3	3	1	1
五常市			4	2	3	3	2	
海伦市				3		2		1
讷河市			2	1	4	3	1	3
宾县				8	2	1		
克山县		1	2	3	6			
富锦市			3	1	1			

4－29 续表 2

单位：人

地　区	极重度障碍/不能完成			
	残疾一级	残疾二级	残疾三级	残疾四级
总　计	**6**			
哈尔滨市南岗区				
哈尔滨市道外区				
齐齐哈尔市龙沙区				
牡丹江市东安区				
七台河市新兴区	2			
鹤岗市向阳区	1			
伊春市翠峦区				
北安市				
集贤县				
肇东市				
肇州县				
穆棱市				
甘南县				
绥滨县	1			
肇源县				
富裕县				
五常市				
海伦市	1			
讷河市				
宾县	1			
克山县				
富锦市				

4－30 各地区18岁及以上多重残疾人分残疾等级的理解和交流状况

单位：人

地　区	无障碍/无适用				轻度障碍			
	残疾一级	残疾二级	残疾三级	残疾四级	残疾一级	残疾二级	残疾三级	残疾四级
总　计	**31**	**17**	**26**	**14**	**64**	**20**	**32**	**26**
哈尔滨市南岗区	10	1	3	1	1			
哈尔滨市道外区			1		1			
齐齐哈尔市龙沙区		1	3	1	3	2	2	2
牡丹江市东安区	1	1	2	1	3		2	
七台河市新兴区	1		2	1	2	2		4
鹤岗市向阳区	7	5	4	1	3			
伊春市翠峦区					7	1		1
北安市	2	2	1	1	1		1	1
集贤县	3	2			2		7	8
肇东市	1			1		1	1	
肇州县	1		1		8	1	2	2
穆棱市			2	1	6	3	2	1
甘南县	1	2	1	2	1			
绥滨县	1				8	1	3	
肇源县		1	1				3	2
富裕县	1			1	1			1
五常市					7	2	2	
海伦市	1	1	3	1	5		1	1
讷河市								
宾县					3	5	4	3
克山县				1	1	1		
富锦市	1	1	2	1	1	1	2	

4－30 续表 1

单位：人

地　区	中度障碍				重度障碍			
	残疾一级	残疾二级	残疾三级	残疾四级	残疾一级	残疾二级	残疾三级	残疾四级
总　计	**69**	**24**	**23**	**5**	**53**	**19**	**5**	**1**
哈尔滨市南岗区								
哈尔滨市道外区	2	1				1		
齐齐哈尔市龙沙区	4	5	1	1	2			
牡丹江市东安区	8	2						
七台河市新兴区	7	2	3		4	2		
鹤岗市向阳区	1				1			
伊春市翠峦区	5	1	1		1	1		
北安市	7	1	1	1	2	2		
集贤县	1	3	5		13	1	2	
肇东市	2	1	1		2			
肇州县	1	2	2	1		1		
穆棱市	7	1	1		7	5		1
甘南县	2				3			
绥滨县	3		3		5	2	1	
肇源县					1	1		
富裕县	2	3	1	1	3			
五常市	2				1			
海伦市				1			1	
讷河市					3	1		
宾县	6	1	3		3	2		
克山县	2	1	1		1			
富锦市	7				1		1	

4－30 续表 2

单位：人

地区	极重度障碍/不能完成			
	残疾一级	残疾二级	残疾三级	残疾四级
总计	**59**	**5**	**3**	
哈尔滨市南岗区	2	1		
哈尔滨市道外区				
齐齐哈尔市龙沙区	1			
牡丹江市东安区	3			
七台河市新兴区	2			
鹤岗市向阳区	4	1		
伊春市翠峦区	2			
北安市	2			
集贤县	4		1	
肇东市	3	1		
肇州县	2			
穆棱市	5			
甘南县	1	1		
绥滨县	3			
肇源县	6			
富裕县	1			
五常市	2			
海伦市	10		2	
讷河市				
宾县	2			
克山县	3	1		
富锦市	1			

4－31 各地区18岁及以上多重残疾人分残疾等级的身体移动状况

单位：人

地区	无障碍/无适用				轻度障碍			
	残疾一级	残疾二级	残疾三级	残疾四级	残疾一级	残疾二级	残疾三级	残疾四级
总　计	**154**	**27**	**34**	**24**	**20**	**11**	**19**	**19**
哈尔滨市南岗区	11			1				
哈尔滨市道外区	3		1			1		
齐齐哈尔市龙沙区	1	1		4	1		3	
牡丹江市东安区	9	1	2			1		1
七台河市新兴区	6	1	1	2	3	1	1	2
鹤岗市向阳区	3	1	1		1	1	1	1
伊春市翠峦区	10	1	1		1	1		1
北安市	10	3	2	2		1		1
集贤县	12	2	7	1	1	2	3	7
肇东市	2	1	1	1				
肇州县	7	4	3	1	2		1	2
穆棱市	13	5	2	2			1	
甘南县	7	1		1	1			1
绥滨县	12	1	3		3		2	
肇源县	7	1		2			1	
富裕县	5	1	1	2	1	1		
五常市	3		1		3	2	1	
海伦市	9		3	2	1		2	1
讷河市	2							
宾县	10	3	2	2	1		3	1
克山县	2							1
富锦市	10		3	1	1			

4-31 续表 1

单位：人

地　区	中度障碍				重度障碍			
	残疾一级	残疾二级	残疾三级	残疾四级	残疾一级	残疾二级	残疾三级	残疾四级
总　计	**25**	**15**	**26**	**1**	**26**	**26**	**6**	**2**
哈尔滨市南岗区		1			1		1	
哈尔滨市道外区		1						
齐齐哈尔市龙沙区		3	3			4		
牡丹江市东安区	1		1		2			
七台河市新兴区	3	1	2	1	1	3	1	
鹤岗市向阳区	3		2		4	4		
伊春市翠峦区	2				1	1		
北安市	2		1			1		
集贤县	6		5		3	2		
肇东市	1	2	1		1			
肇州县			1		2			
穆棱市	1		1		4	2	1	1
甘南县			1			1		
绥滨县	1	1	2		3			
肇源县			2			1	1	
富裕县		1			1			1
五常市	3				1			
海伦市		1	1				1	
讷河市	1	1						
宾县	1	1	1		1	4	1	
克山县		1	1		1	2		
富锦市		1	1			1		

4－31　续表 2

单位：人

地　　区	极重度障碍/不能完成			
	残疾一级	残疾二级	残疾三级	残疾四级
总　　计	**51**	**6**	**4**	
哈尔滨市南岗区	1	1	2	
哈尔滨市道外区				
齐齐哈尔市龙沙区	8			
牡丹江市东安区	3	1	1	
七台河市新兴区	3			
鹤岗市向阳区	5			
伊春市翠峦区	1			
北安市	2			
集贤县	1			
肇东市	4			
肇州县	1			
穆棱市	7	2		
甘南县		1		
绥滨县	1	1		
肇源县				
富裕县	1			
五常市	2			
海伦市	6			
讷河市				
宾县	1			
克山县	4			
富锦市			1	

4－32 各地区18岁及以上多重残疾人分残疾等级的生活自理状况

单位：人

地区	无障碍/无适用				轻度障碍			
	残疾一级	残疾二级	残疾三级	残疾四级	残疾一级	残疾二级	残疾三级	残疾四级
总　计	**120**	**15**	**26**	**10**	**42**	**13**	**27**	**31**
哈尔滨市南岗区	11		1					1
哈尔滨市道外区	3		1					
齐齐哈尔市龙沙区		1	1	3	1		2	1
牡丹江市东安区	7	1	1		2		1	1
七台河市新兴区	5	2			4		2	4
鹤岗市向阳区	4	1	2		2	1		1
伊春市翠峦区	10				1	1	1	1
北安市	9	1	2	1	2	1	1	2
集贤县	7	2	6		5	1	4	8
肇东市	1			1	1	1	1	
肇州县	6	1	1		2	1	2	2
穆棱市	9	4	3	1	3		1	1
甘南县	6			1	1	1		1
绥滨县	9		1		2		3	
肇源县	3				4	1	1	2
富裕县	4			1	2	2	1	2
五常市	8	1	1		1	1	1	
海伦市	3		4	2	1		1	1
讷河市					2			
宾县	7	1	1		2	2	3	1
克山县	1				1			1
富锦市	7		1		3		2	1

4－32 续表 1

单位：人

地　区	中度障碍				重度障碍			
	残疾一级	残疾二级	残疾三级	残疾四级	残疾一级	残疾二级	残疾三级	残疾四级
总　计	**29**	**26**	**29**	**5**	**35**	**25**	**5**	
哈尔滨市南岗区		1	1				1	
哈尔滨市道外区		1				1		
齐齐哈尔市龙沙区		4	3		4	1		
牡丹江市东安区	1	1	1		2	1	1	
七台河市新兴区	2	1	2	1	2	3		
鹤岗市向阳区	2		2		5	4		
伊春市翠峦区	2							
北安市	1	3						
集贤县	4	1	4		4	2	1	
肇东市	1	2			1		1	
肇州县		1	2	1	4	1		
穆棱市	3	1	1	1	2	3		
甘南县	1	2	1					
绥滨县	5	2	3		3	1		
肇源县			3			1		
富裕县	1	1			1			
五常市	1							
海伦市	4	1	2		2			
讷河市		1			1			
宾县	1	1	2	2	3	4	1	
克山县		2	1			1		
富锦市			1		1	2		

4－32 续表 2

单位：人

地　区	极重度障碍/不能完成			
	残疾一级	残疾二级	残疾三级	残疾四级
总　计	**50**	**6**	**2**	
哈尔滨市南岗区	2	1		
哈尔滨市道外区				
齐齐哈尔市龙沙区	5	2		
牡丹江市东安区	3			
七台河市新兴区	3		1	
鹤岗市向阳区	3			
伊春市翠峦区	2	2		
北安市	2			
集贤县	3			
肇东市	4			
肇州县				
穆棱市	8	1		
甘南县				
绥滨县	1			
肇源县				
富裕县				
五常市	2			
海伦市	6			
讷河市				
宾县	1			
克山县	5			
富锦市			1	

4－33　各地区18岁及以上多重残疾人分残疾等级的与人相处状况

单位：人

地　区	无障碍/无适用				轻度障碍			
	残疾一级	残疾二级	残疾三级	残疾四级	残疾一级	残疾二级	残疾三级	残疾四级
总　计	**46**	**22**	**30**	**19**	**52**	**21**	**28**	**17**
哈尔滨市南岗区	11	1	1	1			1	
哈尔滨市道外区			1		1			
齐齐哈尔市龙沙区	7	3	5	1		1		2
牡丹江市东安区		1	1	1	9	1	1	
七台河市新兴区	1	1	2	2	1	3	1	3
鹤岗市向阳区	8	5	3	1	2		1	
伊春市翠峦区					3	2		1
北安市	2	2	1	1	1			1
集贤县	4	1	2	6	4	1	8	2
肇东市	1	1		1				
肇州县	1		3		9	1		2
穆棱市			1		7	3	3	2
甘南县		2	1	2	1			
绥滨县		1			5		2	
肇源县		1	2				2	
富裕县	1			1		1		1
五常市		1			5	1	2	
海伦市	6	1	3	1			1	1
讷河市								
宾县	1		2		1	5	3	1
克山县	2				1	1		1
富锦市	1	1	2	1	2	1	3	

4-33 续表 1

单位：人

地区	中度障碍				重度障碍			
	残疾一级	残疾二级	残疾三级	残疾四级	残疾一级	残疾二级	残疾三级	残疾四级
总计	**64**	**20**	**21**	**10**	**57**	**17**	**7**	
哈尔滨市南岗区		1					1	
哈尔滨市道外区		1			2	1		
齐齐哈尔市龙沙区	1	2	1	1		2		
牡丹江市东安区	3	1	2		1			
七台河市新兴区	7	1	1		4	1	1	
鹤岗市向阳区	1				1			
伊春市翠峦区	6		1		4	1		
北安市	2	2	2	1	7			
集贤县	2	4	3		7		1	
肇东市		1			2		2	
肇州县		1	2	1		2		
穆棱市	6	2	1	1	5	4		
甘南县	6							
绥滨县	7		4		6	2	1	
肇源县	1			2	6	1		
富裕县	4	2		1	2		1	
五常市	4				1			
海伦市	1		1	1				
讷河市	1				2	1		
宾县	8	1	2	2	3	2		
克山县		1	1		1			
富锦市	4				3			

4－33 续表 2

单位：人

地　区	极重度障碍/不能完成			
	残疾一级	残疾二级	残疾三级	残疾四级
总　计	**57**	**5**	**3**	
哈尔滨市南岗区	2			
哈尔滨市道外区				
齐齐哈尔市龙沙区	2			
牡丹江市东安区	2			
七台河市新兴区	3			
鹤岗市向阳区	4	1		
伊春市翠峦区	2			
北安市	2	1		
集贤县	6		1	
肇东市	5	1		
肇州县	2			
穆棱市	7			
甘南县	1	1		
绥滨县	2			
肇源县				
富裕县	1			
五常市	2			
海伦市	9		2	
讷河市				
宾县	1			
克山县	3	1		
富锦市	1			

4－34　各地区18岁及以上多重残疾人分残疾等级的生活活动状况

单位：人

地　区	无障碍/无适用				轻度障碍			
	残疾一级	残疾二级	残疾三级	残疾四级	残疾一级	残疾二级	残疾三级	残疾四级
总　计	**31**	**2**	**4**	**4**	**60**	**10**	**16**	**22**
哈尔滨市南岗区	11							
哈尔滨市道外区	1				2			
齐齐哈尔市龙沙区				2			1	
牡丹江市东安区	1				5	1	1	1
七台河市新兴区					4			1
鹤岗市向阳区	3				1	1	3	1
伊春市翠峦区					8	1		1
北安市								1
集贤县			1		4	2	5	8
肇东市					1			1
肇州县	2		1		5	1	2	1
穆棱市	2	2	1		5	2	1	2
甘南县					5	1	1	2
绥滨县	5		1		5		1	
肇源县					2			
富裕县					1			
五常市	1				5	1		
海伦市	2			1	1		1	1
讷河市								
宾县	2				1			1
克山县	1							1
富锦市				1	5			

4－34 续表 1

单位：人

地区	中度障碍				重度障碍			
	残疾一级	残疾二级	残疾三级	残疾四级	残疾一级	残疾二级	残疾三级	残疾四级
总　计	**44**	**15**	**36**	**17**	**48**	**28**	**17**	**2**
哈尔滨市南岗区				1				
哈尔滨市道外区			1					
齐齐哈尔市龙沙区	1	3	5	2	1	2		
牡丹江市东安区	2		1		3	1	2	
七台河市新兴区	2	2	1	4	2		1	
鹤岗市向阳区	2		1		4	4		
伊春市翠峦区	4		1		1			
北安市	2		3	1	9	3		1
集贤县	2	1	6		3	2	1	
肇东市	1	2	1		1	1	1	
肇州县	1	1	2	2	2	2		
穆棱市	3				2		2	
甘南县	1				1	1		
绥滨县			2		5	2	3	
肇源县	5		2	2		2	2	
富裕县	4	1		3	1	2	1	
五常市	3		1				1	
海伦市	2				3			1
讷河市					2	1		
宾县	5	4	4	2	5	4	3	
克山县	1	1	1		1	1		
富锦市	3		4		2			

4－34 续表 2

单位：人

地　区	极重度障碍/不能完成			
	残疾一级	残疾二级	残疾三级	残疾四级
总　计	**93**	**30**	**16**	**1**
哈尔滨市南岗区	2	2	3	
哈尔滨市道外区		2		
齐齐哈尔市龙沙区	8	3		
牡丹江市东安区	4	1		
七台河市新兴区	8	4	3	
鹤岗市向阳区	6	1		
伊春市翠峦区	2	2		
北安市	3	2		
集贤县	14	1	2	
肇东市	5			
肇州县	2			
穆棱市	13	5	1	1
甘南县	1	1		
绥滨县	5	1		
肇源县				
富裕县	2			
五常市	3	1		
海伦市	8	1	6	
讷河市	1			
宾县	1			
克山县	4	1		
富锦市	1	2	1	

4－35　各地区18岁及以上多重残疾人分残疾等级的社会参与状况

单位：人

地　区	无障碍/无适用				轻度障碍			
	残疾一级	残疾二级	残疾三级	残疾四级	残疾一级	残疾二级	残疾三级	残疾四级
总　计	**10**		**2**	**6**	**34**	**9**	**25**	**23**
哈尔滨市南岗区	9				2			
哈尔滨市道外区							1	
齐齐哈尔市龙沙区			1	2	2	1	1	1
牡丹江市东安区					4	1	2	1
七台河市新兴区								3
鹤岗市向阳区					3		3	
伊春市翠峦区					3	1		1
北安市					1			1
集贤县						1	5	7
肇东市				1		1		
肇州县			1		4		2	2
穆棱市					4	3	2	
甘南县							1	2
绥滨县					8		2	
肇源县							2	2
富裕县								
五常市					1	1		
海伦市				2	1		1	1
讷河市								
宾县							2	1
克山县								1
富锦市	1			1	1		1	

4－35 续表 1

单位：人

地区	中度障碍				重度障碍			
	残疾一级	残疾二级	残疾三级	残疾四级	残疾一级	残疾二级	残疾三级	残疾四级
总计	**76**	**27**	**40**	**13**	**104**	**40**	**15**	**3**
哈尔滨市南岗区				1		1	1	
哈尔滨市道外区	3					2		
齐齐哈尔市龙沙区		1	4		8	6		1
牡丹江市东安区	6	2	2		3			
七台河市新兴区	7	3		2	6	3	4	
鹤岗市向阳区	3	1	1	1	6	4		
伊春市翠峦区	8	1	1		2	1		
北安市	2	2	3	2	9	2		
集贤县	5	2	8	1	12	3	1	
肇东市	1	1	1		5	1	1	
肇州县	3	3	2	1	5	1		
穆棱市	6	1		1	11	4	3	1
甘南县	2	1			5	1		
绥滨县	5	1	5		6	2		
肇源县		1	2		3	1		
富裕县	1	1		2	5	2	1	1
五常市	2	1	2		6			
海伦市	3				5		3	
讷河市	1					1		
宾县	8	3	4	2	5	3	1	
克山县	2	1	1		2	1		
富锦市	8	1	4			1		

4－35　续表 2

单位：人

地　　区	极重度障碍/不能完成			
	残疾一级	残疾二级	残疾三级	残疾四级
总　　计	**52**	**9**	**7**	**1**
哈尔滨市南岗区	2	1	2	
哈尔滨市道外区				
齐齐哈尔市龙沙区				
牡丹江市东安区	2			
七台河市新兴区	3		1	
鹤岗市向阳区	4	1		
伊春市翠峦区	2			
北安市	2	1		
集贤县	6		1	
肇东市	2			
肇州县				
穆棱市	4	1		1
甘南县	1	1		
绥滨县	1			
肇源县	4			
富裕县	2			
五常市	3			
海伦市	7	1	3	
讷河市	2			
宾县	1	2		
克山县	3	1		
富锦市	1			

4－36 各地区视力残疾人分残疾等级的康复形式

单位：人

地区	机构康复				延伸服务			
	残疾一级	残疾二级	残疾三级	残疾四级	残疾一级	残疾二级	残疾三级	残疾四级
合计	**104**	**41**	**57**	**184**	**4**		**1**	**5**
哈尔滨市南岗区	5	1		7				
哈尔滨市道外区				12				3
齐齐哈尔市龙沙区	1			3				
牡丹江市东安区	2	1		4				
七台河市新兴区	2			7				
鹤岗市向阳区	3	1		1				
伊春市翠峦区	2	2	2	18				
北安市	1	6	9	9			1	1
集贤县	9		2	8	1			
肇东市	12	1		13	2			1
肇州县	2	8	13	9				
穆棱市	2	3	1	9				
甘南县	5		1	18				
绥滨县	3	1	2	6				
肇源县	3	3	2	14				
富裕县	7	1		5	1			
五常市	7	1	10	12				
海伦市	5	1	5	8				
讷河市	2	2	3	2				
宾县	6	1	2	5				
克山县	22	4	1	2				
富锦市	3	4	4	12				

4－36 续表

单位：人

地　区	社区和家庭服务			
	残疾一级	残疾二级	残疾三级	残疾四级
合　计	**46**	**15**	**8**	**63**
哈尔滨市南岗区	11			7
哈尔滨市道外区		3	2	15
齐齐哈尔市龙沙区	2	3	3	17
牡丹江市东安区	1			1
七台河市新兴区				
鹤岗市向阳区				
伊春市翠峦区	4	1		7
北安市			1	1
集贤县				1
肇东市	7	1		1
肇州县	2			2
穆棱市				
甘南县				
绥滨县	1			
肇源县				
富裕县	2			3
五常市	3	2		
海伦市	4	1	1	3
讷河市	5	2	1	3
宾县				
克山县	4	2		2
富锦市				

4－37　各地区视力残疾人分残疾等级的康复内容

单位：人

地　区	医疗服务				辅助器具			
	残疾一级	残疾二级	残疾三级	残疾四级	残疾一级	残疾二级	残疾三级	残疾四级
总　计	**116**	**42**	**58**	**192**	**18**	**10**	**20**	**46**
哈尔滨市南岗区	5	1		7	1			
哈尔滨市道外区				14				1
齐齐哈尔市龙沙区	2	1	2	14				1
牡丹江市东安区	3	1		4				1
七台河市新兴区	2			7				2
鹤岗市向阳区	3	1		1	1			
伊春市翠峦区	3	3	2	21	3	3	1	13
北安市	1	6	11	11			2	1
集贤县	9		2	7				1
肇东市	14	1		14	4			2
肇州县	4	8	13	9	1	5	11	7
穆棱市	2	3	1	9				
甘南县	5		1	18				
绥滨县	2	1	2	5	1			1
肇源县	3	2	2	14			1	8
富裕县	10	1		6				
五常市	7		8	7	4	1	2	5
海伦市	5	1	5	7			1	1
讷河市	4	3	2	1	3	1	2	2
宾县	6	1	2	2				
克山县	23	4	1	2				
富锦市	3	4	4	12				

4－37 续表

单位：人

地　区	康复训练与服务			
	残疾一级	残疾二级	残疾三级	残疾四级
总　计	**32**	**16**	**11**	**52**
哈尔滨市南岗区	11			7
哈尔滨市道外区		3	2	15
齐齐哈尔市龙沙区	1	2	1	5
牡丹江市东安区				
七台河市新兴区				
鹤岗市向阳区	2			
伊春市翠峦区	3			6
北安市				
集贤县	1			1
肇东市	3	1		
肇州县	3	4	7	5
穆棱市				
甘南县				
绥滨县	1			
肇源县		1		
富裕县				3
五常市		2		
海伦市	4	1	1	3
讷河市				2
宾县				3
克山县	3	2		2
富锦市				

4-38 各地区听力残疾人分残疾等级的康复形式

单位：人

地　区	机构康复				延伸服务			
	残疾一级	残疾二级	残疾三级	残疾四级	残疾一级	残疾二级	残疾三级	残疾四级
总　计	**34**	**44**	**83**	**79**	**7**	**3**	**3**	**1**
哈尔滨市南岗区								
哈尔滨市道外区	1	1	3	1	1		1	
齐齐哈尔市龙沙区				1				
牡丹江市东安区								
七台河市新兴区	3	5	12	19				
鹤岗市向阳区								
伊春市翠峦区								
北安市	7	5	6	1	4	1		
集贤县	6	3	18	15				
肇东市		1	5	4				
肇州县								1
穆棱市		2	8	11				
甘南县	2	6	10	1				
绥滨县		4		7				
肇源县	10	6	10	7				
富裕县					1	2	2	
五常市		1	2	1				
海伦市								
讷河市	1				1			
宾县				2				
克山县	4	8	1					
富锦市		2	8	9				

4-38 续表

单位：人

地　区	社区和家庭服务			
	残疾一级	残疾二级	残疾三级	残疾四级
总　计	**44**	**59**	**171**	**131**
哈尔滨市南岗区		3	8	9
哈尔滨市道外区	5	9	12	2
齐齐哈尔市龙沙区	8	4	17	33
牡丹江市东安区	1	3	11	8
七台河市新兴区				
鹤岗市向阳区	2	1	12	4
伊春市翠峦区		8	44	3
北安市	4			
集贤县				
肇东市		4	8	6
肇州县	3	5	15	22
穆棱市	3		5	6
甘南县				
绥滨县	1	4	7	6
肇源县				
富裕县			1	
五常市	5	3	2	
海伦市	4	3	7	10
讷河市	5	5	9	2
宾县	2	5	2	14
克山县		1	10	4
富锦市	1	1	1	2

4－39　各地区听力残疾人分残疾等级的康复内容

单位：人

地　区	医疗服务				辅助器具			
	残疾一级	残疾二级	残疾三级	残疾四级	残疾一级	残疾二级	残疾三级	残疾四级
总　计	**30**	**42**	**99**	**77**	**70**	**76**	**184**	**163**
哈尔滨市南岗区						3	8	9
哈尔滨市道外区	3	4	7	1	6	5	7	2
齐齐哈尔市龙沙区				1	8	4	17	33
牡丹江市东安区				1	1	3	11	7
七台河市新兴区	3	5	12	19	1	5	8	19
鹤岗市向阳区					2	1	11	4
伊春市翠峦区		3	32	3		6	20	
北安市	4	2	1		11	4	5	1
集贤县			1	1	6	3	17	14
肇东市		1	3	4		4	9	6
肇州县	3	4	12	15	1	1	5	5
穆棱市	2	1	6	12	1	2	12	14
甘南县			8		2	6	5	1
绥滨县		1	1	1	1	7	6	12
肇源县	10	6	10	6	10	3	10	5
富裕县					1	2	3	
五常市		3	2		5	3	2	1
海伦市		1	1	1	4	3	7	10
讷河市	2		2		5	5	6	1
宾县		2		6	2	4	2	12
克山县	3	8			2		5	2
富锦市		1	1	6	1	2	8	5

4－39　续表

单位：人

地　区	康复训练与服务			
	残疾一级	残疾二级	残疾三级	残疾四级
总　计	**1**	**5**	**21**	**15**
哈尔滨市南岗区				
哈尔滨市道外区		2	2	
齐齐哈尔市龙沙区				
牡丹江市东安区				
七台河市新兴区	1		2	
鹤岗市向阳区			1	
伊春市翠峦区		1	4	
北安市				
集贤县				
肇东市		1	4	6
肇州县				4
穆棱市				
甘南县				
绥滨县				
肇源县				
富裕县				
五常市				
海伦市				
讷河市			1	1
宾县			1	2
克山县		1	6	2
富锦市				

4－40 各地区言语残疾人分残疾等级的康复形式

单位：人

地区	机构康复				延伸服务			
	残疾一级	残疾二级	残疾三级	残疾四级	残疾一级	残疾二级	残疾三级	残疾四级
总计		**2**	**5**	**16**		**1**		
哈尔滨市南岗区								
哈尔滨市道外区				2				
齐齐哈尔市龙沙区								
牡丹江市东安区								
七台河市新兴区		1						
鹤岗市向阳区			1	2				
伊春市翠峦区								
北安市				1				
集贤县			1	2				
肇东市			1					
肇州县				3				
穆棱市								
甘南县								
绥滨县			1					
肇源县								
富裕县		1				1		
五常市				1				
海伦市			1	2				
讷河市				1				
宾县								
克山县				2				
富锦市								

4－40 续表

单位：人

地　区	社区和家庭服务			
	残疾一级	残疾二级	残疾三级	残疾四级
总　计	**2**	**3**	**8**	**18**
哈尔滨市南岗区				
哈尔滨市道外区				1
齐齐哈尔市龙沙区				1
牡丹江市东安区				
七台河市新兴区				1
鹤岗市向阳区			2	1
伊春市翠峦区				
北安市			1	1
集贤县				
肇东市		1		1
肇州县				2
穆棱市		1		
甘南县				
绥滨县				
肇源县				
富裕县				
五常市		1	2	1
海伦市	1			4
讷河市	1			
宾县				2
克山县			2	1
富锦市			1	2

4－41　各地区言语残疾人分残疾等级的康复内容

单位：人

地　区	医疗服务				辅助器具			
	残疾一级	残疾二级	残疾三级	残疾四级	残疾一级	残疾二级	残疾三级	残疾四级
总　计		**1**	**5**	**12**				**1**
哈尔滨市南岗区								
哈尔滨市道外区				1				1
齐齐哈尔市龙沙区				1				
牡丹江市东安区								
七台河市新兴区		1						
鹤岗市向阳区			1	2				
伊春市翠峦区								
北安市				1				
集贤县			1	2				
肇东市			1					
肇州县								
穆棱市								
甘南县								
绥滨县								
肇源县								
富裕县								
五常市				1				
海伦市			1	2				
讷河市								
宾县								
克山县				2				
富锦市			1					

4－41 续表

单位：人

地　区	康复训练与服务			
	残疾一级	残疾二级	残疾三级	残疾四级
总　计	**2**	**5**	**8**	**21**
哈尔滨市南岗区				
哈尔滨市道外区				1
齐齐哈尔市龙沙区				
牡丹江市东安区				
七台河市新兴区				1
鹤岗市向阳区			2	1
伊春市翠峦区				
北安市			1	1
集贤县				
肇东市		1		1
肇州县				5
穆棱市		1		
甘南县				
绥滨县			1	
肇源县				
富裕县		2		
五常市		1	2	1
海伦市	1			4
讷河市	1			1
宾县				2
克山县			2	1
富锦市				2

4－42 各地区肢体残疾人分残疾等级的康复形式

单位：人

地区	机构康复				延伸服务			
	残疾一级	残疾二级	残疾三级	残疾四级	残疾一级	残疾二级	残疾三级	残疾四级
总计	**19**	**57**	**127**	**352**	**4**	**14**	**25**	**32**
哈尔滨市南岗区		5	6	10			2	1
哈尔滨市道外区	1			5				
齐齐哈尔市龙沙区	2	1					1	1
牡丹江市东安区	1	1	1	4	1	2	3	4
七台河市新兴区		5	11	12	2	5	5	2
鹤岗市向阳区			3	2		2		
伊春市翠峦区	1	4	11	52				
北安市	4	5	12	38			2	2
集贤县		1	2	4	1	2	6	7
肇东市	5	8	14	26		1		2
肇州县			2	20		1		2
穆棱市	1	3	12	21				
甘南县		3	19	30			2	1
绥滨县	1	8	5	42				2
肇源县	1	2	15	40				
富裕县		1	1	2				
五常市				3				
海伦市	1	2	5	21				
讷河市			4	11		1	2	2
宾县		6	4	6			2	6
克山县		1		2				
富锦市	1	1		1				

4－42 续表

单位：人

地　区	社区和家庭服务			
	残疾一级	残疾二级	残疾三级	残疾四级
总　计	**36**	**139**	**281**	**602**
哈尔滨市南岗区	1	24	20	18
哈尔滨市道外区	1	6	14	46
齐齐哈尔市龙沙区	9	21	32	20
牡丹江市东安区	1	3	12	32
七台河市新兴区	3	4	25	26
鹤岗市向阳区	2	5	13	14
伊春市翠峦区				3
北安市	2		5	6
集贤县	1	5	9	43
肇东市	3	9	5	19
肇州县		1	3	30
穆棱市	2	6	14	25
甘南县		4	2	7
绥滨县		1	1	4
肇源县			7	31
富裕县	4	22	24	32
五常市		2	30	50
海伦市	2	3	17	18
讷河市	3	10	15	63
宾县		3	10	31
克山县	1	9	15	56
富锦市	1	1	8	28

4－43 各地区肢体残疾人分残疾等级的康复内容

单位：人

地　　区	医疗服务				辅助器具			
	残疾一级	残疾二级	残疾三级	残疾四级	残疾一级	残疾二级	残疾三级	残疾四级
总　　计	**28**	**92**	**159**	**407**	**19**	**96**	**173**	**211**
哈尔滨市南岗区		6	9	16	1	28	26	18
哈尔滨市道外区	1	1	2	6	2	5	9	13
齐齐哈尔市龙沙区	2	1	1					1
牡丹江市东安区	1	1	1	5	2	2	5	8
七台河市新兴区	2	11	22	17	4	14	23	18
鹤岗市向阳区	1		3	5	2	7	10	7
伊春市翠峦区	1	4	11	52			1	
北安市	3	5	12	38	1	1	9	12
集贤县	1	3	5	15	1	7	13	24
肇东市	5	10	15	24	1		2	1
肇州县			1	17		2	2	17
穆棱市	1	8	19	30	3	7	21	34
甘南县		4	17	31		3	7	7
绥滨县	1	9	5	44		1	1	2
肇源县	1	2	15	40	1	1	11	26
富裕县	3	12	1	5		9	14	11
五常市		1		8				
海伦市	3	2	7	23		1	4	
讷河市	1	1	6	16		1	2	2
宾县		7	5	7		2	4	2
克山县		3	2	7		5	9	8
富锦市	1	1		1	1			

4－43 续表

单位：人

地　区	康复训练与服务			
	残疾一级	残疾二级	残疾三级	残疾四级
总　计	**41**	**167**	**326**	**668**
哈尔滨市南岗区	1	26	24	21
哈尔滨市道外区	1	6	14	46
齐齐哈尔市龙沙区	9	21	32	20
牡丹江市东安区		3	10	27
七台河市新兴区	5	13	32	24
鹤岗市向阳区	1	7	13	16
伊春市翠峦区			1	3
北安市	5	4	12	14
集贤县	1	5	15	48
肇东市	8	17	14	39
肇州县			2	26
穆棱市	2	7	22	40
甘南县		7	18	21
绥滨县		6	4	15
肇源县			7	31
富裕县	3	21	21	31
五常市		2	30	48
海伦市	2	4	18	29
讷河市	2	9	13	61
宾县		6	12	37
克山县	1	2	4	43
富锦市		1	8	28

4－44　各地区智力残疾人分残疾等级的康复形式

单位：人

地　区	机构康复				延伸服务			
	残疾一级	残疾二级	残疾三级	残疾四级	残疾一级	残疾二级	残疾三级	残疾四级
总　计	**11**	**38**	**28**	**25**	**3**	**8**	**3**	**8**
哈尔滨市南岗区		1	1	2		1		
哈尔滨市道外区	3	8	1					
齐齐哈尔市龙沙区								
牡丹江市东安区			1					
七台河市新兴区		3	6	1				
鹤岗市向阳区								
伊春市翠峦区	1		2					
北安市	1	2	1	2	2	6	1	4
集贤县	2		2					
肇东市	1	3	5	2				
肇州县	1	1	1	2				
穆棱市		2	1	1				
甘南县	1	4	1	4				1
绥滨县		3	3	3				
肇源县								
富裕县							2	2
五常市								
海伦市		1						
讷河市		2	1		1			1
宾县	1	4	1	8				
克山县						1		
富锦市		4	1					

4－44 续表

单位：人

地　区	社区和家庭服务			
	残疾一级	残疾二级	残疾三级	残疾四级
总　计	**11**	**30**	**59**	**70**
哈尔滨市南岗区		3	9	
哈尔滨市道外区			1	
齐齐哈尔市龙沙区		2	2	2
牡丹江市东安区		1		1
七台河市新兴区	1	1	1	1
鹤岗市向阳区		1	3	3
伊春市翠峦区		1	1	2
北安市		1	1	
集贤县	1	1	3	3
肇东市		1		
肇州县	2	3	3	1
穆棱市			7	6
甘南县				
绥滨县	1	1	2	2
肇源县	2	3	8	5
富裕县		1	3	4
五常市	1	2	1	15
海伦市	3	3	3	6
讷河市		3	1	6
宾县				
克山县		2	10	13
富锦市				

4－45 各地区智力残疾人分残疾等级的康复内容

单位：人

地 区	医疗服务				辅助器具			
	残疾一级	残疾二级	残疾三级	残疾四级	残疾一级	残疾二级	残疾三级	残疾四级
总 计	**14**	**49**	**54**	**48**		**1**	**2**	
哈尔滨市南岗区		5	9	2			1	
哈尔滨市道外区	3	8	1					
齐齐哈尔市龙沙区			1					
牡丹江市东安区			1					
七台河市新兴区		3	5	2		1	1	
鹤岗市向阳区								
伊春市翠峦区	1		2					
北安市	1	6	2	4				
集贤县	2	1	2	2				
肇东市	1	2	4	2				
肇州县	2	2	2	2				
穆棱市		2	2	1				
甘南县	1	3	1	5				
绥滨县	1	4	5	5				
肇源县	2	3	8	5				
富裕县		1	1					
五常市								
海伦市				1				
讷河市								
宾县		4	1	8				
克山县		1	6	9				
富锦市		4	1					

4－45 续表

单位：人

地　区	康复训练与服务			
	残疾一级	残疾二级	残疾三级	残疾四级
总　计	**13**	**30**	**37**	**59**
哈尔滨市南岗区				
哈尔滨市道外区			1	
齐齐哈尔市龙沙区		2	1	2
牡丹江市东安区		1		1
七台河市新兴区	1	2	2	1
鹤岗市向阳区		1	3	3
伊春市翠峦区		1	1	2
北安市	2	3	1	2
集贤县	2		3	1
肇东市	1	2	1	1
肇州县	1	2	2	2
穆棱市		2	8	7
甘南县		1		
绥滨县				
肇源县				
富裕县			4	6
五常市	1	2	1	15
海伦市	3	4	3	5
讷河市	1	5	2	7
宾县	1			
克山县		2	4	4
富锦市				

4－46 各地区精神残疾人分残疾等级的康复形式

单位：人

地区	机构康复				延伸服务			
	残疾一级	残疾二级	残疾三级	残疾四级	残疾一级	残疾二级	残疾三级	残疾四级
总计	**23**	**16**	**22**	**28**	**2**	**2**		**1**
哈尔滨市南岗区			1	1				
哈尔滨市道外区	3	2	2	1				
齐齐哈尔市龙沙区								
牡丹江市东安区	1							
七台河市新兴区	5	3	1	2				
鹤岗市向阳区	1			1				
伊春市翠峦区			2	7				
北安市								
集贤县			1	1				
肇东市	1	3	2					
肇州县		1	4	6				
穆棱市		1	1					
甘南县		4	4	2		1		
绥滨县					2			1
肇源县								
富裕县								
五常市	3		3	2				
海伦市						1		
讷河市								
宾县	2	1		4				
克山县	6	1	1	1				
富锦市	1							

4－46 续表

单位：人

地区	社区和家庭服务			
	残疾一级	残疾二级	残疾三级	残疾四级
总计	**16**	**30**	**32**	**80**
哈尔滨市南岗区			3	12
哈尔滨市道外区	1		1	
齐齐哈尔市龙沙区	1	6	2	
牡丹江市东安区			1	
七台河市新兴区	1		1	1
鹤岗市向阳区	1		2	5
伊春市翠峦区				2
北安市		2	2	6
集贤县	1	1	1	1
肇东市		1	1	
肇州县			1	1
穆棱市	2	4	1	8
甘南县		1		
绥滨县		2	1	3
肇源县		1	2	10
富裕县	3	5	3	7
五常市		3	3	
海伦市	1	1		7
讷河市	4	3	3	6
宾县	1			7
克山县			1	3
富锦市			3	1

4－47　各地区精神残疾人分残疾等级的康复内容

单位：人

地　区	医疗服务				辅助器具			
	残疾一级	残疾二级	残疾三级	残疾四级	残疾一级	残疾二级	残疾三级	残疾四级
总　计	**38**	**42**	**49**	**100**			**2**	**2**
哈尔滨市南岗区			4	12				
哈尔滨市道外区	3	1	2	1				
齐齐哈尔市龙沙区	1	5	2					
牡丹江市东安区	1		1					
七台河市新兴区	5	3	2	3				
鹤岗市向阳区	2		2	6				
伊春市翠峦区			2	9			2	2
北安市		2	2	6				
集贤县	1	1	2	2				
肇东市	1	4	3					
肇州县		1	5	7				
穆棱市	2	3	2	6				
甘南县		6	4	2				
绥滨县	2	2	1	3				
肇源县		1	2	10				
富裕县	3	5	3	7				
五常市	3	2	6	2				
海伦市	1	2		7				
讷河市	3	2	2	6				
宾县	3	1		10				
克山县	6	1	1	1				
富锦市	1		1					

4－47 续表

单位：人

地　　区	康复训练与服务			
	残疾一级	残疾二级	残疾三级	残疾四级
总　　计	**10**	**12**	**19**	**39**
哈尔滨市南岗区			4	12
哈尔滨市道外区	1	1	1	
齐齐哈尔市龙沙区		1		
牡丹江市东安区	1		1	
七台河市新兴区	4	3	2	3
鹤岗市向阳区				
伊春市翠峦区			2	5
北安市		2	2	5
集贤县				
肇东市				
肇州县			2	
穆棱市	2	4	1	7
甘南县				
绥滨县				1
肇源县				
富裕县				
五常市				
海伦市				
讷河市	1	1	1	
宾县	1			2
克山县			1	3
富锦市			2	1

4－48 各地区多重残疾人分残疾等级的康复形式

单位：人

地　区	机构康复				延伸服务			
	残疾一级	残疾二级	残疾三级	残疾四级	残疾一级	残疾二级	残疾三级	残疾四级
总　计	**108**	**33**	**38**	**18**	**10**	**4**	**1**	**1**
哈尔滨市南岗区		2		1				
哈尔滨市道外区	2	1						
齐齐哈尔市龙沙区	1							
牡丹江市东安区	1		1			1		
七台河市新兴区	15	2	5	3	1	1		
鹤岗市向阳区	3				2			
伊春市翠峦区	4	4		1				
北安市	11	5	1	2	5		1	
集贤县	16	3	9	3	1	1		1
肇东市	5	3	1					
肇州县	6	2	3	2				
穆棱市	5	1	3	1				
甘南县	10	3	1	2				
绥滨县	10	2	3					
肇源县		1	3	1				
富裕县					1			
五常市	4	1						
海伦市	2		2					
讷河市								
宾县	9	2	4	2		1		
克山县	2							
富锦市	2	1	2					

4-48 续表

单位：人

地　区	社区和家庭服务			
	残疾一级	残疾二级	残疾三级	残疾四级
总　计	**200**	**53**	**59**	**27**
哈尔滨市南岗区	15		5	
哈尔滨市道外区	3	1	1	
齐齐哈尔市龙沙区	10	8	6	4
牡丹江市东安区	15	2	3	1
七台河市新兴区	1	3	1	2
鹤岗市向阳区	11	6	4	1
伊春市翠峦区	13	1	1	
北安市	2		1	1
集贤县	10	2	6	4
肇东市	5		1	1
肇州县	7	2	2	1
穆棱市	22	8	2	2
甘南县		1		
绥滨县	11	1	5	
肇源县	10	1	1	1
富裕县	8	3	3	3
五常市	12	2	2	
海伦市	17	1	6	3
讷河市	3	1		
宾县	10	5	4	1
克山县	6	3	1	1
富锦市	9	2	4	1

4－49 各地区多重残疾人分残疾等级的康复内容

单位：人

地 区	医疗服务				辅助器具			
	残疾一级	残疾二级	残疾三级	残疾四级	残疾一级	残疾二级	残疾三级	残疾四级
总 计	**148**	**48**	**48**	**29**	**114**	**25**	**35**	**15**
哈尔滨市南岗区	7	2	2	1	11	1	3	1
哈尔滨市道外区	1	1			4			
齐齐哈尔市龙沙区	1	2			2	1	2	3
牡丹江市东安区	2	1	1		5		1	
七台河市新兴区	16	4	5	4	14	4	2	3
鹤岗市向阳区	5	1			8	4	3	1
伊春市翠峦区	6	4		1	2	1		
北安市	14	5	2	3	2	1	1	
集贤县	14	4	8	5	9	3	6	4
肇东市	5	2	1		3	1		
肇州县	8	3	3	2	3	1	2	
穆棱市	12	3	3	3	14	5	4	1
甘南县	3	2	1	2	1	2		
绥滨县	16	3	6		7		1	
肇源县	7	2	4	2	3		3	1
富裕县	5	1	2	3	1			1
五常市	5	1			4		1	
海伦市	5		3	1	3		4	
讷河市								
宾县	11	5	4	2	9		2	
克山县	2	1	1		2	1		
富锦市	3	1	2		7			

4－49 续表

单位：人

地　区	康复训练与服务			
	残疾一级	残疾二级	残疾三级	残疾四级
总　计	**150**	**48**	**52**	**22**
哈尔滨市南岗区	3	1	5	
哈尔滨市道外区		1	1	
齐齐哈尔市龙沙区	8	5	4	1
牡丹江市东安区	9	3	3	1
七台河市新兴区	6	5	3	2
鹤岗市向阳区	12	5	3	1
伊春市翠峦区	9		1	
北安市	4	1		1
集贤县	10	2	5	7
肇东市	9	2	2	1
肇州县	4		3	1
穆棱市	19	6	3	1
甘南县	6	2	1	
绥滨县	3		2	
肇源县	1			
富裕县	4	2	1	
五常市	10	2	1	
海伦市	13	1	4	3
讷河市	3	1		
宾县	11	6	6	1
克山县	4	1		1
富锦市	2	2	4	1

4-50 各地区残疾人分城乡、残疾等级的持证情况

单位：人

地区	持证残疾人			持证残疾人 残疾一级		
	合计	城镇	农村	小计	城镇	农村
总计	**820**	**484**	**336**	**195**	**109**	**86**
哈尔滨市南岗区	109	109		24	24	
哈尔滨市道外区	60	60		10	10	
齐齐哈尔市龙沙区	52	52		9	9	
牡丹江市东安区	47	35	12	12	10	2
七台河市新兴区	48	48		11	11	
鹤岗市向阳区	37	37		10	10	
伊春市翠峦区	47	47		14	14	
北安市	36	16	20	11	5	6
集贤县	56	18	38	12	3	9
肇东市	18	9	9	6	4	2
肇州县	14		14	6		6
穆棱市	37	14	23	12	2	10
甘南县	29	11	18			
绥滨县	28		28	11		11
肇源县	37		37	4		4
富裕县	27		27	8		8
五常市	25	12	13	8	3	5
海伦市	26	14	12	6	4	2
讷河市	32		32	6		6
宾县	19	2	17	6		6
克山县	24		24	4		4
富锦市	12		12	5		5

4－50 续表

单位：人

地　区	持证残疾人								
	残疾二级			残疾三级			残疾四级		
	小计	城镇	农村	小计	城镇	农村	小计	城镇	农村
总　计	**100**	**63**	**37**	**200**	**116**	**84**	**325**	**196**	**129**
哈尔滨市南岗区	17	17		27	27		41	41	
哈尔滨市道外区	8	8		9	9		33	33	
齐齐哈尔市龙沙区	13	13		17	17		13	13	
牡丹江市东安区	2	1	1	9	7	2	24	17	7
七台河市新兴区	10	10		13	13		14	14	
鹤岗市向阳区	4	4		16	16		7	7	
伊春市翠峦区	1	1		7	7		25	25	
北安市	5	1	4	9	4	5	11	6	5
集贤县	5	2	3	16	4	12	23	9	14
肇东市	4	1	3	4	1	3	4	3	1
肇州县	1		1	1		1	6		6
穆棱市	3	1	2	10	4	6	12	7	5
甘南县	4	3	1	10	1	9	15	7	8
绥滨县	2		2	4		4	11		11
肇源县	1		1	6		6	26		26
富裕县	1		1	13		13	5		5
五常市	2		2	3	2	1	12	7	5
海伦市	1	1		8	4	4	11	5	6
讷河市	8		8	7		7	11		11
宾县	4		4	3		3	6	2	4
克山县	3		3	7		7	10		10
富锦市	1		1	1		1	5		5

4－51　6-14岁视力残疾人分年龄、性别、残疾等级的在校生接受义务教育情况

单位：人

年　龄	残疾人		残疾一级							
			普通教育学校普通班		普通教育学校特教班		特殊教育学校		其他	
	男	女	男	女	男	女	男	女	男	女
总　计	**1**	**3**								
6岁	1									
7岁		2								
8岁										
9岁										
10岁		1								
11岁										
12岁										
13岁										
14岁										

4－51　续表 1

单位：人

年　龄	残疾二级							
	普通教育学校普通班		普通教育学校特教班		特殊教育学校		其他	
	男	女	男	女	男	女	男	女
总　计		**1**						
6岁								
7岁		1						
8岁								
9岁								
10岁								
11岁								
12岁								
13岁								
14岁								

4-51 续表 2

单位：人

年 龄	残疾三级							
	普通教育学校普通班		普通教育学校特教班		特殊教育学校		其他	
	男	女	男	女	男	女	男	女
总　计		**1**						
6岁								
7岁		1						
8岁								
9岁								
10岁								
11岁								
12岁								
13岁								
14岁								

4-51 续表 3

单位：人

年 龄	残疾四级							
	普通教育学校普通班		普通教育学校特教班		特殊教育学校		其他	
	男	女	男	女	男	女	男	女
总　计	**1**	**1**						
6岁	1							
7岁								
8岁								
9岁								
10岁		1						
11岁								
12岁								
13岁								
14岁								

4－52　6-14岁听力残疾人分年龄、性别、残疾等级的在校生接受义务教育情况

单位:人

年　龄	残疾人		残疾一级							
			普通教育学校普通班		普通教育学校特教班		特殊教育学校		其他	
	男	女	男	女	男	女	男	女	男	女
总　计										
6岁										
7岁										
8岁										
9岁										
10岁										
11岁										
12岁										
13岁										
14岁										

4－52　续表 1

单位:人

年　龄	残疾二级							
	普通教育学校普通班		普通教育学校特教班		特殊教育学校		其他	
	男	女	男	女	男	女	男	女
总　计								
6岁								
7岁								
8岁								
9岁								
10岁								
11岁								
12岁								
13岁								
14岁								

4－52 续表 2

单位:人

年龄	残疾三级							
	普通教育学校普通班		普通教育学校特教班		特殊教育学校		其他	
	男	女	男	女	男	女	男	女
总 计								
6岁								
7岁								
8岁								
9岁								
10岁								
11岁								
12岁								
13岁								
14岁								

4－52 续表 3

单位:人

年龄	残疾四级							
	普通教育学校普通班		普通教育学校特教班		特殊教育学校		其他	
	男	女	男	女	男	女	男	女
总 计								
6岁								
7岁								
8岁								
9岁								
10岁								
11岁								
12岁								
13岁								
14岁								

4－53　6-14岁言语残疾人分年龄、性别、残疾等级的在校生接受义务教育情况

单位:人

年　龄	残疾人		残疾一级							
			普通教育学校普通班		普通教育学校特教班		特殊教育学校		其他	
	男	女	男	女	男	女	男	女	男	女
总　计	**3**	**2**	**1**							
6岁										
7岁										
8岁	1		1							
9岁		1								
10岁										
11岁	1									
12岁	1									
13岁										
14岁		1								

4－53　续表 1

单位:人

年　龄	残疾二级							
	普通教育学校普通班		普通教育学校特教班		特殊教育学校		其他	
	男	女	男	女	男	女	男	女
总　计								
6岁								
7岁								
8岁								
9岁								
10岁								
11岁								
12岁								
13岁								
14岁								

4－53 续表 2

单位:人

年 龄	残疾三级							
	普通教育学校普通班		普通教育学校特教班		特殊教育学校		其他	
	男	女	男	女	男	女	男	女
总 计				**1**				
6岁								
7岁								
8岁								
9岁				1				
10岁								
11岁								
12岁								
13岁								
14岁								

4－53 续表 3

单位:人

年 龄	残疾四级							
	普通教育学校普通班		普通教育学校特教班		特殊教育学校		其他	
	男	女	男	女	男	女	男	女
总 计	**2**	**1**						
6岁								
7岁								
8岁								
9岁								
10岁								
11岁	1							
12岁	1							
13岁								
14岁		1						

4－54　6-14岁肢体残疾人分年龄、性别、残疾等级的在校生接受义务教育情况

单位:人

年　龄	残疾人		残疾一级							
			普通教育学校普通班		普通教育学校特教班		特殊教育学校		其他	
	男	女	男	女	男	女	男	女	男	女
总　计	**5**	**7**								
6岁										
7岁	1									
8岁										
9岁	1	1								
10岁										
11岁	1									
12岁	1	2								
13岁	1	2								
14岁		2								

4－54　续表 1

单位:人

年　龄	残疾二级							
	普通教育学校普通班		普通教育学校特教班		特殊教育学校		其他	
	男	女	男	女	男	女	男	女
总　计		**1**						
6岁								
7岁								
8岁								
9岁								
10岁								
11岁								
12岁								
13岁		1						
14岁								

4－54　续表 2

单位:人

年　龄	残疾三级							
	普通教育学校普通班		普通教育学校特教班		特殊教育学校		其他	
	男	女	男	女	男	女	男	女
总　计	**1**	**2**						
6岁								
7岁								
8岁								
9岁	1							
10岁								
11岁								
12岁		2						
13岁								
14岁								

4－54　续表 3

单位:人

年　龄	残疾四级							
	普通教育学校普通班		普通教育学校特教班		特殊教育学校		其他	
	男	女	男	女	男	女	男	女
总　计	**2**	**4**						
6岁								
7岁								
8岁								
9岁		1						
10岁								
11岁	1							
12岁								
13岁	1	1						
14岁		2						

4－55　6-14岁智力残疾人分年龄、性别、残疾等级的在校生接受义务教育情况

单位:人

年龄	残疾人		残疾一级							
			普通教育学校普通班		普通教育学校特教班		特殊教育学校		其他	
	男	女	男	女	男	女	男	女	男	女
总　计	**17**	**9**								
6岁		2								
7岁	1									
8岁	4	1								
9岁	1									
10岁	1	1								
11岁	2	1								
12岁		2								
13岁	3	1								
14岁	5	1								

4－55　续表 1

单位:人

年龄	残疾二级							
	普通教育学校普通班		普通教育学校特教班		特殊教育学校		其他	
	男	女	男	女	男	女	男	女
总　计	**3**	**2**						**1**
6岁								
7岁								
8岁	1							
9岁								
10岁		1						
11岁	1							
12岁		1						
13岁	1							
14岁								1

4－55 续表 2

单位:人

年 龄	残疾三级							
	普通教育学校普通班		普通教育学校特教班		特殊教育学校		其他	
	男	女	男	女	男	女	男	女
总 计								
6岁								
7岁								
8岁								
9岁								
10岁								
11岁								
12岁								
13岁								
14岁								

4－55 续表 3

单位:人

年 龄	残疾四级							
	普通教育学校普通班		普通教育学校特教班		特殊教育学校		其他	
	男	女	男	女	男	女	男	女
总 计	**5**	**1**						
6岁								
7岁	1							
8岁	1							
9岁								
10岁								
11岁	1							
12岁		1						
13岁	1							
14岁	1							

4－56　6-14岁精神残疾人分年龄、性别、残疾等级的在校生接受义务教育情况

单位:人

年　龄	残疾人		残疾一级							
			普通教育学校普通班		普通教育学校特教班		特殊教育学校		其他	
	男	女	男	女	男	女	男	女	男	女
总　计		**1**								
6岁										
7岁										
8岁										
9岁										
10岁										
11岁		1								
12岁										
13岁										
14岁										

4－56　续表 1

单位:人

年　龄	残疾二级							
	普通教育学校普通班		普通教育学校特教班		特殊教育学校		其他	
	男	女	男	女	男	女	男	女
总　计								
6岁								
7岁								
8岁								
9岁								
10岁								
11岁								
12岁								
13岁								
14岁								

4－56 续表 2

单位:人

年 龄	残疾三级							
	普通教育学校普通班		普通教育学校特教班		特殊教育学校		其他	
	男	女	男	女	男	女	男	女
总 计								
6岁								
7岁								
8岁								
9岁								
10岁								
11岁								
12岁								
13岁								
14岁								

4－56 续表 3

单位:人

年 龄	残疾四级							
	普通教育学校普通班		普通教育学校特教班		特殊教育学校		其他	
	男	女	男	女	男	女	男	女
总 计		**1**						
6岁								
7岁								
8岁								
9岁								
10岁								
11岁		1						
12岁								
13岁								
14岁								

4－57　6-14岁多重残疾人分年龄、性别、残疾等级的在校生接受义务教育情况

单位:人

年　龄	残疾人		残疾一级							
			普通教育学校普通班		普通教育学校特教班		特殊教育学校		其他	
	男	女	男	女	男	女	男	女	男	女
总　计	**11**	**15**						**1**	**1**	**1**
6岁	1	2								
7岁	1	4								
8岁	2									
9岁	1									
10岁	1	1								
11岁	2	2						1		
12岁	2	2							1	
13岁	1	3								1
14岁		1								

4－57　续表 1

单位:人

年　龄	残疾二级							
	普通教育学校普通班		普通教育学校特教班		特殊教育学校		其他	
	男	女	男	女	男	女	男	女
总　计	**1**							
6岁								
7岁	1							
8岁								
9岁								
10岁								
11岁								
12岁								
13岁								
14岁								

4-57 续表 2

单位:人

年龄	残疾三级							
	普通教育学校普通班		普通教育学校特教班		特殊教育学校		其他	
	男	女	男	女	男	女	男	女
总计	**1**							
6岁								
7岁								
8岁								
9岁	1							
10岁								
11岁								
12岁								
13岁								
14岁								

4-57 续表 3

单位:人

年龄	残疾四级							
	普通教育学校普通班		普通教育学校特教班		特殊教育学校		其他	
	男	女	男	女	男	女	男	女
总计								
6岁								
7岁								
8岁								
9岁								
10岁								
11岁								
12岁								
13岁								
14岁								

4－58 各地区6-14岁残疾人分城乡、残疾等级的在校生接受义务教育情况

单位：人

地区	残疾人		残疾一级							
			普通教育学校普通班		普通教育学校特教班		特殊教育学校		其他	
	城镇	农村	城镇	农村	城镇	农村	城镇	农村	城镇	农村
总计	**20**	**54**	**1**					**1**	**1**	**1**
哈尔滨市南岗区	1									
哈尔滨市道外区	1									
齐齐哈尔市龙沙区	1									
牡丹江市东安区		1								
七台河市新兴区	2									
鹤岗市向阳区	2									
伊春市翠峦区	2									
北安市	1	3							1	
集贤县		6								
肇东市		3						1		
肇州县		3								
穆棱市	1	4								
甘南县	3	3								
绥滨县		4								1
肇源县		4								
富裕县		2								
五常市	1	5								
海伦市	5	2	1							
讷河市		2								
宾县		4								
克山县		4								
富锦市		4								

4－58 续表 1

单位：人

地区	残疾二级							
	普通教育学校普通班		普通教育学校特教班		特殊教育学校		其他	
	城镇	农村	城镇	农村	城镇	农村	城镇	农村
总　计	**1**	**7**						**1**
哈尔滨市南岗区								
哈尔滨市道外区								
齐齐哈尔市龙沙区								
牡丹江市东安区								
七台河市新兴区								
鹤岗市向阳区								
伊春市翠峦区								
北安市								
集贤县								
肇东市								1
肇州县		1						
穆棱市								
甘南县	1							
绥滨县		1						
肇源县								
富裕县								
五常市		1						
海伦市		1						
讷河市								
宾县								
克山县								
富锦市		3						

4－58 续表 2

单位：人

地 区	残疾三级							
	普通教育学校普通班		普通教育学校特教班		特殊教育学校		其他	
	城镇	农村	城镇	农村	城镇	农村	城镇	农村
总　计	**3**	**2**	**1**					**1**
哈尔滨市南岗区	1							
哈尔滨市道外区								
齐齐哈尔市龙沙区								
牡丹江市东安区								
七台河市新兴区	1							
鹤岗市向阳区			1					
伊春市翠峦区								
北安市								
集贤县								
肇东市								
肇州县								
穆棱市								
甘南县		1						
绥滨县								
肇源县								
富裕县								
五常市								
海伦市	1							
讷河市		1						
宾县								
克山县								
富锦市								1

4－58 续表 3

单位：人

地区	残疾四级							
	普通教育学校普通班		普通教育学校特教班		特殊教育学校		其他	
	城镇	农村	城镇	农村	城镇	农村	城镇	农村
总　计	**5**	**13**						
哈尔滨市南岗区								
哈尔滨市道外区								
齐齐哈尔市龙沙区								
牡丹江市东安区								
七台河市新兴区								
鹤岗市向阳区	1							
伊春市翠峦区	2							
北安市		2						
集贤县								
肇东市								
肇州县								
穆棱市		3						
甘南县	1							
绥滨县		1						
肇源县		3						
富裕县		1						
五常市								
海伦市	1							
讷河市								
宾县								
克山县		3						
富锦市								

4-59 各地区16岁及以上视力残疾人分城乡的参加社会保险情况

单位：人

地区	残疾人			参加社会保险人数					
				养老保险			医疗保险		
	合计	城镇	农村	小计	城镇	农村	小计	城镇	农村
总　计	**521**	**209**	**312**	**60**	**57**	**3**	**96**	**45**	**51**
哈尔滨市南岗区	31	31		11	11		10	10	
哈尔滨市道外区	35	35		16	16		12	12	
齐齐哈尔市龙沙区	29	29		14	14		10	10	
牡丹江市东安区	9	8	1	6	5	1	4	4	
七台河市新兴区	9	9		1	1				
鹤岗市向阳区	5	5							
伊春市翠峦区	36	36		9	9		2	2	
北安市	28	2	26	1		1	2		2
集贤县	20	5	15				12	2	10
肇东市	38	13	25						
肇州县	34		34	1		1	9		9
穆棱市	15	8	7						
甘南县	24	7	17	1	1		1	1	
绥滨县	13		13				13		13
肇源县	21		21						
富裕县	18		18						
五常市	35	9	26						
海伦市	28	11	17				13	4	9
讷河市	19		19				8		8
宾县	14	1	13						
克山县	37		37						
富锦市	23		23						

4-59 续表

单位：人

地区	参加社会保险人数						未参加		
	工伤保险			失业保险					
	小计	城镇	农村	小计	城镇	农村	小计	城镇	农村
总　计	**1**		**1**	**2**	**2**		**395**	**138**	**257**
哈尔滨市南岗区				1	1		18	18	
哈尔滨市道外区				1	1		16	16	
齐齐哈尔市龙沙区							14	14	
牡丹江市东安区							2	2	
七台河市新兴区							8	8	
鹤岗市向阳区							5	5	
伊春市翠峦区							26	26	
北安市							25	2	23
集贤县							8	3	5
肇东市							38	13	25
肇州县	1		1				23		23
穆棱市							15	8	7
甘南县							23	6	17
绥滨县									
肇源县							21		21
富裕县							18		18
五常市							35	9	26
海伦市							15	7	8
讷河市							11		11
宾县							14	1	13
克山县							37		37
富锦市							23		23

4-60　各地区16岁及以上听力残疾人分城乡的参加社会保险情况

单位：人

地　区	残疾人			参加社会保险人数					
				养老保险			医疗保险		
	合计	城镇	农村	小计	城镇	农村	小计	城镇	农村
总　计	**658**	**288**	**370**	**122**	**121**	**1**	**164**	**88**	**76**
哈尔滨市南岗区	20	20		11	11		10	10	
哈尔滨市道外区	36	36		22	22		13	13	
齐齐哈尔市龙沙区	62	62		44	44		18	18	
牡丹江市东安区	23	15	8	5	4	1	3	3	
七台河市新兴区	39	39		10	10		8	8	
鹤岗市向阳区	19	19		9	9		8	8	
伊春市翠峦区	55	55		18	18		24	24	
北安市	28	5	23	1	1				
集贤县	42	7	35				9	2	7
肇东市	28	6	22						
肇州县	46		46				40		40
穆棱市	35	8	27	1	1				
甘南县	19	1	18	1	1		1	1	
绥滨县	29		29				24		24
肇源县	33		33						
富裕县	6		6						
五常市	14	4	10						
海伦市	24	10	14				5	1	4
讷河市	23		23				1		1
宾县	25	1	24						
克山县	28		28						
富锦市	24		24						

4-60 续表

单位：人

地　区	参加社会保险人数						未参加		
	工伤保险			失业保险					
	小计	城镇	农村	小计	城镇	农村	小计	城镇	农村
总　计							**443**	**150**	**293**
哈尔滨市南岗区							8	8	
哈尔滨市道外区							11	11	
齐齐哈尔市龙沙区							18	18	
牡丹江市东安区							17	10	7
七台河市新兴区							27	27	
鹤岗市向阳区							9	9	
伊春市翠峦区							31	31	
北安市							27	4	23
集贤县							33	5	28
肇东市							28	6	22
肇州县							6		6
穆棱市							34	7	27
甘南县							18		18
绥滨县							5		5
肇源县							33		33
富裕县							6		6
五常市							14	4	10
海伦市							19	9	10
讷河市							22		22
宾县							25	1	24
克山县							28		28
富锦市							24		24

4-61 各地区16岁及以上言语残疾人分城乡的参加社会保险情况

单位：人

地区	残疾人			参加社会保险人数					
				养老保险			医疗保险		
	合计	城镇	农村	小计	城镇	农村	小计	城镇	农村
总计	**43**	**12**	**31**	**5**	**5**		**5**	**4**	**1**
哈尔滨市南岗区									
哈尔滨市道外区	3	3		3	3		3	3	
齐齐哈尔市龙沙区	1	1		1	1				
牡丹江市东安区									
七台河市新兴区	2	2		1	1		1	1	
鹤岗市向阳区	3	3							
伊春市翠峦区									
北安市	2		2						
集贤县	3		3						
肇东市	2		2						
肇州县	2		2						
穆棱市	1		1						
甘南县									
绥滨县	1		1						
肇源县									
富裕县	2		2						
五常市	5		5						
海伦市	5	3	2				1		1
讷河市	2		2						
宾县	2		2						
克山县	4		4						
富锦市	3		3						

4-61 续表

单位：人

地区	参加社会保险人数						未参加		
	工伤保险			失业保险					
	小计	城镇	农村	小计	城镇	农村	小计	城镇	农村
总　计	**1**		**1**				**36**	**7**	**29**
哈尔滨市南岗区									
哈尔滨市道外区									
齐齐哈尔市龙沙区									
牡丹江市东安区									
七台河市新兴区							1	1	
鹤岗市向阳区							3	3	
伊春市翠峦区									
北安市							2		2
集贤县	1		1				2		2
肇东市							2		2
肇州县							2		2
穆棱市							1		1
甘南县									
绥滨县							1		1
肇源县									
富裕县							2		2
五常市							5		5
海伦市							4	3	1
讷河市							2		2
宾县							2		2
克山县							4		4
富锦市							3		3

4-62 各地区16岁及以上肢体残疾人分城乡的参加社会保险情况

单位：人

地区	残疾人			参加社会保险人数					
				养老保险			医疗保险		
	合计	城镇	农村	小计	城镇	农村	小计	城镇	农村
总计	**1671**	**698**	**973**	**229**	**220**	**9**	**393**	**181**	**212**
哈尔滨市南岗区	87	87		38	38		36	36	
哈尔滨市道外区	73	73		34	34		31	31	
齐齐哈尔市龙沙区	87	87		39	39		31	31	
牡丹江市东安区	64	44	20	22	21	1	19	16	3
七台河市新兴区	99	99		30	30		27	27	
鹤岗市向阳区	41	41		19	19		7	7	
伊春市翠峦区	69	69		22	22		2	2	
北安市	76	30	46	1	1		16		16
集贤县	80	16	64				56	5	51
肇东市	92	41	51	2	2				
肇州县	57		57				13		13
穆棱市	81	26	55	10	10		6	6	
甘南县	67	20	47	6	4	2	15	6	9
绥滨县	63		63	4		4	53		53
肇源县	94		94				1		1
富裕县	86		86	1		1			
五常市	84	22	62						
海伦市	68	34	34				25	14	11
讷河市	111		111				48		48
宾县	68	9	59	1		1			
克山县	84		84				7		7
富锦市	40		40						

4-62 续表

单位：人

地　区	参加社会保险人数						未参加		
	工伤保险			失业保险					
	小计	城镇	农村	小计	城镇	农村	小计	城镇	农村
总　计	**5**	**5**		**5**	**5**		**1200**	**441**	**759**
哈尔滨市南岗区				1	1		46	46	
哈尔滨市道外区							38	38	
齐齐哈尔市龙沙区							44	44	
牡丹江市东安区							39	22	17
七台河市新兴区	5	5		3	3		67	67	
鹤岗市向阳区							22	22	
伊春市翠峦区				1	1		44	44	
北安市							59	29	30
集贤县							24	11	13
肇东市							90	39	51
肇州县							44		44
穆棱市							69	14	55
甘南县							52	14	38
绥滨县							10		10
肇源县							93		93
富裕县							85		85
五常市							84	22	62
海伦市							43	20	23
讷河市							63		63
宾县							67	9	58
克山县							77		77
富锦市							40		40

4-63 各地区16岁及以上智力残疾人分城乡的参加社会保险情况

单位：人

地 区	残疾人			参加社会保险人数					
				养老保险			医疗保险		
	合计	城镇	农村	小计	城镇	农村	小计	城镇	农村
总 计	**261**	**78**	**183**	**16**	**15**	**1**	**28**	**7**	**21**
哈尔滨市南岗区	17	17		5	5		2	2	
哈尔滨市道外区	13	13		6	6		4	4	
齐齐哈尔市龙沙区	6	6		1	1				
牡丹江市东安区	3	1	2	1		1	1		1
七台河市新兴区	12	12		2	2		1	1	
鹤岗市向阳区	6	6							
伊春市翠峦区	7	7							
北安市	20	2	18				2		2
集贤县	9	3	6				2		2
肇东市	10		10						
肇州县	12		12						
穆棱市	15	3	12						
甘南县	6	1	5						
绥滨县	13		13				6		6
肇源县	17		17						
富裕县	11		11						
五常市	16	3	13	1	1				
海伦市	15	4	11						
讷河市	14		14				10		10
宾县	13		13						
克山县	23		23						
富锦市	3		3						

4-63 续表

单位：人

地区	参加社会保险人数						未参加		
	工伤保险			失业保险					
	小计	城镇	农村	小计	城镇	农村	小计	城镇	农村
总　计							**225**	**63**	**162**
哈尔滨市南岗区							12	12	
哈尔滨市道外区							7	7	
齐齐哈尔市龙沙区							5	5	
牡丹江市东安区							2	1	1
七台河市新兴区							10	10	
鹤岗市向阳区							6	6	
伊春市翠峦区							7	7	
北安市							18	2	16
集贤县							7	3	4
肇东市							10		10
肇州县							12		12
穆棱市							15	3	12
甘南县							6	1	5
绥滨县							7		7
肇源县							17		17
富裕县							11		11
五常市							15	2	13
海伦市							15	4	11
讷河市							4		4
宾县							13		13
克山县							23		23
富锦市							3		3

4-64 各地区16岁及以上精神残疾人分城乡的参加社会保险情况

单位：人

地区	残疾人			参加社会保险人数					
				养老保险			医疗保险		
	合计	城镇	农村	小计	城镇	农村	小计	城镇	农村
总计	**251**	**101**	**150**	**15**	**15**		**44**	**18**	**26**
哈尔滨市南岗区	17	17		9	9		10	10	
哈尔滨市道外区	10	10		2	2		1	1	
齐齐哈尔市龙沙区	9	9					1	1	
牡丹江市东安区	2	1	1						
七台河市新兴区	14	14		1	1		1	1	
鹤岗市向阳区	10	10		2	2		1	1	
伊春市翠峦区	11	11		1	1		3	3	
北安市	10	3	7				1		1
集贤县	6	1	5						
肇东市	8	2	6						
肇州县	13		13				2		2
穆棱市	16	5	11				1	1	
甘南县	12	2	10						
绥滨县	9		9				8		8
肇源县	13		13				5		5
富裕县	18		18						
五常市	14	9	5						
海伦市	10	6	4						
讷河市	16		16				6		6
宾县	15	1	14						
克山县	13		13				1		1
富锦市	5		5				3		3

4-64 续表

单位：人

地区	参加社会保险人数						未参加		
	工伤保险			失业保险					
	小计	城镇	农村	小计	城镇	农村	小计	城镇	农村
总计	**1**	**1**					**204**	**80**	**124**
哈尔滨市南岗区	1	1					7	7	
哈尔滨市道外区							8	8	
齐齐哈尔市龙沙区							8	8	
牡丹江市东安区							2	1	1
七台河市新兴区							12	12	
鹤岗市向阳区							8	8	
伊春市翠峦区							8	8	
北安市							9	3	6
集贤县							6	1	5
肇东市							8	2	6
肇州县							11		11
穆棱市							15	4	11
甘南县							12	2	10
绥滨县							1		1
肇源县							8		8
富裕县							18		18
五常市							14	9	5
海伦市							10	6	4
讷河市							10		10
宾县							15	1	14
克山县							12		12
富锦市							2		2

4-65 各地区16岁及以上多重残疾人分城乡的参加社会保险情况

单位：人

地　区	残疾人			参加社会保险人数					
				养老保险			医疗保险		
	合计	城镇	农村	小计	城镇	农村	小计	城镇	农村
总　计	**507**	**225**	**282**	**66**	**62**	**4**	**98**	**46**	**52**
哈尔滨市南岗区	19	19		8	8		10	10	
哈尔滨市道外区	6	6					1	1	
齐齐哈尔市龙沙区	28	28		18	18		10	10	
牡丹江市东安区	23	17	6	7	7		5	5	
七台河市新兴区	32	32		6	6		7	7	
鹤岗市向阳区	27	27		14	14		8	8	
伊春市翠峦区	23	23		3	3				
北安市	27	12	15	2	1	1	2		2
集贤县	53	16	37	1		1	26	3	23
肇东市	14	6	8	1	1				
肇州县	24		24	1		1	9		9
穆棱市	44	13	31	3	3		2	1	1
甘南县	15	6	9						
绥滨县	30		30				13		13
肇源县	16		16				1		1
富裕县	16		16						
五常市	16	3	13	1	1				
海伦市	27	14	13	1		1	2	1	1
讷河市	4		4				1		1
宾县	32	3	29						
克山县	12		12				1		1
富锦市	19		19						

4-65 续表

单位：人

地 区	参加社会保险人数						未参加		
	工伤保险			失业保险					
	小计	城镇	农村	小计	城镇	农村	小计	城镇	农村
总 计							**382**	**154**	**228**
哈尔滨市南岗区							8	8	
哈尔滨市道外区							5	5	
齐齐哈尔市龙沙区							10	10	
牡丹江市东安区							16	10	
七台河市新兴区							25	25	
鹤岗市向阳区							13	13	
伊春市翠峦区							20	20	
北安市							24	11	13
集贤县							26	13	13
肇东市							13	5	8
肇州县							15		15
穆棱市							40	10	30
甘南县							15	6	9
绥滨县							17		17
肇源县							15		15
富裕县							16		16
五常市							15	2	13
海伦市							24	13	11
讷河市							3		3
宾县							32	3	29
克山县							11		11
富锦市							19		19

4-66 各地区视力残疾人分城乡、残疾等级的领取低保金和救济情况

单位:人

地区	残疾人		残疾一级				残疾二级			
			领取低保人数		领取过救济人数		领取低保人数		领取过救济人数	
	城镇	农村	城镇	农村	城镇	农村	城镇	农村	城镇	农村
总　计	**210**	**318**	**11**	**5**	**9**	**15**	**6**	**3**	**4**	**6**
哈尔滨市南岗区	31		3		3					
哈尔滨市道外区	35						1		1	
齐齐哈尔市龙沙区	29						3		3	
牡丹江市东安区	8	1	2		1					
七台河市新兴区	9				1					
鹤岗市向阳区	5		2		1		1			
伊春市翠峦区	36		4		2					
北安市	2	27								1
集贤县	6	15			1	1				
肇东市	13	25				1				
肇州县		36						1		1
穆棱市	8	7					1			1
甘南县	7	17								
绥滨县		13				2				
肇源县		22				1				
富裕县		19				2				
五常市	9	26								
海伦市	11	17		1		3				
讷河市		20		3		3		2		2
宾县	1	13								
克山县		37								
富锦市		23		1		2				1

4-66 续表

单位:人

地　区	残疾三级				残疾四级			
	领取低保人数		领取过救济人数		领取低保人数		领取过救济人数	
	城镇	农村	城镇	农村	城镇	农村	城镇	农村
总　计	**2**			**2**	**23**	**4**	**11**	**11**
哈尔滨市南岗区					6		6	
哈尔滨市道外区	2				9		2	
齐齐哈尔市龙沙区					3		3	
牡丹江市东安区					1			
七台河市新兴区								
鹤岗市向阳区								
伊春市翠峦区					3			
北安市								1
集贤县						2		
肇东市						1		1
肇州县				1		1		1
穆棱市					1			1
甘南县								
绥滨县								3
肇源县								1
富裕县								1
五常市								
海伦市				1				1
讷河市								
宾县								
克山县								
富锦市								1

4-67 各地区听力残疾人分城乡、残疾等级的领取低保金和救济情况

单位：人

地区	残疾人		残疾一级				残疾二级			
			领取低保人数		领取过救济人数		领取低保人数		领取过救济人数	
	城镇	农村	城镇	农村	城镇	农村	城镇	农村	城镇	农村
总计	**289**	**370**	**7**	**4**	**3**	**4**	**5**		**4**	**6**
哈尔滨市南岗区	20						1			
哈尔滨市道外区	36		3		1		1		1	
齐齐哈尔市龙沙区	63		2		1					
牡丹江市东安区	15		1							
七台河市新兴区	39								1	
鹤岗市向阳区	19		1		1					
伊春市翠峦区	55						1		1	
北安市	5	23					1			
集贤县	7	35					1		1	
肇东市	6	22								
肇州县		46								2
穆棱市	8	27		1		1				
甘南县	1	18								
绥滨县		29								3
肇源县		33		1		1				
富裕县		6								
五常市	4	10								
海伦市	10	14								
讷河市		23		1		1				
宾县	1	24								1
克山县		28								
富锦市		24		1		1				

4-67 续表

单位：人

地 区	残疾三级				残疾四级			
	领取低保人数		领取过救济人数		领取低保人数		领取过救济人数	
	城镇	农村	城镇	农村	城镇	农村	城镇	农村
总 计	**17**	**3**	**10**	**11**	**14**	**2**	**5**	**11**
哈尔滨市南岗区	1							
哈尔滨市道外区	3		3		1			
齐齐哈尔市龙沙区	1		1		4		2	
牡丹江市东安区					2			
七台河市新兴区	3		2		4		1	
鹤岗市向阳区	1				2		2	
伊春市翠峦区	5		2					
北安市								
集贤县	1		1	1				1
肇东市								
肇州县				1				2
穆棱市								1
甘南县								
绥滨县				2				3
肇源县								
富裕县				1				
五常市								
海伦市	2		1		1			1
讷河市		1		1				
宾县								
克山县								
富锦市		2		5		2		3

4-68 各地区言语残疾人分城乡、残疾等级的领取低保金和救济情况

单位：人

地区	残疾人		残疾一级				残疾二级			
			领取低保人数		领取过救济人数		领取低保人数		领取过救济人数	
	城镇	农村	城镇	农村	城镇	农村	城镇	农村	城镇	农村
总计	**17**	**38**					**1**			
哈尔滨市南岗区										
哈尔滨市道外区	3									
齐齐哈尔市龙沙区	1									
牡丹江市东安区										
七台河市新兴区	2						1			
鹤岗市向阳区	6									
伊春市翠峦区										
北安市		3								
集贤县		3								
肇东市		3								
肇州县		5								
穆棱市		1								
甘南县										
绥滨县		1								
肇源县										
富裕县		2								
五常市		5								
海伦市	5	3								
讷河市		2								
宾县		2								
克山县		5								
富锦市		3								

4-68 续表

单位：人

地区	残疾三级				残疾四级			
	领取低保人数		领取过救济人数		领取低保人数		领取过救济人数	
	城镇	农村	城镇	农村	城镇	农村	城镇	农村
总计	**1**					**1**		**2**
哈尔滨市南岗区								
哈尔滨市道外区								
齐齐哈尔市龙沙区								
牡丹江市东安区								
七台河市新兴区								
鹤岗市向阳区	1							
伊春市翠峦区								
北安市								
集贤县								
肇东市								
肇州县								1
穆棱市								
甘南县								
绥滨县								
肇源县								
富裕县								
五常市								
海伦市								
讷河市								
宾县								
克山县								
富锦市						1		1

4-69　各地区肢体残疾人分城乡、残疾等级的领取低保金和救济情况

单位：人

地　区	残疾人		残疾一级				残疾二级			
			领取低保人数		领取过救济人数		领取低保人数		领取过救济人数	
	城镇	农村	城镇	农村	城镇	农村	城镇	农村	城镇	农村
总　计	**703**	**985**	**5**	**4**	**1**	**9**	**26**	**7**	**3**	**11**
哈尔滨市南岗区	87						8		1	
哈尔滨市道外区	73		2				1			
齐齐哈尔市龙沙区	87		1		1		4		1	
牡丹江市东安区	45	20								
七台河市新兴区	100		1				5		1	
鹤岗市向阳区	41						3			
伊春市翠峦区	71						1			
北安市	30	46	1			2				
集贤县	16	65								2
肇东市	41	51					1	1		1
肇州县		59								
穆棱市	26	58				2	1			2
甘南县	20	48					2			
绥滨县		64				1				3
肇源县		96				1				
富裕县		86								
五常市	22	63								
海伦市	35	34						2		
讷河市		111		3		2		2		1
宾县	9	59						1		1
克山县		84						1		1
富锦市		41		1		1				

4-69 续表

单位：人

地　区	残疾三级				残疾四级			
	领取低保人数		领取过救济人数		领取低保人数		领取过救济人数	
	城镇	农村	城镇	农村	城镇	农村	城镇	农村
总　计	**60**	**11**	**9**	**31**	**76**	**16**	**19**	**48**
哈尔滨市南岗区	9				4		1	
哈尔滨市道外区	3				14		2	
齐齐哈尔市龙沙区	9		4		7		5	
牡丹江市东安区	5				6	1		
七台河市新兴区	14		1		4			
鹤岗市向阳区	8		1		3		2	
伊春市翠峦区	4				22		5	
北安市	2			1	2			2
集贤县				5	2	1	1	4
肇东市	1		1	1	2			
肇州县				1				2
穆棱市	4	1	1	5	1			4
甘南县			1	2	2			
绥滨县				4		1		13
肇源县		1		1		1		11
富裕县				2				4
五常市	1			1	4		1	
海伦市		1			3	2	2	
讷河市		4		2		7		3
宾县				1		1		1
克山县		1		2		1		2
富锦市		3		3		1		2

4-70 各地区智力残疾人分城乡、残疾等级的领取低保金和救济情况

单位:人

地区	残疾人		残疾一级				残疾二级			
			领取低保人数		领取过救济人数		领取低保人数		领取过救济人数	
	城镇	农村	城镇	农村	城镇	农村	城镇	农村	城镇	农村
总计	**85**	**209**	**3**	**8**	**3**	**9**	**5**	**12**	**4**	**17**
哈尔滨市南岗区	17									
哈尔滨市道外区	13		2		2		2		2	
齐齐哈尔市龙沙区	6						1		2	
牡丹江市东安区	1	2								
七台河市新兴区	14						1			
鹤岗市向阳区	7						1			
伊春市翠峦区	7									
北安市	2	19		2		2		4		4
集贤县	3	9	1	2	1	2		1		1
肇东市		12								
肇州县		14				2		1		2
穆棱市	4	13								
甘南县	3	8								
绥滨县		15								
肇源县		18		2		2		2		2
富裕县		12								
五常市	4	15								
海伦市	4	12		1		1				
讷河市		15		1				2		4
宾县		14						2		2
克山县		26								2
富锦市		5								

4-70 续表

单位:人

地区	残疾三级				残疾四级			
	领取低保人数		领取过救济人数		领取低保人数		领取过救济人数	
	城镇	农村	城镇	农村	城镇	农村	城镇	农村
总　计	**9**	**9**	**5**	**17**	**7**	**11**	**8**	**16**
哈尔滨市南岗区	4		2					
哈尔滨市道外区								
齐齐哈尔市龙沙区	1		2		2		2	
牡丹江市东安区								
七台河市新兴区								
鹤岗市向阳区	2				1		1	
伊春市翠峦区	2		1					
北安市		1		1	1	3	1	3
集贤县				1		1		1
肇东市								
肇州县				2				1
穆棱市				3			1	1
甘南县								
绥滨县								
肇源县		6		6		4		4
富裕县								
五常市		1		1	2	1	2	2
海伦市					1		1	
讷河市		1		1		2		2
宾县								
克山县				2				2
富锦市								

4-71 各地区精神残疾人分城乡、残疾等级的领取低保金和救济情况

单位：人

地　区	残疾人		残疾一级				残疾二级			
			领取低保人数		领取过救济人数		领取低保人数		领取过救济人数	
	城镇	农村	城镇	农村	城镇	农村	城镇	农村	城镇	农村
总　计	**101**	**151**	**5**	**2**	**3**	**8**	**4**	**1**	**2**	**4**
哈尔滨市南岗区	17									
哈尔滨市道外区	10		1		1					
齐齐哈尔市龙沙区	9		1		1		2		2	
牡丹江市东安区	1	1	1							
七台河市新兴区	14						1			
鹤岗市向阳区	10		2		1					
伊春市翠峦区	11									
北安市	3	7					1			
集贤县	1	5		1		1				
肇东市	2	6								1
肇州县		13								
穆棱市	5	12				1				1
甘南县	2	10						1		
绥滨县		9				1				
肇源县		13								
富裕县		18								
五常市	9	5				1				
海伦市	6	4								1
讷河市		16		1		2				1
宾县	1	14				2				
克山县		13								
富锦市		5								

4-71 续表

单位：人

地　区	残疾三级				残疾四级			
	领取低保人数		领取过救济人数		领取低保人数		领取过救济人数	
	城镇	农村	城镇	农村	城镇	农村	城镇	农村
总　计	**10**	**2**	**4**	**6**	**11**		**11**	**13**
哈尔滨市南岗区	1		1		3		4	
哈尔滨市道外区	2		1		1		1	
齐齐哈尔市龙沙区	1							
牡丹江市东安区								
七台河市新兴区								
鹤岗市向阳区	2				1			
伊春市翠峦区	2				4		3	
北安市								
集贤县								
肇东市								
肇州县								3
穆棱市	1		1		1		1	3
甘南县				1				
绥滨县								2
肇源县		1		1				
富裕县				1				2
五常市	1		1	1				
海伦市					1		2	1
讷河市								
宾县								1
克山县								
富锦市		1		2				1

4-72 各地区多重残疾人分城乡、残疾等级的领取低保金和救济情况

单位:人

地区	残疾人		残疾一级				残疾二级			
			领取低保人数		领取过救济人数		领取低保人数		领取过救济人数	
	城镇	农村	城镇	农村	城镇	农村	城镇	农村	城镇	农村
总计	**240**	**312**	**52**	**18**	**28**	**44**	**10**	**2**	**6**	**3**
哈尔滨市南岗区	23		7		6					
哈尔滨市道外区	8		3		2		2		1	
齐齐哈尔市龙沙区	29		1		1		2		2	
牡丹江市东安区	17	7	6			2				
七台河市新兴区	34		4		1		1			
鹤岗市向阳区	27		6				1			
伊春市翠峦区	24		11		5		2			
北安市	13	16	3		2				1	
集贤县	16	40	2	5	2	10				1
肇东市	6	10	3	1	3					
肇州县		25				6				
穆棱市	13	31	2		1	6	1		1	
甘南县	7	10					1		1	
绥滨县		32		1		8				1
肇源县		18		3		3				
富裕县		18		1		2				
五常市	4	17	2		2	2				
海伦市	16	15	1	2	2	2				
讷河市		4		1		1				1
宾县	3	35	1		1			1		
克山县		13								
富锦市		21		4		2		1		

4-72 续表

单位:人

地　区	残疾三级				残疾四级			
	领取低保人数		领取过救济人数		领取低保人数		领取过救济人数	
	城镇	农村	城镇	农村	城镇	农村	城镇	农村
总　计	**7**	**5**	**5**	**11**	**7**	**2**	**2**	**3**
哈尔滨市南岗区								
哈尔滨市道外区	1							
齐齐哈尔市龙沙区	2		2		1		1	
牡丹江市东安区					1			
七台河市新兴区								
鹤岗市向阳区								
伊春市翠峦区	1				1			
北安市				1	1			
集贤县	1	1	1	1			1	
肇东市					1			
肇州县		1		4				2
穆棱市					2			
甘南县								
绥滨县				1				
肇源县				1		1		1
富裕县								
五常市								
海伦市	2		2					
讷河市								
宾县								
克山县				1				
富锦市		3		2		1		

4－73　各地区残疾人分城乡的曾接受服务或扶助

单位：人次

地　区	合　计		医疗服务与救助		辅助器具	
	城镇	农村	城镇	农村	城镇	农村
总　计	**2215**	**3084**	**997**	**856**	**176**	**121**
哈尔滨市南岗区	232		138		7	
哈尔滨市道外区	194		44		12	
齐齐哈尔市龙沙区	285		217		1	
牡丹江市东安区	94	40	6	4		
七台河市新兴区	251		151		10	
鹤岗市向阳区	131		70		2	
伊春市翠峦区	418		136		94	
北安市	64	151	40	84	2	3
集贤县	63	210	28	87	2	10
肇东市	86	212	47	90	3	6
肇州县		230		30		7
穆棱市	137	236	42	69	31	27
甘南县	41	122	2	15		
绥滨县		179		27		2
肇源县		288		74		13
富裕县		176		41		
五常市	61	160	26	52	2	8
海伦市	137	117	38	32	10	4
讷河市		276		75		13
宾县	21	242	12	98		6
克山县		316		46		18
富锦市		129		32		4

4－73 续表 1

单位：人次

地　区	康复训练与服务		教育费用补助或减免		职业教育与培训	
	城镇	农村	城镇	农村	城镇	农村
总　计	**230**	**210**	**7**	**9**	**4**	**5**
哈尔滨市南岗区	7		4			
哈尔滨市道外区	6					
齐齐哈尔市龙沙区	19				3	
牡丹江市东安区	2				1	
七台河市新兴区	5					
鹤岗市向阳区	5		1			
伊春市翠峦区	90					
北安市	2	1				
集贤县	6	9				
肇东市	18	41				
肇州县		7				
穆棱市	35	35	2	6		1
甘南县						
绥滨县		5				1
肇源县		8		1		
富裕县		1				
五常市	3	12				
海伦市	28	11				
讷河市		29				3
宾县	4	43				
克山县		8		1		
富锦市				1		

4－73　续表 2

单位：人次

地　　区	就业安置或扶持		贫困残疾人救助与扶持		法律援助与服务	
	城镇	农村	城镇	农村	城镇	农村
总　　计	**7**	**9**	**200**	**390**	**2**	**1**
哈尔滨市南岗区	2		26			
哈尔滨市道外区	2		13			
齐齐哈尔市龙沙区			27			
牡丹江市东安区	1	1	15	1		
七台河市新兴区			34			
鹤岗市向阳区			10			
伊春市翠峦区	2		22		1	
北安市			7	9		
集贤县			10	31		
肇东市				6		
肇州县				30		
穆棱市			10	29		
甘南县			5	7	1	
绥滨县				39		
肇源县				62		
富裕县				15		
五常市			9	7		
海伦市			11	16		
讷河市		4		36		1
宾县			1	22		
克山县		4		56		
富锦市				24		

4－73 续表 3

单位：人次

地　区	无障碍设施		信息无障碍		生活服务	
	城镇	农村	城镇	农村	城镇	农村
总　计	**6**	**7**	**7**	**2**	**47**	**174**
哈尔滨市南岗区	2		3		2	
哈尔滨市道外区	1		1			
齐齐哈尔市龙沙区					15	
牡丹江市东安区			1		1	
七台河市新兴区						
鹤岗市向阳区	1		1		4	
伊春市翠峦区					11	
北安市						1
集贤县						1
肇东市					2	37
肇州县				1		9
穆棱市						3
甘南县						5
绥滨县		1				8
肇源县						29
富裕县						
五常市						
海伦市	2	1			11	1
讷河市						2
宾县		3	1		1	14
克山县		2		1		61
富锦市						3

4－73 续表 4

单位：人次

地区	文化服务		其他		未曾接受任何服务或扶助	
	城镇	农村	城镇	农村	城镇	农村
总计	**8**	**13**	**5**	**31**	**519**	**1256**
哈尔滨市南岗区			1		40	
哈尔滨市道外区			2		113	
齐齐哈尔市龙沙区					3	
牡丹江市东安区					67	34
七台河市新兴区					51	
鹤岗市向阳区					37	
伊春市翠峦区	3		1		58	
北安市				11	13	42
集贤县				2	17	70
肇东市					16	32
肇州县				1		145
穆棱市		12			17	54
甘南县			1	3	32	92
绥滨县						96
肇源县						101
富裕县				1		118
五常市					21	81
海伦市	5				32	52
讷河市				11		102
宾县					2	56
克山县		1				118
富锦市				2		63

4-74 各地区视力残疾人分城乡的曾接受服务或扶助

单位：人次

地　区	合　计		医疗服务与救助		辅助器具	
	城镇	农村	城镇	农村	城镇	农村
总　计	**269**	**411**	**140**	**171**	**9**	**17**
哈尔滨市南岗区	54		31		1	
哈尔滨市道外区	38		18			
齐齐哈尔市龙沙区	29		29			
牡丹江市东安区	11	1	3	1		
七台河市新兴区	10		5			
鹤岗市向阳区	9		5			
伊春市翠峦区	57		28		5	
北安市	2	27	2	15		
集贤县	7	17	4	6		1
肇东市	13	28	11	21	2	3
肇州县		42		10		2
穆棱市	8	8	1	2		
甘南县	7	17		1		
绥滨县		16		6		1
肇源县		25		17		3
富裕县		22		14		
五常市	10	30	2	4	1	4
海伦市	11	19		2		
讷河市		24		18		
宾县	3	37	1	12		1
克山县		74		20		2
富锦市		24		22		

4-74 续表 1

单位：人次

地　区	康复训练与服务		教育费用补助或减免		职业教育与培训	
	城镇	农村	城镇	农村	城镇	农村
总　计	**13**	**13**				
哈尔滨市南岗区	7					
哈尔滨市道外区						
齐齐哈尔市龙沙区						
牡丹江市东安区	1					
七台河市新兴区	1					
鹤岗市向阳区	1					
伊春市翠峦区	2					
北安市						
集贤县						
肇东市						
肇州县		1				
穆棱市						
甘南县						
绥滨县						
肇源县						
富裕县						
五常市		1				
海伦市						
讷河市						
宾县	1	11				
克山县						
富锦市						

4-74 续表 2

单位：人次

地 区	就业安置或扶持		贫困残疾人救助与扶持		法律援助与服务	
	城镇	农村	城镇	农村	城镇	农村
总 计	**2**		**27**	**54**		
哈尔滨市南岗区			14			
哈尔滨市道外区			3			
齐齐哈尔市龙沙区						
牡丹江市东安区			1			
七台河市新兴区						
鹤岗市向阳区			2			
伊春市翠峦区	2		4			
北安市						
集贤县			1	2		
肇东市				2		
肇州县				3		
穆棱市			1	2		
甘南县						
绥滨县				5		
肇源县						
富裕县				3		
五常市						
海伦市				5		
讷河市				4		
宾县			1	11		
克山县				16		
富锦市				1		

4-74 续表 3

单位：人次

地　区	无障碍设施		信息无障碍		生活服务	
	城镇	农村	城镇	农村	城镇	农村
总　计	**1**	**2**	**2**	**2**	**7**	**25**
哈尔滨市南岗区	1					
哈尔滨市道外区			1			
齐齐哈尔市龙沙区						
牡丹江市东安区			1			
七台河市新兴区						
鹤岗市向阳区					1	
伊春市翠峦区					6	
北安市						1
集贤县						
肇东市						
肇州县				1		2
穆棱市						
甘南县						
绥滨县						
肇源县						
富裕县						
五常市						
海伦市						
讷河市						
宾县						1
克山县		2		1		21
富锦市						

4-74 续表 4

单位：人次

地　区	文化服务		其　他		未曾接受任何服务或扶助	
	城镇	农村	城镇	农村	城镇	农村
总　计	**3**			**11**	**65**	**116**
哈尔滨市南岗区						
哈尔滨市道外区					16	
齐齐哈尔市龙沙区						
牡丹江市东安区					5	
七台河市新兴区					4	
鹤岗市向阳区						
伊春市翠峦区	3				7	
北安市				11		
集贤县					2	8
肇东市						2
肇州县						23
穆棱市					6	4
甘南县					7	16
绥滨县						4
肇源县						5
富裕县						5
五常市					7	21
海伦市					11	12
讷河市						2
宾县						1
克山县						12
富锦市						1

4-75 各地区听力残疾人分城乡的曾接受服务或扶助

单位：人次

地 区	合 计		医疗服务与救助		辅助器具	
	城镇	农村	城镇	农村	城镇	农村
总 计	**330**	**469**	**108**	**85**	**33**	**44**
哈尔滨市南岗区	20		3			
哈尔滨市道外区	37		5		7	
齐齐哈尔市龙沙区	66		63			
牡丹江市东安区	15	8				
七台河市新兴区	48		13		6	
鹤岗市向阳区	22		1		1	
伊春市翠峦区	73		11		10	
北安市	6	24	1	6	1	2
集贤县	9	35	2	3		
肇东市	6	24	5	11		2
肇州县		49				
穆棱市	9	27	1	1	1	1
甘南县	1	18				
绥滨县		29				
肇源县		40		16		4
富裕县		7		1		
五常市	4	10				
海伦市	13	14	3	3	7	2
讷河市		65		19		12
宾县	1	26		2		2
克山县		66		15		15
富锦市		27		8		4

4-75 续表 1

单位：人次

地　区	康复训练与服务		教育费用补助或减免		职业教育与培训	
	城镇	农村	城镇	农村	城镇	农村
总　计	**9**	**18**				**3**
哈尔滨市南岗区						
哈尔滨市道外区	1					
齐齐哈尔市龙沙区						
牡丹江市东安区						
七台河市新兴区						
鹤岗市向阳区						
伊春市翠峦区	7					
北安市						
集贤县						
肇东市	1					
肇州县						
穆棱市						
甘南县						
绥滨县						
肇源县						
富裕县						
五常市						
海伦市						
讷河市		14				3
宾县						
克山县		4				
富锦市						

4-75 续表 2

单位：人次

地区	就业安置或扶持		贫困残疾人救助与扶持		法律援助与服务	
	城镇	农村	城镇	农村	城镇	农村
总　计		**6**	**19**	**41**		
哈尔滨市南岗区						
哈尔滨市道外区			2			
齐齐哈尔市龙沙区			2			
牡丹江市东安区						
七台河市新兴区			8			
鹤岗市向阳区			1			
伊春市翠峦区			1			
北安市						
集贤县			2	2		
肇东市						
肇州县				4		
穆棱市				2		
甘南县						
绥滨县				8		
肇源县				3		
富裕县				1		
五常市						
海伦市			3	2		
讷河市		4		2		
宾县				1		
克山县		2		11		
富锦市				5		

4-75 续表 3

单位：人次

地　　区	无障碍设施		信息无障碍		生活服务	
	城镇	农村	城镇	农村	城镇	农村
总　　计	**1**		**1**		**2**	**20**
哈尔滨市南岗区						
哈尔滨市道外区						
齐齐哈尔市龙沙区					1	
牡丹江市东安区						
七台河市新兴区						
鹤岗市向阳区	1		1			
伊春市翠峦区					1	
北安市						
集贤县						
肇东市						
肇州县						4
穆棱市						
甘南县						
绥滨县						
肇源县						
富裕县						
五常市						
海伦市						
讷河市						
宾县						1
克山县						15
富锦市						

4-75 续表 4

单位：人次

地区	文化服务		其他		未曾接受任何服务或扶助	
	城镇	农村	城镇	农村	城镇	农村
总计			**1**	**11**	**156**	**241**
哈尔滨市南岗区					17	
哈尔滨市道外区					22	
齐齐哈尔市龙沙区						
牡丹江市东安区					15	8
七台河市新兴区					21	
鹤岗市向阳区					17	
伊春市翠峦区			1		42	
北安市					4	16
集贤县					5	30
肇东市						11
肇州县						41
穆棱市					7	23
甘南县					1	18
绥滨县						21
肇源县						17
富裕县						5
五常市					4	10
海伦市						7
讷河市				11		
宾县					1	20
克山县						4
富锦市						10

4-76 各地区言语残疾人分城乡的曾接受服务或扶助

单位：人次

地区	合计		医疗服务与救助		辅助器具	
	城镇	农村	城镇	农村	城镇	农村
总计	**20**	**47**	**5**	**11**		
哈尔滨市南岗区						
哈尔滨市道外区	3		1			
齐齐哈尔市龙沙区	1		1			
牡丹江市东安区						
七台河市新兴区	3		2			
鹤岗市向阳区	8		1			
伊春市翠峦区						
北安市		4		1		
集贤县		3		1		
肇东市		4		2		
肇州县		5		2		
穆棱市		1				
甘南县						
绥滨县		1				
肇源县						
富裕县		2				
五常市		5		1		
海伦市	5	3				
讷河市		2				
宾县		2				
克山县		12		4		
富锦市		3				

4-76 续表 1

单位：人次

地　　区	康复训练与服务		教育费用补助或减免		职业教育与培训	
	城镇	农村	城镇	农村	城镇	农村
总　　计	**2**	**6**				
哈尔滨市南岗区						
哈尔滨市道外区						
齐齐哈尔市龙沙区						
牡丹江市东安区						
七台河市新兴区						
鹤岗市向阳区	1					
伊春市翠峦区						
北安市		1				
集贤县						
肇东市		1				
肇州县						
穆棱市						
甘南县						
绥滨县						
肇源县						
富裕县						
五常市						
海伦市	1	1				
讷河市						
宾县						
克山县		3				
富锦市						

4-76 续表 2

单位：人次

地　区	就业安置或扶持		贫困残疾人救助与扶持		法律援助与服务	
	城镇	农村	城镇	农村	城镇	农村
总　计			**1**	**4**		
哈尔滨市南岗区						
哈尔滨市道外区						
齐齐哈尔市龙沙区						
牡丹江市东安区						
七台河市新兴区			1			
鹤岗市向阳区						
伊春市翠峦区						
北安市				1		
集贤县						
肇东市						
肇州县				1		
穆棱市						
甘南县						
绥滨县						
肇源县						
富裕县						
五常市						
海伦市						
讷河市						
宾县						
克山县				1		
富锦市				1		

4-76 续表 3

单位：人次

地区	无障碍设施		信息无障碍		生活服务	
	城镇	农村	城镇	农村	城镇	农村
总计					**1**	**3**
哈尔滨市南岗区						
哈尔滨市道外区						
齐齐哈尔市龙沙区						
牡丹江市东安区						
七台河市新兴区						
鹤岗市向阳区					1	
伊春市翠峦区						
北安市						
集贤县						
肇东市						
肇州县						
穆棱市						
甘南县						
绥滨县						
肇源县						
富裕县						
五常市						
海伦市						
讷河市						
宾县						
克山县						3
富锦市						

4-76 续表 4

单位：人次

地区	文化服务		其他		未曾接受任何服务或扶助	
	城镇	农村	城镇	农村	城镇	农村
总计		**1**			**11**	**22**
哈尔滨市南岗区						
哈尔滨市道外区					2	
齐齐哈尔市龙沙区						
牡丹江市东安区						
七台河市新兴区						
鹤岗市向阳区					5	
伊春市翠峦区						
北安市						1
集贤县						2
肇东市						1
肇州县						2
穆棱市						1
甘南县						
绥滨县						1
肇源县						
富裕县						2
五常市						4
海伦市					4	2
讷河市						2
宾县						2
克山县		1				
富锦市						2

4-77 各地区肢体残疾人分城乡的曾接受服务或扶助

单位：人次

地　区	合　计		医疗服务与救助		辅助器具	
	城镇	农村	城镇	农村	城镇	农村
总　计	**1021**	**1363**	**507**	**405**	**106**	**46**
哈尔滨市南岗区	91		85		4	
哈尔滨市道外区	79		3		2	
齐齐哈尔市龙沙区	112		84		1	
牡丹江市东安区	45	20				
七台河市新兴区	122		86		4	
鹤岗市向阳区	42		31			
伊春市翠峦区	211		70		69	
北安市	34	52	27	46	1	
集贤县	22	85	14	51		6
肇东市	58	127	26	40	1	1
肇州县		62				3
穆棱市	74	126	26	53	23	23
甘南县	21	50	1	5		
绥滨县		74		13		1
肇源县		168		34		4
富裕县		91		14		
五常市	28	77	20	41		4
海伦市	70	46	25	22	1	
讷河市		149		34		1
宾县	12	88	9	48		3
克山县		106		4		
富锦市		42				

4-77 续表 1

单位：人次

地　区	康复训练与服务		教育费用补助或减免		职业教育与培训	
	城镇	农村	城镇	农村	城镇	农村
总　计	**151**	**152**	**1**	**2**		**2**
哈尔滨市南岗区						
哈尔滨市道外区	4					
齐齐哈尔市龙沙区	9					
牡丹江市东安区						
七台河市新兴区	1					
鹤岗市向阳区			1			
伊春市翠峦区	70					
北安市						
集贤县	4	8				
肇东市	15	38				
肇州县		2				
穆棱市	24	32				1
甘南县						
绥滨县		4				1
肇源县		8		1		
富裕县						
五常市	2	9				
海伦市	19	6				
讷河市		15				
宾县	3	29				
克山县		1		1		
富锦市						

4-77 续表 2

单位：人次

地　区	就业安置或扶持		贫困残疾人救助与扶持		法律援助与服务	
	城镇	农村	城镇	农村	城镇	农村
总　计		**2**	**70**	**132**	**2**	**1**
哈尔滨市南岗区						
哈尔滨市道外区			6			
齐齐哈尔市龙沙区			15			
牡丹江市东安区			11	1		
七台河市新兴区			20			
鹤岗市向阳区						
伊春市翠峦区			1		1	
北安市			4	6		
集贤县			2	9		
肇东市				3		
肇州县				3		
穆棱市			1	5		
甘南县			4	2	1	
绥滨县				13		
肇源县				36		
富裕县				5		
五常市			5	1		
海伦市			1	4		
讷河市				19		1
宾县						
克山县		2		18		
富锦市				7		

4-77 续表 3

单位：人次

地区	无障碍设施		信息无障碍		生活服务	
	城镇	农村	城镇	农村	城镇	农村
总计	**2**	**2**	**1**		**12**	**93**
哈尔滨市南岗区			1			
哈尔滨市道外区						
齐齐哈尔市龙沙区					1	
牡丹江市东安区						
七台河市新兴区						
鹤岗市向阳区						
伊春市翠峦区						
北安市						
集贤县						
肇东市					2	37
肇州县						
穆棱市						
甘南县						
绥滨县		1				8
肇源县						26
富裕县						
五常市						
海伦市	2	1			9	1
讷河市						2
宾县						
克山县						18
富锦市						1

4-77 续表 4

单位：人次

地 区	文化服务		其 他		未曾接受任何服务或扶助	
	城镇	农村	城镇	农村	城镇	农村
总 计	**4**	**11**	**1**	**5**	**164**	**510**
哈尔滨市南岗区					1	
哈尔滨市道外区					64	
齐齐哈尔市龙沙区					2	
牡丹江市东安区					34	19
七台河市新兴区					11	
鹤岗市向阳区					10	
伊春市翠峦区						
北安市					2	
集贤县					2	11
肇东市					14	8
肇州县						54
穆棱市		11				1
甘南县			1	3	14	40
绥滨县						33
肇源县						59
富裕县				1		71
五常市					1	22
海伦市	4				9	12
讷河市						77
宾县						8
克山县						62
富锦市				1		33

4-78 各地区智力残疾人分城乡的曾接受服务或扶助

单位：人次

地 区	合 计		医疗服务与救助		辅助器具	
	城镇	农村	城镇	农村	城镇	农村
总 计	**116**	**225**	**44**	**38**	**4**	
哈尔滨市南岗区	20		6		1	
哈尔滨市道外区	15		12			
齐齐哈尔市龙沙区	18		4			
牡丹江市东安区	2	3	1	2		
七台河市新兴区	14		11			
鹤岗市向阳区	7					
伊春市翠峦区	14		4		2	
北安市	4	19	2	2		
集贤县	3	11		3		
肇东市		12		10		
肇州县		19		6		
穆棱市	6	13	3	1		
甘南县	3	8		2		
绥滨县		15				
肇源县		18				
富裕县		12				
五常市	5	15	1		1	
海伦市	5	14		3		
讷河市		15		2		
宾县		16		5		
克山县		30		2		
富锦市		5				

4-78 续表 1

单位：人次

地区	康复训练与服务		教育费用补助或减免		职业教育与培训	
	城镇	农村	城镇	农村	城镇	农村
总计	**12**	**3**			**2**	
哈尔滨市南岗区						
哈尔滨市道外区	1					
齐齐哈尔市龙沙区	2				2	
牡丹江市东安区	1					
七台河市新兴区	1					
鹤岗市向阳区						
伊春市翠峦区	3					
北安市	1					
集贤县		1				
肇东市		1				
肇州县						
穆棱市	1					
甘南县						
绥滨县						
肇源县						
富裕县						
五常市						
海伦市	2	1				
讷河市						
宾县						
克山县						
富锦市						

4-78 续表 2

单位：人次

地　区	就业安置或扶持		贫困残疾人救助与扶持		法律援助与服务	
	城镇	农村	城镇	农村	城镇	农村
总　计	**2**	**1**	**22**	**50**		
哈尔滨市南岗区	2		5			
哈尔滨市道外区						
齐齐哈尔市龙沙区			5			
牡丹江市东安区		1				
七台河市新兴区						
鹤岗市向阳区			4			
伊春市翠峦区			1			
北安市			1			
集贤县			1	5		
肇东市						
肇州县				6		
穆棱市			2	5		
甘南县						
绥滨县						
肇源县				13		
富裕县						
五常市			2	3		
海伦市			1	1		
讷河市				7		
宾县				1		
克山县				9		
富锦市						

4-78 续表 3

单位：人次

地区	无障碍设施		信息无障碍		生活服务	
	城镇	农村	城镇	农村	城镇	农村
总　计			**2**		**6**	**6**
哈尔滨市南岗区			2			
哈尔滨市道外区						
齐齐哈尔市龙沙区					5	
牡丹江市东安区						
七台河市新兴区						
鹤岗市向阳区						
伊春市翠峦区					1	
北安市						
集贤县						
肇东市						
肇州县						1
穆棱市						
甘南县						
绥滨县						
肇源县						1
富裕县						
五常市						
海伦市						
讷河市						
宾县						1
克山县						3
富锦市						

4-78 续表 4

单位：人次

地　区	文化服务		其　他		未曾接受任何服务或扶助	
	城镇	农村	城镇	农村	城镇	农村
总　计			**2**	**2**	**20**	**125**
哈尔滨市南岗区					4	
哈尔滨市道外区			2			
齐齐哈尔市龙沙区						
牡丹江市东安区						
七台河市新兴区					2	
鹤岗市向阳区					3	
伊春市翠峦区					3	
北安市						17
集贤县					2	2
肇东市						1
肇州县				1		5
穆棱市						7
甘南县					3	6
绥滨县						15
肇源县						4
富裕县						12
五常市					1	12
海伦市					2	9
讷河市						6
宾县						9
克山县						16
富锦市				1		4

4-79 各地区精神残疾人分城乡的曾接受服务或扶助

单位：人次

地　区	合　计		医疗服务与救助		辅助器具	
	城镇	农村	城镇	农村	城镇	农村
总　计	**108**	**197**	**40**	**50**		
哈尔滨市南岗区	19		1			
哈尔滨市道外区	10		1			
齐齐哈尔市龙沙区	9		9			
牡丹江市东安区	2	1	1	1		
七台河市新兴区	16		9			
鹤岗市向阳区	10		10			
伊春市翠峦区	11		4			
北安市	3	7	2	5		
集贤县	1	7		1		
肇东市	2	6				
肇州县		13				
穆棱市	6	21		1		
甘南县	2	19	1	5		
绥滨县		12		7		
肇源县		13		3		
富裕县		20		7		
五常市	9	5	2	3		
海伦市	6	4				
讷河市		17		2		
宾县	2	32		13		
克山县		13				
富锦市		7		2		

4-79 续表 1

单位：人次

地　区	康复训练与服务		教育费用补助或减免		职业教育与培训	
	城镇	农村	城镇	农村	城镇	农村
总　计	**2**	**1**	**1**	**5**		
哈尔滨市南岗区						
哈尔滨市道外区						
齐齐哈尔市龙沙区						
牡丹江市东安区						
七台河市新兴区	2					
鹤岗市向阳区						
伊春市翠峦区						
北安市						
集贤县						
肇东市						
肇州县						
穆棱市			1	5		
甘南县						
绥滨县		1				
肇源县						
富裕县						
五常市						
海伦市						
讷河市						
宾县						
克山县						
富锦市						

4-79 续表 2

单位：人次

地区	就业安置或扶持		贫困残疾人救助与扶持		法律援助与服务	
	城镇	农村	城镇	农村	城镇	农村
总计			**17**	**35**		
哈尔滨市南岗区			5			
哈尔滨市道外区			2			
齐齐哈尔市龙沙区						
牡丹江市东安区			1			
七台河市新兴区						
鹤岗市向阳区						
伊春市翠峦区			4			
北安市						
集贤县				1		
肇东市				1		
肇州县				3		
穆棱市			2	8		
甘南县				4		
绥滨县				3		
肇源县						
富裕县				3		
五常市						
海伦市			3	2		
讷河市				2		
宾县				6		
克山县						
富锦市				2		

4-79 续表 3

单位：人次

地区	无障碍设施		信息无障碍		生活服务	
	城镇	农村	城镇	农村	城镇	农村
总计		**2**	**1**		**3**	**21**
哈尔滨市南岗区					2	
哈尔滨市道外区						
齐齐哈尔市龙沙区						
牡丹江市东安区						
七台河市新兴区						
鹤岗市向阳区						
伊春市翠峦区						
北安市						
集贤县						1
肇东市						
肇州县						
穆棱市						3
甘南县						5
绥滨县						
肇源县						
富裕县						
五常市						
海伦市						
讷河市						
宾县		2	1		1	10
克山县						
富锦市						2

4-79 续表 4

单位：人次

地 区	文化服务		其 他		未曾接受任何服务或扶助	
	城镇	农村	城镇	农村	城镇	农村
总 计			**1**		**43**	**83**
哈尔滨市南岗区			1		10	
哈尔滨市道外区					7	
齐齐哈尔市龙沙区						
牡丹江市东安区						
七台河市新兴区					5	
鹤岗市向阳区						
伊春市翠峦区					3	
北安市					1	2
集贤县					1	4
肇东市					2	5
肇州县						10
穆棱市					3	4
甘南县					1	5
绥滨县						1
肇源县						10
富裕县						10
五常市					7	2
海伦市					3	2
讷河市						13
宾县						1
克山县						13
富锦市						1

4-80　各地区多重残疾人分城乡的曾接受服务或扶助

单位：人次

地　区	合　计		医疗服务与救助		辅助器具	
	城镇	农村	城镇	农村	城镇	农村
总　计	**351**	**372**	**153**	**96**	**24**	**14**
哈尔滨市南岗区	28		12		1	
哈尔滨市道外区	12		4		3	
齐齐哈尔市龙沙区	50		27			
牡丹江市东安区	19	7	1			
七台河市新兴区	38		25			
鹤岗市向阳区	33		22		1	
伊春市翠峦区	52		19		8	
北安市	15	18	6	9		1
集贤县	21	52	8	22	2	3
肇东市	7	11	5	6		
肇州县		40		12		2
穆棱市	34	40	11	11	7	3
甘南县	7	10		2		
绥滨县		32		1		
肇源县		24		4		2
富裕县		22		5		
五常市	5	18	1	3		
海伦市	27	17	10	2	2	2
讷河市		4				
宾县	3	41	2	18		
克山县		15		1		1
富锦市		21				

4-80 续表 1

单位：人次

地区	康复训练与服务		教育费用补助或减免		职业教育与培训	
	城镇	农村	城镇	农村	城镇	农村
总计	**41**	**17**	**5**	**2**	**2**	
哈尔滨市南岗区			4			
哈尔滨市道外区						
齐齐哈尔市龙沙区	8				1	
牡丹江市东安区					1	
七台河市新兴区						
鹤岗市向阳区	3					
伊春市翠峦区	8					
北安市	1					
集贤县	2					
肇东市	2	1				
肇州县		4				
穆棱市	10	3	1	1		
甘南县						
绥滨县						
肇源县						
富裕县		1				
五常市	1	2				
海伦市	6	3				
讷河市						
宾县		3				
克山县						
富锦市				1		

4-80 续表 2

单位：人次

地　　区	就业安置或扶持		贫困残疾人救助与扶持		法律援助与服务	
	城镇	农村	城镇	农村	城镇	农村
总　　计	**3**		**44**	**74**		
哈尔滨市南岗区			2			
哈尔滨市道外区	2					
齐齐哈尔市龙沙区			5			
牡丹江市东安区	1		2			
七台河市新兴区			5			
鹤岗市向阳区			3			
伊春市翠峦区			11			
北安市			2	2		
集贤县			4	12		
肇东市						
肇州县				10		
穆棱市			4	7		
甘南县			1	1		
绥滨县				10		
肇源县				10		
富裕县				3		
五常市			2	3		
海伦市			3	2		
讷河市				2		
宾县				3		
克山县				1		
富锦市				8		

4-80 续表 3

单位：人次

地　区	无障碍设施		信息无障碍		生活服务	
	城镇	农村	城镇	农村	城镇	农村
总　计	**2**	**1**			**16**	**6**
哈尔滨市南岗区	1					
哈尔滨市道外区	1					
齐齐哈尔市龙沙区					8	
牡丹江市东安区					1	
七台河市新兴区						
鹤岗市向阳区					2	
伊春市翠峦区					3	
北安市						
集贤县						
肇东市						
肇州县						2
穆棱市						
甘南县						
绥滨县						
肇源县						2
富裕县						
五常市						
海伦市					2	
讷河市						
宾县		1				1
克山县						1
富锦市						

4-80 续表 4

单位：人次

地　区	文化服务		其　他		未曾接受任何服务或扶助	
	城镇	农村	城镇	农村	城镇	农村
总　计	**1**	**1**		**2**	**60**	**159**
哈尔滨市南岗区					8	
哈尔滨市道外区					2	
齐齐哈尔市龙沙区					1	
牡丹江市东安区					13	7
七台河市新兴区					8	
鹤岗市向阳区					2	
伊春市翠峦区					3	
北安市					6	6
集贤县				2	5	13
肇东市						4
肇州县						10
穆棱市		1			1	14
甘南县					6	7
绥滨县						21
肇源县						6
富裕县						13
五常市					1	10
海伦市	1				3	8
讷河市						2
宾县					1	15
克山县						11
富锦市						12

4-81 各地区视力残疾人分残疾等级的曾接受服务或扶助

单位：人次

地 区	医疗服务与救助				辅助器具			
	残疾一级	残疾二级	残疾三级	残疾四级	残疾一级	残疾二级	残疾三级	残疾四级
总 计	**99**	**30**	**33**	**149**	**7**	**3**	**5**	**11**
哈尔滨市南岗区	16	1		14				1
哈尔滨市道外区		3	1	14				
齐齐哈尔市龙沙区	3	3	3	20				
牡丹江市东安区	1			3				
七台河市新兴区	2			3				
鹤岗市向阳区	3	1		1				
伊春市翠峦区	4	2	2	20	1	1		3
北安市		2	7	8				
集贤县	5		1	4				1
肇东市	18	2		12	4			1
肇州县	1	1	4	4		1		1
穆棱市			1	2				
甘南县				1				
绥滨县	1	1	1	3				1
肇源县	2	1	2	12			1	2
富裕县	8	1		5				
五常市	3		2	1	2		3	
海伦市	2							
讷河市	7	4	4	3				
宾县	5	1	2	5			1	
克山县	15	3		2		1		1
富锦市	3	4	3	12				

4-81 续表 1

单位：人次

地区	康复训练与服务				教育费用补助或减免			
	残疾一级	残疾二级	残疾三级	残疾四级	残疾一级	残疾二级	残疾三级	残疾四级
总　计	**11**	**2**	**1**	**12**				
哈尔滨市南岗区	4	1		2				
哈尔滨市道外区								
齐齐哈尔市龙沙区								
牡丹江市东安区				1				
七台河市新兴区				1				
鹤岗市向阳区	1							
伊春市翠峦区				2				
北安市								
集贤县								
肇东市								
肇州县				1				
穆棱市								
甘南县								
绥滨县								
肇源县								
富裕县								
五常市	1							
海伦市								
讷河市								
宾县	5	1	1	5				
克山县								
富锦市								

4-81 续表 2

单位：人次

地区	职业教育与培训				就业安置或扶持			
	残疾一级	残疾二级	残疾三级	残疾四级	残疾一级	残疾二级	残疾三级	残疾四级
总　计							**1**	**1**
哈尔滨市南岗区								
哈尔滨市道外区								
齐齐哈尔市龙沙区								
牡丹江市东安区								
七台河市新兴区								
鹤岗市向阳区								
伊春市翠峦区							1	1
北安市								
集贤县								
肇东市								
肇州县								
穆棱市								
甘南县								
绥滨县								
肇源县								
富裕县								
五常市								
海伦市								
讷河市								
宾县								
克山县								
富锦市								

4-81 续表 3

单位：人次

地　区	贫困残疾人救助与扶持				法律援助与服务			
	残疾一级	残疾二级	残疾三级	残疾四级	残疾一级	残疾二级	残疾三级	残疾四级
总　计	**34**	**10**	**6**	**31**				
哈尔滨市南岗区	5			9				
哈尔滨市道外区		1	1	1				
齐齐哈尔市龙沙区								
牡丹江市东安区				1				
七台河市新兴区								
鹤岗市向阳区	1	1						
伊春市翠峦区	1			3				
北安市								
集贤县	2		1					
肇东市	1			1				
肇州县		1	1	1				
穆棱市		1		2				
甘南县								
绥滨县	2			3				
肇源县								
富裕县	2			1				
五常市								
海伦市	3		1	1				
讷河市	2	2						
宾县	4	1	2	5				
克山县	11	3		2				
富锦市				1				

4-81 续表 4

单位：人次

地　　区	无障碍设施				信息无障碍			
	残疾一级	残疾二级	残疾三级	残疾四级	残疾一级	残疾二级	残疾三级	残疾四级
总　　计	**3**							**4**
哈尔滨市南岗区	1							
哈尔滨市道外区								1
齐齐哈尔市龙沙区								
牡丹江市东安区								1
七台河市新兴区								
鹤岗市向阳区								
伊春市翠峦区								
北安市								
集贤县								
肇东市								
肇州县								1
穆棱市								
甘南县								
绥滨县								
肇源县								
富裕县								
五常市								
海伦市								
讷河市								
宾县								
克山县	2							1
富锦市								

4-81 续表 5

单位：人次

地　区	生活服务				文化服务			
	残疾一级	残疾二级	残疾三级	残疾四级	残疾一级	残疾二级	残疾三级	残疾四级
总　计	**19**	**6**		**7**				**3**
哈尔滨市南岗区								
哈尔滨市道外区								
齐齐哈尔市龙沙区								
牡丹江市东安区								
七台河市新兴区								
鹤岗市向阳区	1							
伊春市翠峦区	2	1		3				3
北安市		1						
集贤县								
肇东市								
肇州县		1		1				
穆棱市								
甘南县								
绥滨县								
肇源县								
富裕县								
五常市								
海伦市								
讷河市								
宾县	1							
克山县	15	3		3				
富锦市								

4-81 续表 6

单位：人次

地　区	其他				未曾接受任何服务或扶助			
	残疾一级	残疾二级	残疾三级	残疾四级	残疾一级	残疾二级	残疾三级	残疾四级
总　计	**1**	**3**	**4**	**3**	**46**	**18**	**26**	**91**
哈尔滨市南岗区								
哈尔滨市道外区							1	15
齐齐哈尔市龙沙区								
牡丹江市东安区					2	1		2
七台河市新兴区								4
鹤岗市向阳区								
伊春市翠峦区					2	1		4
北安市	1	3	4	3				
集贤县					4		1	5
肇东市								2
肇州县					3	6	8	6
穆棱市					2	2		6
甘南县					5		1	17
绥滨县					2		1	1
肇源县					1	2		2
富裕县					2			3
五常市					7	3	7	11
海伦市					6	2	5	10
讷河市								2
宾县					1			
克山县					9	1	1	1
富锦市							1	

4-82 各地区听力残疾人分残疾等级的曾接受服务或扶助

单位：人次

地 区	医疗服务与救助				辅助器具			
	残疾一级	残疾二级	残疾三级	残疾四级	残疾一级	残疾二级	残疾三级	残疾四级
总 计	**31**	**24**	**67**	**71**	**12**	**17**	**34**	**14**
哈尔滨市南岗区			1	2				
哈尔滨市道外区	2	1	2		2		4	1
齐齐哈尔市龙沙区	8	4	17	34				
牡丹江市东安区								
七台河市新兴区	2	2	4	5	2		4	
鹤岗市向阳区		1				1		
伊春市翠峦区			8	3			7	3
北安市	6		1		1		1	1
集贤县	1	1	2	1				
肇东市		3	8	5		2		
肇州市								
穆棱市			1	1			2	
甘南市								
绥滨县								
肇源县	3	1	6	6	1	1	2	
富裕县			1					
五常市								
海伦市	1	1	2	2		1	4	4
讷河市	7	3	7	2	4	3	5	
宾县				2		1		1
克山县	1	7	5	2	2	7	4	2
富锦市			2	6		1	1	2

4-82 续表 1

单位：人次

地　区	康复训练与服务				教育费用补助或减免			
	残疾一级	残疾二级	残疾三级	残疾四级	残疾一级	残疾二级	残疾三级	残疾四级
总　计	**3**	**4**	**17**	**3**				
哈尔滨市南岗区								
哈尔滨市道外区			1					
齐齐哈尔市龙沙区								
牡丹江市东安区								
七台河市新兴区								
鹤岗市向阳区								
伊春市翠峦区			6	1				
北安市								
集贤县								
肇东市			1					
肇州市								
穆棱市								
甘南市								
绥滨县								
肇源县								
富裕县								
五常市								
海伦市								
讷河市	3	4	6	1				
宾县								
克山县			3	1				
富锦市								

4-82 续表 2

单位：人次

地 区	职业教育与培训				就业安置或扶持			
	残疾一级	残疾二级	残疾三级	残疾四级	残疾一级	残疾二级	残疾三级	残疾四级
总 计	**1**	**1**	**1**		**2**		**4**	
哈尔滨市南岗区								
哈尔滨市道外区								
齐齐哈尔市龙沙区								
牡丹江市东安区								
七台河市新兴区								
鹤岗市向阳区								
伊春市翠峦区								
北安市								
集贤县								
肇东市								
肇州市								
穆棱市								
甘南市								
绥滨县								
肇源县								
富裕县								
五常市								
海伦市								
讷河市	1	1	1		1		3	
宾县								
克山县					1		1	
富锦市								

4-82 续表 3

单位：人次

地区	贫困残疾人救助与扶持				法律援助与服务			
	残疾一级	残疾二级	残疾三级	残疾四级	残疾一级	残疾二级	残疾三级	残疾四级
总　计	**7**	**15**	**21**	**17**				
哈尔滨市南岗区								
哈尔滨市道外区	1		1					
齐齐哈尔市龙沙区	2							
牡丹江市东安区								
七台河市新兴区		1	2	5				
鹤岗市向阳区				1				
伊春市翠峦区			1					
北安市								
集贤县		1	2	1				
肇东市								
肇州市		2	1	1				
穆棱市	1			1				
甘南市								
绥滨县		3	2	3				
肇源县	1	1		1				
富裕县			1					
五常市								
海伦市			2	3				
讷河市	1		1					
宾县		1						
克山县		6	4	1				
富锦市	1		4					

4-82 续表 4

单位：人次

地区	无障碍设施				信息无障碍			
	残疾一级	残疾二级	残疾三级	残疾四级	残疾一级	残疾二级	残疾三级	残疾四级
总　计						**1**		
哈尔滨市南岗区								
哈尔滨市道外区								
齐齐哈尔市龙沙区								
牡丹江市东安区								
七台河市新兴区								
鹤岗市向阳区						1		
伊春市翠峦区								
北安市								
集贤县								
肇东市								
肇州市								
穆棱市								
甘南市								
绥滨县								
肇源县								
富裕县								
五常市								
海伦市								
讷河市								
宾县								
克山县								
富锦市								

4-82 续表 5

单位：人次

地区	生活服务				文化服务			
	残疾一级	残疾二级	残疾三级	残疾四级	残疾一级	残疾二级	残疾三级	残疾四级
总计		**5**	**12**	**5**				
哈尔滨市南岗区								
哈尔滨市道外区								
齐齐哈尔市龙沙区				1				
牡丹江市东安区								
七台河市新兴区								
鹤岗市向阳区								
伊春市翠峦区			1					
北安市								
集贤县								
肇东市								
肇州市		2	1	1				
穆棱市								
甘南市								
绥滨县								
肇源县								
富裕县								
五常市								
海伦市								
讷河市								
宾县				1				
克山县		3	10	2				
富锦市								

4-82 续表 6

单位：人次

地　区	其　他				未曾接受任何服务或扶助			
	残疾一级	残疾二级	残疾三级	残疾四级	残疾一级	残疾二级	残疾三级	残疾四级
总　计	**3**	**3**	**5**	**1**	**49**	**71**	**158**	**119**
哈尔滨市南岗区						3	7	7
哈尔滨市道外区					3	9	8	2
齐齐哈尔市龙沙区								
牡丹江市东安区					1	3	11	8
七台河市新兴区					1	3	6	11
鹤岗市向阳区					2		12	3
伊春市翠峦区			1			8	34	
北安市					9	6	5	
集贤县					5	2	15	13
肇东市						2	4	5
肇州市					3	3	14	21
穆棱市					2	2	11	15
甘南市					2	6	10	1
绥滨县					1	5	5	10
肇源县					7	5	4	1
富裕县					1	2	2	
五常市					5	4	4	1
海伦市					3	1		3
讷河市	3	3	4	1				
宾县					2	4	2	13
克山县					2	1		1
富锦市						2	4	4

4-83 各地区言语残疾人分残疾等级的曾接受服务或扶助

单位：人次

地区	医疗服务与救助				辅助器具			
	残疾一级	残疾二级	残疾三级	残疾四级	残疾一级	残疾二级	残疾三级	残疾四级
总　计		**1**	**5**	**10**				
哈尔滨市南岗区								
哈尔滨市道外区				1				
齐齐哈尔市龙沙区				1				
牡丹江市东安区								
七台河市新兴区		1		1				
鹤岗市向阳区			1					
伊春市翠峦区								
北安市				1				
集贤县			1					
肇东市			1	1				
肇州市				2				
穆棱市								
甘南市								
绥滨县								
肇源县								
富裕县								
五常市				1				
海伦市								
讷河市								
宾县								
克山县			2	2				
富锦市								

4-83 续表 1

单位：人次

地区	康复训练与服务				教育费用补助或减免			
	残疾一级	残疾二级	残疾三级	残疾四级	残疾一级	残疾二级	残疾三级	残疾四级
总计			**4**	**4**				
哈尔滨市南岗区								
哈尔滨市道外区								
齐齐哈尔市龙沙区								
牡丹江市东安区								
七台河市新兴区								
鹤岗市向阳区			1					
伊春市翠峦区								
北安市			1					
集贤县								
肇东市				1				
肇州市								
穆棱市								
甘南市								
绥滨县								
肇源县								
富裕县								
五常市								
海伦市				2				
讷河市								
宾县								
克山县			2	1				
富锦市								

4-83 续表 2

单位：人次

地区	职业教育与培训				就业安置或扶持			
	残疾一级	残疾二级	残疾三级	残疾四级	残疾一级	残疾二级	残疾三级	残疾四级
总计								
哈尔滨市南岗区								
哈尔滨市道外区								
齐齐哈尔市龙沙区								
牡丹江市东安区								
七台河市新兴区								
鹤岗市向阳区								
伊春市翠峦区								
北安市								
集贤县								
肇东市								
肇州市								
穆棱市								
甘南市								
绥滨县								
肇源县								
富裕县								
五常市								
海伦市								
讷河市								
宾县								
克山县								
富锦市								

4-83 续表 3

单位：人次

地　区	贫困残疾人救助与扶持				法律援助与服务			
	残疾一级	残疾二级	残疾三级	残疾四级	残疾一级	残疾二级	残疾三级	残疾四级
总　计		**1**	**1**	**3**				
哈尔滨市南岗区								
哈尔滨市道外区								
齐齐哈尔市龙沙区								
牡丹江市东安区								
七台河市新兴区		1						
鹤岗市向阳区								
伊春市翠峦区								
北安市			1					
集贤县								
肇东市								
肇州市				1				
穆棱市								
甘南市								
绥滨县								
肇源县								
富裕县								
五常市								
海伦市								
讷河市								
宾县								
克山县				1				
富锦市				1				

4-83 续表 4

单位：人次

地区	无障碍设施				信息无障碍			
	残疾一级	残疾二级	残疾三级	残疾四级	残疾一级	残疾二级	残疾三级	残疾四级
总计								
哈尔滨市南岗区								
哈尔滨市道外区								
齐齐哈尔市龙沙区								
牡丹江市东安区								
七台河市新兴区								
鹤岗市向阳区								
伊春市翠峦区								
北安市								
集贤县								
肇东市								
肇州市								
穆棱市								
甘南市								
绥滨县								
肇源县								
富裕县								
五常市								
海伦市								
讷河市								
宾县								
克山县								
富锦市								

4-83 续表 5

单位：人次

地区	生活服务				文化服务			
	残疾一级	残疾二级	残疾三级	残疾四级	残疾一级	残疾二级	残疾三级	残疾四级
总　计			**1**	**3**				**1**
哈尔滨市南岗区								
哈尔滨市道外区								
齐齐哈尔市龙沙区								
牡丹江市东安区								
七台河市新兴区								
鹤岗市向阳区			1					
伊春市翠峦区								
北安市								
集贤县								
肇东市								
肇州市								
穆棱市								
甘南市								
绥滨县								
肇源县								
富裕县								
五常市								
海伦市								
讷河市								
宾县								
克山县				3				1
富锦市								

4-83 续表 6

单位：人次

地　区	其　他				未曾接受任何服务或扶助			
	残疾一级	残疾二级	残疾三级	残疾四级	残疾一级	残疾二级	残疾三级	残疾四级
总　计					**2**	**5**	**7**	**19**
哈尔滨市南岗区								
哈尔滨市道外区								2
齐齐哈尔市龙沙区								
牡丹江市东安区								
七台河市新兴区								
鹤岗市向阳区							2	3
伊春市翠峦区								
北安市								1
集贤县								2
肇东市						1		
肇州市								2
穆棱市						1		
甘南市								
绥滨县							1	
肇源县								
富裕县						2		
五常市						1	2	1
海伦市					1		1	4
讷河市					1			1
宾县								2
克山县								
富锦市							1	1

4-84 各地区肢体残疾人分残疾等级的曾接受服务或扶助

单位：人次

地区	医疗服务与救助				辅助器具			
	残疾一级	残疾二级	残疾三级	残疾四级	残疾一级	残疾二级	残疾三级	残疾四级
总计	**45**	**130**	**272**	**465**	**7**	**10**	**38**	**97**
哈尔滨市南岗区	1	29	27	28			1	3
哈尔滨市道外区		1	1	1	1	1		
齐齐哈尔市龙沙区	11	22	31	20			1	
牡丹江市东安区								
七台河市新兴区	5	12	37	32	1	1	1	1
鹤岗市向阳区	2	5	12	12				
伊春市翠峦区	1	4	10	55	1	4	10	54
北安市	6	5	18	44			1	
集贤县	1	6	15	43	1		2	3
肇东市	7	12	14	33	1		1	
肇州县								3
穆棱市	3	9	26	41	2	4	14	26
甘南县			4	2				
绥滨县		3	2	8			1	
肇源县	1	1	6	26			2	2
富裕县	1	3	4	6				
五常市		2	29	30			3	1
海伦市	3	3	16	25			1	
讷河市	3	2	6	23				1
宾县		9	14	34				3
克山县		2		2				
富锦市								

4-84 续表 1

单位：人次

地　区	康复训练与服务				教育费用补助或减免			
	残疾一级	残疾二级	残疾三级	残疾四级	残疾一级	残疾二级	残疾三级	残疾四级
总　计	**14**	**35**	**81**	**173**		**1**	**1**	**1**
哈尔滨市南岗区								
哈尔滨市道外区		1	1	2				
齐齐哈尔市龙沙区	3	4	2					
牡丹江市东安区								
七台河市新兴区				1				
鹤岗市向阳区							1	
伊春市翠峦区	1	4	10	55				
北安市								
集贤县		1	3	8				
肇东市	6	12	11	24				
肇州县				2				
穆棱市	1	6	21	28				
甘南县								
绥滨县		1	1	2				
肇源县			2	6				1
富裕县								
五常市			9	2				
海伦市		2	11	12				
讷河市	3		4	8				
宾县		4	6	22				
克山县				1		1		
富锦市								

4-84 续表 2

单位：人次

地　区	职业教育与培训				就业安置或扶持			
	残疾一级	残疾二级	残疾三级	残疾四级	残疾一级	残疾二级	残疾三级	残疾四级
总　计			**1**	**1**		**1**		**1**
哈尔滨市南岗区								
哈尔滨市道外区								
齐齐哈尔市龙沙区								
牡丹江市东安区								
七台河市新兴区								
鹤岗市向阳区								
伊春市翠峦区								
北安市								
集贤县								
肇东市								
肇州县								
穆棱市			1					
甘南县								
绥滨县				1				
肇源县								
富裕县								
五常市								
海伦市								
讷河市								
宾县								
克山县						1		1
富锦市								

4-84 续表 3

单位：人次

地　区	贫困残疾人救助与扶持				法律援助与服务			
	残疾一级	残疾二级	残疾三级	残疾四级	残疾一级	残疾二级	残疾三级	残疾四级
总　计	**13**	**21**	**58**	**110**		**1**		**2**
哈尔滨市南岗区								
哈尔滨市道外区	1		2	3				
齐齐哈尔市龙沙区	1	2	5	7				
牡丹江市东安区			5	7				
七台河市新兴区	1	6	11	2				
鹤岗市向阳区								
伊春市翠峦区			1					1
北安市	4		2	4				
集贤县		1	3	7				
肇东市		2	1					
肇州县			1	2				
穆棱市		1	2	3				
甘南县		2	2	2		1		
绥滨县	1		2	10				
肇源县	1	1	6	28				
富裕县			1	4				
五常市			2	4				
海伦市		2		3				
讷河市	3	2	5	9				1
宾县								
克山县		2	4	12				
富锦市	1		3	3				

4-84 续表 4

单位：人次

地　区	无障碍设施				信息无障碍			
	残疾一级	残疾二级	残疾三级	残疾四级	残疾一级	残疾二级	残疾三级	残疾四级
总　计		**1**	**2**	**1**				**1**
哈尔滨市南岗区								1
哈尔滨市道外区								
齐齐哈尔市龙沙区								
牡丹江市东安区								
七台河市新兴区								
鹤岗市向阳区								
伊春市翠峦区								
北安市								
集贤县								
肇东市								
肇州县								
穆棱市								
甘南县								
绥滨县		1						
肇源县								
富裕县								
五常市								
海伦市			2	1				
讷河市								
宾县								
克山县								
富锦市								

4-84 续表 5

单位：人次

地 区	生活服务				文化服务			
	残疾一级	残疾二级	残疾三级	残疾四级	残疾一级	残疾二级	残疾三级	残疾四级
总 计	**7**	**19**	**24**	**55**	**1**		**3**	**11**
哈尔滨市南岗区								
哈尔滨市道外区								
齐齐哈尔市龙沙区				1				
牡丹江市东安区								
七台河市新兴区								
鹤岗市向阳区								
伊春市翠峦区								
北安市								
集贤县								
肇东市	6	11	10	12				
肇州县								
穆棱市					1		2	8
甘南县								
绥滨县		2	2	4				
肇源县	1	1	2	22				
富裕县								
五常市								
海伦市		1	5	4			1	3
讷河市		2						
宾县								
克山县		2	4	12				
富锦市			1					

4-84 续表 6

单位：人次

地　区	其他				未曾接受任何服务或扶助			
	残疾一级	残疾二级	残疾三级	残疾四级	残疾一级	残疾二级	残疾三级	残疾四级
总　计			**3**	**3**	**10**	**68**	**136**	**460**
哈尔滨市南岗区							1	
哈尔滨市道外区					1	5	12	46
齐齐哈尔市龙沙区							1	1
牡丹江市东安区					3	6	11	33
七台河市新兴区						1	2	8
鹤岗市向阳区						2	4	4
伊春市翠峦区								
北安市								2
集贤县						1	2	10
肇东市					1	2	5	14
肇州县						2	4	48
穆棱市								1
甘南县			2	2		5	17	32
绥滨县						4	1	28
肇源县						1	16	42
富裕县			1		3	20	20	28
五常市							1	22
海伦市						2	6	13
讷河市						9	15	53
宾县							2	6
克山县					1	6	11	44
富锦市				1	1	2	5	25

4-85 各地区智力残疾人分残疾等级的曾接受服务或扶助

单位：人次

地　区	医疗服务与救助				辅助器具			
	残疾一级	残疾二级	残疾三级	残疾四级	残疾一级	残疾二级	残疾三级	残疾四级
总　计	**6**	**25**	**28**	**23**			**3**	**1**
哈尔滨市南岗区		2	2	2			1	
哈尔滨市道外区	3	8	1					
齐齐哈尔市龙沙区		2	2					
牡丹江市东安区		1	1	1				
七台河市新兴区		3	6	2				
鹤岗市向阳区								
伊春市翠峦区	1		3				2	
北安市		1	1	2				
集贤县			1	2				
肇东市	1	2	5	2				
肇州县		2	2	2				
穆棱市		1	2	1				
甘南县			1	1				
绥滨县								
肇源县								
富裕县								
五常市				1				1
海伦市	1	1		1				
讷河市				2				
宾县		2		3				
克山县			1	1				
富锦市								

4-85 续表 1

单位：人次

地区	康复训练与服务				教育费用补助或减免			
	残疾一级	残疾二级	残疾三级	残疾四级	残疾一级	残疾二级	残疾三级	残疾四级
总　计	**4**	**3**	**6**	**2**				
哈尔滨市南岗区								
哈尔滨市道外区			1					
齐齐哈尔市龙沙区		1	1					
牡丹江市东安区			1					
七台河市新兴区	1							
鹤岗市向阳区								
伊春市翠峦区	1		2					
北安市				1				
集贤县	1							
肇东市		1						
肇州县								
穆棱市		1						
甘南县								
绥滨县								
肇源县								
富裕县								
五常市								
海伦市	1		1	1				
讷河市								
宾县								
克山县								
富锦市								

4-85 续表 2

单位：人次

地　区	职业教育与培训				就业安置或扶持			
	残疾一级	残疾二级	残疾三级	残疾四级	残疾一级	残疾二级	残疾三级	残疾四级
总　计				**2**		**1**	**1**	**1**
哈尔滨市南岗区						1	1	
哈尔滨市道外区								
齐齐哈尔市龙沙区				2				
牡丹江市东安区								1
七台河市新兴区								
鹤岗市向阳区								
伊春市翠峦区								
北安市								
集贤县								
肇东市								
肇州县								
穆棱市								
甘南县								
绥滨县								
肇源县								
富裕县								
五常市								
海伦市								
讷河市								
宾县								
克山县								
富锦市								

4-85 续表 3

单位：人次

地 区	贫困残疾人救助与扶持				法律援助与服务			
	残疾一级	残疾二级	残疾三级	残疾四级	残疾一级	残疾二级	残疾三级	残疾四级
总 计	**8**	**14**	**27**	**23**				
哈尔滨市南岗区		1	4					
哈尔滨市道外区								
齐齐哈尔市龙沙区		1	2	2				
牡丹江市东安区								
七台河市新兴区								
鹤岗市向阳区		1	2	1				
伊春市翠峦区			1					
北安市				1				
集贤县	3	1	1	1				
肇东市								
肇州县	2	2	2					
穆棱市			4	3				
甘南县								
绥滨县								
肇源县	2	1	6	4				
富裕县								
五常市			1	4				
海伦市		1		1				
讷河市	1	3	1	2				
宾县		1						
克山县		2	3	4				
富锦市								

4-85 续表 4

单位：人次

地　区	无障碍设施				信息无障碍			
	残疾一级	残疾二级	残疾三级	残疾四级	残疾一级	残疾二级	残疾三级	残疾四级
总　计							**2**	
哈尔滨市南岗区							2	
哈尔滨市道外区								
齐齐哈尔市龙沙区								
牡丹江市东安区								
七台河市新兴区								
鹤岗市向阳区								
伊春市翠峦区								
北安市								
集贤县								
肇东市								
肇州县								
穆棱市								
甘南县								
绥滨县								
肇源县								
富裕县								
五常市								
海伦市								
讷河市								
宾县								
克山县								
富锦市								

4-85 续表 5

单位：人次

地区	生活服务				文化服务			
	残疾一级	残疾二级	残疾三级	残疾四级	残疾一级	残疾二级	残疾三级	残疾四级
总计		**4**	**3**	**5**				
哈尔滨市南岗区								
哈尔滨市道外区								
齐齐哈尔市龙沙区		2	1	2				
牡丹江市东安区								
七台河市新兴区								
鹤岗市向阳区								
伊春市翠峦区			1					
北安市								
集贤县								
肇东市								
肇州县				1				
穆棱市								
甘南县								
绥滨县								
肇源县		1						
富裕县								
五常市								
海伦市								
讷河市								
宾县		1						
克山县			1	2				
富锦市								

4-85 续表 6

单位：人次

地区	其他				未曾接受任何服务或扶助			
	残疾一级	残疾二级	残疾三级	残疾四级	残疾一级	残疾二级	残疾三级	残疾四级
总计		**3**		**1**	**10**	**39**	**37**	**59**
哈尔滨市南岗区						2	2	
哈尔滨市道外区		2						
齐齐哈尔市龙沙区								
牡丹江市东安区								
七台河市新兴区						1	1	
鹤岗市向阳区							1	2
伊春市翠峦区						1		2
北安市					3	8	2	4
集贤县							3	1
肇东市						1		
肇州县				1	1	2	1	1
穆棱市						1	3	3
甘南县					1	4		4
绥滨县					1	4	5	5
肇源县						1	2	1
富裕县						1	5	6
五常市					1	2		10
海伦市					2	3	2	4
讷河市						2	1	3
宾县					1	2	1	5
克山县						1	7	8
富锦市		1				3	1	

4-86 各地区精神残疾人分残疾等级的曾接受服务或扶助

单位：人次

地区	医疗服务与救助				辅助器具			
	残疾一级	残疾二级	残疾三级	残疾四级	残疾一级	残疾二级	残疾三级	残疾四级
总　计	**20**	**21**	**14**	**35**				
哈尔滨市南岗区				1				
哈尔滨市道外区	1							
齐齐哈尔市龙沙区	1	6	2					
牡丹江市东安区	1		1					
七台河市新兴区	4	3		2				
鹤岗市向阳区	2		2	6				
伊春市翠峦区				4				
北安市		2	2	3				
集贤县	1							
肇东市								
肇州县								
穆棱市				1				
甘南县		5	1					
绥滨县	2	1	1	3				
肇源县			1	2				
富裕县	2	2	1	2				
五常市	1	2	2					
海伦市								
讷河市	1			1				
宾县	3			10				
克山县								
富锦市	1		1					

4-86 续表 1

单位：人次

地区	康复训练与服务				教育费用补助或减免			
	残疾一级	残疾二级	残疾三级	残疾四级	残疾一级	残疾二级	残疾三级	残疾四级
总　计	**1**	**1**		**1**	**1**		**2**	**3**
哈尔滨市南岗区								
哈尔滨市道外区								
齐齐哈尔市龙沙区								
牡丹江市东安区								
七台河市新兴区	1	1						
鹤岗市向阳区								
伊春市翠峦区								
北安市								
集贤县								
肇东市								
肇州县								
穆棱市					1		2	3
甘南县								
绥滨县				1				
肇源县								
富裕县								
五常市								
海伦市								
讷河市								
宾县								
克山县								
富锦市								

4-86 续表 2

单位：人次

地区	职业教育与培训				就业安置或扶持			
	残疾一级	残疾二级	残疾三级	残疾四级	残疾一级	残疾二级	残疾三级	残疾四级
总　计								
哈尔滨市南岗区								
哈尔滨市道外区								
齐齐哈尔市龙沙区								
牡丹江市东安区								
七台河市新兴区								
鹤岗市向阳区								
伊春市翠峦区								
北安市								
集贤县								
肇东市								
肇州县								
穆棱市								
甘南县								
绥滨县								
肇源县								
富裕县								
五常市								
海伦市								
讷河市								
宾县								
克山县								
富锦市								

4-86 续表 3

单位：人次

地　区	贫困残疾人救助与扶持				法律援助与服务			
	残疾一级	残疾二级	残疾三级	残疾四级	残疾一级	残疾二级	残疾三级	残疾四级
总　计	**9**	**7**	**7**	**29**				
哈尔滨市南岗区				5				
哈尔滨市道外区	1			1				
齐齐哈尔市龙沙区								
牡丹江市东安区	1							
七台河市新兴区								
鹤岗市向阳区								
伊春市翠峦区			2	2				
北安市								
集贤县	1							
肇东市		1						
肇州县				3				
穆棱市	1	1	2	6				
甘南县		3	1					
绥滨县	1			2				
肇源县								
富裕县			1	2				
五常市								
海伦市		1		4				
讷河市	1	1						
宾县	3			3				
克山县								
富锦市			1	1				

4-86 续表 4

单位：人次

地区	无障碍设施				信息无障碍			
	残疾一级	残疾二级	残疾三级	残疾四级	残疾一级	残疾二级	残疾三级	残疾四级
总　计	**1**			**1**		**1**		
哈尔滨市南岗区								
哈尔滨市道外区								
齐齐哈尔市龙沙区								
牡丹江市东安区								
七台河市新兴区								
鹤岗市向阳区								
伊春市翠峦区								
北安市								
集贤县								
肇东市								
肇州县								
穆棱市								
甘南县								
绥滨县								
肇源县								
富裕县								
五常市								
海伦市								
讷河市								
宾县	1			1		1		
克山县								
富锦市								

4-86 续表 5

单位：人次

地区	生活服务				文化服务			
	残疾一级	残疾二级	残疾三级	残疾四级	残疾一级	残疾二级	残疾三级	残疾四级
总计	**3**	**6**	**4**	**11**				
哈尔滨市南岗区				2				
哈尔滨市道外区								
齐齐哈尔市龙沙区								
牡丹江市东安区								
七台河市新兴区								
鹤岗市向阳区								
伊春市翠峦区								
北安市								
集贤县	1							
肇东市								
肇州县								
穆棱市		1	1	1				
甘南县		4	1					
绥滨县								
肇源县								
富裕县								
五常市								
海伦市								
讷河市								
宾县	2	1		8				
克山县								
富锦市			2					

4-86 续表 6

单位：人次

地　区	其他				未曾接受任何服务或扶助			
	残疾一级	残疾二级	残疾三级	残疾四级	残疾一级	残疾二级	残疾三级	残疾四级
总　计				**1**	**19**	**22**	**35**	**50**
哈尔滨市南岗区				1			4	6
哈尔滨市道外区					2	2	3	
齐齐哈尔市龙沙区								
牡丹江市东安区								
七台河市新兴区					2		2	1
鹤岗市向阳区								
伊春市翠峦区								3
北安市								3
集贤县						1	2	2
肇东市					1	3	3	
肇州县						1	5	4
穆棱市					1	4		2
甘南县						1	3	2
绥滨县						1		
肇源县						1	1	8
富裕县					1	3	2	4
五常市					2	1	4	2
海伦市					1	1		3
讷河市					3	2	3	5
宾县								1
克山县					6	1	2	4
富锦市							1	

4-87 各地区多重残疾人分残疾等级的曾接受服务或扶助

单位：人次

地　区	医疗服务与救助				辅助器具			
	残疾一级	残疾二级	残疾三级	残疾四级	残疾一级	残疾二级	残疾三级	残疾四级
总　计	**124**	**53**	**40**	**32**	**20**	**7**	**6**	**5**
哈尔滨市南岗区	6	1	4	1	1			
哈尔滨市道外区	2	1	1		3			
齐齐哈尔市龙沙区	10	8	5	4				
牡丹江市东安区			1					
七台河市新兴区	12	5	4	4				
鹤岗市向阳区	12	6	3	1	1			
伊春市翠峦区	13	4	1	1	3	4		1
北安市	8	4	1	2			1	
集贤县	13	4	6	7		1	2	2
肇东市	6	3	1	1				
肇州县	5	1	3	3	2			
穆棱市	13	5	2	2	5	2	2	1
甘南县	2							
绥滨县			1					
肇源县	2	1		1	2			
富裕县	2	1		2				
五常市	3	1						
海伦市	8	1	2	1	2		1	1
讷河市								
宾县	6	7	5	2				
克山县	1				1			
富锦市								

4-87 续表 1

单位：人次

地　　区	康复训练与服务				教育费用补助或减免			
	残疾一级	残疾二级	残疾三级	残疾四级	残疾一级	残疾二级	残疾三级	残疾四级
总　　计	**31**	**12**	**8**	**7**	**6**		**1**	
哈尔滨市南岗区					4			
哈尔滨市道外区								
齐齐哈尔市龙沙区	5	3						
牡丹江市东安区								
七台河市新兴区								
鹤岗市向阳区	2	1						
伊春市翠峦区	3	4		1				
北安市	1							
集贤县				2				
肇东市	3							
肇州县	1		2	1				
穆棱市	8	2	2	1	2			
甘南县								
绥滨县								
肇源县								
富裕县	1							
五常市	3							
海伦市	4	1	3	1				
讷河市								
宾县		1	1	1				
克山县								
富锦市							1	

4-87 续表 2

单位：人次

地区	职业教育与培训				就业安置或扶持			
	残疾一级	残疾二级	残疾三级	残疾四级	残疾一级	残疾二级	残疾三级	残疾四级
总　计	**2**				**3**			
哈尔滨市南岗区								
哈尔滨市道外区					2			
齐齐哈尔市龙沙区	1							
牡丹江市东安区	1				1			
七台河市新兴区								
鹤岗市向阳区								
伊春市翠峦区								
北安市								
集贤县								
肇东市								
肇州县								
穆棱市								
甘南县								
绥滨县								
肇源县								
富裕县								
五常市								
海伦市								
讷河市								
宾县								
克山县								
富锦市								

4-87 续表 3

单位：人次

地　区	贫困残疾人救助与扶持				法律援助与服务			
	残疾一级	残疾二级	残疾三级	残疾四级	残疾一级	残疾二级	残疾三级	残疾四级
总　计	**84**	**12**	**16**	**6**				
哈尔滨市南岗区	2							
哈尔滨市道外区								
齐齐哈尔市龙沙区	1	1	2	1				
牡丹江市东安区	1			1				
七台河市新兴区	4	1						
鹤岗市向阳区	3							
伊春市翠峦区	10		1					
北安市	2	1	1					
集贤县	11	2	2	1				
肇东市								
肇州县	5		4	1				
穆棱市	10	1						
甘南县	1	1						
绥滨县	8	1	1					
肇源县	8	1	1					
富裕县	2			1				
五常市	5							
海伦市	4		1					
讷河市	1	1						
宾县	2	1						
克山县			1					
富锦市	4	1	2	1				

4-87 续表 4

单位：人次

地　　区	无障碍设施				信息无障碍			
	残疾一级	残疾二级	残疾三级	残疾四级	残疾一级	残疾二级	残疾三级	残疾四级
总　计	**2**			**1**				
哈尔滨市南岗区				1				
哈尔滨市道外区	1							
齐齐哈尔市龙沙区								
牡丹江市东安区								
七台河市新兴区								
鹤岗市向阳区								
伊春市翠峦区								
北安市								
集贤县								
肇东市								
肇州县								
穆棱市								
甘南县								
绥滨县								
肇源县								
富裕县								
五常市								
海伦市								
讷河市								
宾县	1							
克山县								
富锦市								

4-87 续表 5

单位：人次

地　区	生活服务				文化服务			
	残疾一级	残疾二级	残疾三级	残疾四级	残疾一级	残疾二级	残疾三级	残疾四级
总　计	**9**	**7**	**5**	**1**	**1**		**1**	
哈尔滨市南岗区								
哈尔滨市道外区								
齐齐哈尔市龙沙区	1	4	2	1				
牡丹江市东安区	1							
七台河市新兴区								
鹤岗市向阳区	1	1						
伊春市翠峦区	2		1					
北安市								
集贤县								
肇东市								
肇州县	2							
穆棱市					1			
甘南县								
绥滨县								
肇源县		1	1					
富裕县								
五常市								
海伦市		1	1				1	
讷河市								
宾县	1							
克山县	1							
富锦市								

4-87 续表 6

单位：人次

地　区	其他				未曾接受任何服务或扶助			
	残疾一级	残疾二级	残疾三级	残疾四级	残疾一级	残疾二级	残疾三级	残疾四级
总　计	**1**		**1**		**133**	**32**	**43**	**11**
哈尔滨市南岗区					6	1	1	
哈尔滨市道外区					1	1		
齐齐哈尔市龙沙区							1	
牡丹江市东安区					14	3	3	
七台河市新兴区					4	1	2	1
鹤岗市向阳区					1		1	
伊春市翠峦区					2	1		
北安市					9	1	1	1
集贤县	1		1		8	2	7	1
肇东市					3		1	
肇州县					6	3	1	
穆棱市					7	4	3	1
甘南县					7	3	1	2
绥滨县					13	2	6	
肇源县					2	1	2	1
富裕县					7	2	3	1
五常市					7	2	2	
海伦市					8		2	1
讷河市					2			
宾县					12		3	1
克山县					7	3		1
富锦市					7	2	3	

4－88 各地区残疾人分城乡的主要需求

单位：人次

地区	合计		医疗服务与救助		辅助器具	
	城镇	农村	城镇	农村	城镇	农村
总计	**4145**	**5776**	**1078**	**1716**	**677**	**782**
哈尔滨市南岗区	501		117		63	
哈尔滨市道外区	332		83		55	
齐齐哈尔市龙沙区	551		150		83	
牡丹江市东安区	242	107	25	4	40	13
七台河市新兴区	592		180		109	
鹤岗市向阳区	315		49		61	
伊春市翠峦区	566		182		147	
北安市	126	293	39	100	13	38
集贤县	129	455	26	115	25	68
肇东市	158	323	43	111	14	40
肇州县		475		168		104
穆棱市	174	362	54	104	35	66
甘南县	106	268	38	97	5	19
绥滨县		378		151		44
肇源县		554		165		98
富裕县		403		120		94
五常市	105	275	25	71	3	26
海伦市	210	218	58	60	22	26
讷河市		520		161		43
宾县	38	379	9	90	2	30
克山县		471		115		26
富锦市		295		84		47

4－88 续表 1

单位：人次

地区	康复训练与服务		教育费用补助或减免		职业教育与培训	
	城镇	农村	城镇	农村	城镇	农村
总　计	**675**	**601**	**15**	**26**	**18**	**6**
哈尔滨市南岗区	40		4		10	
哈尔滨市道外区	90		2			
齐齐哈尔市龙沙区	98				3	
牡丹江市东安区	34	17	1			
七台河市新兴区	64		2		2	
鹤岗市向阳区	60		2		2	
伊春市翠峦区	103					
北安市	16	23			1	
集贤县	19	60				
肇东市	48	67		1		
肇州县		50		1		1
穆棱市	26	35	1	6		
甘南县	1	8	2	1		
绥滨县		27				2
肇源县		35		3		
富裕县		12		1		1
五常市	15	15		3		
海伦市	49	41	1			1
讷河市		89		2		
宾县	12	86		1		
克山县		8		3		1
富锦市		28		4		

4－88 续表 2

单位：人次

地　　区	就业安置或扶持		贫困残疾人救助与扶持		法律援助与服务	
	城镇	农村	城镇	农村	城镇	农村
总　　计	**129**	**69**	**1104**	**1964**	**20**	**14**
哈尔滨市南岗区	53		152		8	
哈尔滨市道外区	12		56			
齐齐哈尔市龙沙区	7		136		1	
牡丹江市东安区	2		61	35	1	
七台河市新兴区	24		196		2	
鹤岗市向阳区	8		93		1	
伊春市翠峦区	3		66		5	
北安市	4	2	44	105		
集贤县	2	5	47	172	1	3
肇东市		6	23	43		
肇州县		1		104		
穆棱市	3	1	55	146		
甘南县			36	89	1	
绥滨县		1		142		7
肇源县				193		
富裕县		8		154		
五常市	10	18	50	137		1
海伦市	1	2	75	84		
讷河市		1		179		2
宾县		4	14	144		1
克山县		13		144		
富锦市		7		93		

4-88 续表 3

单位：人次

地　区	无障碍设施		信息无障碍		生活服务	
	城镇	农村	城镇	农村	城镇	农村
总　计	**81**	**36**	**32**	**44**	**243**	**463**
哈尔滨市南岗区	15		3		31	
哈尔滨市道外区	4				4	
齐齐哈尔市龙沙区	1		1		68	
牡丹江市东安区	35	19	18	8	15	9
七台河市新兴区	2		1		9	
鹤岗市向阳区	8		4		26	
伊春市翠峦区	6				31	
北安市	4	5	1	1	2	11
集贤县	4	4	4	25	1	3
肇东市					30	55
肇州县				1		36
穆棱市						4
甘南县					22	54
绥滨县						3
肇源县						60
富裕县		2		5		4
五常市					1	3
海伦市	2				2	4
讷河市		3		1		38
宾县		1			1	20
克山县						133
富锦市		2		3		26

4－88 续表 4

单位：人次

地区	文化服务		其他		不选择	
	城镇	农村	城镇	农村	城镇	农村
总计	**19**	**29**	**14**	**8**	**40**	**18**
哈尔滨市南岗区					5	
哈尔滨市道外区	1				25	
齐齐哈尔市龙沙区	2				1	
牡丹江市东安区	4				6	2
七台河市新兴区			1			
鹤岗市向阳区					1	
伊春市翠峦区	10		12		1	
北安市	2			7		1
集贤县						
肇东市						
肇州县		1				8
穆棱市						
甘南县			1			
绥滨县						1
肇源县						
富裕县						2
五常市					1	1
海伦市						
讷河市		1				
宾县		1				1
克山县		25		1		2
富锦市		1				

4-89 各地区视力残疾人分城乡的主要需求

单位：人次

地　区	合计		医疗服务与救助		辅助器具	
	城镇	农村	城镇	农村	城镇	农村
总　计	**462**	**745**	**156**	**282**	**31**	**87**
哈尔滨市南岗区	70		17		3	
哈尔滨市道外区	51		15		2	
齐齐哈尔市龙沙区	80		29		1	
牡丹江市东安区	17	2	6	1		
七台河市新兴区	26		9		2	
鹤岗市向阳区	8		3			
伊春市翠峦区	92		32		18	
北安市	4	45	2	16		5
集贤县	14	33	5	14		2
肇东市	18	42	9	23	3	5
肇州县		103		33		24
穆棱市	16	14	8	7		
甘南县	17	35	7	17		
绥滨县		26		12		1
肇源县		54		21		11
富裕县		43		19		
五常市	20	66	7	25	1	13
海伦市	26	39	6	13	1	3
讷河市		46		14		12
宾县	3	39	1	13		1
克山县		92		31		4
富锦市		66		23		6

4-89 续表 1

单位：人次

地　区	康复训练与服务		教育费用补助或减免		职业教育与培训	
	城镇	农村	城镇	农村	城镇	农村
总　计	**38**	**38**	**1**	**2**		**1**
哈尔滨市南岗区	6		1			
哈尔滨市道外区	8					
齐齐哈尔市龙沙区	1					
牡丹江市东安区	1					
七台河市新兴区	6					
鹤岗市向阳区						
伊春市翠峦区	4					
北安市						
集贤县						
肇东市	3	1				
肇州县		9				
穆棱市						
甘南县						
绥滨县						
肇源县		1		1		
富裕县						1
五常市	3	2				
海伦市	5	4				
讷河市		2		1		
宾县	1	13				
克山县						
富锦市		6				

4-89 续表 2

单位：人次

地 区	就业安置或扶持		贫困残疾人救助与扶持		法律援助与服务	
	城镇	农村	城镇	农村	城镇	农村
总 计	**16**	**8**	**133**	**233**		
哈尔滨市南岗区	12		26			
哈尔滨市道外区			9			
齐齐哈尔市龙沙区	2		21			
牡丹江市东安区	1		3	1		
七台河市新兴区			9			
鹤岗市向阳区			5			
伊春市翠峦区			16			
北安市			2	16		
集贤县		1	5	15		
肇东市		2	3	10		
肇州县				3		
穆棱市			8	7		
甘南县			7	17		
绥滨县				12		
肇源县				20		
富裕县		3		17		
五常市			8	25		
海伦市	1	1	10	17		
讷河市		1		16		
宾县			1	12		
克山县				29		
富锦市				16		

4-89 续表 3

单位：人次

地区	无障碍设施		信息无障碍		生活服务	
	城镇	农村	城镇	农村	城镇	农村
总计	**14**	**1**	**4**	**4**	**44**	**81**
哈尔滨市南岗区	1		1		1	
哈尔滨市道外区	4				2	
齐齐哈尔市龙沙区					25	
牡丹江市东安区			3		1	
七台河市新兴区						
鹤岗市向阳区						
伊春市翠峦区	5				9	
北安市				1		
集贤县	3			1	1	
肇东市						1
肇州县						33
穆棱市						
甘南县					2	1
绥滨县						1
肇源县						
富裕县		1				2
五常市					1	1
海伦市	1				2	1
讷河市						
宾县						
克山县						28
富锦市				2		13

4-89 续表 4

单位：人次

地 区	文化服务		其他		不选择	
	城镇	农村	城镇	农村	城镇	农村
总 计	**9**		**1**	**6**	**15**	**2**
哈尔滨市南岗区					2	
哈尔滨市道外区	1				10	
齐齐哈尔市龙沙区	1					
牡丹江市东安区					2	
七台河市新兴区						
鹤岗市向阳区						
伊春市翠峦区	7				1	
北安市				6		1
集贤县						
肇东市						
肇州县						1
穆棱市						
甘南县			1			
绥滨县						
肇源县						
富裕县						
五常市						
海伦市						
讷河市						
宾县						
克山县						
富锦市						

4-90 各地区听力残疾人分城乡的主要需求

单位：人次

地区	合计		医疗服务与救助		辅助器具	
	城镇	农村	城镇	农村	城镇	农村
总计	**657**	**905**	**190**	**261**	**237**	**317**
哈尔滨市南岗区	41		15		11	
哈尔滨市道外区	49		19		21	
齐齐哈尔市龙沙区	119		33		61	
牡丹江市东安区	43	24	3		13	8
七台河市新兴区	107		37		34	
鹤岗市向阳区	57		10		16	
伊春市翠峦区	142		50		47	
北安市	8	34	3	10	2	17
集贤县	19	99		12	7	23
肇东市	12	50	4	19	5	20
肇州县		103		46		43
穆棱市	23	73	8	24	7	24
甘南县	2	31	1	12		17
绥滨县		73		25		28
肇源县		96		32		30
富裕县		18		1		6
五常市	7	22	1	3	2	9
海伦市	25	29	5	1	10	14
讷河市		68		23		22
宾县	3	70	1	19	1	20
克山县		75		18		17
富锦市		40		16		19

4-90 续表 1

单位：人次

地 区	康复训练与服务		教育费用补助或减免		职业教育与培训	
	城镇	农村	城镇	农村	城镇	农村
总 计	**22**	**19**				
哈尔滨市南岗区	1					
哈尔滨市道外区	1					
齐齐哈尔市龙沙区	1					
牡丹江市东安区						
七台河市新兴区	1					
鹤岗市向阳区	7					
伊春市翠峦区	8					
北安市						
集贤县						
肇东市	3	11				
肇州县						
穆棱市						
甘南县						
绥滨县						
肇源县		1				
富裕县						
五常市						
海伦市						
讷河市						
宾县		4				
克山县		3				
富锦市						

4-90 续表 2

单位：人次

地　区	就业安置或扶持		贫困残疾人救助与扶持		法律援助与服务	
	城镇	农村	城镇	农村	城镇	农村
总　计	**2**	**2**	**115**	**233**	**3**	**3**
哈尔滨市南岗区			4		1	
哈尔滨市道外区						
齐齐哈尔市龙沙区	1		12			
牡丹江市东安区			4	6		
七台河市新兴区	1		33		1	
鹤岗市向阳区			10			
伊春市翠峦区			19			
北安市			3	7		
集贤县			6	35	1	3
肇东市						
肇州县				13		
穆棱市			8	25		
甘南县			1	1		
绥滨县				19		
肇源县				32		
富裕县				5		
五常市			4	10		
海伦市			10	14		
讷河市				23		
宾县			1	23		
克山县		2		16		
富锦市				4		

4-90 续表 3

单位：人次

地区	无障碍设施		信息无障碍		生活服务	
	城镇	农村	城镇	农村	城镇	农村
总计	**17**	**7**	**22**	**36**	**22**	**27**
哈尔滨市南岗区					6	
哈尔滨市道外区						
齐齐哈尔市龙沙区					10	
牡丹江市东安区	8	2	14	8		
七台河市新兴区						
鹤岗市向阳区	8		4		2	
伊春市翠峦区					4	
北安市						
集贤县	1	4	4	21		1
肇东市						
肇州县				1		
穆棱市						
甘南县						1
绥滨县						1
肇源县						1
富裕县		1		5		
五常市						
海伦市						
讷河市						
宾县						4
克山县						19
富锦市				1		

4-90 续表 4

单位：人次

地　区	文化服务		其他		不选择	
	城镇	农村	城镇	农村	城镇	农村
总　计	**2**		**12**		**13**	
哈尔滨市南岗区					3	
哈尔滨市道外区					8	
齐齐哈尔市龙沙区					1	
牡丹江市东安区					1	
七台河市新兴区						
鹤岗市向阳区						
伊春市翠峦区	2		12			
北安市						
集贤县						
肇东市						
肇州县						
穆棱市						
甘南县						
绥滨县						
肇源县						
富裕县						
五常市						
海伦市						
讷河市						
宾县						
克山县						
富锦市						

4-91 各地区言语残疾人分城乡的主要需求

单位：人次

地区	合计		医疗服务与救助		辅助器具	
	城镇	农村	城镇	农村	城镇	农村
总计	**37**	**74**	**14**	**23**	**1**	**4**
哈尔滨市南岗区						
哈尔滨市道外区	7		3		1	
齐齐哈尔市龙沙区	3		1			
牡丹江市东安区						
七台河市新兴区	6		2			
鹤岗市向阳区	16		5			
伊春市翠峦区						
北安市		6		2		
集贤县		7		3		
肇东市		5		2		1
肇州县		12		4		3
穆棱市		2		1		
甘南县						
绥滨县		1				
肇源县						
富裕县		5		1		
五常市		6		2		
海伦市	5	5	3	2		
讷河市		6		2		
宾县		4				
克山县		9		2		
富锦市		6		2		

4-91 续表 1

单位：人次

地区	康复训练与服务		教育费用补助或减免		职业教育与培训	
	城镇	农村	城镇	农村	城镇	农村
总计	**11**	**17**				
哈尔滨市南岗区						
哈尔滨市道外区	3					
齐齐哈尔市龙沙区	1					
牡丹江市东安区						
七台河市新兴区	1					
鹤岗市向阳区	4					
伊春市翠峦区						
北安市		2				
集贤县		1				
肇东市		2				
肇州县		4				
穆棱市						
甘南县						
绥滨县		1				
肇源县						
富裕县		2				
五常市						
海伦市	2	1				
讷河市		1				
宾县		2				
克山县		1				
富锦市						

4-91 续表 2

单位：人次

地　区	就业安置或扶持		贫困残疾人救助与扶持		法律援助与服务	
	城镇	农村	城镇	农村	城镇	农村
总　计	**1**		**5**	**24**	**1**	
哈尔滨市南岗区						
哈尔滨市道外区						
齐齐哈尔市龙沙区					1	
牡丹江市东安区						
七台河市新兴区	1		2			
鹤岗市向阳区			3			
伊春市翠峦区						
北安市				2		
集贤县				3		
肇东市						
肇州县						
穆棱市				1		
甘南县						
绥滨县						
肇源县						
富裕县				2		
五常市				4		
海伦市				2		
讷河市				2		
宾县				2		
克山县				3		
富锦市				3		

4-91 续表 3

单位：人次

地　区	无障碍设施		信息无障碍		生活服务	
	城镇	农村	城镇	农村	城镇	农村
总　计					**4**	**5**
哈尔滨市南岗区						
哈尔滨市道外区						
齐齐哈尔市龙沙区						
牡丹江市东安区						
七台河市新兴区						
鹤岗市向阳区					4	
伊春市翠峦区						
北安市						
集贤县						
肇东市						
肇州县						
穆棱市						
甘南县						
绥滨县						
肇源县						
富裕县						
五常市						
海伦市						
讷河市						1
宾县						
克山县						3
富锦市						1

4-91 续表 4

单位：人次

地 区	文化服务		其他		不选择	
	城镇	农村	城镇	农村	城镇	农村
总 计		**1**				
哈尔滨市南岗区						
哈尔滨市道外区						
齐齐哈尔市龙沙区						
牡丹江市东安区						
七台河市新兴区						
鹤岗市向阳区						
伊春市翠峦区						
北安市						
集贤县						
肇东市						
肇州县		1				
穆棱市						
甘南县						
绥滨县						
肇源县						
富裕县						
五常市						
海伦市						
讷河市						
宾县						
克山县						
富锦市						

4-92 各地区肢体残疾人分城乡的主要需求

单位：人次

地区	合计		医疗服务与救助		辅助器具	
	城镇	农村	城镇	农村	城镇	农村
总计	**1939**	**2532**	**415**	**675**	**291**	**280**
哈尔滨市南岗区	260		39		38	
哈尔滨市道外区	173		27		25	
齐齐哈尔市龙沙区	229		54		11	
牡丹江市东安区	130	58	9	1	17	5
七台河市新兴区	291		77		50	
鹤岗市向阳区	117		10		31	
伊春市翠峦区	211		69		68	
北安市	73	117	22	37	7	13
集贤县	47	185	7	39	11	31
肇东市	107	152	24	43	6	9
肇州县		117		37		22
穆棱市	77	154	21	40	20	32
甘南县	59	139	19	47	3	
绥滨县		147		58		5
肇源县		288		72		49
富裕县		258		86		85
五常市	43	110	3	18		
海伦市	100	82	30	25	3	7
讷河市		326		98		7
宾县	22	123	4	20	1	1
克山县		171		27		2
富锦市		105		27		12

4-92 续表 1

单位：人次

地　区	康复训练与服务		教育费用补助或减免		职业教育与培训	
	城镇	农村	城镇	农村	城镇	农村
总　计	**438**	**361**	**3**	**5**	**10**	**1**
哈尔滨市南岗区	12		1		8	
哈尔滨市道外区	63					
齐齐哈尔市龙沙区	77					
牡丹江市东安区	24	13				
七台河市新兴区	36		1		2	
鹤岗市向阳区	33					
伊春市翠峦区	69					
北安市	9	14				
集贤县	13	50				
肇东市	36	42				
肇州县		6				
穆棱市	16	23		1		
甘南县				1		
绥滨县		20				1
肇源县		31		1		
富裕县		1				
五常市	10	12		1		
海伦市	31	15	1			
讷河市		74				
宾县	9	43		1		
克山县		1				
富锦市		16				

4-92 续表 2

单位：人次

地区	就业安置或扶持		贫困残疾人救助与扶持		法律援助与服务	
	城镇	农村	城镇	农村	城镇	农村
总计	**83**	**31**	**539**	**884**	**9**	**1**
哈尔滨市南岗区	36		84		6	
哈尔滨市道外区	12		46			
齐齐哈尔市龙沙区	3		74			
牡丹江市东安区			39	19		
七台河市新兴区	19		99		1	
鹤岗市向阳区	1		38			
伊春市翠峦区					1	
北安市	4	2	25	46		
集贤县			16	65		
肇东市		1	13	10		
肇州县				45		
穆棱市			20	57		
甘南县			20	48	1	
绥滨县				62		
肇源县				95		
富裕县				86		
五常市	8	16	22	61		
海伦市			35	34		
讷河市				105		1
宾县		3	8	54		
克山县		3		57		
富锦市		6		40		

4-92 续表 3

单位：人次

地 区	无障碍设施		信息无障碍		生活服务	
	城镇	农村	城镇	农村	城镇	农村
总 计	**46**	**21**	**2**	**1**	**95**	**238**
哈尔滨市南岗区	13		2		21	
哈尔滨市道外区						
齐齐哈尔市龙沙区	1				8	
牡丹江市东安区	25	13			10	6
七台河市新兴区	2				4	
鹤岗市向阳区					4	
伊春市翠峦区	1				2	
北安市	4	5			2	
集贤县						
肇东市					28	47
肇州县						
穆棱市						1
甘南县					16	43
绥滨县						
肇源县						40
富裕县						
五常市						1
海伦市						1
讷河市		3		1		36
宾县						
克山县						60
富锦市						3

4-92 续表 4

单位：人次

地区	文化服务		其他		不选择	
	城镇	农村	城镇	农村	城镇	农村
总计	**6**	**23**			**2**	**11**
哈尔滨市南岗区						
哈尔滨市道外区						
齐齐哈尔市龙沙区	1					
牡丹江市东安区	4				2	1
七台河市新兴区						
鹤岗市向阳区						
伊春市翠峦区	1					
北安市						
集贤县						
肇东市						
肇州县						7
穆棱市						
甘南县						
绥滨县						1
肇源县						
富裕县						
五常市						1
海伦市						
讷河市		1				
宾县						1
克山县		21				
富锦市		1				

4-93 各地区智力残疾人分城乡的主要需求

单位：人次

地区	合计		医疗服务与救助		辅助器具	
	城镇	农村	城镇	农村	城镇	农村
总计	**189**	**453**	**63**	**134**	**7**	**2**
哈尔滨市南岗区	32		16		1	
哈尔滨市道外区	24		13		1	
齐齐哈尔市龙沙区	18		4			
牡丹江市东安区	3	5	1	1		
七台河市新兴区	33		12		2	
鹤岗市向阳区	13					
伊春市翠峦区	20		3		3	
北安市	4	38	2	14		
集贤县	6	17	3	7		
肇东市		30		10		
肇州市		41		13		
穆棱市	10	20	2	3		
甘南市	7	14	3	5		
绥滨县		35		15		
肇源县		40		14		
富裕县		22		4		
五常市	11	31	4	12		1
海伦市	8	21		6		1
讷河市		32		5		
宾县		19		3		
克山县		74		21		
富锦市		14		1		

4-93 续表 1

单位：人次

地　区	康复训练与服务		教育费用补助或减免		职业教育与培训	
	城镇	农村	城镇	农村	城镇	农村
总　计	**37**	**50**	**5**	**15**	**3**	**4**
哈尔滨市南岗区	2					
哈尔滨市道外区	10					
齐齐哈尔市龙沙区	2				2	
牡丹江市东安区	1	1				
七台河市新兴区	7		1			
鹤岗市向阳区			1		1	
伊春市翠峦区	6					
北安市	1					
集贤县		1				
肇东市		4		1		
肇州市		11		1		1
穆棱市	3	1	1	3		
甘南市		3	2			
绥滨县						1
肇源县		1		1		
富裕县		5		1		
五常市	1			2		
海伦市	4	10				1
讷河市		10		1		
宾县		1				
克山县		1		3		1
富锦市		1		2		

4-93 续表 2

单位：人次

地　区	就业安置或扶持		贫困残疾人救助与扶持		法律援助与服务	
	城镇	农村	城镇	农村	城镇	农村
总　计	**12**	**15**	**49**	**187**	**1**	**2**
哈尔滨市南岗区	3		9		1	
哈尔滨市道外区						
齐齐哈尔市龙沙区	1		4			
牡丹江市东安区			1	2		
七台河市新兴区			9			
鹤岗市向阳区	4		6			
伊春市翠峦区	1		4			
北安市			1	14		
集贤县			3	9		
肇东市		3		11		
肇州市				14		
穆棱市	1		3	13		
甘南市			1	5		
绥滨县		1		15		2
肇源县				17		
富裕县		1		11		
五常市	2	1	4	15		
海伦市			4	3		
讷河市				15		
宾县				14		
克山县		8		25		
富锦市		1		4		

4-93 续表 3

单位：人次

地　区	无障碍设施		信息无障碍		生活服务	
	城镇	农村	城镇	农村	城镇	农村
总　计		**2**	**1**		**10**	**40**
哈尔滨市南岗区						
哈尔滨市道外区						
齐齐哈尔市龙沙区			1		4	
牡丹江市东安区						1
七台河市新兴区					1	
鹤岗市向阳区					1	
伊春市翠峦区					3	
北安市						10
集贤县						
肇东市						1
肇州市						1
穆棱市						
甘南市					1	1
绥滨县						1
肇源县						7
富裕县						
五常市						
海伦市						
讷河市						1
宾县						1
克山县						13
富锦市		2				3

4-93 续表 4

单位：人次

地区	文化服务		其他		不选择	
	城镇	农村	城镇	农村	城镇	农村
总计		**1**	**1**	**1**		
哈尔滨市南岗区						
哈尔滨市道外区						
齐齐哈尔市龙沙区						
牡丹江市东安区						
七台河市新兴区			1			
鹤岗市向阳区						
伊春市翠峦区						
北安市						
集贤县						
肇东市						
肇州市						
穆棱市						
甘南市						
绥滨县						
肇源县						
富裕县						
五常市						
海伦市						
讷河市						
宾县						
克山县		1		1		
富锦市						

4-94 各地区精神残疾人分城乡的主要需求

单位：人次

地　区	合计		医疗服务与救助		辅助器具	
	城镇	农村	城镇	农村	城镇	农村
总　计	**245**	**346**	**89**	**126**	**1**	**2**
哈尔滨市南岗区	45		17			
哈尔滨市道外区	12		2		1	
齐齐哈尔市龙沙区	26		9			
牡丹江市东安区	3	3	1	1		
七台河市新兴区	36		14			
鹤岗市向阳区	30		9			
伊春市翠峦区	29		10			
北安市	9	21	3	7		
集贤县	3	14	1	5		
肇东市	6	18	1	6		
肇州县		31		12		
穆棱市	12	34	5	11		
甘南县	4	27	2	10		
绥滨县		19		9		
肇源县		36		13		
富裕县		18				
五常市	18	9	9	4		
海伦市	9	8	5	4		
讷河市		33		16		2
宾县	3	41	1	14		
克山县		19		9		
富锦市		15		5		

4-94 续表 1

单位：人次

地　区	康复训练与服务		教育费用补助或减免		职业教育与培训	
	城镇	农村	城镇	农村	城镇	农村
总　计	**32**	**25**	**1**	**1**		
哈尔滨市南岗区	15					
哈尔滨市道外区	2					
齐齐哈尔市龙沙区						
牡丹江市东安区	1	1				
七台河市新兴区	4					
鹤岗市向阳区			1			
伊春市翠峦区	6					
北安市	3	5				
集贤县						
肇东市	1	2				
肇州县		5				
穆棱市		8		1		
甘南县		1				
绥滨县		1				
肇源县						
富裕县						
五常市						
海伦市						
讷河市						
宾县						
克山县		2				
富锦市						

4-94 续表 2

单位：人次

地区	就业安置或扶持		贫困残疾人救助与扶持		法律援助与服务	
	城镇	农村	城镇	农村	城镇	农村
总　计	**10**	**4**	**82**	**135**	**1**	**2**
哈尔滨市南岗区			13			
哈尔滨市道外区						
齐齐哈尔市龙沙区			8			
牡丹江市东安区			1	1		
七台河市新兴区	3		13			
鹤岗市向阳区	2		10		1	
伊春市翠峦区	2		11			
北安市			3	7		
集贤县	1	2	1	5		
肇东市			2	6		
肇州县		1		12		
穆棱市	2		5	12		
甘南县			1	10		
绥滨县				9		
肇源县				12		
富裕县				16		
五常市			9	5		
海伦市		1	4	3		
讷河市				14		1
宾县			1	12		1
克山县				6		
富锦市				5		

4-94 续表 3

单位：人次

地区	无障碍设施		信息无障碍		生活服务	
	城镇	农村	城镇	农村	城镇	农村
总计					**22**	**45**
哈尔滨市南岗区						
哈尔滨市道外区						
齐齐哈尔市龙沙区					9	
牡丹江市东安区						
七台河市新兴区					2	
鹤岗市向阳区					7	
伊春市翠峦区						
北安市						1
集贤县						2
肇东市					2	4
肇州县						1
穆棱市						2
甘南县					1	6
绥滨县						
肇源县						11
富裕县						
五常市						
海伦市						
讷河市						
宾县					1	13
克山县						
富锦市						5

4-94 续表 4

单位：人次

地　区	文化服务		其他		不选择	
	城镇	农村	城镇	农村	城镇	农村
总　计		**1**		**1**	**7**	**4**
哈尔滨市南岗区						
哈尔滨市道外区					7	
齐齐哈尔市龙沙区						
牡丹江市东安区						
七台河市新兴区						
鹤岗市向阳区						
伊春市翠峦区						
北安市				1		
集贤县						
肇东市						
肇州县						
穆棱市						
甘南县						
绥滨县						
肇源县						
富裕县						2
五常市						
海伦市						
讷河市						
宾县		1				
克山县						2
富锦市						

4-95 各地区多重残疾人分城乡的主要需求

单位：人次

地区	合计		医疗服务与救助		辅助器具	
	城镇	农村	城镇	农村	城镇	农村
总计	**616**	**721**	**151**	**215**	**109**	**90**
哈尔滨市南岗区	53		13		10	
哈尔滨市道外区	16		4		4	
齐齐哈尔市龙沙区	76		20		10	
牡丹江市东安区	46	15	5		10	
七台河市新兴区	93		29		21	
鹤岗市向阳区	74		12		14	
伊春市翠峦区	72		18		11	
北安市	28	32	7	14	4	3
集贤县	40	100	10	35	7	12
肇东市	15	26	5	8		5
肇州县		68		23		12
穆棱市	36	65	10	18	8	10
甘南县	17	22	6	6	2	2
绥滨县		77		32		10
肇源县		40		13		8
富裕县		39		9		3
五常市	6	31	1	7		3
海伦市	37	34	9	9	8	1
讷河市		9		3		
宾县	7	83	2	21		8
克山县		31		7		3
富锦市		49		10		10

4-95 续表 1

单位：人次

地　区	康复训练与服务		教育费用补助或减免		职业教育与培训	
	城镇	农村	城镇	农村	城镇	农村
总　计	**97**	**91**	**5**	**3**	**5**	
哈尔滨市南岗区	4		2		2	
哈尔滨市道外区	3		2			
齐齐哈尔市龙沙区	16				1	
牡丹江市东安区	7	2	1			
七台河市新兴区	9					
鹤岗市向阳区	16				1	
伊春市翠峦区	10					
北安市	3	2			1	
集贤县	6	8				
肇东市	5	5				
肇州县		15				
穆棱市	7	3		1		
甘南县	1	4				
绥滨县		5				
肇源县		1				
富裕县		4				
五常市	1	1				
海伦市	7	11				
讷河市		2				
宾县	2	23				
克山县						
富锦市		5		2		

4-95 续表 2

单位：人次

地区	就业安置或扶持		贫困残疾人救助与扶持		法律援助与服务	
	城镇	农村	城镇	农村	城镇	农村
总计	**5**	**9**	**181**	**268**	**5**	**6**
哈尔滨市南岗区	2		16			
哈尔滨市道外区			1			
齐齐哈尔市龙沙区			17			
牡丹江市东安区	1		13	6	1	
七台河市新兴区			31			
鹤岗市向阳区	1		21			
伊春市翠峦区			16		4	
北安市			10	13		
集贤县	1	2	16	40		
肇东市			5	6		
肇州县				17		
穆棱市		1	11	31		
甘南县			6	8		
绥滨县				25		5
肇源县				17		
富裕县		4		17		
五常市		1	3	17		1
海伦市			12	11		
讷河市				4		
宾县		1	3	27		
克山县				8		
富锦市				21		

4-95 续表 3

单位：人次

地　区	无障碍设施		信息无障碍		生活服务	
	城镇	农村	城镇	农村	城镇	农村
总　计	**4**	**5**	**3**	**3**	**46**	**27**
哈尔滨市南岗区	1				3	
哈尔滨市道外区					2	
齐齐哈尔市龙沙区					12	
牡丹江市东安区	2	4	1		4	2
七台河市新兴区			1		2	
鹤岗市向阳区					8	
伊春市翠峦区					13	
北安市			1			
集贤县				3		
肇东市						2
肇州县						1
穆棱市						1
甘南县					2	2
绥滨县						
肇源县						1
富裕县						2
五常市						1
海伦市	1					2
讷河市						
宾县		1				2
克山县						10
富锦市						1

4-95 续表 4

单位：人次

地　区	文化服务		其他		不选择	
	城镇	农村	城镇	农村	城镇	农村
总　计	**2**	**3**			**3**	**1**
哈尔滨市南岗区						
哈尔滨市道外区						
齐齐哈尔市龙沙区						
牡丹江市东安区					1	1
七台河市新兴区						
鹤岗市向阳区					1	
伊春市翠峦区						
北安市	2					
集贤县						
肇东市						
肇州县						
穆棱市						
甘南县						
绥滨县						
肇源县						
富裕县						
五常市					1	
海伦市						
讷河市						
宾县						
克山县		3				
富锦市						

4-96 各地区视力残疾人分残疾等级的主要需求

单位：人次

地　区	医疗服务与救助				辅助器具			
	残疾一级	残疾二级	残疾三级	残疾四级	残疾一级	残疾二级	残疾三级	残疾四级
总　计	**125**	**44**	**56**	**213**	**20**	**12**	**24**	**62**
哈尔滨市南岗区	7	1		9	2			1
哈尔滨市道外区		1		14		1		1
齐齐哈尔市龙沙区	3	3	3	20				1
牡丹江市东安区	2	1		4				
七台河市新兴区	2			7				2
鹤岗市向阳区	2	1						
伊春市翠峦区	4	3	2	23	1	2	1	14
北安市		4	8	6			2	3
集贤县	8		2	9	1			1
肇东市	17	1		14	4			4
肇州县	4	8	12	9	1	5	11	7
穆棱市	2	3	1	9				
甘南县	5		1	18				
绥滨县	3	1	2	6				1
肇源县	3	2	2	14				11
富裕县	10	1		8				
五常市	10	2	9	11	3	1	4	6
海伦市	5	1	5	8	1		2	1
讷河市	6	2	2	4	6	2	2	2
宾县	6	1	2	5			1	
克山县	23	4	1	3	1	1		2
富锦市	3	4	4	12			1	5

4-96 续表 1

单位：人次

地　区	康复训练与服务				教育费用补助或减免			
	残疾一级	残疾二级	残疾三级	残疾四级	残疾一级	残疾二级	残疾三级	残疾四级
总　计	**25**	**7**	**9**	**35**			**1**	**2**
哈尔滨市南岗区	4			2				1
哈尔滨市道外区		1	1	6				
齐齐哈尔市龙沙区				1				
牡丹江市东安区				1				
七台河市新兴区	2			4				
鹤岗市向阳区								
伊春市翠峦区	1			3				
北安市								
集贤县								
肇东市	2	1		1				
肇州县	1	2	1	5				
穆棱市								
甘南县								
绥滨县								
肇源县		1						1
富裕县								
五常市	3		1	1				
海伦市	4	1	1	3				
讷河市	2						1	
宾县	6	1	2	5				
克山县								
富锦市			3	3				

4-96 续表 2

单位：人次

地区	职业教育与培训				就业安置或扶持			
	残疾一级	残疾二级	残疾三级	残疾四级	残疾一级	残疾二级	残疾三级	残疾四级
总　计				**1**	**7**	**2**	**1**	**14**
哈尔滨市南岗区					5			7
哈尔滨市道外区								
齐齐哈尔市龙沙区					1	1		
牡丹江市东安区								1
七台河市新兴区								
鹤岗市向阳区								
伊春市翠峦区								
北安市								
集贤县								1
肇东市								2
肇州县								
穆棱市								
甘南县								
绥滨县								
肇源县								
富裕县				1	1			2
五常市								
海伦市						1	1	
讷河市								1
宾县								
克山县								
富锦市								

4-96 续表 3

单位：人次

地 区	贫困残疾人救助与扶持				法律援助与服务			
	残疾一级	残疾二级	残疾三级	残疾四级	残疾一级	残疾二级	残疾三级	残疾四级
总 计	**121**	**36**	**44**	**165**				
哈尔滨市南岗区	13			13				
哈尔滨市道外区		1	1	7				
齐齐哈尔市龙沙区	3	2	3	13				
牡丹江市东安区	2			2				
七台河市新兴区	2			7				
鹤岗市向阳区	3	1		1				
伊春市翠峦区	4	3	1	8				
北安市		5	6	7				
集贤县	10		2	8				
肇东市	6			7				
肇州县	1		1	1				
穆棱市	2	3	1	9				
甘南县	5		1	18				
绥滨县	4		2	6				
肇源县	3	3	2	12				
富裕县	9	1		7				
五常市	8	3	10	12				
海伦市	9	2	6	10				
讷河市	6	3	4	3				
宾县	6	1	1	5				
克山县	22	4	1	2				
富锦市	3	4	2	7				

4-96 续表 4

单位：人次

地　区	无障碍设施				信息无障碍			
	残疾一级	残疾二级	残疾三级	残疾四级	残疾一级	残疾二级	残疾三级	残疾四级
总　计	**6**	**1**		**8**	**4**		**1**	**3**
哈尔滨市南岗区	1				1			
哈尔滨市道外区				4				
齐齐哈尔市龙沙区								
牡丹江市东安区					2			1
七台河市新兴区								
鹤岗市向阳区								
伊春市翠峦区	2	1		2				
北安市							1	
集贤县	2			1	1			
肇东市								
肇州县								
穆棱市								
甘南县								
绥滨县								
肇源县								
富裕县	1							
五常市								
海伦市				1				
讷河市								
宾县								
克山县								
富锦市								2

4-96 续表 5

单位：人次

地区	生活服务				文化服务			
	残疾一级	残疾二级	残疾三级	残疾四级	残疾一级	残疾二级	残疾三级	残疾四级
总计	**40**	**22**	**16**	**47**			**2**	**7**
哈尔滨市南岗区	1							
哈尔滨市道外区				2				1
齐齐哈尔市龙沙区	2	3	2	18			1	
牡丹江市东安区		1						
七台河市新兴区								
鹤岗市向阳区								
伊春市翠峦区	4			5			1	6
北安市								
集贤县	1							
肇东市				1				
肇州县	4	8	11	10				
穆棱市								
甘南县				3				
绥滨县	1							
肇源县								
富裕县	1	1						
五常市	1	1						
海伦市	1		1	1				
讷河市								
宾县								
克山县	21	4		3				
富锦市	3	4	2	4				

4-96 续表 6

单位：人次

地区	其他				不选择			
	残疾一级	残疾二级	残疾三级	残疾四级	残疾一级	残疾二级	残疾三级	残疾四级
总　计	**2**	**1**	**2**	**2**	**2**	**1**	**1**	**13**
哈尔滨市南岗区					1			1
哈尔滨市道外区						1		9
齐齐哈尔市龙沙区								
牡丹江市东安区					1			1
七台河市新兴区								
鹤岗市向阳区								
伊春市翠峦区								1
北安市	1	1	2	2				1
集贤县								
肇东市								
肇州县							1	
穆棱市								
甘南县	1							
绥滨县								
肇源县								
富裕县								
五常市								
海伦市								
讷河市								
宾县								
克山县								
富锦市								

4-97 各地区听力残疾人分残疾等级的主要需求

单位：人次

地区	医疗服务与救助				辅助器具			
	残疾一级	残疾二级	残疾三级	残疾四级	残疾一级	残疾二级	残疾三级	残疾四级
总　计	**54**	**75**	**168**	**154**	**63**	**92**	**214**	**185**
哈尔滨市南岗区		1	6	8		3	4	4
哈尔滨市道外区	5	3	8	3	5	6	8	2
齐齐哈尔市龙沙区	5	2	7	19	7	4	16	34
牡丹江市东安区	1			2	1	3	11	6
七台河市新兴区	3	5	10	19	1	5	9	19
鹤岗市向阳区	1	1	6	2	2	1	10	3
伊春市翠峦区		8	39	3		7	37	3
北安市	6	3	4		8	5	5	1
集贤县	2		7	3	4	3	11	12
肇东市		4	9	10		4	11	10
肇州县	3	5	15	23	3	5	15	20
穆棱市	3	2	11	16	1	2	13	15
甘南县	2	5	5	1	2	6	8	1
绥滨县	1	8	6	10	1	8	7	12
肇源县	9	6	10	7	9	5	10	6
富裕县			1		1	2	3	
五常市		2	2		4	2	4	1
海伦市		1	2	3	4	3	7	10
讷河市	7	5	9	2	7	5	9	1
宾县	2	4	1	13	1	4	2	14
克山县	4	8	4	2	1	8	5	3
富锦市		2	6	8	1	1	9	8

4-97 续表 1

单位：人次

地区	康复训练与服务				教育费用补助或减免			
	残疾一级	残疾二级	残疾三级	残疾四级	残疾一级	残疾二级	残疾三级	残疾四级
总　计	**4**	**2**	**22**	**13**				
哈尔滨市南岗区				1				
哈尔滨市道外区			1					
齐齐哈尔市龙沙区				1				
牡丹江市东安区								
七台河市新兴区			1					
鹤岗市向阳区	2		4	1				
伊春市翠峦区			7	1				
北安市								
集贤县								
肇东市		1	7	6				
肇州县								
穆棱市								
甘南县								
绥滨县								
肇源县		1						
富裕县								
五常市								
海伦市								
讷河市								
宾县	1		1	2				
克山县	1		1	1				
富锦市								

4-97　续表 2

单位：人次

地　区	职业教育与培训				就业安置或扶持			
	残疾一级	残疾二级	残疾三级	残疾四级	残疾一级	残疾二级	残疾三级	残疾四级
总　计					**2**		**1**	**1**
哈尔滨市南岗区								
哈尔滨市道外区								
齐齐哈尔市龙沙区								1
牡丹江市东安区								
七台河市新兴区							1	
鹤岗市向阳区								
伊春市翠峦区								
北安市								
集贤县								
肇东市								
肇州县								
穆棱市								
甘南县								
绥滨县								
肇源县								
富裕县								
五常市								
海伦市								
讷河市								
宾县								
克山县					2			
富锦市								

4-97　续表 3

单位：人次

地　　区	贫困残疾人救助与扶持				法律援助与服务			
	残疾一级	残疾二级	残疾三级	残疾四级	残疾一级	残疾二级	残疾三级	残疾四级
总　计	**56**	**59**	**127**	**106**		**2**	**3**	**1**
哈尔滨市南岗区		1	3					1
哈尔滨市道外区								
齐齐哈尔市龙沙区	3	1	3	5				
牡丹江市东安区		2	6	2				
七台河市新兴区	3	4	10	16		1		
鹤岗市向阳区	1	1	6	2				
伊春市翠峦区		5	14					
北安市	7	2	1					
集贤县	6	2	18	15		1	3	
肇东市								
肇州县	2	1	6	4				
穆棱市	3	2	12	16				
甘南县			2					
绥滨县	1	5	5	8				
肇源县	10	6	10	6				
富裕县		2	3					
五常市	5	4	4	1				
海伦市	4	3	7	10				
讷河市	7	5	9	2				
宾县	2	5	2	15				
克山县	2	7	6	1				
富锦市		1		3				

4-97 续表 4

单位：人次

地　区	无障碍设施				信息无障碍			
	残疾一级	残疾二级	残疾三级	残疾四级	残疾一级	残疾二级	残疾三级	残疾四级
总　计	**3**	**1**	**13**	**7**	**6**	**7**	**26**	**19**
哈尔滨市南岗区								
哈尔滨市道外区								
齐齐哈尔市龙沙区								
牡丹江市东安区		1	5	4	1	3	11	7
七台河市新兴区								
鹤岗市向阳区			6	2			2	2
伊春市翠峦区								
北安市								
集贤县	2		2	1	4	2	10	9
肇东市								
肇州县								1
穆棱市								
甘南县								
绥滨县								
肇源县								
富裕县	1				1	2	2	
五常市								
海伦市								
讷河市								
宾县								
克山县								
富锦市							1	

4-97 续表 5

单位：人次

地　区	生活服务				文化服务			
	残疾一级	残疾二级	残疾三级	残疾四级	残疾一级	残疾二级	残疾三级	残疾四级
总　计	**3**	**6**	**20**	**20**			**2**	
哈尔滨市南岗区		1	1	4				
哈尔滨市道外区								
齐齐哈尔市龙沙区	1	2	2	5				
牡丹江市东安区								
七台河市新兴区								
鹤岗市向阳区			2					
伊春市翠峦区			4				2	
北安市								
集贤县				1				
肇东市								
肇州县								
穆棱市								
甘南县				1				
绥滨县				1				
肇源县				1				
富裕县								
五常市								
海伦市								
讷河市								
宾县				4				
克山县	2	3	11	3				
富锦市								

4-97 续表 6

单位：人次

地区	其他				不选择			
	残疾一级	残疾二级	残疾三级	残疾四级	残疾一级	残疾二级	残疾三级	残疾四级
总计		**2**	**10**		**1**	**3**	**7**	**2**
哈尔滨市南岗区							2	1
哈尔滨市道外区					1	3	4	
齐齐哈尔市龙沙区							1	
牡丹江市东安区								1
七台河市新兴区								
鹤岗市向阳区								
伊春市翠峦区		2	10					
北安市								
集贤县								
肇东市								
肇州县								
穆棱市								
甘南县								
绥滨县								
肇源县								
富裕县								
五常市								
海伦市								
讷河市								
宾县								
克山县								
富锦市								

4-98 各地区言语残疾人分残疾等级的主要需求

单位：人次

地区	医疗服务与救助				辅助器具			
	残疾一级	残疾二级	残疾三级	残疾四级	残疾一级	残疾二级	残疾三级	残疾四级
总　计	**2**	**3**	**7**	**25**				**5**
哈尔滨市南岗区								
哈尔滨市道外区				3				1
齐齐哈尔市龙沙区				1				
牡丹江市东安区								
七台河市新兴区		1		1				
鹤岗市向阳区			2	3				
伊春市翠峦区								
北安市				2				
集贤县			1	2				
肇东市			1	1				1
肇州县				4				3
穆棱市		1						
甘南县								
绥滨县								
肇源县								
富裕县		1						
五常市			1	1				
海伦市	1		1	3				
讷河市	1			1				
宾县								
克山县				2				
富锦市			1	1				

4-98 续表 1

单位：人次

地　区	康复训练与服务				教育费用补助或减免			
	残疾一级	残疾二级	残疾三级	残疾四级	残疾一级	残疾二级	残疾三级	残疾四级
总　计	**1**	**3**	**6**	**18**				
哈尔滨市南岗区								
哈尔滨市道外区				3				
齐齐哈尔市龙沙区				1				
牡丹江市东安区								
七台河市新兴区				1				
鹤岗市向阳区			3	1				
伊春市翠峦区								
北安市			1	1				
集贤县			1					
肇东市		1		1				
肇州县				4				
穆棱市								
甘南县								
绥滨县			1					
肇源县								
富裕县		2						
五常市								
海伦市				3				
讷河市	1							
宾县				2				
克山县				1				
富锦市								

4-98 续表 2

单位：人次

地区	职业教育与培训				就业安置或扶持			
	残疾一级	残疾二级	残疾三级	残疾四级	残疾一级	残疾二级	残疾三级	残疾四级
总计						1		
哈尔滨市南岗区								
哈尔滨市道外区								
齐齐哈尔市龙沙区								
牡丹江市东安区								
七台河市新兴区						1		
鹤岗市向阳区								
伊春市翠峦区								
北安市								
集贤县								
肇东市								
肇州县								
穆棱市								
甘南县								
绥滨县								
肇源县								
富裕县								
五常市								
海伦市								
讷河市								
宾县								
克山县								
富锦市								

4-98 续表 3

单位：人次

地　区	贫困残疾人救助与扶持				法律援助与服务			
	残疾一级	残疾二级	残疾三级	残疾四级	残疾一级	残疾二级	残疾三级	残疾四级
总　计	**1**	**5**	**9**	**14**				**1**
哈尔滨市南岗区								
哈尔滨市道外区								
齐齐哈尔市龙沙区								1
牡丹江市东安区								
七台河市新兴区		1		1				
鹤岗市向阳区			1	2				
伊春市翠峦区								
北安市			1	1				
集贤县			1	2				
肇东市								
肇州县								
穆棱市		1						
甘南县								
绥滨县								
肇源县								
富裕县		2						
五常市		1	2	1				
海伦市			1	1				
讷河市	1			1				
宾县				2				
克山县			2	1				
富锦市			1	2				

4-98 续表 4

单位：人次

地　区	无障碍设施				信息无障碍			
	残疾一级	残疾二级	残疾三级	残疾四级	残疾一级	残疾二级	残疾三级	残疾四级
总　计								
哈尔滨市南岗区								
哈尔滨市道外区								
齐齐哈尔市龙沙区								
牡丹江市东安区								
七台河市新兴区								
鹤岗市向阳区								
伊春市翠峦区								
北安市								
集贤县								
肇东市								
肇州县								
穆棱市								
甘南县								
绥滨县								
肇源县								
富裕县								
五常市								
海伦市								
讷河市								
宾县								
克山县								
富锦市								

4-98 续表 5

单位：人次

地区	生活服务				文化服务			
	残疾一级	残疾二级	残疾三级	残疾四级	残疾一级	残疾二级	残疾三级	残疾四级
总计			**4**	**5**				**1**
哈尔滨市南岗区								
哈尔滨市道外区								
齐齐哈尔市龙沙区								
牡丹江市东安区								
七台河市新兴区								
鹤岗市向阳区			2	2				
伊春市翠峦区								
北安市								
集贤县								
肇东市								
肇州县								1
穆棱市								
甘南县								
绥滨县								
肇源县								
富裕县								
五常市								
海伦市								
讷河市				1				
宾县								
克山县			2	1				
富锦市				1				

4-98 续表 6

单位：人次

地　　区	其他				不选择			
	残疾一级	残疾二级	残疾三级	残疾四级	残疾一级	残疾二级	残疾三级	残疾四级
总　　计								
哈尔滨市南岗区								
哈尔滨市道外区								
齐齐哈尔市龙沙区								
牡丹江市东安区								
七台河市新兴区								
鹤岗市向阳区								
伊春市翠峦区								
北安市								
集贤县								
肇东市								
肇州县								
穆棱市								
甘南县								
绥滨县								
肇源县								
富裕县								
五常市								
海伦市								
讷河市								
宾县								
克山县								
富锦市								

4-99 各地区肢体残疾人分残疾等级的主要需求

单位：人次

地　区	医疗服务与救助				辅助器具			
	残疾一级	残疾二级	残疾三级	残疾四级	残疾一级	残疾二级	残疾三级	残疾四级
总　计	**41**	**152**	**282**	**615**	**32**	**90**	**165**	**284**
哈尔滨市南岗区	1	9	11	18	1	14	14	9
哈尔滨市道外区	1	4	6	16	2	3	5	15
齐齐哈尔市龙沙区	7	15	21	11	5	3	1	2
牡丹江市东安区	1	3	1	5	2	2	7	11
七台河市新兴区	3	11	32	31	4	12	20	14
鹤岗市向阳区	1	1	5	3	2	4	14	11
伊春市翠峦区	1	4	10	54	1	4	10	53
北安市	3	5	13	38	2	1	7	10
集贤县	1	5	11	29	1	7	8	26
肇东市	6	12	18	31	3	4	5	3
肇州县		1	4	32		1	1	20
穆棱市	1	9	21	30	2	7	13	30
甘南县		7	23	36		1		2
绥滨县	1	9	4	44		1	2	2
肇源县	1	2	18	51	1	2	15	31
富裕县	4	23	25	34	4	23	25	33
五常市		2	10	9				
海伦市	3	5	14	33			8	2
讷河市	3	11	16	68		1	2	4
宾县		7	6	11			2	
克山县	1	5	8	13			1	1
富锦市	2	2	5	18	2		5	5

4-99 续表 1

单位：人次

地　区	康复训练与服务				教育费用补助或减免			
	残疾一级	残疾二级	残疾三级	残疾四级	残疾一级	残疾二级	残疾三级	残疾四级
总　计	**29**	**98**	**214**	**458**			**3**	**5**
哈尔滨市南岗区		7	2	3				1
哈尔滨市道外区	1	5	12	45				
齐齐哈尔市龙沙区	8	21	30	18				
牡丹江市东安区		4	9	24				
七台河市新兴区	2	4	16	14			1	
鹤岗市向阳区	1	6	13	13				
伊春市翠峦区	1	4	10	54				
北安市	3	3	9	8				
集贤县	2	4	14	43				
肇东市	8	15	14	41				
肇州县			1	5				
穆棱市	1	2	14	22				1
甘南县							1	
绥滨县		4	4	12				
肇源县			5	26				1
富裕县				1				
五常市			15	7				1
海伦市		4	14	28			1	
讷河市	2	8	16	48				
宾县		6	14	32				1
克山县				1				
富锦市		1	2	13				

4-99 续表 2

单位：人次

地区	职业教育与培训				就业安置或扶持			
	残疾一级	残疾二级	残疾三级	残疾四级	残疾一级	残疾二级	残疾三级	残疾四级
总　计		**4**	**2**	**5**	**1**	**12**	**36**	**65**
哈尔滨市南岗区		4	2	2		8	13	15
哈尔滨市道外区							2	10
齐齐哈尔市龙沙区							2	1
牡丹江市东安区								
七台河市新兴区				2	1	1	8	9
鹤岗市向阳区								1
伊春市翠峦区								
北安市							1	5
集贤县								
肇东市							1	
肇州县								
穆棱市								
甘南县								
绥滨县				1				
肇源县								
富裕县								
五常市						1	8	15
海伦市								
讷河市								
宾县						2	1	
克山县								3
富锦市								6

4-99 续表 3

单位：人次

地 区	贫困残疾人救助与扶持				法律援助与服务			
	残疾一级	残疾二级	残疾三级	残疾四级	残疾一级	残疾二级	残疾三级	残疾四级
总 计	**46**	**180**	**377**	**820**		**2**	**4**	**4**
哈尔滨市南岗区	1	29	26	28		2	2	2
哈尔滨市道外区	2	3	8	33				
齐齐哈尔市龙沙区	9	16	28	21				
牡丹江市东安区	2	6	16	34				
七台河市新兴区	5	14	40	40			1	
鹤岗市向阳区	2	7	15	14				
伊春市翠峦区								1
北安市	6	5	18	42				
集贤县	2	8	17	54				
肇东市		6	4	13				
肇州县		2	4	39				
穆棱市	3	8	23	43				
甘南县		7	23	38			1	
绥滨县	1	9	6	46				
肇源县	1	2	22	70				
富裕县	4	23	25	34				
五常市		2	30	51				
海伦市	3	5	22	39				
讷河市	2	11	20	72				1
宾县		9	15	38				
克山县	1	6	7	43				
富锦市	2	2	8	28				

4-99 续表 4

单位：人次

地区	无障碍设施				信息无障碍			
	残疾一级	残疾二级	残疾三级	残疾四级	残疾一级	残疾二级	残疾三级	残疾四级
总　计	**1**	**5**	**19**	**42**		**2**		**1**
哈尔滨市南岗区		5	5	3		1		1
哈尔滨市道外区								
齐齐哈尔市龙沙区				1				
牡丹江市东安区	1		11	26				
七台河市新兴区				2				
鹤岗市向阳区								
伊春市翠峦区			1					
北安市			1	8				
集贤县								
肇东市								
肇州县								
穆棱市								
甘南县								
绥滨县								
肇源县								
富裕县								
五常市								
海伦市								
讷河市			1	2		1		
宾县								
克山县								
富锦市								

4-99 续表 5

单位：人次

地　区	生活服务				文化服务			
	残疾一级	残疾二级	残疾三级	残疾四级	残疾一级	残疾二级	残疾三级	残疾四级
总　计	**17**	**45**	**81**	**190**	**2**	**1**	**3**	**23**
哈尔滨市南岗区		7	9	5				
哈尔滨市道外区								
齐齐哈尔市龙沙区	3	3	2			1		
牡丹江市东安区	2	3	4	7	1			3
七台河市新兴区			3	1				
鹤岗市向阳区			1	3				
伊春市翠峦区			1	1				1
北安市	1		1					
集贤县								
肇东市	7	15	14	39				
肇州县								
穆棱市	1							
甘南县		6	19	34				
绥滨县								
肇源县			6	34				
富裕县								
五常市				1				
海伦市	1							
讷河市	1	1	8	26	1			
宾县								
克山县	1	10	11	38			3	18
富锦市			2	1				1

4-99 续表 6

单位：人次

地区	其他				不选择			
	残疾一级	残疾二级	残疾三级	残疾四级	残疾一级	残疾二级	残疾三级	残疾四级
总计								**13**
哈尔滨市南岗区								
哈尔滨市道外区								
齐齐哈尔市龙沙区								
牡丹江市东安区								3
七台河市新兴区								
鹤岗市向阳区								
伊春市翠峦区								
北安市								
集贤县								
肇东市								
肇州县								7
穆棱市								
甘南县								
绥滨县								1
肇源县								
富裕县								
五常市								1
海伦市								
讷河市								
宾县								1
克山县								
富锦市								

4-100 各地区智力残疾人分残疾等级的主要需求

单位：人次

地 区	医疗服务与救助				辅助器具			
	残疾一级	残疾二级	残疾三级	残疾四级	残疾一级	残疾二级	残疾三级	残疾四级
总 计	**19**	**54**	**63**	**61**		**4**	**4**	**1**
哈尔滨市南岗区		5	9	2			1	
哈尔滨市道外区	3	8	2			1		
齐齐哈尔市龙沙区		2	2					
牡丹江市东安区			1	1				
七台河市新兴区		4	6	2		1	1	
鹤岗市向阳区								
伊春市翠峦区	1		2			1	2	
北安市	2	7	3	4				
集贤县	3	1	3	3				
肇东市	1	2	5	2				
肇州县	3	4	3	3				
穆棱市		2	2	1				
甘南县	1	2	1	4				
绥滨县	1	4	5	5				
肇源县	1	2	6	5				
富裕县			2	2				
五常市	1	1	1	13				1
海伦市	2	3		1		1		
讷河市		1	1	3				
宾县		2		1				
克山县		3	9	9				
富锦市		1						

4-100 续表 1

单位：人次

地　区	康复训练与服务				教育费用补助或减免			
	残疾一级	残疾二级	残疾三级	残疾四级	残疾一级	残疾二级	残疾三级	残疾四级
总　计	**12**	**28**	**26**	**21**	**2**	**6**	**4**	**8**
哈尔滨市南岗区			2					
哈尔滨市道外区	2	7	1					
齐齐哈尔市龙沙区		1	1					
牡丹江市东安区		1	1					
七台河市新兴区	1	1	4	1		1		
鹤岗市向阳区								1
伊春市翠峦区	1		3	2				
北安市				1				
集贤县	1							
肇东市	1	2	1			1		
肇州县	2	4	3	2	1			
穆棱市		2	2				2	2
甘南县		1		2		1		1
绥滨县								
肇源县		1			1			
富裕县			2	3				1
五常市				1		1	1	
海伦市	3	3	3	5				
讷河市	1	4	2	3				1
宾县				1				
克山县			1				1	2
富锦市		1				2		

4-100 续表 2

单位：人次

地　区	职业教育与培训				就业安置或扶持			
	残疾一级	残疾二级	残疾三级	残疾四级	残疾一级	残疾二级	残疾三级	残疾四级
总　计		**1**	**2**	**4**		**3**	**12**	**12**
哈尔滨市南岗区						1	2	
哈尔滨市道外区								
齐齐哈尔市龙沙区				2				1
牡丹江市东安区								
七台河市新兴区								
鹤岗市向阳区			1			1	2	1
伊春市翠峦区								1
北安市								
集贤县								
肇东市							2	1
肇州县			1					
穆棱市							1	
甘南县								
绥滨县				1			1	
肇源县								
富裕县								1
五常市								3
海伦市		1						
讷河市								
宾县								
克山县				1			4	4
富锦市						1		

4-100 续表 3

单位：人次

地　区	贫困残疾人救助与扶持				法律援助与服务			
	残疾一级	残疾二级	残疾三级	残疾四级	残疾一级	残疾二级	残疾三级	残疾四级
总　计	**17**	**53**	**77**	**89**			**1**	**2**
哈尔滨市南岗区		2	7				1	
哈尔滨市道外区								
齐齐哈尔市龙沙区		1	2	1				
牡丹江市东安区		1	1	1				
七台河市新兴区		4	4	1				
鹤岗市向阳区		1	3	2				
伊春市翠峦区		1	1	2				
北安市	3	6	3	3				
集贤县	3	1	5	3				
肇东市	1	3	5	2				
肇州县	3	4	4	3				
穆棱市		2	7	7				
甘南县	1	2	1	2				
绥滨县	1	4	5	5				2
肇源县	2	2	8	5				
富裕县		1	5	5				
五常市	1	2	1	15				
海伦市		1	2	4				
讷河市	1	5	2	7				
宾县	1	4	1	8				
克山县		3	9	13				
富锦市		3	1					

4-100 续表 4

单位：人次

地　区	无障碍设施				信息无障碍			
	残疾一级	残疾二级	残疾三级	残疾四级	残疾一级	残疾二级	残疾三级	残疾四级
总　计		**1**	**1**					**1**
哈尔滨市南岗区								
哈尔滨市道外区								
齐齐哈尔市龙沙区								1
牡丹江市东安区								
七台河市新兴区								
鹤岗市向阳区								
伊春市翠峦区								
北安市								
集贤县								
肇东市								
肇州县								
穆棱市								
甘南县								
绥滨县								
肇源县								
富裕县								
五常市								
海伦市								
讷河市								
宾县								
克山县								
富锦市		1	1					

4-100 续表 5

单位：人次

地　区	生活服务				文化服务			
	残疾一级	残疾二级	残疾三级	残疾四级	残疾一级	残疾二级	残疾三级	残疾四级
总　计	**2**	**20**	**10**	**18**				**1**
哈尔滨市南岗区								
哈尔滨市道外区								
齐齐哈尔市龙沙区		2	1	1				
牡丹江市东安区		1						
七台河市新兴区		1						
鹤岗市向阳区				1				
伊春市翠峦区		1	1	1				
北安市	1	5		4				
集贤县								
肇东市		1						
肇州县				1				
穆棱市								
甘南县				2				
绥滨县		1						
肇源县	1	2	3	1				
富裕县								
五常市								
海伦市								
讷河市		1						
宾县		1						
克山县		2	4	7				1
富锦市		2	1					

4-100 续表 6

单位：人次

地　区	其他				不选择			
	残疾一级	残疾二级	残疾三级	残疾四级	残疾一级	残疾二级	残疾三级	残疾四级
总　计		**1**	**1**					
哈尔滨市南岗区								
哈尔滨市道外区								
齐齐哈尔市龙沙区								
牡丹江市东安区								
七台河市新兴区			1					
鹤岗市向阳区								
伊春市翠峦区								
北安市								
集贤县								
肇东市								
肇州县								
穆棱市								
甘南县								
绥滨县								
肇源县								
富裕县								
五常市								
海伦市								
讷河市								
宾县								
克山县		1						
富锦市								

4-101　各地区精神残疾人分残疾等级的主要需求

单位：人次

地　区	医疗服务与救助				辅助器具			
	残疾一级	残疾二级	残疾三级	残疾四级	残疾一级	残疾二级	残疾三级	残疾四级
总　计	**35**	**39**	**44**	**97**			**3**	
哈尔滨市南岗区			4	13				
哈尔滨市道外区	1			1			1	
齐齐哈尔市龙沙区	1	6	2					
牡丹江市东安区	1		1					
七台河市新兴区	6	3	2	3				
鹤岗市向阳区	2		1	6				
伊春市翠峦区			2	8				
北安市		2	2	6				
集贤县	1	1	2	2				
肇东市	1	4	2					
肇州县		1	4	7				
穆棱市	2	4	2	8				
甘南县		6	4	2				
绥滨县	2	2	1	4				
肇源县		1	2	10				
富裕县								
五常市	3	2	6	2				
海伦市	1	2		6				
讷河市	4	3	3	6			2	
宾县	3	1		11				
克山县	6	1	1	1				
富锦市	1		3	1				

4-101 续表 1

单位：人次

地 区	康复训练与服务				教育费用补助或减免			
	残疾一级	残疾二级	残疾三级	残疾四级	残疾一级	残疾二级	残疾三级	残疾四级
总 计	**7**	**8**	**14**	**28**			**1**	**1**
哈尔滨市南岗区			4	11				
哈尔滨市道外区	1		1					
齐齐哈尔市龙沙区								
牡丹江市东安区	1		1					
七台河市新兴区	2	2						
鹤岗市向阳区							1	
伊春市翠峦区			2	4				
北安市		2	1	5				
集贤县								
肇东市	1	1	1					
肇州县		1	2	2				
穆棱市	2	2	1	3				1
甘南县				1				
绥滨县				1				
肇源县								
富裕县								
五常市								
海伦市								
讷河市								
宾县								
克山县			1	1				
富锦市								

4-101 续表 2

单位：人次

地　区	职业教育与培训				就业安置或扶持			
	残疾一级	残疾二级	残疾三级	残疾四级	残疾一级	残疾二级	残疾三级	残疾四级
总　计					**1**	**1**	**3**	**9**
哈尔滨市南岗区								
哈尔滨市道外区								
齐齐哈尔市龙沙区								
牡丹江市东安区								
七台河市新兴区					1		1	1
鹤岗市向阳区							1	1
伊春市翠峦区								2
北安市								
集贤县						1		2
肇东市								
肇州县								1
穆棱市							1	1
甘南县								
绥滨县								
肇源县								
富裕县								
五常市								
海伦市								1
讷河市								
宾县								
克山县								
富锦市								

4-101 续表 3

单位：人次

地区	贫困残疾人救助与扶持				法律援助与服务			
	残疾一级	残疾二级	残疾三级	残疾四级	残疾一级	残疾二级	残疾三级	残疾四级
总　计	**34**	**45**	**46**	**92**			**2**	**1**
哈尔滨市南岗区			3	10				
哈尔滨市道外区								
齐齐哈尔市龙沙区	1	6	1					
牡丹江市东安区	1		1					
七台河市新兴区	5	3	2	3				
鹤岗市向阳区	2		2	6			1	
伊春市翠峦区			2	9				
北安市		2	2	6				
集贤县	1	1	2	2				
肇东市	1	4	3					
肇州县		1	5	6				
穆棱市	2	5	2	8				
甘南县		6	3	2				
绥滨县	2	2	1	4				
肇源县		1	2	9				
富裕县	2	5	3	6				
五常市	3	3	6	2				
海伦市	1	2		4				
讷河市	4	3	2	5			1	
宾县	3	1		9				1
克山县	5		1					
富锦市	1		3	1				

4-101 续表 4

单位：人次

地　区	无障碍设施				信息无障碍			
	残疾一级	残疾二级	残疾三级	残疾四级	残疾一级	残疾二级	残疾三级	残疾四级
总　计								
哈尔滨市南岗区								
哈尔滨市道外区								
齐齐哈尔市龙沙区								
牡丹江市东安区								
七台河市新兴区								
鹤岗市向阳区								
伊春市翠峦区								
北安市								
集贤县								
肇东市								
肇州县								
穆棱市								
甘南县								
绥滨县								
肇源县								
富裕县								
五常市								
海伦市								
讷河市								
宾县								
克山县								
富锦市								

4-101 续表 5

单位：人次

地区	生活服务				文化服务			
	残疾一级	残疾二级	残疾三级	残疾四级	残疾一级	残疾二级	残疾三级	残疾四级
总　计	**9**	**16**	**15**	**27**				**1**
哈尔滨市南岗区								
哈尔滨市道外区								
齐齐哈尔市龙沙区	1	6	2					
牡丹江市东安区								
七台河市新兴区	1		1					
鹤岗市向阳区	2			5				
伊春市翠峦区								
北安市				1				
集贤县	1		1					
肇东市		3	3					
肇州县			1					
穆棱市		1		1				
甘南县		4	2	1				
绥滨县								
肇源县		1	2	8				
富裕县								
五常市								
海伦市								
讷河市								
宾县	3	1		10				1
克山县								
富锦市	1		3	1				

4-101 续表 6

单位：人次

地　区	其他				不选择			
	残疾一级	残疾二级	残疾三级	残疾四级	残疾一级	残疾二级	残疾三级	残疾四级
总　计			**1**		**4**	**2**	**2**	**3**
哈尔滨市南岗区								
哈尔滨市道外区					3	2	2	
齐齐哈尔市龙沙区								
牡丹江市东安区								
七台河市新兴区								
鹤岗市向阳区								
伊春市翠峦区								
北安市			1					
集贤县								
肇东市								
肇州县								
穆棱市								
甘南县								
绥滨县								
肇源县								
富裕县					1			1
五常市								
海伦市								
讷河市								
宾县								
克山县								2
富锦市								

4-102 各地区多重残疾人分残疾等级的主要需求

单位：人次

地　区	医疗服务与救助				辅助器具			
	残疾一级	残疾二级	残疾三级	残疾四级	残疾一级	残疾二级	残疾三级	残疾四级
总　计	**198**	**70**	**66**	**32**	**118**	**25**	**37**	**19**
哈尔滨市南岗区	7	2	3	1	6	1	3	
哈尔滨市道外区	1	2	1		4			
齐齐哈尔市龙沙区	7	7	3	3	4	1	2	3
牡丹江市东安区	2	1	2		6	2	2	
七台河市新兴区	15	5	5	4	11	4	3	3
鹤岗市向阳区	10	2			8	2	3	1
伊春市翠峦区	12	5		1	6	4		1
北安市	12	5	2	2	4	1	1	1
集贤县	24	5	9	7	5	2	8	4
肇东市	7	3	2	1	4	1		
肇州县	12	4	4	3	10	2		
穆棱市	15	6	4	3	10	3	2	3
甘南县	5	4	1	2	3	1		
绥滨县	21	3	8		9		1	
肇源县	5	2	4	2	3		4	1
富裕县	5	1	2	1	2			1
五常市	5	2	1		2		1	
海伦市	12	1	4	1	5		3	1
讷河市	3							
宾县	13	5	5		6		2	
克山县	4	2	1		3			
富锦市	1	3	5	1	7	1	2	

4-102 续表 1

单位：人次

地　区	康复训练与服务				教育费用补助或减免			
	残疾一级	残疾二级	残疾三级	残疾四级	残疾一级	残疾二级	残疾三级	残疾四级
总　计	**93**	**38**	**41**	**16**	**6**	**1**	**1**	
哈尔滨市南岗区	2		2		2			
哈尔滨市道外区	1	2			2			
齐齐哈尔市龙沙区	7	6	3					
牡丹江市东安区	2	3	3	1	1			
七台河市新兴区	3	1	3	2				
鹤岗市向阳区	8	4	3	1				
伊春市翠峦区	4	4	1	1				
北安市	3	1		1				
集贤县	4	2	4	4				
肇东市	8	1	1					
肇州县	6	2	4	3				
穆棱市	6	1	3		1			
甘南县	4	1						
绥滨县	3	1	1					
肇源县	1							
富裕县	2	1	1					
五常市	2							
海伦市	11	1	4	2				
讷河市	2							
宾县	12	6	6	1				
克山县								
富锦市	2	1	2			1	1	

4-102 续表 2

单位：人次

地区	职业教育与培训				就业安置或扶持			
	残疾一级	残疾二级	残疾三级	残疾四级	残疾一级	残疾二级	残疾三级	残疾四级
总　计	**5**				**10**	**2**	**1**	**1**
哈尔滨市南岗区	2				2			
哈尔滨市道外区								
齐齐哈尔市龙沙区	1							
牡丹江市东安区					1			
七台河市新兴区								
鹤岗市向阳区	1				1			
伊春市翠峦区								
北安市	1							
集贤县						1	1	1
肇东市								
肇州县								
穆棱市						1		
甘南县								
绥滨县								
肇源县								
富裕县					4			
五常市					1			
海伦市								
讷河市								
宾县					1			
克山县								
富锦市								

4-102 续表 3

单位：人次

地区	贫困残疾人救助与扶持				法律援助与服务			
	残疾一级	残疾二级	残疾三级	残疾四级	残疾一级	残疾二级	残疾三级	残疾四级
总　计	**249**	**72**	**88**	**40**	**8**	**2**	**1**	
哈尔滨市南岗区	10	1	4	1				
哈尔滨市道外区		1						
齐齐哈尔市龙沙区	6	4	6	1				
牡丹江市东安区	12	3	3	1	1			
七台河市新兴区	14	6	6	5				
鹤岗市向阳区	14	4	2	1				
伊春市翠峦区	14	1	1		3	1		
北安市	12	5	3	3				
集贤县	27	6	15	8				
肇东市	7	2	2					
肇州县	7	3	4	3				
穆棱市	26	9	4	3				
甘南县	8	3	1	2				
绥滨县	14	3	8		3	1	1	
肇源县	10	2	3	2				
富裕县	8	3	3	3				
五常市	15	3	2		1			
海伦市	13	1	7	2				
讷河市	3	1						
宾县	14	6	7	3				
克山县	4	2	1	1				
富锦市	11	3	6	1				

4-102 续表 4

单位：人次

地　区	无障碍设施				信息无障碍			
	残疾一级	残疾二级	残疾三级	残疾四级	残疾一级	残疾二级	残疾三级	残疾四级
总　计	**6**		**2**	**1**	**3**		**3**	
哈尔滨市南岗区			1					
哈尔滨市道外区								
齐齐哈尔市龙沙区								
牡丹江市东安区	4		1	1			1	
七台河市新兴区					1			
鹤岗市向阳区								
伊春市翠峦区								
北安市					1			
集贤县					1		2	
肇东市								
肇州县								
穆棱市								
甘南县								
绥滨县								
肇源县								
富裕县								
五常市								
海伦市	1							
讷河市								
宾县	1							
克山县								
富锦市								

4-102 续表 5

单位：人次

地区	生活服务				文化服务			
	残疾一级	残疾二级	残疾三级	残疾四级	残疾一级	残疾二级	残疾三级	残疾四级
总计	**48**	**12**	**10**	**3**	**4**			**1**
哈尔滨市南岗区	3							
哈尔滨市道外区	2							
齐齐哈尔市龙沙区	4	4	3	1				
牡丹江市东安区	6							
七台河市新兴区	1			1				
鹤岗市向阳区	4	3	1					
伊春市翠峦区	12		1					
北安市					2			
集贤县								
肇东市	1		1					
肇州县			1					
穆棱市	1							
甘南县	1	1	1	1				
绥滨县								
肇源县		1						
富裕县	2							
五常市	1							
海伦市	2							
讷河市								
宾县	1		1					
克山县	6	3	1		2			1
富锦市	1							

4-102 续表 6

单位：人次

地　区	其他				不选择			
	残疾一级	残疾二级	残疾三级	残疾四级	残疾一级	残疾二级	残疾三级	残疾四级
总　计					**3**		**1**	
哈尔滨市南岗区								
哈尔滨市道外区								
齐齐哈尔市龙沙区								
牡丹江市东安区					2			
七台河市新兴区								
鹤岗市向阳区							1	
伊春市翠峦区								
北安市								
集贤县								
肇东市								
肇州县								
穆棱市								
甘南县								
绥滨县								
肇源县								
富裕县								
五常市					1			
海伦市								
讷河市								
宾县								
克山县								
富锦市								

第五部分　社区和住户基本情况

5－1 调查社区基本情况

地区	调查社区(个)			社区人口情况		社区残疾人情况(人)			
	合计	居委会	村委会	户数(户)	人口(人)	残疾人	持证残疾人	享受定期救助人数	享受临时救助人数
总计	**176**	**75**	**101**	**182038**	**577965**	**17382**	**6742**	**3980**	**3360**
哈尔滨市南岗区	8	8		22769	60330	641	466	272	122
哈尔滨市道外区	8	8		17144	45829	1189	1036	402	164
齐齐哈尔市龙沙区	8	8		15125	39412	663	456	380	124
牡丹江市东安区	8	6	2	19520	55379	520	276	303	236
七台河市新兴区	8	8		12937	42016	1064	319	260	26
鹤岗市向阳区	8	8		5027	12412	221	127	117	5
伊春市翠峦区	8	8		7333	21149	310	208	212	66
北安市	8	2	6	9372	29211	1691	534	134	216
集贤县	8	2	6	3640	12129	313	116	58	126
肇东市	8	3	5	8453	30657	1073	431	804	265
肇州县	8		8	6472	25832	723	165	37	256
穆棱市	8	2	6	5038	16283	410	136	144	38
甘南县	8	5	3	4941	17527	743	287	92	171
绥滨县	8		8	1961	6784	210	57	18	88
肇源县	8		8	4984	19817	986	269	94	154
富裕县	8		8	4861	19887	805	255	53	226
五常市	8	3	5	6430	24239	1131	78	77	22
海伦市	8	3	5	3788	15654	606	149	129	72
讷河市	8		8	8110	30845	1655	861	236	395
宾县	8	1	7	6513	24361	1200	170	27	272
克山县	8		8	5768	20686	1013	257	63	242
富锦市	8		8	1852	7526	215	89	68	74

5－1 续表

单位：个

地区	社区残疾人基层建设情况				
	有残疾人协会(小组)的社区	有残疾人专职委员会的社区	有康复站的社区	有社区康复协调员的社区	有无障碍设施的社区(居委会)
总计	**94**	**65**	**24**	**39**	**26**
哈尔滨市南岗区	8	8	5	8	6
哈尔滨市道外区	8	5	2	4	4
齐齐哈尔市龙沙区	8	8		8	8
牡丹江市东安区	8	8	5	5	
七台河市新兴区	7	6	1	1	4
鹤岗市向阳区			6	6	3
伊春市翠峦区	7	7	2	2	
北安市	8	8			1
集贤县	2	1	1	1	
肇东市	8	4			
肇州县					
穆棱市					
甘南县					
绥滨县	8	1			
肇源县					
富裕县	7	1	2	2	
五常市					
海伦市	1	1		1	
讷河市	8			1	
宾县					
克山县	6	7			
富锦市					

5－2　各地区调查社区公共服务机构的覆盖情况

单位：个

地　区	距离法律服务所(司法所)				距离特教学校(班)			
	0公里	1－2公里	3－5公里	5公里以上	0公里	1－2公里	3－5公里	5公里以上
总　计	**44**	**37**	**18**	**77**	**6**	**14**	**6**	**150**
哈尔滨市南岗区	2	2	1	3	2	1		5
哈尔滨市道外区	4	2		2	2	3		3
齐齐哈尔市龙沙区	4			4	1			7
牡丹江市东安区	4	2	2		1	4	2	1
七台河市新兴区	1	7					4	4
鹤岗市向阳区	6			2				8
伊春市翠峦区	2	5	1					8
北安市	2	2	3	1				8
集贤县	1	4	1	2		1		7
肇东市	1	4		3		2		6
肇州县	1			7				8
穆棱市		2	4	2		2		6
甘南县	4	1		3				8
绥滨县			3	5				8
肇源县				8				8
富裕县	1	2	1	4				8
五常市	3			5		1		7
海伦市	2	1		5				8
讷河市	1	1		6				8
宾县	2			6				8
克山县	3		2	3				8
富锦市		2		6				8

5-2 续表

单位：个

地　区	距离文化活动站(室)				距离卫生室(所、站)			
	0公里	1-2公里	3-5公里	5公里以上	0公里	1-2公里	3-5公里	5公里以上
总　计	**80**	**11**	**9**	**76**	**144**	**16**	**1**	**15**
哈尔滨市南岗区	6	1	1		6			2
哈尔滨市道外区	3	1		4	5	1		2
齐齐哈尔市龙沙区	7			1	8			
牡丹江市东安区	7	1			8			
七台河市新兴区	5	3			3	5		
鹤岗市向阳区	6			2	7			1
伊春市翠峦区	6	1		1	3	5		
北安市	8				8			
集贤县	2	1		5	4	2		2
肇东市	7			1	8			
肇州县	2			6	5			3
穆棱市	2		4	2	8			
甘南县	5	1		2	5	2		1
绥滨县			1	7	7			1
肇源县				8	8			
富裕县	1		1	6	8			
五常市	1			7	7			1
海伦市				8	6	1		1
讷河市	8				8			
宾县	2			6	8			
克山县	2		2	4	6		1	1
富锦市		2		6	8			

5－2a 各地区调查城镇社区公共服务机构的覆盖情况

单位：个

地　区	距离法律服务所(司法所)				距离特教学校(班)			
	0公里	1－2公里	3－5公里	5公里以上	0公里	1－2公里	3－5公里	5公里以上
总　计	**34**	**23**	**3**	**13**	**6**	**14**	**4**	**49**
哈尔滨市南岗区	2	2	1	3	2	1		5
哈尔滨市道外区	4	2		2	2	3		3
齐齐哈尔市龙沙区	4			4	1			7
牡丹江市东安区	4	1	1		1	4		1
七台河市新兴区	1	7					4	4
鹤岗市向阳区	6			2				8
伊春市翠峦区	2	5	1					8
北安市	2							2
集贤县	1	1				1		1
肇东市	1	2				2		1
肇州县								
穆棱市		2				2		
甘南县	3							3
绥滨县								
肇源县								
富裕县								
五常市	1			1		1		1
海伦市	2	1		1				4
讷河市								
宾县	1							1
克山县								
富锦市								

5－2a 续表

单位：个

地　区	距离文化活动站(室)				距离卫生室(所、站)			
	0公里	1－2公里	3－5公里	5公里以上	0公里	1－2公里	3－5公里	5公里以上
总　计	**51**	**8**	**1**	**13**	**55**	**12**		**6**
哈尔滨市南岗区	6	1	1		6			2
哈尔滨市道外区	3	1		4	5	1		2
齐齐哈尔市龙沙区	7			1	8			
牡丹江市东安区	5	1			6			
七台河市新兴区	5	3			3	5		
鹤岗市向阳区	6			2	7			1
伊春市翠峦区	6	1		1	3	5		
北安市	2				2			
集贤县	1	1			1	1		
肇东市	3				3			
肇州县								
穆棱市	2				2			
甘南县	3				3			
绥滨县								
肇源县								
富裕县								
五常市	1			1	1			1
海伦市				4	4			
讷河市								
宾县	1				1			
克山县								
富锦市								

5－2b 各地区调查农村社区公共服务机构的覆盖情况

单位：个

地　区	距离法律服务所(司法所)				距离特教学校(班)			
	0公里	1－2公里	3－5公里	5公里以上	0公里	1－2公里	3－5公里	5公里以上
总　计	**10**	**14**	**15**	**64**			**2**	**101**
哈尔滨市南岗区								
哈尔滨市道外区								
齐齐哈尔市龙沙区								
牡丹江市东安区		1	1				2	
七台河市新兴区								
鹤岗市向阳区								
伊春市翠峦区								
北安市		2	3	1				6
集贤县		3	1	2				6
肇东市		2		3				5
肇州县	1			7				8
穆棱市			4	2				6
甘南县	1	1		3				5
绥滨县			3	5				8
肇源县				8				8
富裕县	1	2	1	4				8
五常市	2			4				6
海伦市				4				4
讷河市	1	1		6				8
宾县	1			6				7
克山县	3		2	3				8
富锦市		2		6				8

5-2b 续表

单位：个

地　区	距离文化活动站(室)				距离卫生室(所、站)			
	0公里	1-2公里	3-5公里	5公里以上	0公里	1-2公里	3-5公里	5公里以上
总　计	**29**	**3**	**8**	**63**	**89**	**4**	**1**	**9**
哈尔滨市南岗区								
哈尔滨市道外区								
齐齐哈尔市龙沙区								
牡丹江市东安区	2				2			
七台河市新兴区								
鹤岗市向阳区								
伊春市翠峦区								
北安市	6				6			
集贤县	1			5	3	1		2
肇东市	4			1	5			
肇州县	2			6	5			3
穆棱市			4	2	6			
甘南县	2	1		2	2	2		1
绥滨县			1	7	7			1
肇源县				8	8			
富裕县	1		1	6	8			
五常市				6	6			
海伦市				4	2	1		1
讷河市	8				8			
宾县	1			6	7			
克山县	2		2	4	6		1	1
富锦市		2		6	8			

5－3　调查农村社区的收入水平与公共服务机构覆盖情况

单位：个、人

2005年本村人均收入	社区个数	社区享受定期救助人数	社区享受临时救助人数	距离法律服务所(司法所)			
				0公里	1－2公里	3－5公里	5公里以上
总　计	**103**	**1389**	**2235**	**10**	**14**	**15**	**64**
1000元以下	4	31	63	2			2
1000-1500元	5	22	64			1	4
1500-2000元	4	17	127			1	3
2000-2500元	17	249	323	2	6	2	7
2500-3000元	27	315	547	3	1	6	17
3000-3500元	26	301	689	2	2	5	17
3500-4000元	12	298	163	1	3		8
4000-4500元	6	92	152		1		5
4500-5000元	1	42	77		1		
5000元以上	1	22	30				1

5－3　续表 1

单位：个

2005年本村人均收入	距离特教学校(班)				距离文化活动站(室)			
	0公里	1－2公里	3－5公里	5公里以上	0公里	1－2公里	3－5公里	5公里以上
总　计			**2**	**101**	**29**	**3**	**8**	**63**
1000元以下				4	2			2
1000-1500元				5				5
1500-2000元				4			1	3
2000-2500元				17	2	2	1	12
2500-3000元				27	6		5	16
3000-3500元			1	25	10	1	1	14
3500-4000元			1	11	4			8
4000-4500元				6	3			3
4500-5000元				1	1			
5000元以上				1	1			

5－3　续表 2

单位：个

2005年本村人均收入	距离卫生室(所、站)			
	0公里	1－2公里	3－5公里	5公里以上
总　计	**89**	**4**	**1**	**9**
1000元以下	4			
1000-1500元	2	1		2
1500-2000元	3			1
2000-2500元	15	1		1
2500-3000元	22	2	1	2
3000-3500元	24			2
3500-4000元	11			1
4000-4500元	6			
4500-5000元	1			
5000元以上	1			

5-4 各地区调查户2005年人均收入

地区	总人口(人)	总户数(户)	2005年度调查户人均收入(元)	按人均收入分组的户数(户)			
				0-683元	684-944元	945-2000元	2001-3000元
总计	**70405**	**22463**	**3321**	**773**	**606**	**7450**	**4248**
哈尔滨市南岗区	3200	1061	5781	10	6	134	137
哈尔滨市道外区	3204	1176	4485	5	9	168	203
齐齐哈尔市龙沙区	3209	1106	5181	9	6	188	162
牡丹江市东安区	3196	1196	4653	7	9	200	218
七台河市新兴区	3185	1028	3744	10	16	205	218
鹤岗市向阳区	3199	1207	4904	7	9	180	183
伊春市翠峦区	3201	1191	2357	66	60	477	272
北安市	3202	1055	2947	61	31	418	205
集贤县	3206	1027	2730	39	28	447	194
肇东市	3192	892	2171	25	42	493	181
肇州县	3198	889	2227	46	34	393	239
穆棱市	3205	1026	2918	8	17	360	290
甘南县	3195	1002	3292	47	15	314	171
绥滨县	3212	918	4238	11	11	199	183
肇源县	3207	953	3316	46	31	289	197
富裕县	3194	986	1619	116	98	553	126
五常市	3203	954	2702	38	25	409	184
海伦市	3201	938	2334	43	24	463	200
讷河市	3198	1007	2099	53	49	552	167
宾县	3199	914	2985	20	20	316	195
克山县	3198	1008	3080	73	47	339	164
富锦市	3201	929	3299	33	19	353	159

5－4 续表

地　　区	按人均收入分组的户数(户)						
	3001－4000元	4001－5000元	5001－6000元	6001－7000元	7001－10000元	10001－20000元	20000元以上
总　　计	**3300**	**1891**	**1184**	**760**	**1485**	**682**	**84**
哈尔滨市南岗区	206	123	86	57	153	123	26
哈尔滨市道外区	219	165	178	66	101	54	8
齐齐哈尔市龙沙区	173	113	105	56	143	139	12
牡丹江市东安区	194	166	119	51	151	66	15
七台河市新兴区	224	116	95	51	79	13	1
鹤岗市向阳区	166	150	149	64	221	78	
伊春市翠峦区	166	54	53	15	22	4	2
北安市	94	65	35	29	82	34	1
集贤县	145	84	16	19	43	8	4
肇东市	67	35	15	10	15	8	1
肇州县	102	51	8	10	6		
穆棱市	181	70	27	29	32	12	
甘南县	184	95	38	53	70	14	1
绥滨县	198	87	36	60	90	37	6
肇源县	130	97	53	28	57	23	2
富裕县	45	26	7	6	5	4	
五常市	124	74	34	28	33	4	1
海伦市	124	37	10	16	17	3	1
讷河市	102	42	8	21	10	3	
宾县	178	87	28	25	35	10	
克山县	117	92	53	34	67	22	
富锦市	161	62	31	32	53	23	3

5－4a 各地区城镇调查户2005年人均收入

地　区	总人口(人)	总户数(户)	2005年度调查户人均收入(元)	按人均收入分组的户数(户)			
				0－683元	684－944元	945－2000元	2001－3000元
总　计	**29186**	**10266**	**4181**	**201**	**173**	**2370**	**1799**
哈尔滨市南岗区	3200	1061	5781	10	6	134	137
哈尔滨市道外区	3204	1176	4485	5	9	168	203
齐齐哈尔市龙沙区	3209	1106	5181	9	6	188	162
牡丹江市东安区	2392	927	5223	6	7	125	137
七台河市新兴区	3185	1028	3744	10	16	205	218
鹤岗市向阳区	3199	1207	4904	7	9	180	183
伊春市翠峦区	3201	1191	2357	66	60	477	272
北安市	801	336	5452	22	10	32	35
集贤县	803	289	3318	6	8	92	55
肇东市	1197	359	2515	5	11	186	78
肇州县							
穆棱市	800	294	3543	3	4	85	68
甘南县	1199	377	3762	16	4	111	59
绥滨县							
肇源县							
富裕县							
五常市	798	298	2674	15	9	138	52
海伦市	1600	482	2517	18	11	214	109
讷河市							
宾县	398	135	3327	3	3	35	31
克山县							
富锦市							

5－4a 续表

地　区	按人均收入分组的户数(户)						
	3001－4000元	4001－5000元	5001－6000元	6001－7000元	7001－10000元	10001－20000元	20000元以上
总　计	**1636**	**1068**	**893**	**455**	**1058**	**545**	**68**
哈尔滨市南岗区	206	123	86	57	153	123	26
哈尔滨市道外区	219	165	178	66	101	54	8
齐齐哈尔市龙沙区	173	113	105	56	143	139	12
牡丹江市东安区	138	133	117	46	139	64	15
七台河市新兴区	224	116	95	51	79	13	1
鹤岗市向阳区	166	150	149	64	221	78	
伊春市翠峦区	166	54	53	15	22	4	2
北安市	35	42	30	22	74	33	1
集贤县	49	35	6	9	25	3	1
肇东市	32	20	7	6	6	7	1
肇州县							
穆棱市	53	23	12	15	22	9	
甘南县	54	30	24	23	43	12	1
绥滨县							
肇源县							
富裕县							
五常市	23	24	14	10	11	2	
海伦市	76	23	6	11	11	3	
讷河市							
宾县	22	17	11	4	8	1	
克山县							
富锦市							

5-4b 各地区农村调查户2005年人均收入

地区	总人口(人)	总户数(户)	2005年度调查户人均收入(元)	按人均收入分组的户数(户)			
				0-683元	684-944元	945-2000元	2001-3000元
总计	**41219**	**12197**	**2713**	**572**	**433**	**5080**	**2449**
哈尔滨市南岗区							
哈尔滨市道外区							
齐齐哈尔市龙沙区							
牡丹江市东安区	804	269	2958	1	2	75	81
七台河市新兴区							
鹤岗市向阳区							
伊春市翠峦区							
北安市	2401	719	2112	39	21	386	170
集贤县	2403	738	2534	33	20	355	139
肇东市	1995	533	1965	20	31	307	103
肇州县	3198	889	2227	46	34	393	239
穆棱市	2405	732	2711	5	13	275	222
甘南县	1996	625	3010	31	11	203	112
绥滨县	3212	918	4238	11	11	199	183
肇源县	3207	953	3316	46	31	289	197
富裕县	3194	986	1619	116	98	553	126
五常市	2405	656	2711	23	16	271	132
海伦市	1601	456	2152	25	13	249	91
讷河市	3198	1007	2099	53	49	552	167
宾县	2801	779	2936	17	17	281	164
克山县	3198	1008	3080	73	47	339	164
富锦市	3201	929	3299	33	19	353	159

5－4b 续表

地　区	按人均收入分组的户数(户)						
	3001－4000元	4001－5000元	5001－6000元	6001－7000元	7001－10000元	10001－20000元	20000元以上
总　计	**1664**	**823**	**291**	**305**	**427**	**137**	**16**
哈尔滨市南岗区							
哈尔滨市道外区							
齐齐哈尔市龙沙区							
牡丹江市东安区	56	33	2	5	12	2	
七台河市新兴区							
鹤岗市向阳区							
伊春市翠峦区							
北安市	59	23	5	7	8	1	
集贤县	96	49	10	10	18	5	3
肇东市	35	15	8	4	9	1	
肇州县	102	51	8	10	6		
穆棱市	128	47	15	14	10	3	
甘南县	130	65	14	30	27	2	
绥滨县	198	87	36	60	90	37	6
肇源县	130	97	53	28	57	23	2
富裕县	45	26	7	6	5	4	
五常市	101	50	20	18	22	2	1
海伦市	48	14	4	5	6		1
讷河市	102	42	8	21	10	3	
宾县	156	70	17	21	27	9	
克山县	117	92	53	34	67	22	
富锦市	161	62	31	32	53	23	3

5－5　各地区有残疾人调查户2005年人均收入

地　区	有残疾人的调查户（户）	有残疾人调查户总人口（人）	残疾人数（人）	2005年度有残疾人的调查户人均收入（元）	按人均收入分组的户数(户)		
					0－683元	684－944元	945－2000元
总　计	**3544**	**11869**	**4028**	**2511**	**253**	**190**	**1524**
哈尔滨市南岗区	174	538	195	3905	3	5	45
哈尔滨市道外区	159	497	178	4073	1	3	30
齐齐哈尔市龙沙区	190	633	224	3955	4	4	59
牡丹江市东安区	112	347	126	3112	2	4	37
七台河市新兴区	175	569	212	2747	4	10	60
鹤岗市向阳区	107	316	115	2986	2	4	40
伊春市翠峦区	187	513	204	2608	14	13	54
北安市	176	543	196	2220	23	9	83
集贤县	189	623	221	2040	14	7	104
肇东市	161	577	197	1715	10	14	101
肇州县	180	691	198	1823	21	11	83
穆棱市	186	580	213	2429	3	11	86
甘南县	138	455	151	2453	16	6	56
绥滨县	144	529	163	3468	3	4	43
肇源县	175	599	200	2516	23	6	62
富裕县	146	478	161	1171	29	26	77
五常市	168	605	193	2294	10	10	86
海伦市	155	554	186	1754	15	5	101
讷河市	174	567	191	1581	17	9	115
宾县	152	607	176	2466	6	8	61
克山县	185	620	206	2403	20	17	75
富锦市	111	428	122	1993	13	4	66

5－5 续表

地　区	按人均收入分组的户数(户)							
	2001－3000元	3001－4000元	4001－5000元	5001－6000元	6001－7000元	7001－10000元	10001－20000元	20000元以上
总　计	**694**	**349**	**198**	**103**	**65**	**109**	**55**	**4**
哈尔滨市南岗区	38	28	16	10	3	19	7	
哈尔滨市道外区	37	22	18	22	7	12	7	
齐齐哈尔市龙沙区	38	19	14	10	6	17	17	2
牡丹江市东安区	19	15	16	7	2	10		
七台河市新兴区	43	24	20	5	2	3	4	
鹤岗市向阳区	20	14	11	4	4	3	5	
伊春市翠峦区	43	34	8	13	4	2	1	1
北安市	22	12	14	2	4	4	3	
集贤县	38	11	12	2		1		
肇东市	23	5	3	2	1	2		
肇州县	50	10	4		1			
穆棱市	49	17	7	4	3	4	2	
甘南县	25	15	6	1	8	5		
绥滨县	45	22	4	2	6	10	5	
肇源县	38	22	15	3	3	2	1	
富裕县	8	4		2				
五常市	31	13	7	4	3	3		1
海伦市	22	8	1			3		
讷河市	26	5	1		1			
宾县	38	24	7	1	4	3		
克山县	26	19	12	7	3	4	2	
富锦市	15	6	2	2		2	1	

5－5a　各地区城镇有残疾人调查户2005年人均收入

地　区	有残疾人的调查户(户)	有残疾人调查户总人口(人)	残疾人数(人)	2005年度有残疾人的调查户人均收入(元)	按人均收入分组的户数(户)		
					0－683元	684－944元	945－2000元
总　计	**1440**	**4419**	**1645**	**3155**	**55**	**64**	**478**
哈尔滨市南岗区	174	538	195	3905	3	5	45
哈尔滨市道外区	159	497	178	4073	1	3	30
齐齐哈尔市龙沙区	190	633	224	3955	4	4	59
牡丹江市东安区	77	227	87	3484	1	2	23
七台河市新兴区	175	569	212	2747	4	10	60
鹤岗市向阳区	107	316	115	2986	2	4	40
伊春市翠峦区	187	513	204	2608	14	13	54
北安市	49	117	55	3338	8	4	9
集贤县	41	119	49	2228	3	2	18
肇东市	57	190	68	1801	2	3	37
肇州县							
穆棱市	58	156	64	3313	1	4	19
甘南县	35	126	40	2593	4	2	11
绥滨县							
肇源县							
富裕县							
五常市	43	121	52	2019	1	4	25
海伦市	74	254	87	1909	7	2	42
讷河市							
宾县	14	43	15	2432		2	6
克山县							
富锦市							

5－5a 续表

地 区	按人均收入分组的户数(户)							
	2001－3000元	3001－4000元	4001－5000元	5001－6000元	6001－7000元	7001－10000元	10001－20000元	20000元以上
总 计	**298**	**183**	**123**	**78**	**37**	**75**	**46**	**3**
哈尔滨市南岗区	38	28	16	10	3	19	7	
哈尔滨市道外区	37	22	18	22	7	12	7	
齐齐哈尔市龙沙区	38	19	14	10	6	17	17	2
牡丹江市东安区	13	10	11	7	2	8		
七台河市新兴区	43	24	20	5	2	3	4	
鹤岗市向阳区	20	14	11	4	4	3	5	
伊春市翠峦区	43	34	8	13	4	2	1	1
北安市	5	3	10	2	3	2	3	
集贤县	10	4	4					
肇东市	10	2	1	1		1		
肇州县								
穆棱市	12	8	3	3	2	4	2	
甘南县	8	3	2		4	1		
绥滨县								
肇源县								
富裕县								
五常市	6	2	3	1		1		
海伦市	14	7				2		
讷河市								
宾县	1	3	2					
克山县								
富锦市								

5－5b 各地区农村有残疾人调查户2005年人均收入

地 区	有残疾人的调查户(户)	有残疾人调查户总人口(人)	残疾人数(人)	2005年度有残疾人的调查户人均收入(元)	按人均收入分组的户数(户)		
					0－683元	684－944元	945－2000元
总 计	**2104**	**7450**	**2383**	**2129**	**198**	**126**	**1046**
哈尔滨市南岗区							
哈尔滨市道外区							
齐齐哈尔市龙沙区							
牡丹江市东安区	35	120	39	2408	1	2	14
七台河市新兴区							
鹤岗市向阳区							
伊春市翠峦区							
北安市	127	426	141	1913	15	5	74
集贤县	148	504	172	1996	11	5	86
肇东市	104	387	129	1673	8	11	64
肇州县	180	691	198	1823	21	11	83
穆棱市	128	424	149	2104	2	7	67
甘南县	103	329	111	2399	12	4	45
绥滨县	144	529	163	3468	3	4	43
肇源县	175	599	200	2516	23	6	62
富裕县	146	478	161	1171	29	26	77
五常市	125	484	141	2363	9	6	61
海伦市	81	300	99	1623	8	3	59
讷河市	174	567	191	1581	17	9	115
宾县	138	564	161	2469	6	6	55
克山县	185	620	206	2403	20	17	75
富锦市	111	428	122	1993	13	4	66

5－5b 续表

地 区	按人均收入分组的户数(户)							
	2001－3000元	3001－4000元	4001－5000元	5001－6000元	6001－7000元	7001－10000元	10001－20000元	20000元以上
总 计	**396**	**166**	**75**	**25**	**28**	**34**	**9**	**1**
哈尔滨市南岗区								
哈尔滨市道外区								
齐齐哈尔市龙沙区								
牡丹江市东安区	6	5	5			2		
七台河市新兴区								
鹤岗市向阳区								
伊春市翠峦区								
北安市	17	9	4		1	2		
集贤县	28	7	8	2		1		
肇东市	13	3	2	1	1	1		
肇州县	50	10	4		1			
穆棱市	37	9	4	1	1			
甘南县	17	12	4	1	4	4		
绥滨县	45	22	4	2	6	10	5	
肇源县	38	22	15	3	3	2	1	
富裕县	8	4		2				
五常市	25	11	4	3	3	2		1
海伦市	8	1	1			1		
讷河市	26	5	1		1			
宾县	37	21	5	1	4	3		
克山县	26	19	12	7	3	4	2	
富锦市	15	6	2	2		2	1	

5-6 各地区调查户的住房状况

单位：户、平方米

地　区	总户数	人均住房面积	住房结构				
			钢筋混凝土	混合结构	砖木结构	木、竹、草结构	其他
总　计	**22463**	**20.27**	**1783**	**3893**	**10285**	**4281**	**2221**
哈尔滨市南岗区	1061	18.23	1058		3		
哈尔滨市道外区	1176	13.93	429	177	569	1	
齐齐哈尔市龙沙区	1106	21.58		956	149		1
牡丹江市东安区	1196	24.44		927	268	1	
七台河市新兴区	1028	18.99	104	4	621	299	
鹤岗市向阳区	1207	21.65	3	1037	167		
伊春市翠峦区	1191	17.6	1	6	1136	44	4
北安市	1055	19.32		136	478	441	
集贤县	1027	22.04	7	5	559	456	
肇东市	892	18.12	15	7	503	54	313
肇州县	889	22.17	8	4	292	3	582
穆棱市	1026	21.81		6	713	1	306
甘南县	1002	22.39	3	147	474	239	139
绥滨县	918	19.03	1		563	354	
肇源县	953	20.36			500		453
富裕县	986	23.15		106	476	1	403
五常市	954	19.15		69	649	231	5
海伦市	938	18.96	5	58	302	568	5
讷河市	1007	22.15			472	535	
宾县	914	19.95	11	87	449	367	
克山县	1008	21.43	3	14	653	328	10
富锦市	929	19.45	135	147	289	358	

5-6 续表

单位：户

地区	住房来源			
	自有	租赁	借用	其他来源
总计	**19726**	**2110**	**532**	**95**
哈尔滨市南岗区	874	170	8	9
哈尔滨市道外区	606	557	10	3
齐齐哈尔市龙沙区	759	340	7	
牡丹江市东安区	981	163	39	13
七台河市新兴区	807	192	29	
鹤岗市向阳区	1066	124	17	
伊春市翠峦区	1004	113	32	42
北安市	992	38	24	1
集贤县	909	71	46	1
肇东市	867	15	7	3
肇州县	871	2	16	
穆棱市	954	49	21	2
甘南县	924	63	13	2
绥滨县	877	12	27	2
肇源县	909	7	37	
富裕县	937	28	19	2
五常市	871	50	27	6
海伦市	878	21	38	1
讷河市	970	2	35	
宾县	876	26	12	
克山县	911	42	49	6
富锦市	883	25	19	2

5-6a 各地区城镇调查户的住房状况

单位：户、平方米

地　区	总户数	人均住房面积	住房结构				
			钢筋混凝土	混合结构	砖木结构	木、竹、草结构	其他
总　计	**10266**	**19.82**	**1634**	**3366**	**4264**	**843**	**159**
哈尔滨市南岗区	1061	18.23	1058		3		
哈尔滨市道外区	1176	13.93	429	177	569	1	
齐齐哈尔市龙沙区	1106	21.58		956	149		1
牡丹江市东安区	927	25.59		927			
七台河市新兴区	1028	18.99	104	4	621	299	
鹤岗市向阳区	1207	21.65	3	1037	167		
伊春市翠峦区	1191	17.6	1	6	1136	44	4
北安市	336	20.02		131	204	1	
集贤县	289	22.4	7	3	204	75	
肇东市	359	17.74	15	5	255		84
肇州县							
穆棱市	294	20.91		4	262		28
甘南县	377	25.28	1	64	241	34	37
绥滨县							
肇源县							
富裕县							
五常市	298	18.31		19	230	44	5
海伦市	482	20.33	5	31	147	299	
讷河市							
宾县	135	23.58	11	2	76	46	
克山县							
富锦市							

5-6a 续表

单位：户

地区	住房来源			
	自有	租赁	借用	其他来源
总计	**8193**	**1804**	**195**	**74**
哈尔滨市南岗区	874	170	8	9
哈尔滨市道外区	606	557	10	3
齐齐哈尔市龙沙区	759	340	7	
牡丹江市东安区	830	64	21	12
七台河市新兴区	807	192	29	
鹤岗市向阳区	1066	124	17	
伊春市翠峦区	1004	113	32	42
北安市	292	36	8	
集贤县	228	48	13	
肇东市	344	9	4	2
肇州县				
穆棱市	241	46	6	1
甘南县	341	26	9	1
绥滨县				
肇源县				
富裕县				
五常市	239	40	15	4
海伦市	449	17	16	
讷河市				
宾县	113	22		
克山县				
富锦市				

5-6b　各地区农村调查户的住房状况

单位：户、平方米

地　区	总户数	人均住房面积	住房结构				
			钢筋混凝土	混合结构	砖木结构	木、竹、草结构	其他
总　计	**12197**	**20.59**	**149**	**527**	**6021**	**3438**	**2062**
哈尔滨市南岗区							
哈尔滨市道外区							
齐齐哈尔市龙沙区							
牡丹江市东安区	269	21			268	1	
七台河市新兴区							
鹤岗市向阳区							
伊春市翠峦区							
北安市	719	19.09		5	274	440	
集贤县	738	21.92		2	355	381	
肇东市	533	18.35		2	248	54	229
肇州县	889	22.17	8	4	292	3	582
穆棱市	732	22.11		2	451	1	278
甘南县	625	20.66	2	83	233	205	102
绥滨县	918	19.03	1		563	354	
肇源县	953	20.36			500		453
富裕县	986	23.15		106	476	1	403
五常市	656	19.43		50	419	187	
海伦市	456	17.6		27	155	269	5
讷河市	1007	22.15			472	535	
宾县	779	19.43		85	373	321	
克山县	1008	21.43	3	14	653	328	10
富锦市	929	19.45	135	147	289	358	

5-6b 续表

单位：户

地　　区	住房来源			
	自有	租赁	借用	其他来源
总　　计	**11533**	**306**	**337**	**21**
哈尔滨市南岗区				
哈尔滨市道外区				
齐齐哈尔市龙沙区				
牡丹江市东安区	151	99	18	1
七台河市新兴区				
鹤岗市向阳区				
伊春市翠峦区				
北安市	700	2	16	1
集贤县	681	23	33	1
肇东市	523	6	3	1
肇州县	871	2	16	
穆棱市	713	3	15	1
甘南县	583	37	4	1
绥滨县	877	12	27	2
肇源县	909	7	37	
富裕县	937	28	19	2
五常市	632	10	12	2
海伦市	429	4	22	1
讷河市	970	2	35	
宾县	763	4	12	
克山县	911	42	49	6
富锦市	883	25	19	2

5-7 各地区有残疾人调查户的住房状况

单位：户、平方米

地区	总户数	人均住房面积	住房结构				
			钢筋混凝土	混合结构	砖木结构	木、竹、草结构	其他
总计	**3544**	**18.45**	**256**	**419**	**1547**	**844**	**478**
哈尔滨市南岗区	174	16.31	171		3		
哈尔滨市道外区	159	13.11	67	19	73		
齐齐哈尔市龙沙区	190	17.69		146	44		
牡丹江市东安区	112	19.69		77	34	1	
七台河市新兴区	175	18.85			112	63	
鹤岗市向阳区	107	16.45	1	79	27		
伊春市翠峦区	187	17.05			174	13	
北安市	176	17.9		14	75	87	
集贤县	189	20.06	1		74	114	
肇东市	161	17.19		1	76	11	73
肇州县	180	21.29	2	2	51		125
穆棱市	186	20.37		1	111		74
甘南县	138	19.95		16	51	44	27
绥滨县	144	17.59	1		80	63	
肇源县	175	18.91			78		97
富裕县	146	22.17		12	58	1	75
五常市	168	16.87		8	104	55	1
海伦市	155	17.07	1	5	40	106	3
讷河市	174	20.54			71	103	
宾县	152	17.63	1	20	59	72	
克山县	185	19.85		2	108	72	3
富锦市	111	17.9	11	17	44	39	

5-7 续表

单位：户

地　区	住房来源			
	自有	租赁	借用	其他来源
总　计	**3145**	**242**	**134**	**23**
哈尔滨市南岗区	141	31		2
哈尔滨市道外区	102	57		
齐齐哈尔市龙沙区	134	55	1	
牡丹江市东安区	95	11	3	3
七台河市新兴区	149	18	8	
鹤岗市向阳区	95	9	3	
伊春市翠峦区	157	11	7	12
北安市	164	3	9	
集贤县	178	3	8	
肇东市	155	4	2	
肇州县	176		4	
穆棱市	172	5	8	1
甘南县	125	9	3	1
绥滨县	136	2	5	1
肇源县	162	1	12	
富裕县	142	1	3	
五常市	154	4	10	
海伦市	132	4	18	1
讷河市	165		9	
宾县	150	1	1	
克山县	162	8	14	1
富锦市	99	5	6	1

5-7a 各地区城镇有残疾人调查户的住房状况

单位：户、平方米

地　区	总户数	人均住房面积	住房结构				
			钢筋混凝土	混合结构	砖木结构	木、竹、草结构	其他
总　计	**1440**	**17.35**	**242**	**344**	**661**	**159**	**34**
哈尔滨市南岗区	174	16.31	171		3		
哈尔滨市道外区	159	13.11	67	19	73		
齐齐哈尔市龙沙区	190	17.69		146	44		
牡丹江市东安区	77	20.22		77			
七台河市新兴区	175	18.85			112	63	
鹤岗市向阳区	107	16.45	1	79	27		
伊春市翠峦区	187	17.05			174	13	
北安市	49	17.15		14	35		
集贤县	41	18.06	1		23	17	
肇东市	57	16.24		1	38		18
肇州县							
穆棱市	58	20.14		1	48		9
甘南县	35	21.87		3	23	3	6
绥滨县							
肇源县							
富裕县							
五常市	43	17.07		1	35	6	1
海伦市	74	18.97	1	2	19	52	
讷河市							
宾县	14	20.44	1	1	7	5	
克山县							
富锦市							

5-7a 续表

单位：户

地　区	住房来源			
	自有	租赁	借用	其他来源
总　计	**1178**	**200**	**45**	**17**
哈尔滨市南岗区	141	31		2
哈尔滨市道外区	102	57		
齐齐哈尔市龙沙区	134	55	1	
牡丹江市东安区	70	1	3	3
七台河市新兴区	149	18	8	
鹤岗市向阳区	95	9	3	
伊春市翠峦区	157	11	7	12
北安市	44	2	3	
集贤县	36	1	4	
肇东市	54	2	1	
肇州县				
穆棱市	50	5	3	
甘南县	31	2	2	
绥滨县				
肇源县				
富裕县				
五常市	36	3	4	
海伦市	66	2	6	
讷河市				
宾县	13	1		
克山县				
富锦市				

5-7b 各地区农村有残疾人调查户的住房状况

单位：户、平方米

地区	总户数	人均住房面积	住房结构				
			钢筋混凝土	混合结构	砖木结构	木、竹、草结构	其他
总计	**2104**	**19.1**	**14**	**75**	**886**	**685**	**444**
哈尔滨市南岗区							
哈尔滨市道外区							
齐齐哈尔市龙沙区							
牡丹江市东安区	35	18.69			34	1	
七台河市新兴区							
鹤岗市向阳区							
伊春市翠峦区							
北安市	127	18.11			40	87	
集贤县	148	20.53			51	97	
肇东市	104	17.66			38	11	55
肇州县	180	21.29	2	2	51		125
穆棱市	128	20.46			63		65
甘南县	103	19.22		13	28	41	21
绥滨县	144	17.59	1		80	63	
肇源县	175	18.91			78		97
富裕县	146	22.17		12	58	1	75
五常市	125	16.83		7	69	49	
海伦市	81	15.47		3	21	54	3
讷河市	174	20.54			71	103	
宾县	138	17.42		19	52	67	
克山县	185	19.85		2	108	72	3
富锦市	111	17.9	11	17	44	39	

5-7b 续表

单位：户

地　　区	住房来源			
	自有	租赁	借用	其他来源
总　计	**1967**	**42**	**89**	**6**
哈尔滨市南岗区				
哈尔滨市道外区				
齐齐哈尔市龙沙区				
牡丹江市东安区	25	10		
七台河市新兴区				
鹤岗市向阳区				
伊春市翠峦区				
北安市	120	1	6	
集贤县	142	2	4	
肇东市	101	2	1	
肇州县	176		4	
穆棱市	122		5	1
甘南县	94	7	1	1
绥滨县	136	2	5	1
肇源县	162	1	12	
富裕县	142	1	3	
五常市	118	1	6	
海伦市	66	2	12	1
讷河市	165		9	
宾县	137		1	
克山县	162	8	14	1
富锦市	99	5	6	1

5-8 各地区调查户家用电器拥有和用电状况

单位：户、度

地区	总户数	有家用电器户数						户月均生活用电量
		彩色电视机	电冰箱	洗衣机	电话	电脑	无上述家电	
总计	**22463**	**19972**	**6093**	**11051**	**16212**	**1158**	**1519**	**47**
哈尔滨市南岗区	1061	1043	919	899	1005	306	7	86
哈尔滨市道外区	1176	1063	635	585	840	114	65	47
齐齐哈尔市龙沙区	1106	1066	657	832	958	164	5	71
牡丹江市东安区	1196	1139	859	901	1039	208	27	86
七台河市新兴区	1028	946	359	639	829	27	40	53
鹤岗市向阳区	1207	1166	610	894	805	94	25	71
伊春市翠峦区	1191	1106	255	458	950	30	46	40
北安市	1055	946	175	256	656	18	84	37
集贤县	1027	875	192	539	681	25	100	57
肇东市	892	772	108	427	593	14	63	44
肇州县	889	830	49	451	429	1	45	31
穆棱市	1026	895	309	439	811	24	73	42
甘南县	1002	899	111	422	640	24	71	43
绥滨县	918	838	116	405	704	15	53	36
肇源县	953	800	133	366	735	6	80	38
富裕县	986	804	68	402	586	6	114	38
五常市	954	849	143	439	711	14	63	44
海伦市	938	732	58	271	563	11	148	32
讷河市	1007	817	41	327	598	4	131	26
宾县	914	773	81	380	709	8	88	38
克山县	1008	789	83	244	741	31	128	26
富锦市	929	824	132	475	629	14	63	33

5-8a 各地区城镇调查户家用电器拥有和用电状况

单位：户、度

地　区	总户数	有家用电器户数						户月均生活用电量
		彩色电视机	电冰箱	洗衣机	电话	电脑	无上述家电	
总　计	**10266**	**9581**	**4859**	**6320**	**8147**	**1036**	**351**	**62**
哈尔滨市南岗区	1061	1043	919	899	1005	306	7	86
哈尔滨市道外区	1176	1063	635	585	840	114	65	47
齐齐哈尔市龙沙区	1106	1066	657	832	958	164	5	71
牡丹江市东安区	927	905	790	801	829	204	6	100
七台河市新兴区	1028	946	359	639	829	27	40	53
鹤岗市向阳区	1207	1166	610	894	805	94	25	71
伊春市翠峦区	1191	1106	255	458	950	30	46	40
北安市	336	330	143	122	244	16	3	64
集贤县	289	257	98	167	226	17	18	65
肇东市	359	332	63	201	267	11	12	54
肇州县								
穆棱市	294	243	139	155	246	15	20	50
甘南县	377	352	64	201	308	18	14	54
绥滨县								
肇源县								
富裕县								
五常市	298	255	68	132	233	6	21	60
海伦市	482	400	36	172	300	10	60	34
讷河市								
宾县	135	117	23	62	107	4	9	48
克山县								
富锦市								

5-8b 各地区农村调查户家用电器拥有和用电状况

单位：户、度

地　区	总户数	有家用电器户数						户月均生活用电量
		彩色电视机	电冰箱	洗衣机	电话	电脑	无上述家电	
总　计	**12197**	**10391**	**1234**	**4731**	**8065**	**122**	**1168**	**35**
哈尔滨市南岗区								
哈尔滨市道外区								
齐齐哈尔市龙沙区								
牡丹江市东安区	269	234	69	100	210	4	21	39
七台河市新兴区								
鹤岗市向阳区								
伊春市翠峦区								
北安市	719	616	32	134	412	2	81	24
集贤县	738	618	94	372	455	8	82	53
肇东市	533	440	45	226	326	3	51	37
肇州县	889	830	49	451	429	1	45	31
穆棱市	732	652	170	284	565	9	53	39
甘南县	625	547	47	221	332	6	57	37
绥滨县	918	838	116	405	704	15	53	36
肇源县	953	800	133	366	735	6	80	38
富裕县	986	804	68	402	586	6	114	38
五常市	656	594	75	307	478	8	42	37
海伦市	456	332	22	99	263	1	88	31
讷河市	1007	817	41	327	598	4	131	26
宾县	779	656	58	318	602	4	79	36
克山县	1008	789	83	244	741	31	128	26
富锦市	929	824	132	475	629	14	63	33

5-9 各地区有残疾人户家用电器拥有和用电状况

单位：户、度

地　　区	总户数	有家用电器户数						户月均生活用电量
		彩色电视机	电冰箱	洗衣机	电话	电脑	无上述家电	
总　　计	**3544**	**2831**	**676**	**1232**	**2178**	**83**	**515**	**41**
哈尔滨市南岗区	174	166	125	123	148	25	6	70
哈尔滨市道外区	159	139	85	81	116	12	14	49
齐齐哈尔市龙沙区	190	172	90	117	151	15	4	68
牡丹江市东安区	112	102	68	73	93	11	6	72
七台河市新兴区	175	152	46	80	123	1	16	50
鹤岗市向阳区	107	94	31	42	54		9	51
伊春市翠峦区	187	170	33	56	144	4	10	39
北安市	176	134	12	28	81		34	31
集贤县	189	144	22	73	97	1	33	47
肇东市	161	117	9	56	86	1	30	38
肇州县	180	163	6	74	69		17	29
穆棱市	186	140	36	47	126	3	30	37
甘南县	138	101	14	37	67	1	29	38
绥滨县	144	119	18	41	94	2	21	35
肇源县	175	136	20	49	119	1	25	38
富裕县	146	100	3	33	72		35	31
五常市	168	136	18	59	95		27	38
海伦市	155	98	7	21	70		47	29
讷河市	174	117	2	32	81		42	22
宾县	152	117	8	47	114	1	22	37
克山县	185	129	10	22	119	4	39	23
富锦市	111	85	13	41	59	1	19	30

5-9a 各地区城镇有残疾人户家用电器拥有和用电状况

单位：户、度

地区	总户数	有家用电器户数						户月均生活用电量
		彩色电视机	电冰箱	洗衣机	电话	电脑	无上述家电	
总计	**1440**	**1265**	**527**	**675**	**1034**	**70**	**113**	**54**
哈尔滨市南岗区	174	166	125	123	148	25	6	70
哈尔滨市道外区	159	139	85	81	116	12	14	49
齐齐哈尔市龙沙区	190	172	90	117	151	15	4	68
牡丹江市东安区	77	73	53	56	66	10	2	86
七台河市新兴区	175	152	46	80	123	1	16	50
鹤岗市向阳区	107	94	31	42	54		9	51
伊春市翠峦区	187	170	33	56	144	4	10	39
北安市	49	45	9	13	25		2	53
集贤县	41	33	10	19	27	1	4	52
肇东市	57	48	6	21	35		6	43
肇州县								
穆棱市	58	45	22	19	44	1	8	45
甘南县	35	32	6	19	26	1	3	50
绥滨县								
肇源县								
富裕县								
五常市	43	35	6	14	30		5	51
海伦市	74	50	5	12	33		22	29
讷河市								
宾县	14	11		3	12		2	48
克山县								
富锦市								

5-9b 各地区农村有残疾人户家用电器拥有和用电状况

单位：户、度

地　区	总户数	有家用电器户数						户月均生活用电量
		彩色电视机	电冰箱	洗衣机	电话	电脑	无上述家电	
总　计	**2104**	**1566**	**149**	**557**	**1144**	**13**	**402**	**32**
哈尔滨市南岗区								
哈尔滨市道外区								
齐齐哈尔市龙沙区								
牡丹江市东安区	35	29	15	17	27	1	4	43
七台河市新兴区								
鹤岗市向阳区								
伊春市翠峦区								
北安市	127	89	3	15	56		32	23
集贤县	148	111	12	54	70		29	46
肇东市	104	69	3	35	51	1	24	36
肇州县	180	163	6	74	69		17	29
穆棱市	128	95	14	28	82	2	22	34
甘南县	103	69	8	18	41		26	34
绥滨县	144	119	18	41	94	2	21	35
肇源县	175	136	20	49	119	1	25	38
富裕县	146	100	3	33	72		35	31
五常市	125	101	12	45	65		22	33
海伦市	81	48	2	9	37		25	30
讷河市	174	117	2	32	81		42	22
宾县	138	106	8	44	102	1	20	36
克山县	185	129	10	22	119	4	39	23
富锦市	111	85	13	41	59	1	19	30

主要统计指标解释

总抚养比 指人口总体中非劳动年龄人口数与劳动年龄人口数之比。通常用百分比表示。说明每 100 名劳动年龄人口大致要负担多少名非劳动年龄人口。用于从人口角度反映人口与经济发展的基本关系。计算公式为:

$$\mathrm{GDR}=\frac{P_{0-14}+P_{65+}}{P_{15-64}}\times 100\%$$

其中:GDR 为总抚养比;

P_{0-14} 为 0 ~ 14 岁少年儿童人口数;

P_{65+} 为 65 岁及以上的老年人口数;

P_{15-64} 为 15 ~ 64 岁劳动年龄人口数。

老年抚养比 指人口中老年人口数与劳动年龄人口数之比。通常用百分比表示。用以表明每 100 名劳动年龄人口要负担多少名老年人。老年人口抚养比是从经济角度反映人口老化社会后果的指标之一。计算公式为:

$$\mathrm{ODR}=\frac{P_{65+}}{P_{15-64}}\times 100\%$$

其中:ODR 为老年人口抚养比;

P_{65+} 为 65 岁及以上的老年人口数;

P_{15-64} 为 15 ~ 64 岁劳动年龄人口数。

少儿抚养比 也称少年儿童抚养系数。指某一人口中少年儿童人口数与劳动年龄人口数之比。通常用百分比表示。以反映每 100 名劳动年龄人口要负担多少名少年儿童。计算公式为:

$$\mathrm{CDR}=\frac{P_{0-14}}{P_{15-64}}\times 100\%$$

其中:CDR 为少年儿童抚养比;

P_{0-14} 为 0 ~ 14 岁少年儿童人口数;

P_{15-64} 为 15 ~ 64 岁劳动年龄人口数。

文盲人口 指 15 岁及以上不识字或识字很少的人口。根据《住户调查表》指标“R8.是否识字”登记为“2.否”的数据汇总。

经济活动人口 指 15 岁及以上参加或未参加社会经济活动的人口。包括在业人口和不在业人口。

在业人口和不在业人口分别根据《住户调查表》指标“R11.当前是否有工作”的登记数据汇总。

职业状况 指 15 岁及以上在业人口所从事的社会劳动工作种类。本资料中职业分类参照国家分类标准《职业分类与代码》(GB/T 6565-1999),将全国职业分类划分为大类和中类。

未工作状况 指 15 岁及以上不在业人口的未工作状况。根据《住户调查表》指标“R13.当前未工作状况”的登记数据汇总。

致残主要原因 根据被调查残疾人从《残疾人调查表》“C4.致残主要原因”多个选项中选出的主要两项合并汇总。

曾接受服务或扶助 根据被调查残疾人从《残疾人调查表》“T6.曾接受过何种服务或扶助”的 14 个选项中选出的主要三项合并汇总。

主要需求 根据被调查残疾人从《残疾人调查表》“T7. 本人主要需求”的 14 个选项中选出的主要三项合并汇总。

附　　录

附录 1

黑龙江省第二次全国残疾人抽样调查主要数据公报

黑龙江省第二次全国残疾人抽样调查领导小组
黑龙江省统计局

2006 年 12 月 26 日

经国务院批准，我国进行了第二次全国残疾人抽样调查。在第二次全国残疾人抽样调查领导小组统一领导下，按照全国统一的调查方案，黑龙江省第二次全国残疾人抽样调查领导小组组织实施了我省的调查。经过两年多的充分准备，我省于 2006 年 4 月 1 日开始全面调查，通过调查工作人员的艰苦努力，调查的各项任务已基本完成。现将初步汇总的主要数据公布如下:

一、调查的基本情况

本次调查采取分层、多阶段、整群概率比例抽样方法，在我省抽取 22 个县(市、区)，86 个乡(镇、街道)，共 176 个调查小区，平均每个调查小区约 400 人左右。

本次调查标准时间为 2006 年 4 月 1 日零时，入户调查时间自 2006 年 4 月 1 日起至 5 月 31 日结束。在省政府和各抽中县（市、区）政府直接领导下，组织了 22 个调查队、286 名调查员、154 名各科医生、22 名统计员以及 1408 名陪调员，逐户进行询问登记、筛查和残疾评定，现已全部完成入户调查、复查和调查质量的核查工作。

我省共调查了 22463 户、70405 人，调查的抽样比为 1.84‰。入户见面 63183 人，占调查总人数的 89.74%; 按照《第二次全国残疾人抽样调查残疾筛查方法》，7 岁以上疑似残疾人筛出率为 11.44%，疑似残疾人检查率达到 98.80%。

二、残疾人数及其比例

根据调查初步汇总，被调查户中有残疾人的家庭共 3544 户，确定视力、听力、言语、肢体、智力、精神和多重残疾共 4028 人。其中，视力残疾 528 人，听力残疾 659 人，言语残疾 55 人，肢体残疾 1688 人，智力残疾 294 人，精神残疾 252 人，多重残疾 552 人。

本次调查结果显示，我省残疾人占总人口的比例为 5.72%，据此推算 2006 年 4 月 1 日零时我省各类残疾人的总数为 218.9 万人。各类残疾人的人数及各占残疾人总人数的比重分别是: 视力残疾 28.7 万人，占 13.11%; 听力残疾 35.8 万人，占 16.35%; 言语残疾 3.0 万人，占 1.37%; 肢体残疾 91.7 万人，占 41.90%; 智力残疾 16.0 万人，占 7.31%; 精神残疾 13.7 万人，占 6.26%; 多重残疾 30.0 万人，占 13.70%。

与 1987 年第一次全国残疾人抽样调查比较，我省残疾人口总量增加，残疾人比例上升，残疾类别结构变动。影响这一变化的因素有，两次调查间人口增长与结构变动、社会与环境变化、残疾标准修订等，更深入的分析有待于在详细数据汇总和更全面的资料收集后进行。

三、调查质量评价

在入户调查、复查完毕后，我省按照《事后质量核查工作细则》进行核查，核查结果符合调查方案要求。经对调查实施过程和数据质量进行综合评估，本次调查是一次成功的调查，数据真实可信。调查获得的丰富数据，将为我省经济社会和残疾人事业的发展提供可靠依据。

注:

1. 本公报为初步汇总数。

2. 本次调查登记对象为具有中华人民共和国国籍并居住在中华人民共和国境内大陆的常住人口，残疾人按照《第二次全国残疾人抽样调查残疾标准》评定。

附录 2

第二次全国残疾人抽样调查方案

（国务院 2005 年 11 月 4 日批准）

为贯彻国务院办公厅《关于开展第二次全国残疾人抽样调查的通知》（国办发[2004]73 号），根据《中华人民共和国统计法》、《中华人民共和国残疾人保障法》，制定本方案。

一、组织领导

第二次全国残疾人抽样调查工作在国务院和地方各级人民政府的领导下，按照全国统一部署、部门分工协作、地方分级负责、各方共同参与的原则组织实施。

（一）国务院成立第二次全国残疾人抽样调查领导小组，由有关部门负责人组成，负责这次残疾人抽样调查工作的全面领导与部署。领导小组下设第二次全国残疾人抽样调查办公室，负责这次抽样调查的组织实施工作。

（二）第二次全国残疾人抽样调查办公室成立专家委员会，协助制定和审核调查的重要技术文件，提供决策建议和技术咨询。

（三）各省、自治区、直辖市和被抽中县（市、区）成立残疾人抽样调查领导小组和办公室，负责本地区的残疾人抽样调查工作。

被抽中县（市、区）要做好调查队组建、经费落实和现场组织工作。

被抽中县（市、区）所在地（市）成立相应的领导或工作机构，帮助、督促本地区被抽中县（市、区）做好调查队组建、经费落实和现场调查组织等工作。

各级残疾人抽样调查领导小组组长是本次调查工作的全面负责人,办公室主任是本次调查的具体负责人。

二、调查目的

通过调查，掌握全国和各省、自治区、直辖市各类残疾人的数量、结构、地区分布、致残原因、家庭状况及其康复、教育、劳动就业和参与社会生活等情况，为国家制定经济和社会发展规划，以及有关残疾人的法律法规、政策和规划提供可靠的依据，促进残疾人事业与国民经济和社会协调发展。

三、调查对象

此次调查的对象是具有中华人民共和国国籍，并在被抽中调查小区内常住的人（指自然人，下同）。

调查采用按常住人口登记的原则，以户为单位填报，只调查家庭户，不调查集体户，单身居住独自生活的也作为一个家庭户进行登记。

此次不调查中国人民解放军现役军人和武装警察（包括军队管理的离退休干部）。

应当在本调查小区进行登记的人包括:

1. 居住本调查小区，户口在本乡、镇、街道;
2. 居住本调查小区半年以上，户口在外乡、镇、街道;
3. 居住本调查小区不满半年，离开户口所在地半年以上;
4. 居住本调查小区，户口待定。

常住户口虽然在本乡、镇、街道，但已离开本乡、镇、街道半年以上的人，不属于本调查小区的调查对象。

此次调查的重点是残疾人。残疾人是指在心理、生理、人体结构上，某种组织、功能丧失或者不正常，全部或部分丧失以正常方式从事某种活动能力的人。残疾类别包括：视力残疾、听力残疾、言语残疾、肢体残疾、智力残疾、精神残疾。凡有两种及两种以上残疾的人，列为多重残疾。残疾评定标准和方法按照第二次全国残疾人抽样调查专家委员会重新修订的《残疾标准》及相关方法实施。

四、调查内容

第二次全国残疾人抽样调查使用三种调查表，一是《住户调查表》,二是《残疾人调查表》，三是《社区调查表》。调查项目共有 52 个，调查样本人群的家庭及其个人的状况，重点调查残疾人的致残原因、生活状况及其主要需求。

五、调查的范围、规模和标准时间

第二次全国残疾人抽样调查在 31 个省、自治区、直辖市同时进行，设计总样本量为 260 万人。

调查的标准时间为：2006 年 4 月 1 日 0 时。

六、样本的设计和抽取

此次调查以全国为总体，各省、自治区、直辖市为次总体，采用分层、多阶段、整群、概率比例抽样方法。各省、自治区、直辖市的调查样本量，由第二次全国残疾人抽样调查领导小组确定分配。

各省、自治区、直辖市根据第二次全国残疾人抽样调查办公室规定的分层原则，结合本地的实际情况，对第一级的县（市、区）进行科学、合理的分层，编制抽样框，由第二次全国残疾人抽样调查办公室与各省、自治区、直辖市共同抽取一级样本单位。

各省、自治区、直辖市按照第二次全国残疾人抽样调查办公室规定的抽样原则和要求，制定本省抽样实施方案，经第二次全国残疾人抽样调查办公室审核后，抽取县级以下样本单位，并将具体的抽取步骤和抽中单位名称一起报第二次全国残疾人抽样调查办公室审定。

七、调查队的组建、培训与试点

（一）被抽中县（市、区）都要按照规定组建调查队。调查队在县级残疾人抽样调查领导小组领导下开展调查工作。

调查队由队长、调查副队长、医务副队长、调查员、各科医生和统计员组成。调查队组成人员要具备一定的工作经验，责任心强，身体条件胜任调查工作。调查工作人员必须稳定，在调查工作未结束前，不得变动。

调查队实行责任制，明确职责分工，加强团结协作。

（二）第二次全国残疾人抽样调查办公室负责省级调查业务骨干和医生的系统培训，使之成为省级培训班的教员；各省、自治区、直辖市残疾人抽样调查办公室负责本地区调查队的培训。

（三）第二次全国残疾人抽样调查办公室组织不同层次的试点，检验调查方案的科学性和可操作性，锻炼和提高省级骨干组织调查的实际能力和现场登记的水平。

各省、自治区、直辖市在正式调查前，要结合培训安排被抽中县（市、区）调查队的业务骨干参加试点调查，试点调查不能代替正式调查。

八、现场登记和复查

此次调查的现场登记和复查工作，从 2006 年 4 月 1 日开始到 5 月 31 日以前结束。

现场登记和复查工作要求做到：坚持入户调查，努力提高见面率；积极动员被调查人如实申报，做到不重复，不遗漏；认真询问、筛查和检查评定，提高准确度；搞好自查、互查和议查，最大限度地控制调查误差。

各调查小区要由熟悉当地情况、责任心强的同志担任陪调员，组成陪调组，协同调查员和医生入户，做好宣传、摸底、现场调查登记和复查工作。

（一）摸底工作

调查前的摸底工作，是做好入户调查登记的基础。调查员要提前进入调查小区，在陪调员的协助下摸清本调查小区范围内需要调查的户数、人口数，重点摸清疑似残疾人和 0—6 岁的儿童人数，编制好《调查底册》。

各省、自治区、直辖市残疾人抽样调查办公室将摸底汇总数据于 2006 年 3 月 25 日前报送到第二次全国残疾人抽样调查办公室。

（二）现场登记

1. 入户调查。调查员根据《调查底册》入户，按照《住户调查表》的登记项目，逐人逐项询问，填写《住户调查表》；对 7 岁及以上人群，按照残疾筛查问卷逐人询问、筛查，并对筛查出的疑似残疾人填写《7 岁及以上人群筛查交接单》；对 0 ~ 6 岁的儿童，填写《0-6 岁儿童健康检查记录表》。

2. 残疾检查评定。各科医生根据调查员筛查出的《7 岁及以上人群筛查交接单》和《0-6 岁儿童健康检查记录表》，采取设站与入户相结合的方式逐人检查、评定，对确诊的残疾人，填写《残疾评定记录表》和《残疾人调查表》。

调查期间，医生应对确诊的残疾人进行医疗、康复指导。

（三）复查

调查队组织调查员和医生按照规定的方法进行全面复查。复查采取自查、互查和议查三种形式进行。

调查员和医生每天应对当日调查填写的调查表进行自查。

每个调查小区登记结束后，调查员应分小组对《住户调查表》进行互查和逻辑检查；各科医生要对自己填写的《残疾评定记录表》、《残疾人调查表》进行综合分析检查。

在现场调查登记中和小区调查登记结束后，调查队都要按照规定的方法进行议查，重点议查疑似残疾人的漏筛。

复查中发现的有疑问的人和户，要进一步核查，发现差错，经核实后，予以改正。

（四）调查的后续工作

各级残疾人抽样调查办公室负责收集、汇总调查中残疾人亟待解决的问题，报当地人民政府或有关部门酌处。

九、事后质量核查

现场登记和复查工作结束后，各省、自治区、直辖市残疾人抽样调查办公室应按照全国统一规定的事后质量核查办法和要求，选调高素质的调查员作为核查人员，组建事后质量核查队，对事后质量核查的调查小区，重新入户进行调查登记，计算全国的调查误差。核查人员不得在原来的调查小区参加质量核查工作。

全国统一组织的事后质量核查结果将作为评估第二次全国残疾人抽样调查数据质量的主要依据之一。

十、调查数据的处理

（一）快速汇总

各地按照第二次全国残疾人抽样调查办公室统一规定，对调查的主要数据进行逐级快速汇总。

1. 各县（市、区）残疾人抽样调查办公室将调查数据快速汇总结果于 2006 年 6 月 5 日前报送到省级残疾人抽样调查办公室。

2. 各省、自治区、直辖市残疾人抽样调查办公室将各县（市、区）上报的数据，经审核无误后汇总，将结果于 2006 年 6 月 15 日前报送到第二次全国残疾人抽样调查办公室。

3. 第二次全国残疾人抽样调查办公室负责汇总全国调查主要数据，并对数据进行分析评估后发布公报。

（二）电子计算机数据处理

第二次全国残疾人抽样调查办公室负责制定本次调查的数据处理方案。

1. 省级残疾人抽样调查办公室对调查表进行验收后，组织编码员按照统一规定的标准进行编码。编码前要对编码员进行统一的培训。

编码资料经全面复核、验收合格后，方可交付录入。

2. 第二次全国残疾人抽样调查办公室组织对调查资料进行电子计算机数据处理，对调查的全部数据进行录入汇总，建立国家级和省级残疾人数据库。

3. 调查数据的全面汇总和处理工作，于2007年底前全部完成。

4. 本次调查的原始资料由各省、自治区、直辖市残疾人抽样调查办公室保管。

十一、调查数据的分析研究

对本次调查获得的不同数据进行分析研究，撰写综合分析报告；同时，对调查数据反映出的有关残疾人的突出问题，制定专题研究课题，邀请政府有关部门、大专院校和国内外研究机构共同研究开发。研究结果以专题报告、论文集形式发表或出版。

全国和各省、自治区、直辖市残疾人抽样调查领导小组组织专人分析研究调查资料，就制定残疾人的法规、方针、政策和工作规划提出建议，供政府和各有关部门研究处理。

十二、宣传工作

各省、自治区、直辖市和被抽中县（市、区）要依靠各级宣传部门，按照第二次全国残疾人抽样调查办公室制定的宣传提纲和宣传口径，利用各种宣传媒体和多种宣传形式，积极开展残疾人抽样调查的宣传活动，在2006年3月中旬要掀起宣传高潮，以取得广大群众和社会对现场调查的支持与配合。

十三、调查经费

根据国务院要求，第二次全国残疾人抽样调查经费由中央和地方财政共同负担。各级财政应根据需要，统筹安排经费，以保证这次残疾人抽样调查各项工作的顺利开展。

残疾人抽样调查办公室要严格按照专款专用的原则，加强调查经费的管理使用，杜绝挤占挪用。

十四、总结表彰

各级残疾人抽样调查机构要认真做好调查的总结工作，各省、自治区、直辖市于2006年12月底前将调查业务技术总结和现场调查工作总结报送第二次全国残疾人抽样调查办公室；第二次全国残疾人抽样调查领导小组于2007年11月底前向国务院报送第二次全国残疾人抽样调查工作总结。

第二次全国残疾人抽样调查领导小组将于2007年初表彰调查工作先进单位和个人。

十五、实施本方案的文件

为保证全国按照统一标准、统一要求、高质量地搞好本次调查工作，第二次全国残疾人抽样调查领导小组统一制定各种文件、表格和工作细则。

（一）《第二次全国残疾人抽样调查残疾标准》包括：视力残疾标准、听力残疾标准、言语残疾标准、肢体残疾标准、智力残疾标准和精神残疾标准。

（二）调查、统计表格包括：《住户调查表》、《残疾人调查表》（主表）；《社区调查表》、《失查疑似残疾人登记表》；《7岁及以上人群残疾筛查问卷》、《0-6岁儿童健康体检记录表》、《残疾评定记录表》、《调查底册》；过录、快速汇总和计算机汇总等统计用表；调查各个环节的交接用表。

（三）工作细则包括：《调查登记和复查工作细则》、《质量控制和验收工作细则》、《摸底工作细则》、《快速汇总工作细则》、《编码工作细则》、《抽样方案》、《数据处理方案》、《资料装订、包装、运输、管理工作细则》等。

（四）填表说明包括：《住户调查表》、《残疾人调查表》、《社区调查表》、《残疾评定记录表》等填表说明。

（五）工作手册包括：《调查工作手册》、《调查员手册》、《医生手册》。

附录 3

第二次全国残疾人抽样调查残疾标准

（国务院 2005 年 11 月 4 日批准）

视力残疾标准

一、视力残疾的定义

视力残疾，是指由于各种原因导致双眼视力低下并且不能矫正或视野缩小，以致影响其日常生活和社会参与。

视力残疾包括盲及低视力。

二、视力残疾的分级

类　　别	级别	最佳矫正视力
盲	一级	无光感~＜0.02；或视野半径＜5 度
	二级	0.02~＜0.05；或视野半径＜10 度
低视力	三级	0.05~＜0.1
	四级	0.1~＜0.3

〔注〕

1. 盲或低视力均指双眼而言，若双眼视力不同，则以视力较好的一眼为准。如仅有单眼为盲或低视力，而另一眼的视力达到或优于 0.3，则不属于视力残疾范畴。

2. 最佳矫正视力是指以适当镜片矫正所能达到的最好视力或针孔视力。

3. 以注视点为中心，视野半径＜10 度者，不论其视力如何均属于盲。

听力残疾标准

一、听力残疾的定义

听力残疾，是指人由于各种原因导致双耳不同程度的永久性听力障碍，听不到或听不清周围环境声及言语声，以致影响日常生活和社会参与。

二、听力残疾的分级

听力残疾一级:

听觉系统的结构和功能方面极重度损伤，较好耳平均听力损失≥91 dB HL，在无助听设备帮助下，不能依靠听觉进行言语交流，在理解和交流等活动上极度受限，在参与社会生活方面存在极严重障碍。

听力残疾二级:

听觉系统的结构和功能重度损伤，较好耳平均听力损失在 81 ~ 90 dB HL 之间，在无助听设备帮助下，在理解和交流等活动上重度受限，在参与社会生活方面存在严重障碍。

听力残疾三级:

听觉系统的结构和功能中重度损伤，较好耳平均听力损失在 61 ~ 80 dB HL 之间，在无助听设备帮助下，在理解和交流等活动上中度受限，在参与社会生活方面存在中度障碍。

听力残疾四级：

听觉系统的结构和功能中度损伤，较好耳平均听力损失在 41～60dB HL 之间，在无助听设备帮助下，在理解和交流等活动上轻度受限，在参与社会生活方面存在轻度障碍。

言语残疾标准

一、言语残疾的定义

言语残疾，是指由于各种原因导致的不同程度的言语障碍，经治疗一年以上不愈或病程超过两年者，而不能或难以进行正常的言语交往活动，以致影响日常生活和社会参与（3 岁以下不定残）。

言语残疾包括：

1. 失语：是指由于大脑言语区域以及相关部位损伤所导致的获得性言语功能丧失或受损。

2. 运动性构音障碍：是指由于神经肌肉病变导致构音器官的运动障碍，主要表现为不会说话、说话费力、发声和发音不清等。

3. 器官结构异常所致的构音障碍：是指构音器官形态结构异常所致的构音障碍。其代表为腭裂以及舌或颌面部术后造成的构音障碍。主要表现为不能说话、鼻音过重、发音不清等。

4. 发声障碍（嗓音障碍）：是指由于呼吸及喉存在器质性病变导致的失声、发声困难、声音嘶哑等。

5. 儿童言语发育迟滞：指儿童在生长发育过程中其言语发育落后于实际年龄的状态。主要表现不会说话、说话晚、发音不清等。

6. 听力障碍所致的语言障碍：是指由于听觉障碍所致的言语障碍。主要表现为不会说话或者发音不清。

7. 口吃：是指言语的流畅性障碍。常表现为在说话的过程中拖长音、重复、语塞并伴有面部及其他行为变化等。

二、言语残疾的分级

言语残疾一级：

无任何言语功能或语音清晰度≤10%，言语表达能力等级测试未达到一级测试水平，不能进行任何言语交流。

言语残疾二级：

具有一定的发声及言语能力。语音清晰度在 11%～25%之间，言语表达能力等级测试未达到二级测试水平。

言语残疾三级：

可以进行部分言语交流。语音清晰度在 26%～45%之间，言语表达能力等级测试未达到三级测试水平。

言语残疾四级：

能进行简单会话，但用较长句或长篇表达困难。语音清晰度在 46%～65%之间，言语表达能力等级测试未达到四级测试水平。

肢体残疾标准

一、肢体残疾的定义

肢体残疾，是指人体运动系统的结构、功能损伤造成四肢残缺或四肢、躯干麻痹(瘫痪)、畸形等而致人体运动功能不同程度丧失以及活动受限或参与的局限。

肢体残疾包括：

1. 上肢或下肢因伤、病或发育异常所致的缺失、畸形或功能障碍；

2. 脊柱因伤、病或发育异常所致的畸形或功能障碍；

3. 中枢、周围神经因伤、病或发育异常造成躯干或四肢的功能障碍。

二、肢体残疾的分级

肢体残疾一级：不能独立实现日常生活活动。

1. 四肢瘫：四肢运动功能重度丧失；
2. 截瘫：双下肢运动功能完全丧失；
3. 偏瘫：一侧肢体运动功能完全丧失；
4. 单全上肢和双小腿缺失；
5. 单全下肢和双前臂缺失；
6. 双上臂和单大腿（或单小腿）缺失；
7. 双全上肢或双全下肢缺失；
8. 四肢在不同部位缺失；
9. 双上肢功能极重度障碍或三肢功能重度障碍。

肢体残疾二级：基本上不能独立实现日常生活活动。

1. 偏瘫或截瘫，残肢保留少许功能（不能独立行走）；
2. 双上臂或双前臂缺失；
3. 双大腿缺失；
4. 单全上肢和单大腿缺失；
5. 单全下肢和单上臂缺失；
6. 三肢在不同部位缺失（除外一级中的情况）；
7. 二肢功能重度障碍或三肢功能中度障碍。

肢体残疾三级：能部分独立实现日常生活活动。

1. 双小腿缺失；
2. 单前臂及其以上缺失；
3. 单大腿及其以上缺失；
4. 双手拇指或双手拇指以外其他手指全缺失；
5. 二肢在不同部位缺失（除外二级中的情况）；
6. 一肢功能重度障碍或二肢功能中度障碍。

肢体残疾四级：基本上能独立实现日常生活活动。

1. 单小腿缺失；
2. 双下肢不等长，差距在5厘米以上（含5厘米）；
3. 脊柱强（僵）直；
4. 脊柱畸形，驼背畸形大于70度或侧凸大于45度；
5. 单手拇指以外其他四指全缺失；
6. 单侧拇指全缺失；
7. 单足跗跖关节以上缺失；
8. 双足趾完全缺失或失去功能；
9. 侏儒症（身高不超过130厘米的成年人）；
10. 一肢功能中度障碍或两肢功能轻度障碍；
11. 类似上述的其他肢体功能障碍。

智力残疾标准

一、智力残疾的定义

智力残疾，是指智力显著低于一般人水平，并伴有适应行为的障碍。此类残疾是由于神经系统结构、功能障碍，使个体活动和参与受到限制，需要环境提供全面、广泛、有限和间歇的支持。

智力残疾包括：在智力发育期间（18 岁之前），由于各种有害因素导致的精神发育不全或智力迟滞；或者智力发育成熟以后，由于各种有害因素导致智力损害或智力明显衰退。

二、智力残疾的分级

级　别	分级标准			
	发展商（DQ） 0-6 岁	智商（IQ） 7 岁及以上	适应性行为 （AB）	WHO-DAS Ⅱ分值 18 岁以上
一级	≤25	＜20	极重度	≥116 分
二级	26~39	20~34	重度	106~115 分
三级	40~54	35~49	中度	96~105 分
四级	55~75	50~69	轻度	52~95 分

精神残疾标准

一、精神残疾的定义

精神残疾，是指各类精神障碍持续一年以上未痊愈，由于存在认知、情感和行为障碍，以致影响其日常生活和社会参与。

二、精神残疾的分级

18 岁以上（含）的精神障碍患者根据《世界卫生组织残疾评定量表Ⅱ》（WHO-DASⅡ）分数和下述的适应行为表现，18 岁以下者依据下述的适应行为的表现，把精神残疾划分为四级：

精神残疾一级：

WHO-DASⅡ值≥116 分，适应行为严重障碍；生活完全不能自理，忽视自己的生理、心理的基本要求。不与人交往，无法从事工作，不能学习新事物。需要环境提供全面、广泛的支持，生活长期、全部需他人监护。

精神残疾二级：

WHO-DASⅡ值在 106~115 分之间，适应行为重度障碍；生活大部分不能自理，基本不与人交往，只与照顾者简单交往，能理解照顾者的简单指令，有一定学习能力。监护下能从事简单劳动。能表达自己的基本需求，偶尔被动参与社交活动；需要环境提供广泛的支持，大部分生活仍需他人照料。

精神残疾三级：

WHO-DASⅡ值在 96~105 分之间，适应行为中度障碍；生活上不能完全自理，可以与人进行简单交流，能表达自己的情感。能独立从事简单劳动，能学习新事物，但学习能力明显比一般人差。被动参与社交活动，偶尔能主动参与社交活动；需要环境提供部分的支持，即所需要的支持服务是经常性的、短时间的需求，部分生活需由他人照料。

精神残疾四级：

WHO-DASⅡ值在 52~95 分之间，适应行为轻度障碍；生活上基本自理，但自理能力比一般人差，有时忽略个人卫生。能与人交往，能表达自己的情感，体会他人情感的能力较差，能从事一般的工作，学习新事物的能力比一般人稍差；偶尔需要环境提供支持，一般情况下生活不需要由他人照料。

多重残疾

存在两种或两种以上残疾为多重残疾。多重残疾应指出其残疾的类别。多重残疾分级按所属残疾中最重类别残疾分级标准进行分级。

附录 5

第二次全国残疾人抽样调查《住户调查表》填写说明

一、《住户调查表》填写方法

《住户调查表》由调查员根据申报人的回答，如实填写。

（一）《住户调查表》的填写方法有两种：有标准答案的栏目，根据实际情况圈填；没有标准答案的栏目，用文字或阿拉伯数字据实填写。

（二）《住户调查表》以户为单位填写，每页可填写 4 人，超过 4 人的家庭户酌情增加调查表。增加的调查表只填写“H1.本户编号”和按人填报的栏目“R1－R15”以及表下方有关内容，不再填写其他按户填报的栏目“H2—H9”。增加的调查表要与首页表顺序保存，不要分开，以防散乱，发生差错。超过 9 人的家庭户分为两户进行填报，其中一户按新增户处理。

（三）调查表填写错误的更改方法。如果文字或数字填写错误，必须用直尺将错误的地方用双线划去。横行书写的，用双横线划去，在划线的上方另行填写；竖行填写的，用双竖线划去，在划线的右侧另行填写；圈填错误的，应将错圈序码连同文字答案用双横线划去，再据实圈填。

（四）表内每个栏目下边的小方格是编码格，调查员不得填写。

二、《住户调查表》填写注意事项

（一）调查表的栏目使用钢笔或签字笔填写，字迹要端正清楚。必须用国家统一规范的简化字书写，不得使用同音异体字和繁体字。阿拉伯数字必须按“0123456789”的正体书写。

（二）在调查登记家庭户中每个人的情况时，要力争与本人见面，无特殊情况，不得由他人代替申报。

（三）调查员应对被调查户申报的情况保密，不得对外提供。

（四）《调查底册》和家庭《户口簿》仅供调查时参考，不得照抄。

三、《住户调查表》的填写顺序

《住户调查表》要逐人逐栏进行询问填写，不得漏填或错填。《住户调查表》填写的顺序是：

第一步，填写左上角的“本户地址”和“H1.本户编号”。

第二步，填写按人填报的栏目 R1－R14，按户主、配偶、子女等顺序逐人逐项登记（“R15.属于何种残疾”暂不圈填，待医生检查评定后再圈填），并以本人登记的顺序作为“本人行号”。

第三步，填写按户填报的栏目，包括“H2.本户登记人数”、“H4.本户住房建筑面积”、“H5.本户住房建筑结构”、“H6.本户住房来源”、“H7.上年度本户全部收入”、“H8.本户拥有的主要家电”、“H9.本户月均生活用电量”。（“H3.本户残疾人数”暂不填写，待医生检查评定后再填写）。

第四步，与被调查户核对主要情况无误后，请家庭的主要申报人在表下方签名或盖章，调查员填写表下方的“本户共___页，本页是第___页”，然后签字并填写填报日期；“装订页码第___页”待本调查小区调查表装订成册后再填写。

第五步，根据医生检查的定性结果，填写“R15.属于何种残疾”，并据此填写本户户记录中的“H3.本户残疾人数”。

第六步，“备注”栏分为两部分填写。左栏属于规定的填写内容，包括本户见面人数，0～6 岁儿童姓名，疑似残疾人的姓名和残疾类别；右栏填写调查中发现的特殊情况。

四、《住户调查表》指标解释

第二次全国残疾人抽样调查的标准时间为：2006 年 4 月 1 日 0 时。此次调查的数据是反映标准时间点的人口状况。2006 年 4 月 1 日 0 时之前出生的人需要登记，之后出生的人则不登记；2006 年 4 月 1 日 0 时之前死亡的人不登记，之后死亡的人需要登记。准确地把握标准时间是防止重复登记和漏登记的重要措施。

（一）按人填报的栏目共有 15 个

R1.姓名：竖行填写本人的正式姓名，无正式姓名的，可填写乳名、小名或某某氏；未取名的婴儿可填写“未取名”。

R2.与户主的关系：指户内各成员与户主之间的关系，并不是指户内各成员与申报人之间的关系。

1.户主。表内所填写的第一人必须是户主。如果户主外出半年以上，按照调查对象标准规定，其不属于本调查小区的调查对象，则由本户另确定一位新的户主，并作为第一人填写，其他成员按照与新户主的关系据实圈填。一户中只能有一位户主。

2.配偶。户主的配偶指户主的妻子或丈夫，必须填在第二格。一户中只能有一个人填为户主的配偶。

3.子女。包括户主的儿子、女儿、儿媳、女婿，一般应按照年龄大小顺序填写。

4.孙子女。包括户主的孙子、孙女、孙媳、孙婿、重孙子女、重孙媳、重孙婿及外孙、重外孙子女等。

5.父母。包括户主的父亲、母亲、公公、婆婆、岳父、岳母、继父、继母。

6.祖父母。包括户主的祖父母、外祖父、外祖母、曾祖父、曾祖母、继祖父、继祖母。

7.兄弟姐妹。包括户主和配偶的兄弟姐妹、表兄弟姐妹等。

8.其他。指上述家庭成员之外的其他人员，如朋友、同事、同学、同乡、保姆等均圈填此项。

R3.性别：根据被调查人的性别据实圈填。

R4.出生年月：被调查人的出生年月按公历用阿拉伯数字填写；只知农历的，按农历月份+1 视为公历填写。从出生日期到调查的标准时间为止，满 12 个月的算一周岁（即使少一天也不算一周岁），不满 12 个月的婴儿填写为 0 周岁。

R5.民族：指被调查人的民族成份。要按《各民族名称一览表》据实竖行填写，要填写全称而不要写简称。父母不是同一民族的，其不满 18 周岁的子女，民族未定的，由父母商定，选填父亲或母亲一方的民族；已满 18 周岁的子女，是填报父亲还是母亲的民族，由本人决定。如果确实有新出现的民族，则据实填报，在备注栏说明；外国人加入中国籍的，其本人的民族和我国某一民族相同，就填报这一民族，例如朝鲜人加入中国籍的，即填朝鲜族；没有相同民族的，按外国人加入中国籍填写，填报为“入籍”。

R6.户口登记状况：指被调查人的常住户口登记状况，设有四个标准答案，即为本次调查对象的四款人。

根据国务院批准的《第二次全国残疾人抽样调查方案》规定，“此次调查的对象是具有中华人民共和国国籍，并居住在被抽中调查小区内常住的人。调查采用按常住人口登记的原则，以户为单位填报，只调查家庭户，不调查集体户。单身居住独自生活的也作为一个家庭进行登记。本次不调查中国人民解放军现役军人和武装警察（包括部队管理的离退休干部）。”

确定被调查人是否属于本次调查的对象，关键是准确掌握调查的空间标准和时间标准。

空间标准：指户口是否在“本乡、镇、街道”所辖的地理区域。

时间标准：指常住本调查小区时间连续“半年”。

本次调查规定的连续“半年”是指从 2005 年 10 月 1 日 0 时到 2006 年 4 月 1 日 0 时。对于在本调查小区居住并从事商业、手工业、服务业、建筑业等活动的人，偶尔返回户口登记地或临时外出探亲访友（包括春节返乡探亲）、出差，判断其在本调查小区居住的时间和离开常住户口登记地的时间时，都不应扣除偶尔返回或临时外出的时间。

调查员可按以下四个标准答案根据调查对象的实际情况圈填。

1.住本调查小区，户口在本乡、镇、街道；

2.住本调查小区半年以上，户口在外乡、镇、街道；

3.住本调查小区不满半年，离开户口所在地半年以上；

4.住本调查小区，户口待定。

第一款人：包括两种情况，一是常住户口在本乡、镇、街道，居住在本调查小区的人；二是常住户口在本乡、镇、街道，但是人离开本乡、镇、街道不满半年的人（包括调查时临时出国考察、学习和旅游等情况不满半年的人)。

常住户口在本户、外出（离开本乡、镇、街道）已超过半年的人，不属于本调查小区的调查对象。

第二款人：是指调查时已在本调查小区常住时间半年以上，但常住户口在其他乡、镇、街道的人。

第三款人：是指调查时在本调查小区常住时间虽然不满半年，常住户口在其他乡、镇、街道，但已离开常住户口登记地半年以上的人。

第四款人：是指调查时居住在本调查小区，在任何地方都没有登记常住户口的人（包括手持户口迁移证、退伍证、出生证、劳改释放证等尚未办理常住户口登记手续的人）。填报此款人的直接跳问 R8。

本次调查对以下情况作了特殊规定：

1.高中及高中以下在校住宿的学生，凡是经常回家的（例如周六、日回家），本次调查规定按调查对象第一款人进行登记。

2.婚嫁、搬迁到本调查小区的人或户，即使来本调查小区居住不满半年而户口在外乡、镇、街道，但因其具有长期居住的意义，本次调查规定按调查对象第一款人进行登记。

3.凡是户口在集体户、人在家庭户居住的人，本次调查规定按调查对象第一款人在被调查户进行登记。

R7.户口性质：指被调查人的常住户口性质，按户口簿上常住户口性质据实圈填。取消了农业户口和非农业户口的地区，按照取消前的户口性质圈填。农民进城已办理了小城镇户口的，也圈填“2.非农业”；在“R6.户口登记状况”中填报为“4.住本调查小区，户口待定”的人不填报本栏。

R8、R9 两栏限 6 岁及以上的人填报。

R8.是否识字：指被调查人是否达到国务院规定的脱盲标准（城市居民和乡、镇企业职工识字 2000 个，乡村居民识字 1500 个）。调查登记时可询问是否具有阅读通俗书报刊或写便条、简单书信的能力。凡具有简单读写能力的人，圈填“1.是”，没有达到脱盲标准的人，则圈填“2.否”。圈填“2.否”的人，不再填报“R9.受教育程度”，跳问“R10、婚姻状况”。

R9.受教育程度：指本人接受国内外教育的最高学历。通过自学或成人学历教育经国家统一考试合格的，可分别归入相应的受教育程度。

1.未上过学。指被调查人识字，但从未接受过国家或其他办学机构实施的各级各类学校教育。参加过各种扫盲班或成人识字班的人，也圈填此项。

2.小学。指接受的最高一级教育为小学，无论其是在校、毕业、肄业或辍学均圈填此项。只读过私塾的也填报此项。

3.初中。指接受的最高一级教育为初中，无论其是在校、毕业、肄业或辍学均圈填此项。技工学校相当于初中的也圈填此项。

4.高中。指接受的最高一级教育为普通高中、职业高中，无论其是在校、毕业、肄业或辍学均圈填此项。

5.中专。指接受的最高一级教育为中等专业学校，无论其是在校、毕业、肄业或辍学均圈填此项。

6.大学专科。指接受的最高一级教育为大学专科。在普通高等学校学习大学专科的，无论其在校、毕业、肄业或辍学均圈填此项。

凡在国家授权承认学历的广播电视大学、职工大学、高等院校举办的函授大学、夜大学和其他形式的大学，按教育部颁布的大学专科教学大纲进行授课的，其毕业生圈填此项；其肄业生、在校生按原有受教育程度圈填。

通过自学，经国家统一举办的考试，并取得大学专科毕业证书的，也圈填此项标准答案。

7.大学本科。指接受的最高一级教育为大学本科。在普通高等学校学习大学本科的，无论其是在校、毕业、肄业或辍学均圈填此项。

凡在国家授权承认学历的广播电视大学、职工大学、高等院校举办的函授大学、夜大学和其他形式的大学，按教育部颁布的大学本科教学大纲进行授课的，其毕业生圈填此项；其肄业生、在校生按原有受教育程度圈填。

通过自学和进修大学课程，经国家统一举办的考试，并取得大学本科毕业证书的，也圈填此项标准答案。

8.研究生。指接受的最高一级教育为硕士、博士研究生，无论其是在校、毕业、肄业或辍学均圈填此项。在职接受研究生教育的，其毕业生圈填此项，肄业生和在校生按原有受教育程度圈填。

凡是没有按教育部的教学大纲培训或只学单科的人，不能圈填“大学专科”、“大学本科”或“研究生”，一律按照原有受教育程度圈填。

R10-R14 栏限 15 岁及以上的人填报。

R10.婚姻状况：指被调查人在调查标准时间的实际婚姻状况。

1.未婚。指从未结过婚的人。

2.初婚有配偶。指本人有配偶，且属于第一次婚姻的人。对于没有办理结婚登记而未婚同居的人，按其申报的圈填。

3.再婚有配偶。指本人有配偶，但属于第二次及以上婚姻的人。

4.离婚。指夫妻间已办理了离婚手续，并在调查标准时间仍未再结婚的人。未办理离婚手续，而长期分居，不圈填此项，而应圈填“2.初婚有配偶”或“3.再婚有配偶”。

5.丧偶。指夫妇一方丧亡，在调查标准时间时还没有再结婚的人。

R11.当前是否有工作：指被调查人在调查标准时间前一周（即 2006 年 3 月 25—31 日），是否从事过不少于一小时有收入的社会劳动。工作时间不足一小时的，应视为无工作。填报无工作的则不再询问职业栏目，直接跳填“R13.当前未工作状况”。

有收入是指在该周内曾经得到或能够得到工资或家庭收益等，包括现金和实物收入。农民在承包的土地上劳动应视为有收入的工作；家庭成员在自家经营的商店、门市部、工厂劳动，既使没有任何收入，也应视同为有收入工作。

在职休假、培训学习、临时停工和季节性歇业而未工作，也视为当前有工作，包括如因生病或受伤而短期休息、休假和休养的人；脱产学习的人；由于天气原因、季节或电力故障、原料或燃料短缺等原因临时停工的人；从事季节性工作，正值歇业的人等。

R12.职业：指本人所从事的社会劳动工作种类。要求必须填写工作单位全称和所做的具体工作。

填写职业要注意以下几点：

1.填写职业要具体、详细。既要填写工作单位全称，也要填写具体做什么工作。例如“北京重型机床厂钳工”、“北京市公交总公司司机”等，不能笼统地填写“工人”；机关工作人员不能笼统填写“干部”，应填写其工作单位全称和职业，例如“北京市统计局主任科员”、“中国科学院工程师”等；农民不能笼统地填写“农民”或“种地”，而应具体填写为“粮农”、“菜农”或者“养鸡”等。

2.具有中级以上技术职称的行政领导人员，应按行政领导职务填写其职业；同时担任党和行政职务的领导干部，应按主要职务填写职业。

3.工种尚未确定，暂时又无具体工作的，可填“工种未定”。

4.农村就业人口中，凡在乡镇或村办企业中有比较固定的工作，既使在调查标准时间前一周干的是农活，仍要填报其比较固定的职业。

5.调查标准时间前一周内同时从事一种以上工作的，按所从事时间最长的工作种类填写；不能确定时间长短的，按其经济收入较多的工作填写。

6.没有固定性工作的个体经营者，进城务工经商和农闲时进行其他经济活动的人，企业停工停产自某出路从事一些临时性工作的职工，填写调查标准时间前一周主要从事的具体工作。

脱产进入学校学习者，不填职业栏，而应填写“R13.当前未工作状况”栏。

R13.当前未工作状况：此栏限十五岁及十五岁以上当前没有工作的人填写。

1.在校学生。指正在接受各级各类学校教育并有学籍的人。

2.离退休。指已办理离休、退休手续，依靠领取离退休金生活的人。离休、退休后又参加社会劳动并取得报酬的人，应视为有工作，不应圈填此项。

3.料理家务。主要从事家务劳动，且没有劳动收入的人圈填。离退休人员参加部分家务劳动的则不填此栏。农村中既料理家务又务农或从事家庭副业的人，应按在业人口填写职业，不应圈填此栏。

4.丧失劳动能力。指因心理、生理残疾和疾病等原因，在现有劳动条件下丧失了从事劳动的能力、不能参加社会劳动的人。也包括年老体弱生活不能自理的人员。但不包括领取退休金的人员。

5.毕业后未工作。指从学校毕业后从未工作过的人。

6.因单位原因失去原工作。指用人单位或雇主提出与劳动者本人中断劳动关系而失去原工作的人。包括：被原单位辞退、除名、开除的人；劳动合同到期后单位不同意续签劳动合同的人；因单位破产而失去工作的人；未办理正式退休手续的“内退”人员；仍与原工作单位保留劳动关系的下岗人员。

7.因本人原因失去原工作。指本人因各种原因提出与单位中断劳动关系而离开原工作岗位的人。包括辞职的人和劳动合同到期后本人不同意与单位继续签订劳动合同的人。

8.承包土地被征用。指本人承包或转包、租用集体或他人的土地，被有关部门和单位依据土地征用制度的规定征作公益性用地而失去工作。受雇在别人承包的土地上工作，因该土地被征用而失去工作的人，不圈此项，而应圈填“6、因单位原因失去原工作”。

9.其他。除以上八种人之外的未工作人口，圈填为“其他”。

R14.未工作者主要生活来源：根据被调查人情况据实圈填。如果同时有多项生活费来源，则选择其中最主要一项标准答案圈填。

1.离退休金。指办理了离休、退休手续的人，从原工作单位或社会保险部门领取的离退休生活费。

2.领取基本生活费。为了保证基本生活水平而领取的生活费。包括：企业下岗、内退职工领取的基本生活费，失业救济金；民政部门发放给烈军属的生活抚恤金，发给五保户和残疾人的生活补助费，以及发给城镇低收入户的最低生活保障金等。

3.家庭其他成员供养。指被调查人依靠家庭其他成员的经济收入生活。单独生活、由本家庭户外的其他亲属供养的也圈填此项。

4.财产性收入。指以资金储蓄、借贷入股以及财产经营、租赁等所取得的利息、股息、红利、租金等财产性收入生活。

5.保险收入。指主要靠从保险公司领取保险金生活。

6.其他。除以上几种情况之外的其他生活费来源。

R15.定性结果：此栏待医生对残疾人检查定性以后再由调查员填写。如果是残疾人，属于哪类残疾，就圈填哪类残疾；如果被调查人具有多种残疾现象，就圈填“7、多重残疾”；没有残疾的人不填报此栏。

（二）按户填报的栏目

按户填报的栏目共有9个。其中H1为本户编号，根据调查底册的序号填写；H2和H3应与本户人记录中的有关栏目合计数相符；H4—H9栏与人记录栏目无关，是以户为单位填报的项目。

H1.本户编号：按《调查底册》序号填写“H1 本户编号”。

在登记时，如果发现《调查底册》中某户为空户，则将本小区的最后一户前移，使用该户的“本户编号”；如果某户中实际居住着两户，其中一户使用原来的“本户编号”，另一户的“本户编号”续在本调查小区所有户编号的最后，按顺序编写户编号；居住三户或以上的，依次类推（上述户编号的改动须经调查队负责调查的副队长核定后进行，防止错乱）。

H2.本户登记人数：在本户调查登记的人数,应与人记录的合计人数一致。

H3.本户残疾人数：根据人记录的“R15.属于何种残疾”的定性结果，分男、女性别的残疾人数填写。

H4.本户住房　建筑面积：本户住房的建筑面积按住房的外墙计算。

1.知道建筑面积的可直接填报；不知道住房建筑面积，只知道使用面积的，则可使用公式换算：

建筑面积＝使用面积（包括扩建的使用面积）÷0.7

2.住旅馆或租借房屋的常住户，一律按现住房的实际情况填写其住房面积。

3.居住在工作场所的户，住房面积应该填写其居住房间的建筑面积。

4.合住在同一所住房里的住户，其建筑面积为各户所独立使用的房间面积加上公共使用面积（包括厨房、厕所、门厅、阳台等）的一部分；两户合用的面积，各按二分之一计算，三户合用的面积，各按三分之一计算；以此类推。

5.属于本小区调查对象，但居无定所的常住户（如进城的流动人口）睡在桥下、公园和车站等地方的人，其住房面积填“0”平方米。

H5.本户住房建筑结构：指本户住房建筑的结构（指承重结构，如承重墙、梁、柱等）所用的建筑材料。本栏目设有五个标准答案。

1.钢筋混凝土：指承重的主要构件是用钢筋混凝土建造的住房。包括薄壳结构、大模板现浇结构及使用滑模、升板等建造的钢筋混凝土结构的房屋。

2.混合结构：指承重的主要构件是用钢筋混凝土和砖、木建造的房屋。如一幢房屋的梁是用钢筋混凝土制成，以砖墙为承重墙，或者梁使用木材建造，柱是使用钢筋混凝土。

3.砖木结构：是指承重的主要构件是砖和木材。如一幢房屋是木制房架、砖墙、木柱建造的。

4.木、竹、草结构：指房屋的主要建筑材料为木、竹、草。如一幢房屋是木（竹）制房架、草顶。

5.其他：不属于上述结构类型的房屋都归此类。如砖拱结构、窑洞、蒙古包等。

H6.本户住房来源：指本户获取住房的途径，包括拥有全部产权或部分产权。本栏目设有四个标准答案，可根据住房的拥有情况，据实圈填。

1.自有：指本户住房的产权属于本户私人所有。既包括城镇和农村中私人自建的房屋，也包括私人从单位或房地产开发单位购买的房屋，还包括继承的私有遗产房等情况。

2.租赁：指本户住房属于交纳房租费后获有使用权。既包括由单位作为福利分配给本单位职工、产权归单位所有、个人交纳少量房租费的住房，也包括从市场上租用的房屋。

3.借用：指不用交房租费，临时借住单位或亲朋好友的房屋。

4.其他：指不属于以上几种房屋产权性质的住房，圈填此项。

H7.上年度本户全部收入：指被调查户2005年度全部经济收入，包括工薪收入、经营性净收入、财产性收入、转移性收入（如保险、奖金、抚恤金、资助、出租房收入等）。农村的全部收入包括各种农作物、养殖等实物收获，并要将实物折算成人民币，根据全户所有人的合计收入是多少就填报多少。但是，家中雇佣保姆和非亲属的经济收入不包括在内。

对亲属供养情况收入的计算，如果供养人与被供养人在同一户居住，供养费不计入总收入；如果不在同一户，供养费应计入被供养人所在户的总收入中。

H8.本户拥有的主要家电：本栏属于多选栏目，共列出五种家庭常用的主要电器名称。可根据被调查户拥有（指拥有所有权或使用权）并能使用的家用电器分别圈填。彩色电视机，不包括黑白电视机；电冰箱包括单门、双门和多门的；洗衣机包括全自动和半自动（含双缸和单缸的）；电话包括有线电话和无线电话（手机）；电脑指电子计算机。

H9.本户月均生活用电量：根据本户的月平均用电量填报。如果只知道用电费用，可根据当地每度电价换算成用电度数。

附录 7

第二次全国残疾人抽样调查《残疾人调查表》填写说明

一、填写注意事项

（一）《残疾人调查表》由医生填写，填表人员要严格按照规定填写，保证本表的工整与清洁。

（二）本表要求使用铅笔填写，字迹要端正清楚，不得潦草模糊。不得用同音异体字；简化字必须按国家公布的《简化字总表》书写；阿拉伯数字必须按“0 1 2 3 4 5 6 7 8 9”的正体书写，不得用自由体。

（三）填表人员根据评定结果填写表中相关项目，不能遗漏。

（四）填表人员要对被调查的残疾人及家庭申报的情况严格保密，不得对外提供。

二、填写顺序

依据诊断情况完成《残疾评定记录表》的填报后，再开始填报《残疾人调查表》，填写要逐项进行，不得漏填或重复。填写顺序如下：

第一步：《残疾人调查表》的上沿部分“本户编号”、“本人行号”、“本户住址”和“残疾人姓名”、“性别”、“年龄”、“户主姓名”等项均对照《残疾评定记录表》的上沿内容。

第二步：本表中“C1.残疾类别”、“C2.残疾等级”、“C3.残疾发现时间”和“C4.致残主要原因”等按诊断残疾的实际情况填写。

第三步：遇到两种或两种以上残疾人，即多重残疾则复选填报。

第四步：“T1.残疾人活动和参与评定”、“T2.康复建议”、“T3.是否持有残疾人证”、“T4.接受教育情况”、“T5.社会保障情况”、“T6.曾接受何种服务或辅助”及“T7.本人主要需求”等逐项询问判断填写，遇多重残疾由最后诊断确诊某种残疾的医生填写。

第五步：本表下沿部分，完成逐项填写后，“本户包括住户调查表”、“医生”、“申报人”及“填报日期”均按《残疾评定记录表》的下沿内容填写完整。

另外，本表每个项目下面的方格为编码格，填写人员不得填写，由专业编码人员处理。

三、填写说明

C1.残疾类别

分为视力残疾、听力残疾、言语残疾、肢体残疾、智力残疾和精神残疾等六类。填表时在诊断确定为残疾后，请在残疾类别的左面编号上圈填，如多重残疾，则复选。例如，诊断为“视力残疾”，应圈填为：(1.) 视力残疾。

C2.残疾等级

各类残疾均分为四个等级。填表时，请在相应的残疾等级编号上圈填。例如：诊断为听力三级，应圈填为：(3.) 三级。

C3.残疾发现时间

残疾发生时间是指发现残疾或出现残疾的年份，如“1999 年”。针对 0~6 岁的儿童来说，是指发现残疾的时间；而针对其他人则为出现残疾的时间。填表时，请将残疾发现时间填在年前面的横线上。

C4.致残主要原因（选择主要致残原因不超过两项）

致残主要原因是指导致主要致残的原因，选择主要致残原因不超过两项。填表时请在相应项目前的编号上圈填。如填表人的致残原因在表中没有列出，请在“其他”前的编号上圈填。按照不同类别分为以下几类：

视力残疾

01.遗传、先天异常或发育障碍	05.角膜病	09.弱视
02.白内障	06.视神经病变	10.外伤
03.青光眼	07.视网膜、色素膜病变	11.中毒
04.沙眼	08.屈光不正	12.其他
		13.原因不明

听力残疾

01.遗传	06.中耳炎	11.药物中毒
02.母孕期病毒感染	07.老年性耳聋	12.创伤或意外伤害
03.传染性疾病	08.早产和低体重	13.噪声和爆震
04.自身免疫缺陷性疾病	09. 新生儿窒息	14.其他
05.全身性疾病	10. 高胆红素血症	15.原因不明

言语残疾

01.唐氏综合征	08.脑出血	15.脊髓侧索硬化
02.脑性瘫痪	09.脑炎	16.脑外伤
03.新生儿病理性黄疸	10.脑囊虫病	17.产伤
04.早产、低体重和过期产	11.喉、舌疾病术后	18.孤独症
05.腭裂	12.听力障碍	19.癫痫
06.智力低下	13.帕金森氏病	20.CO 中毒
07.脑梗死	14.多发性硬化	21.其他
		22.原因不明

肢体残疾

01.脑性瘫痪	08.肿瘤	15.脑外伤
02.发育畸形	09.骨关节病	16.其他外伤
03.侏儒症	10.地方病	17.结核性感染
04.其他先天性或发育性障碍	11.脊髓疾病	18.化脓性感染
05.脊髓灰质炎	12.工伤	19.中毒
06.脑血管疾病	13.交通事故	20.其他
07.周围血管疾病	14.脊髓损伤	21.原因不明

智力残疾

01.遗传	07.发育畸形	13.其他外伤
02.脑疾病	08.营养不良	14.中毒与过敏反应
03.内分泌障碍	09.母孕期外伤及物理伤害	15.不良社会文化因素
04.惊厥性疾病	10.产伤	16.其他
05.新生儿窒息	11.工伤	17.原因不明
06.早产、低体重和过期产	12.交通事故	

精神残疾

01.痴呆	06.分裂情感性障碍	11.人格障碍
02.其它器质性精神障碍	07.其它精神病性障碍	12.孤独症
03.使用精神活性物质所致的障碍	08.心境障碍	13.癫痫
04.精神分裂症	09.神经症性障碍	14.其他
05.妄想性障碍	10.行为综合征	15.原因不明

T1.残疾人活动和参与评定（18 岁以上填报）

T1.残疾人活动和参与评定（18 岁以上填报）					
理解和交流	身体移动	生活自理	与人相处	生活活动	社会参与
1.无障碍/无适用 2.轻度障碍 3.中度障碍 4.重度障碍 5.极重度障碍/不能完成	1.无障碍/无适用 2.轻度障碍 3.中度障碍 4.重度障碍 5.极重度障碍/不能完成	1.无障碍/无适用 2.轻度障碍 3.中度障碍 4.重度障碍 5.极重度障碍/不能完成	1.无障碍/无适用 2.轻度障碍 3.中度障碍 4.重度障碍 5.极重度障碍/不能完成	1.无障碍/无适用 2.轻度障碍 3.中度障碍 4.重度障碍 5.极重度障碍/不能完成	1.无障碍/无适用 2.轻度障碍 3.中度障碍 4.重度障碍 5.极重度障碍/不能完成

活动是由个体执行一项任务或行动，它代表了功能的个体方面。当个体在进行活动时可能遇到的困难，即是活动受限制，它根据完成活动时的质和量从轻微到严重偏差的变化范围。

参与是指投入到一种生活情景中，它代表了功能的社会方面，是衡量残疾程度的重要指标。

分六大类:理解和交流、身体移动、生活自理、与人相处、生活活动和社会参与。其中各类均有五种程度：无障碍、轻度障碍、中度障碍、重度障碍、极重度障碍。填表时请依据《残疾评定记录表》结果在相应项目前的数值上圈填。

T2.今后康复建议

康复形式：即残疾人实现康复的基本途径，包括以下三种：机构康复，延伸服务（上门服务），社区、家庭康复。

1.机构康复：指在康复中心、综合医院设置的康复科室等机构中，以门诊和住院的形式提供的康复服务途径。

2.延伸服务（上门服务)：延伸服务是指由康复机构派专业人员到实地，为康复对象提供专业性康复服务的途径。

3.社区和家庭康复：社区、家庭康复是指在社区和家庭为残疾人采取的康复措施，这些措施是利用和依靠社区和家庭的人力资源而进行的，包括依靠残疾人及其家庭成员和社会。

康复内容

指实现残疾人康复的方法或手段，包括：医疗服务、辅助器具、康复训练与服务等。

康复形式仅能选择其中一项圈填。选择康复形式后，康复内容至少选择一项圈填。填表时请在相应项目前的编号上圈填。

T3.是否持有残疾人证

指被调查人是否持有当地残联核发的残疾人证。填表时请在相应项目前的编号上圈填。

T4.接受义务教育情况（在校生填报）

1.普通教育学校普通班：指在普通义务教育学校随班就读。

2.普通教育学校特教班：指在普通义务教育学校专门为视力、听力言语、智力残疾和多重残疾人开办的特殊教育班中接受教育。

3.特殊教育学校：指在专门为视力、听力言语、智力残疾和多重残疾人开办的提供义务教育的学校。

4.其他：指通过社区服务、送教上门等多种形式接受教育。

填表时请在相应项目前的编号上圈填。

T5.社会保障情况

指被调查人是否纳入了社会保险、当地居民最低生活保障或集中供养、五保供养、临时救济、定期补助、残联系统专项补助等社会保障范围。

1.参加社会保险情况：指调查时被调查人是否参加了养老、医疗、工伤、失业等社会保险。此栏至少填写一项。

2.是否领取低保金：指调查时被调查人是否被纳入当地居民最低生活保障范围领取最低生活保障金。

3.是否领取过救济：指被调查人在调查标准时间前一年（即2005年4月1日至2006年4月1日）内是否享受当地民政、残联等部门所给予的集中供养、五保供养、临时救济、定期补助、残联系统专项补助等。

填表时请在相应项目前的编号上圈填。

T6.曾接受过何种服务或扶助（填报最主要三项）

指被调查人曾经接受过的当地残联、民政或其他部门、组织提供的康复、教育、就业、生活等方面的服务或扶助。选最主要的三项圈填。填表时请在相应项目前的编号上圈填。

01.医疗服务与救助：医疗服务指通过医院或专门医疗机构采用手术或其他诊断形式帮助残疾人恢复或补偿功能，提高生活自理和社会适应能力等。

医疗救助：指政府和社会对因病而无经济能力进行治疗的贫困残疾人实施专项医疗帮助和支持的行为。在农村开展新型农村合作医疗的地区，资助残疾人缴纳个人应负担的全部或部分资金，参加当地合作医疗，享受合作医疗待遇；因患大病经合作医疗补助后个人负担医疗费用过高的，再给予补助；尚未开展新型农村合作医疗的地区，对因患病难以负担费用的残疾人，给予适当医疗救助；对患国家所规定的特种传染病的残疾人，其救治费用按有关规定给予补助。在城市，通过发动社会力量资助、城市医疗救助基金给予适当补助、医疗机构自愿减免有关费用等多种形式对患病而无力承担治疗费用的贫困残疾人给予医疗救助。

02.辅助器具：（在我国习惯称为残疾人用品用具），是指供残疾人个人使用的能够补偿、减轻或替代因残疾造成的身体功能缺失或障碍的产品和器械。

用于肢体残疾人的辅助器具有：假肢、轮椅、手摇轮椅车、电动动轮、机动轮椅车、助行架、腋杖、肘杖、多脚手杖、单脚手杖、握笔器、取物器、穿衣辅助、用餐辅助、刷牙辅助、梳头辅具等；用于听力残疾人的辅助器具有：助听器、语言训练器、骨导电话、闪光门铃等；用于视力残疾人的辅助器具有：助视器、电子语音报时器、盲文写字板、盲文打字机、盲文阅读器、盲杖等。

03.康复训练与服务：指残联、卫生或其他部门为残疾人及其亲友提供的包括肢残人功能、智残人能力、盲人行走导向、聋儿听力语言、助视器配用、精神病防治康复等多方面的培训、训练指导、康复护理、心理疏导、残疾预防知识普及、健康教育、科学与安全意识宣传及相关的咨询转介等多种康复训练与服务。

04.教育费用补助或减免(6岁以上填报)：指政府、教育部门、残联系统或其他部门，组织减免残疾人或其子女就学的费用或提供的补助金。

05.职业教育与培训(12 岁以上填报)：残疾人或其子女在各级各类职业学校或培训机构中接受学历教育（包括初等、中等和高等职业教育）或短期的职业培训。

06.就业安置与扶持(16岁以上填报)：指残疾人就业服务机构或其他社会机构提供的职业指导、就业安置或扶持扶助等服务。

07.贫困残疾人救助与扶持：

救助是指纳入当地居民最低生活保障或享受集中供养、五保供养、临时救济、定期补助、残联系统专项补助等。

扶持是指各级政府扶贫办、妇联、共青团、残联及社会团体等有关部门或信用社、扶贫社等开展的帮助贫困残疾人筹措资金、落实优惠政策、选项目、学技术等多种形式的带动贫困残疾人脱贫活动，包括扶贫经济实体、扶贫基地辐射带动到户；党员、干部、助残志愿者结对包户帮带活动；残疾人联合会利用康复扶贫贷款开展残疾人专项扶贫活动等。

08.法律援助与服务：指各级政府法律援助机构、各级司法行政部门、各级残疾人维权机构、公证机构和基层法律服务机构、律师、民间法律援助组织、法律专业网站和志愿者等为残疾人提供的免费法律服务、贫困残疾人诉讼费或其他费用减免缓、法律咨询、转介服务和法律帮助等。

09.无障碍设施：指为保障残疾人、老年人、伤病人、儿童和其他社会成员的通行安全和使用便利，在道路、公共建筑、居住建筑和居住区等建设工程中配套建设的服务设施。

10.信息无障碍：指公共传媒应使残疾人能够无障碍地获得信息，进行交流，如影视作品、电视节目的字幕和解说，电视手语，盲人有声读物，针对不同障碍的残疾人开发适合不同需要的通信技术和产品等。

11.生活服务：指社区组织、志愿者等为残疾人提供的不定期的日常生活服务，如日常家务的协助、代办等。

12.文化服务：指各级政府文化行政部门、各文化机构、基层组织、社会团体、志愿者等为残疾人提供或组织的旨在解决残疾人精神文化需求、提高残疾人素质的各项文化艺术活动及相应服务。如送书上门，爱心赠书，盲文及有声读物的借阅，参与社会文化活动时享受的便利、优惠服务等。

13.其他：除以上十四种之外的服务或扶助，圈填为"其他"。

14.未曾接受过何种服务或扶助。

T7.本人主要需求

指被调查人需要的康复、教育、就业、生活等方面的服务或扶助，选最主要的三项圈填。指标解释参见T6。填表时请在相应项目前的编号上圈填。

附录 8

第二次全国残疾人抽样调查社区（村、居委会）调查表

表　　号：残调 3 表
制表机关：第二次全国残疾人抽样调查办公室
批准机关：国家统计局
批准文号：国统函【2005】227 号
有效期截止时间：2006 年 6 月 30 日

地　址：＿＿＿＿省（自治区.直辖市）＿＿＿＿县（市.区）＿＿＿＿乡（镇.街道）＿＿＿＿社区（村、居委会）

地址码：□□　□□　□□　□

一、类别	二、总户数	三、总人口数	残疾人情况				残疾人组织情况		十、社区内无障碍设施
			四、残疾人数	五、持证残疾人数	六、享受定期救助人数	七、享受临时救助人数	八、残疾人协会（小组）	九、残疾人专职委员	
1. 社区（居委会） 2.村委会 □	＿＿＿＿户 □□□□□	＿＿＿＿人 □□□□□	＿＿＿人 □□□	＿＿＿人 □□□	＿＿＿人 □□□	＿＿＿人 □□□	1.有 2.无 □	1.有 2.无 □	1.有 2.无 □

十一、康复站	十二、社区康复协调员	各项公共服务机构覆盖情况（距本社区、村委会公里数）				十七、上年度本村人均收入
		十三、法律服务所（司法所）	十四、特教学校（班）	十五、文化活动站（室）	十六、卫生室（所、站）	
1.有 2.无 □	1.有 2.无 □	＿＿＿＿公里 □□	＿＿＿＿公里 □□	＿＿＿＿公里 □□	＿＿＿＿公里 □□	＿＿＿＿元 □□□□□

填表人（签字）：＿＿＿＿＿　　　　填报时间：＿＿＿＿年＿＿＿月＿＿＿日

附录 9

第二次全国残疾人抽样调查《社区（村、居委会）调查表》填写说明

《第二次全国残疾人抽样调查社区（村、居委会）调查表》（简称《社区调查表》），是为了获取调查小区所在社区的有关基础数据而制定的。数据可以反映残疾人生活的环境与条件，是本次调查数据的重要组成部分。

本表的填写要求:

一、本表以被抽中调查小区所在的社区（居委会）或村委会为单位，由陪调组组长负责收集资料，并在调查队长的指导下填报。

二、表中第十栏只由社区（居委会）填报，第十七栏只由村委会填报，其余项目栏社区（居委会）和村委会都填报。

三、指标解释:

1.“总户数”、“总人口数”，为2005年末社区（村、居委会）所辖范围内的常住人口统计数（如果确实没有常住人口数据，才能使用其他人口数据填报）。

2.“残疾人数”，为社区和村委会掌握的残疾人数（包括持证残疾人和无证的残疾人）。

3.“持证残疾人数”，指社区和村委会掌握的持有残联系统发放的残疾证的人数。

4.“享受定期救助人数”，指上一年度民政、残联等部门给予的居民最低生活保障、集中供养、五保供养等定期性救助人数。

5.“享受临时救助人数”，指上一年度民政、残联等部门给予的临时性费用减免、临时救济等形式的救助人数。

6.“社区内无障碍设施”，是本社区范围内是否设有坡道、盲道等无障碍设施。

7.“残疾人康复站”，指社区（村、居委会）依托社区服务中心学校、幼儿园、福利企业事业单位、工疗站、残疾人活动场所的等现有机构和设施，建立的满足残疾人全面康复需求的社区康复站。

8.“社区康复协调员” 指社区（村、居委会）配备的专（兼）职人员，可会同社区卫生服务机构调查康复需求，建立康复服务档案，向残疾人提供康复服务信息和转介服务，协调组织社区内有关机构、人员为残疾人提供康复服务和相应支持。

9.“卫生室（所、站）”，在农村指卫生室（所、站），在城市指社区卫生服务中心（站）。

四、“十三”至“十六”栏是指本社区（村、居委会）距最近的、可使用或能提供服务的各项公共服务机构的公里数。凡是本社区（村、居委会）范围内有的，填写“0”公里；若周围没有或不知道，则填写“无”。

附录 10

黑龙江省第二次全国残疾人抽样调查
工作实施方案

根据国家第二次全国残疾人抽样调查工作的总体要求，为确保我省第二次全国残疾人抽样调查工作圆满完成，结合我省实际情况，制定本实施方案。

一、指导思想

以邓小平理论、“三个代表”重要思想和党的十六大精神为指导，从加快“和谐龙江”建设进程，牢固树立科学的残疾人事业发展观大局出发，努力促进残疾人全面平等参与社会生活，共享社会物质文化成果。

二、调查目的

随着经济社会快速发展，我国残疾人各方面的情况发生了很大变化，为了掌握这一变化了的情况，我省按照国家要求进行第二次残疾人抽样调查。通过残疾人抽样调查，准确掌握全省残疾人的基本情况，为提高和改善残疾人的服务质量，制定全省经济和社会发展计划，完善与实施有关残疾人的法律、法规、政策提供科学依据。

三、调查对象

这次调查的对象是具有中华人民共和国国籍并在被抽中调查小区内常住的人(指自然人，下同)。

调查采用按常住人口登记的原则，以户为单位填报，只调查家庭户，不调查集体户，单身居住独自生活的也作为一个家庭户进行登记。

调查的重点是残疾人，残疾类别包括：视力残疾、听力残疾、言语残疾、智力残疾、肢体残疾和精神残疾；凡有两种或多种残疾的人，列为多重残疾。残疾评定标准和方法按照第二次全国残疾人抽样调查专家委员会重新修订的《残疾标准》实施。

下列人口应当在本调查小区进行登记：

1. 居住本调查小区，户口在本乡、镇、街道；
2. 居住本调查小区半年以上，户口在外乡、镇、街道；
3. 居住本调查小区不满半年，离开户口所在地半年以上；
4. 居住本调查小区，户口待定。

常住户口虽然在本乡、镇、街道，但已离开本乡、镇、街道半年以上的人，不属于本调查小区的调查对象。

四、调查范围

根据我省上报的样本框，国家抽样调查办公室抽取到我省 11 个市的 22 个县级样本单位，涉及 86 个乡、镇、街道办事处，172 个居委会和村委会，176 个调查小区，样本量为 7 万人，占全省总人口的 1.86‰。

五、实施方法步骤

(一)调查准备阶段(2004 年 2 月至 2006 年 3 月 31 日)

1. 组建调查领导小组和办公室。领导小组是抽样调查的领导机构，办公室是领导小组下设的日常办事机构。各市以及被抽中的县(市、区)要按照国家规定，仿照省里的模式，逐级组建抽样调查领导小组和办公室。被抽中县(市、区)抽样调查办公室主任必须由残联理事长担任；办公室的副主任可由相关部门的领导兼任；办公室工作人员可从相关部门借用。

各市以及被抽中的县(市、区)于 2005 年 10 月 20 日前完成领导小组和办公室组建工作。

2. 抽取样本单位。此次抽样调查以全国为总体，各省为分总体，采用分层、等距、整群、分阶段的概率比例抽样方法。一级(县、市、区)样本单位由国家统一抽取。2005 年 6 月，我省被国家抽中 22 个县级样本单位。二级、三级、四级样本单位由省统一抽取。二 级(乡、镇级)样本单位的抽取工作于 9 月中旬完成；

三级(居民委、村民委)样本单位的抽取工作于10月中旬完成；四级(居民小组、村民小组)样本单位的抽取工作于11月中旬完成。同时，县(市、区)抽样办公室根据抽中的四级样本要分别绘制被抽中调查小区地域平面示意图，此项工作11月底完成。省统一抽取的样本单位和地址码12月中旬上报国家抽样办。

3. 参加国家试点和培训。2005年8月，省抽样调查办公室派人参加国家级抽样调查试点。2005年11月，省抽样调查办公室派人参加国家残疾人抽样调查培训班。

4. 组建调查队。调查队负责抽样调查的现场登记工作，是数据采集的源头，直接决定着调查质量，组建一支高素质、责任心强的调查工作队伍对于保证调查质量至关重要。国家要求每支调查队由25人组成，其中队长1名，副队长2名(调查员副队长、医生副队长各1名)，统计员1名，调查员14名，专业医生7名。为保证入户调查登记质量，提高工作效率，每个调查小组可选配一名陪调员。要保证调查队伍的稳定，调查工作未结束前，不得轻易变动。各县(市、区)2005年12月底前完成组建调查队伍工作。

5. 试点与培训。试点工作，由省抽样调查办公室组织实施，各市及被抽中的县(市、区)选派骨干人员参加。调查队伍的培训，由省抽样调查办公室统一组织。以上两项工作，2006年2月底前进行。

6. 摸底工作。做好调查前的摸底登记工作是保证搞好入户调查登记的重要基础工作。县(市、区)抽样调查办公室要密切与当地派出所、街道、居委会或村委会合作，摸清调查小区户数、人口数，编制《调查底册》。摸底工作，要在2006年3月25日前完成。

7. 编制经费预算。抽样调查是一项需要投入大量人力、物力、财力的系统工程，经费保障十分重要。各市以及县(市、区)办公室，要本着节约、够用的原则，与当地财政部门共同编制好经费预算，在2005年10月底前，切实落实好抽样调查所需的各项经费，以保证各地抽样调查工作的正常开展。

8. 宣传工作。各级调查机构，要结合各个阶段、各个环节的中心工作，按国家下发的《宣传提纲》，充分利用本地电视、广播，报刊、标语、板报、网络等各种方式和手段，大力开展宣传活动。特别是从2005年12月开始至2006年4月1日现场入户调查阶段，各地要掀起宣传高潮，为调查营造良好的社会氛围，争取各方面和被抽中家庭的支持，确保现场入户调查登记工作的顺利进行。

(二)现场调查阶段(2006年4月1日至5月底)

1. 调查标准时间。国家确定调查标准时间为：2006年4月1日零时。

2. 现场调查登记时间。全国现场调查登记时间为：2006年4月1日至5月15日。

3. 现场调查登记。(1)入户调查。第一步，根据《调查底册》调查员分组、入户调查，填写《住户调查表》；第二步，根据残疾人筛查标准，逐人进行筛查，预约疑似残疾人与医生检查时间。(2)进行残疾标准评定。医生根据调查队提供的疑似残疾人和0至6岁儿童的名单，采取设站或入户的方法进行医学检查，评定为残疾人的填写《残疾人调查表》。(3)严格调查登记质量。每天登记的调查表，调查员要当天进行自查，调查组之间交叉互查，调查队长进行抽查，召开座谈会进行议查，发现问题重新入户核查。

4. 验收。(1)验收内容：一是调查表，要求整洁、字迹清楚；二是调查登记的项目、指标要准确，符合逻辑关系。(2)验收方式：采取逐级验收的方式。调查队对调查员登记的调查表要逐表验收；各级抽样调查办公室按照规定的质量抽查验收标准，分别对下级随机抽取一定比例的调查小区(整群)进行验收。凡是质量抽查不合格的单位，必须返工重做.

(三)数据处理、资料汇总、总结表彰阶段(2006年6月至2007年12月)

1. 逐级快速汇总。现场调查工作完成后，即开展调查数据的快速汇总工作。按照快速汇总的要求，以调查小区为单位装订调查表，填写调查小区封面，进行过录和汇总，各县(市、区)在2006年6月10日前将审核汇总的数据资料上报省抽样调查办公室。省抽样调查办公室对县(市、区)快速汇总数据进行审核汇总，在2006年6月15日前上报国家抽样办。

2. 调查登记事后质量抽查。现场调查登记工作全部结束后，按照国家的统一规定，封存原始调查表，开展事后质量抽查。省抽样调查办公室从全省176个调查小区中随机抽查2个调查小区(城镇小区和乡村小区各1个)，确定我省的调查误差。此项工作2006年6月10日前完成。

3. 编码工作。编码工作由县(市、区)抽样调查办公室统一组织实施。2006 年 6 月上旬，各县(市、区)选派人员，由省抽样调查办公室负责进行编码专项培训。编码工作在 2006 年 6 月底前完成。

4. 数据质量评估。省抽样调查办公室对调查数据进行质量评估。根据调查误差、抽样误差，评估影响主要调查数据的各方面因素，确定误差区间。此项工作在 2006 年 8 月上旬完成。

5. 发布主要调查数据公报。快速汇总的调查数据结果以公报形式公布，国家拟于 2006 年 11 月发布第二次全国残疾人抽样调查主要数据公报。我省在国家公报发布之后，比照国家调查公报的格式，于 2006 年 12 月发布我省残疾人调查数据公报。在国家调查数据公报未发表之前，省、市、县不得对外提供调查数据资料。

6. 计算机数据处理。残疾人抽样调查数据处理工作由省抽样调查办公室具体组织实施。在原始调查表录入期间，由一名熟悉业务的同志进行现场答疑。省抽样调查办公室按国家统一规定的格式，于 2007 年 8 月完成计算机汇总数据资料的编印。

7. 建立数据库。根据此次残疾人调查数据，建立我省残疾人调查数据微观库和调查数据宏观库，以利于今后搞好残疾人数据的开发和经常性的服务。

8. 调查数据的开发。(1)数据开发是整个调查取得成果的最重要的阶段。根据计算机汇总数据，分别就主要数据和全部数据进行分析研究，撰写公报和综合分析报告，充分发挥调查数据的作用，为政府部门、科研机构和社会公众服务。(2)参照国家设立的研究课题，结合我省调查数据反映出有关残疾人的突出问题，制定出专题研究课题，邀请政府有关部门、大专院校及研究机构的专业人员进行专题深入分析研究。(3)省抽样调查办公室组织论文、论著选写，并对研究成果以专题报告和论文集的形式编撰发表.

9. 调查工作总结。各市及被抽中县(市、区)都要在本级所承担的调查任务基本完成后，及时搞好本地的抽样调查工作总结。同时，按照省抽样调查办公室的统一部署要求，评选出先进调查队、先进个人，评选结果和总结报告一并于 2006 年 10 月底前报省抽样调查办公室。省第二次全国残疾人抽样调查工作总结于 2006 年 12 月底前报送国家，省残疾人抽样调查领导小组将在 2007 年 9 月召开我省第二次全国残疾人抽样调查总结表彰会。

六、调查工作总体要求

(一)加强组织领导

各级政府和残疾人抽样调查领导小组要高度重视，加强领导，切实将此次残疾人抽样调查工作纳入重要工作日程。残疾人抽样调查领导小组成员单位要按照职责分工，密切配合，通力协作，发挥积极作用。各级残疾人抽样调查办公室要加强对残疾人抽样调查工作的组织实施、协调与指导力度，全面做好残疾人抽样调查的各项工作。

(二)树立全局意识

强化全国、全省一盘棋思想。调查工作要认真地按照国家和省的统一部署、统一要求、统一标准、统一时间步骤进行，保证调查各项工作无遗漏，有条不紊地开展。

(三)层层落实责任制

各级残疾人抽样调查办公室要按照责任分工，明确任务，一定把工作落实到基层，落实到人。要层层落实责任制，确保每个阶段、每个环节、每项工作都有人抓、有人管，防止残疾人抽样调查工作出现漏洞与死角。

（四）加强调查质量控制

数据质量是抽样调查的生命线，加强调查质量控制要贯穿于调查工作的全过程。各市及被抽中县(市、区)要结合本地的实际情况，有针对性地采取有效措施，确保每个环节调查工作的质量。

（五）加强汇报制度

省抽样调查办公室针对各个阶段、各个环节的工作，规定汇报内容和汇报时间，各市及被抽中县(市、区)须按要求如期汇报。调查工作中，遇到问题或出现调查技术上的疑问，要及时报告，以取得省抽样调查办公室正确指导。

附录 11

黑龙江省第二次全国残疾人抽样调查领导小组组成人员名单

组　长　王东华　（副省长）
副组长　赵文洲　（省政府副秘书长）
　　　　段有山　（省残疾人联合会理事长）
　　　　张建辉　（省财政厅副厅长）
　　　　刘树胜　（省统计局副局长）
　　　　赵天鹰　（省民政厅副厅长）
　　　　王恩海　（省卫生厅副厅长）
成　员　赵勤义　（省委宣传部副部长）
　　　　郑丽萍　（省发展和改革委员会助理巡视员）
　　　　孟凡杰　（省教育厅副厅长）
　　　　韩玉林　（省公安厅助理巡视员、治安总队长）
　　　　贾　辉　（省劳动和社会保障厅副厅长）
　　　　王福学　（省人口和计划生育委员会副主任）
　　　　杨铁生　（省老龄工作委员会专职副主任）
　　　　高　环　（共青团黑龙江省委副书记）
　　　　龚夏梅　（省妇女联合会副主席）
　　　　何玉华　（省残疾人联合会副理事长）
　　　　焦长英　（省残疾人福利基金会秘书长）

黑龙江省第二次全国残疾人抽样调查办公室人员名单

主　　任　何玉华　（省残疾人联合会副理事长）
副 主 任　齐彦光　（省残疾人联合会办公室主任）
施　煊　（省财政厅社保处处长）
及顺来　（省统计局人口处处长）
王炳辉　（省民政厅社会福利处处长）
曹俊环　（省卫生厅医政处助理调研员）
张晓旭　（省残疾人联合会办公室副主任、信息中心主任）
顾　　问　马　祥　（省统计局）
综合组长　孙伟宣　（省残疾人联合会办公室主任科员）
残疾标准组长　杨雁妮　（省残疾人联合会康复部副部长）
调查与统计分析组长　王洪江　（省残疾人联合会组联部副部长）
宣传组长　潘宇东　（省残疾人联合会维权部主任科员）
课题开发组长　毕秀兰　（省残疾人联合会维权部部长）
后勤保障组长　张晓旭　（省残疾人联合会办公室副主任、信息中心主任）